Von der Subprime-Krise zur Finanzkrise

Immobilienblase: Ursachen, Auswirkungen, Handlungsempfehlungen

von
Michael Bloss
Dietmar Ernst
Joachim Häcker
Nadine Eil

DICF — Deutsches Institut für Corporate Finance

Oldenbourg Verlag München

Bibliografische Information der Deutschen Nationalbibliothek

Die Deutsche Nationalbibliothek verzeichnet diese Publikation in der Deutschen
Nationalbibliografie; detaillierte bibliografische Daten sind im Internet über
<http://dnb.d-nb.de> abrufbar.

© 2009 Oldenbourg Wissenschaftsverlag GmbH
Rosenheimer Straße 145, D-81671 München
Telefon: (089) 4 50 51- 0
oldenbourg.de

Lektorat: Wirtschafts- und Sozialwissenschaften, wiso@oldenbourg.de
Herstellung: Sarah Voit
Coverentwurf: Kochan & Partner, München
Cover-Bild: www.sxc.hu
Gedruckt auf säure- und chlorfreiem Papier
Gesamtherstellung: Druckhaus „Thomas Müntzer" GmbH, Bad Langensalza

ISBN 978-3-486-58873-6

Vorwort

Das Wort „Subprime-Krise" wurde im vergangenen Jahr zum „Unwort des Jahres". Seit Längerem sind wir schlechten Nachrichten ausgesetzt und ein Ende ist nicht in Sicht. Wozu nun ein Buch über die Subprime-Krise?

Die Subprime-Krise hat sich zur Finanzkrise ausgeweitet. Die Finanzkrise hat wiederum auf die Realwirtschaft durchgeschlagen. Niemand kann mehr behaupten, von der Finanzkrise nicht betroffen zu sein. Sicherlich hat sie Auswirkungen auf die Tätigkeiten von Managern im Finanzbereich von Unternehmen, in Controlling- und Strategieabteilungen sowie auf die Tätigkeiten von Wirtschaftsprüfern, Finanzdienstleistern und Unternehmensberatern.

Zusätzlich zu den Experten ist jedoch auch jeder Einzelne von der Finanzkrise betroffen – und das weltweit! Dementsprechend ist die Finanzkrise auch ein wichtiges Thema für die Politik. So wurde zum Beispiel von einigen Politikern die Einberufung einer Weltfinanzkonferenz gefordert. Der offene Brief hierzu findet sich auf den nachfolgenden Seiten. Derartige Aktivitäten blieben jedoch bisher ohne die weit reichenden Auswirkungen, die diese Aktivitäten und das Thema „Finanzkrise" verdient hätten. Hier setzt das vorliegende Buch an.

Ziel des Buches ist erstens, die Finanzkrise zu verstehen. Da die Analyse in einen volkswirtschaftlichen Rahmen eingebettet ist, soll zweitens das Verständnis gewonnen werden, dass die Finanzkrise das Platzen einer „Blase" innerhalb einer zeitlichen Reihe von Blasen ist. Basierend auf dieser Erkenntnis können die zahlreichen Maßnahmen, wie zum Beispiel Zinssenkungen der Zentralbanken, besser beurteilt werden und erscheinen plötzlich in einem anderen Licht, als dies in der Tagespresse hervorgehoben wurde. Drittens ist es das Ziel der Analyse, aus der Finanzkrise zu lernen. Zukünftige wirtschaftliche Entwicklungen lassen sich so besser verstehen, antizipieren und vielleicht sogar positiver gestalten. Eine Unterstützung durch die Politik ist das zentrale Anliegen des Buches.

Wir haben uns bemüht, das Buch sowohl für den politisch als auch wirtschaftlich Interessierten in allgemein verständlicher Sprache zu schreiben. Andererseits hat es den Anspruch, sich fachlich und wissenschaftlich von der bisherigen Literatur zu diesem Thema abzuheben und auch die oben beschriebenen Expertenkreise zu bedienen. Wissenschaft und Wirtschaftspraxis sollen hier miteinander verbunden werden.

Danken möchten wir dem Verlag Oldenbourg und seinen Mitarbeitern, insbesondere dem Leiter des Lektorats Wirtschafts- und Sozialwissenschaften, Herrn Dr. Jürgen Schechler, für die stets angenehme, kompetente und konstruktive Zusammenarbeit. Ferner gilt unser Dank Herrn Prof. Dr. Dr. Joachim Starbatty sowie Herrn Prof. Dr. Gunther Schnabel und Herrn Andreas Hoffmann für deren Beiträge. Des Weiteren gilt unser Dank folgenden Damen und Herren für deren Research-Aktivitäten, die erst das Gelingen des Buchs ermöglicht haben (in alphabetischer Reihenfolge):

Anton, Jijie; Belser, Sarah; Belzer, Heike; Doebler, Jennifer; Esen, Funda; Fabian, Elisabeth; Geisssel, Lars; Göller, Bettina; Grahl, Elisabeth; Hecking, Axel; Hänsel, Matthias; Hoffmann, Linda; Kühner, Annika; Möschel, Saskia; Pohl, Armin; Roemer, Nadine; Schäufele, Katrin; Steinhauser, Julia; Wiebe, Evelyn.

Frankfurt, im August 2008

Michael Bloss
Dietmar Ernst
Joachim Häcker
Nadine Eil

Eine Auswahl der Grafiken dieses Buches ist auf der Homepage des Deutschen Instituts für Corporate Finance (www.dicf.de) erhältlich.

Wir freuen uns über Ihre Kommentare und Anregungen.

Deutsches Institut für Corporate Finance (DICF)
Mendelssohnstraße 87
60325 Frankfurt am Main
info@dicf.de

Inhaltsübersicht

Inhaltsverzeichnis

Abbildungsverzeichnis

1 | Warum es einer umfassenden Analyse der Finanzkrise bedarf?

Am 21. Mai 2008 forderten ehemals führende Staatsmänner Europas, darunter zwei frühere Präsidenten der EU-Kommission und sieben Regierungschefs, aufgrund der Ausweitung der Subprime-Krise zur Finanzkrise eine Weltfinanzkonferenz. Gerichtet war der offene Brief aus damaliger Sicht an den Präsidenten der EU-Kommission José Manuel Barroso, den Präsidenten der Republik Slowenien, Danilo Türk als amtierenden Ratspräsidenten der EU sowie den französischen Staatspräsidenten Nicolas Sarkozy als kommenden Ratspräsidenten der EU.

In dem offenen Brief wurde die Einberufung einer Weltfinanzkonferenz gefordert, um Maßnahmen zur Regulierung der Finanzmärkte zu beschließen. Der offene Brief lautet wie folgt:

1.1 Offener Brief führender Staatsmänner Europas

Sehr geehrter Herr Präsident,

die Finanzmärkte dürfen uns nicht regieren!

Die gegenwärtige Finanzkrise ist kein Zufall. Es war nicht, wie einige führende Personen in der Finanz und der Politik jetzt behaupten, unmöglich, sie vorherzusagen. Für weitsichtige Individuen hatten die Alarmglocken schon vor Jahren geläutet. Diese Krise ist eine Krise schlecht oder gar nicht regulierter Märkte, und sie zeigt uns erneut, daß der Finanzmarkt unfähig zur „Selbstregulierung" ist. Sie erinnert uns an die besorgniserregend eskalierenden Einkommensdiskrepanzen in unseren Gesellschaften und stellt unsere Fähigkeit zum glaubhaften Dialog mit den Entwicklungsländern über globale Herausforderungen ernsthaft in Frage.

Die Finanzmärkte sind zunehmend undurchsichtig geworden, und es ist oft eine nahezu unmögliche Aufgabe, diejenigen zu identifizieren, die die Risiken einschätzen und tragen. Der nur leicht oder gar nicht regulierte „Schattenbankensektor", ist in den letzten zwanzig Jahren beständig angewachsen. Große Banken verwickelten sich in das Geschäft der „Erzeugung und Veräußerung" von hochkomplexen Finanzinstrumenten und in die fragwürdige Bündelung und den Weiterverkauf von Schulden, die an hochriskante Hypotheken gebunden waren. Unzureichende Anreizsysteme, kurzfristiges Denken und eklatante Interessenkonflikte haben den spekulativen Handel gesteigert.

Zweifelhafte Hypothekenkredite, fälschlicherweise auf der Idee begründet, daß endlose Immobilienpreissteigerungen die Schuldenrückzahlungen ermöglichen würden, sind bloß ein Symptom der tiefergehenden Krise der Finanz- und Geschäftsführungspraktiken. Die drei führenden Rating-Agenturen bewerteten skurrile Anlagen als „relativ risikofrei". Eine Investmentbank machte Milliarden US-Dollar Profit, indem sie auf den Wertverlust von Subprime-Wertpapiere spekulierte, während sie eben diese ihren Kunden verkaufte, was den völligen Verlust von Geschäftsethik verdeutlicht.

Wir sind vor den Gefahren gewarnt worden. Alexander Lamfalussy und das Komitee der Weisen Männer unterstrichen in einem Bericht über die Europäischen Wertpapiermärkte (2001) den Zielkonflikt zwischen scheinbar höherer Effizienz und finanzieller Stabilität. Paul Volcker warnte ebenfalls seit Jahren, daß diese Krise im Anmarsch sei. Paul Krugman machte schon vor etwa zehn Jahren auf die Bedrohung aufmerksam, die von der Ausweitung der nicht-regulierten Finanzdienstleister ausgehe. Im Jahre 2003 nannte Warren Buffet Finanzderivate „finanzielle Massenvernichtungswaffen". Ein Bericht der Bank of England über die Finanzstabilität unterstrich die gefährliche Distanz zwischen Gläubigern und den Konsequenzen ihrer Entscheidungen.

Das Problem besteht in einem Wirtschaftsmodell und einer Geschäftsführung, welche auf mangelnder Regulierung, unzureichender Aufsicht und fehlendem Angebot von öffentlichen Gütern beruhen.

Diese Finanzkrise zeigt allzu deutlich, daß die Finanzbranche der Selbstregulierung unfähig ist. Es besteht ein Bedarf nach der Verbesserung von Aufsicht und Regulierungsmechanismen für Banken. Der Handel mit Finanzinstrumenten (wie CDOs) muß reguliert werden. Alle Finanzinstitute sollten wie Banken zum Halten von Mindestreserven verpflichtet sein, und das Maß der Fremdfinanzierung sollte nicht ohne Beschränkung sein. Nicht zuletzt ist wichtig, daß Anreizsysteme korrigiert werden müssen, damit wildes Risiko nicht zum Nachteil der Besonnenheit begünstigt wird.

Es scheint so, als wären die Wirtschaftsweisen der Welt schüchtern, wenn es um die Folgen einer solchen Krise für die Realwirtschaft geht. Fast alle Institutionen, die sich auf Vorhersagen konzentrieren, senken ihre Wachstumsprognosen für die Industrieländer in den Jahren 2008 und 2009. Keines erklärt jedoch, ob uns in Europa eine Rezession droht oder nicht. Manche Symptome können bereits so interpretiert werden, als deuteten sie darauf hin. Im Fall der Europäischen Union wäre eine Rezession in diesem oder im nächsten Jahr äußerst dramatisch!

Steigende Ungleichheit bei Löhnen ist bisher mit einem stets anwachsenden Finanzsektor einhergegangen. Wahrlich hat der technologische Fortschritt merklich zu steigenden Lohnunterschieden durch Begünstigung von höher qualifizierter Arbeit geführt. Fehlgeleitete politische Entscheidungen haben jedoch hierbei ebenfalls eine entscheidende Rolle gespielt. Finanzwerte stellen heute das 15-fache des gesamten Bruttoinlandsprodukt (BIP) aller Länder dar. Die von Haushalten, finanziellen und nicht-finanziellen Unternehmen sowie von den öffentlichen Institutionen Amerikas angehäuften Schulden belaufen sich auf mehr als das Dreifache des BIP der USA – doppelt soviel wie im Jahre 1929. Die Finanzwelt hat eine massive Menge an fiktiven Werten angehäuft, ohne erkennbare Verbesserung für die Menschheit und Umwelt. Diese Finanzkrise hat etwas Licht auf die beunruhigenden Lohnungleichheiten geworfen, die in den letzten Jahrzehnten gewachsen sind. Ironischerweise haben Gehälter und Zuschläge für Manager enorm hohe Summen erreicht, während die Leistung der jeweiligen Unternehmen stagniert oder gar nachgelassen hat. Dies ist eine schwerwiegende moralische Frage.

Freie Märkte dürfen die soziale Moral nicht außer Acht lassen. Adam Smith, der Vater der Laissez-faire-Wirtschaftspolitik, schrieb auch die „Theorie der ethischen Gefühle", und Max Weber verband harte Arbeit mit moralischen Werten, zum Vorteil des Kapitalismus. Rechtschaffener Kapitalismus (der die Würde des Menschen respektiert, um es mit Amartya Sens Worten auszudrücken) benötigt eine effektive politische Umsetzung in der Öffentlichkeit. Das Gewinnstreben ist die Essenz einer Marktwirtschaft. Wenn jedoch alles zum Verkauf steht, lösen sich soziale Bindungen auf und das System bricht zusammen.

Die derzeitige Finanzkrise vermindert die Fähigkeit des Westens, mit dem Rest der Welt einen besseren Dialog über die globalen Herausforderungen zu führen, um die Auswirkungen der Globalisierung und der globalen Erwärmung anzugehen – und das zu einem Zeitpunkt, da der außergewöhnliche Wirtschaftsaufschwung Asiens neue, nie da gewesene Herausforderungen an uns stellt.

Der spektakuläre Anstieg der Energie- und Nahrungsmittelpreise verstärkt noch die Folgen des Finanzchaos', und läßt Unheilvolles erahnen. Bezeichnenderweise sind Hedgefonds in das Aufblasen der Preise von Grundnahrungsmitteln verwickelt gewesen. Es sind die Einwohner der ärmsten Länder, die am meisten betroffen sein werden. Wir riskieren ungeahnte Armut, die Vermehrung von gescheiterten Staaten, Bevölkerungswanderung und bewaffnete Konflikte.

Manche Leute brüsten sich damit, daß „wir in den europäischen Staaten eine robuste Wirtschaft" und (im Vergleich zu den USA) eine bessere Aufsicht und Regulierung der Finanzen hätten. Zugegebenermaßen ist daran manches wahr. Man sollte jedoch die zunehmenden Probleme auf den britischen, spanischen und irischen Immobilienmärkten, und den sich in ganz Europa ausbreitenden Rückgang der Wirtschaftsaktivität beachten. Man denke auch daran, daß sich ökonomischer Nationalismus und Populismus gleichermaßen im Aufstieg befinden.

Politische Entscheidungsträger der EU, sowohl auf der Unions-, als auch auf nationaler Ebene, müssen eine klare Antwort auf die Finanzkrise geben. Wir brauchen Pragmatismus, Aufgeschlossenheit und Zusammenarbeit beim Verfolgen gemeinsamer Ziele!

Europa muß eine Bestandsaufnahme über diese Entwicklungen machen und die voraussehbaren kurzfristigen und langfristigen Konsequenzen identifizieren, und muß der Völkergemeinschaft Vorschläge unterbreiten, um den Auswirkungen wie den Ursachen dieser Krise entgegenzutreten.

Es ist an der Zeit ein „Europäisches Krisenkomitee" zu bilden, das aus hochrangigen Politikern, früheren Staats- und Regierungschefs oder Finanzministern und aus angesehenen Ökonomen und Finanzexperten aus allen Kontinenten besteht. Dieses Komitee soll die folgenden Aufgaben haben:

* Eine tiefgehende Analyse der Finanzkrise anzufertigen, die wir oben im größeren Zusammenhang zu skizzieren versuchten;
* die sozialen und wirtschaftlichen Risiken zu beschreiben und einzuschätzen, die sich durch die Finanzkrise auf die Realwirtschaft auswirken;
* dem Rat der EU eine Reihe von Maßnahmen vorzuschlagen, um diese Risiken zu vermeiden oder einzudämmen;
* Ministerrat der EU, dem UN-Sicherheitsrat, dem Direktor des IWF und allen Institutionen und Organen, die es angeht, eine Reihe von Vorschlägen zu unterbreiten, um die Wirkung der Krise einzudämmen und eine Weltfinanzkonferenz einzuberufen, um die Regeln des internationalen Finanzwesens und die Steuerung globaler wirtschaftlicher Belange zu überdenken.

Im Jahr 2000 kamen wir überein, die Europäische Union in die wettbewerbsfähigste Region der Welt zu verwandeln. Dies haben wir 2005 bekräftigt. Wir müssen dafür Sorge tragen, daß die Wettbewerbsfähigkeit Europas durch die Finanzmärkte nicht unterwandert, sondern gestützt wird. Wir müssen jetzt handeln: im Namen der Bürger unserer Länder, für mehr Investition, Wirtschaftswachstum, soziale Gerechtigkeit, Arbeitsmöglichkeiten, und alles in allem, eine bessere Zukunft für alle Europäer.

Jacques Delors   Jacques Santer
Helmut Schmidt   Otto Graf Lambsdorff
Lionel Jospin   Pär Nuder
Michel Rocard   Hans Eichel
Göran Persson   Daniel Daianu
Massimo d'Alema   Ruairi Quinn
Poul Nyrup Rasmussen   Eero Heinäluoma
Paavo Lipponen   Laurent Fabius

1.2   Zentrale Fragen zur Finanzkrise

Ziel dieses Buches ist es, das Anliegen der Verfasser des offenen Briefs zu unterstützen. „Von der Subprime-Krise zur Finanzkrise" wird vom Deutschen Institut für Corporate Finance (DICF) herausgegeben. Das Motto des DICF ist „Die Verbindung von Theorie und Praxis" Dementsprechend ist es auch theoretisch fundiert geschrieben – jedoch mit hohem Praxisbezug. Das Werk wendet sich an einen weiten Leserkreis. Auf der einen Seite steht sicherlich der allgemein an der Finanzkrise interessierte Leser. Darüber hinaus möchten wir im Gegensatz zu einigen – insbesondere in Englisch – vorliegenden Veröffentlichungen zahlreiche Fachexperten sowie Politiker ansprechen.

Im Geiste der oben dargestellten Aufgaben sollen erste Gedanken zur Analyse der Finanzkrise aufgezeigt werden. Ferner soll auf die wirtschaftlichen Risiken näher eingegangen werden, die sich durch die Finanzkrise auf die Realwirtschaft ergeben.

Das Buch möchte dem Leser Antworten auf folgende Fragen aufzeigen:

- Wie entstand die Subprime-Krise?
- Hat sich diese Krise von einer Subprime-Krise zu einer Finanzkrise ausgeweitet?
- Schlägt die Finanzkrise auf die Realwirtschaft durch?
- Welche Länder sind betroffen? Wird es gar zu einer globalen Krise kommen?
- Alle reden von Krise. Sehen wir nicht schon das Licht am Ende des Tunnels?
- Wer ist eigentlich Schuld an den aktuellen Problemen?
- Man hört viel von Private-Equity und Hedgefunds. Haben diese die Finanzkrise gar verstärkt?
- Oder waren es die Ratingagenturen, die Hypothekenbanken oder die Investmentbanken?
- Was können jetzt die Zentralbanken tun, um das Gespenst „Stagflation" zu vertreiben?
- ABS, MBS und CDOs. Haben die Banken die Produkte verstanden? Was verbirgt sich dahinter?
- Spiegeln die Aktienmärkte die gegenwärtige Lage adäquat wider?

- Ist die Finanzmarktkrise eine von vielen Krisen in der Wirtschaftsgeschichte, und wird es bald wieder Krisen geben?

1.3   Erste Antworten auf die Finanzkrise

In den folgenden elf Kapiteln wird ausführlich auf diese Fragen eingegangen. Im Rahmen einer „Executive Summary" werden die Antworten zusammengefasst:

- Die Subprime-Krise hat sich zur Finanzkrise ausgeweitet und schlägt auf die Realwirtschaft durch. In einzelnen Ländern ist das Ausmaß jedoch unterschiedlich. Hoffnungsmotor für die Wirtschaft werden zunehmend die BRIC-Staaten. Die Ergebnisse der Studie untermauern dementsprechend die Verlagerungsthese von zukünftigem Wirtschaftswachstum in Richtung der BRIC-Staaten.
- Das Licht am Ende des Tunnels können wir sehen – der Tunnelausgang ist jedoch noch ein gutes Stück entfernt. Der Zick/Zack-Kurs der Weltaktienmärkte wird uns wohl noch länger begleiten. Die Probleme sitzen tiefer als oftmals dargestellt. Für Deutschland öffnet sich andererseits jetzt ein Fenster zur Umgestaltung teilweise überholter Strukturen. Die nächsten Monate, vielleicht Jahre werden nicht einfach werden – der Wachstumsexpress 2004–2007 ist in Deutschland definitiv vorbei. Jedoch schließen sich die Verfasser der These „Triumph of the Optimist" an. Der Siegeszug des Kapitalmarktes wird weitergehen.
- An der Subprime-Krise waren letztendlich viele Parteien beteiligt. Keinesfalls haben die Private-Equity/Hedgefunds die Krise herbeigeführt, sondern alle haben dazu beigetragen: Die Ratingagenturen, die Hypothekenbanken, die Investmentbanken und schließlich wir alle – mit einer eindimensionalen Suche nach Renditesteigerung und Vernachlässigung der zweiten fundamentalen Komponente: Risiko. Die Erkenntnis der Risikodiversifikation hat zwar Herrn Markowitz schon 1990 den Nobelpreis eingebracht, aber der Tatbestand der Gier lässt die in seinem Aufsatz von 1952 im Journal of Finance dargestellten Erkenntnisse in regelmäßigen Abständen in Vergessenheit geraten.
- Was die komplexen Subprime-Begrifflichkeiten betrifft, sollen das Kapitel fünf und das Glossar eine strukturierte Darstellung sowie einen Überblick geben.
- Die Vorgehensweise der Zentralbanken in den USA und Europa ist unterschiedlich. Die Europäische Zentralbank sieht sinkende Zinsen in Reaktion auf platzende Blasen als Nährboden für Inflation und neue Blasen. Sie hat deshalb die Zinsen erhöht. Die Folge dürften kurzfristige Wachstumseinbußen bei langfristiger gesamtwirtschaftlicher Stabilität sein. Hingegen gewichtet die FED in den USA Wachstum und Finanzmarktstabilität stärker als Preisstabilität. Die Aussichten bleiben damit ungewiss. Die derzeitige Situation unterscheidet sich allerdings dahingehend von den vorherigen Krisen, dass der Inflationsdruck heute stärker und eine Stagflation somit wahrscheinlicher ist. Gelingt es der FED, das Wachstum nochmals aufrecht zu erhalten, dann könnte es aus volks-

wirtschaftlicher Sicht in der Tat mittelfristig zu einer weiteren Krise kommen, deren Anpassungskosten noch höher als bei der Subprime-Krise wären.

Am Ende des Buches angekommen stellt sich natürlich die Frage nach dem Sinn einer Einschätzung der Zukunft. Wer weiß schon, was der Aktienmarkt bringt, welche Länder in Zukunft mit hohen Wachstumsrate aufwarten werden und ob wir überhaupt in zehn Jahren aus der Finanzkrise gelernt haben? Vielleicht wiederholt sich doch alles und trägt nur einen anderen Namen? Am Ende stehen deshalb die Worte von John Maynard Keynes. Dessen Sichtweise teilen die Verfasser zwar nicht, sondern schließen sich in diesem Buch eher der Konjunkturtheorie von Friedrich Hayek an. Dennoch sagte Keynes völlig zu Recht, dass es besser ist, ungefähr richtig als genau falsch zu liegen.

2 | Was wir in diesem Buch erfahren werden

Wie wurde die Subprime-Krise ausgelöst? 1

Die niedrigen Zinssätze für Hypothekenkredite in den vergangenen Jahren und die Erwartung stetig steigender Immobilienpreise führten zu einer steigenden Anzahl an Hauseigentümern. Davon war ein zunehmender Anteil „Subprime"-Kreditnehmer, das bedeutet zweitklassige Kreditnehmer mit schlechter Bonität. Aufgrund steigender Zinssätze in Verbindung mit risikoreichen Hypothekenkrediten und variabler Verzinsung wurden viele finanziell anfällige Kreditnehmer mit hohen Zahlungen konfrontiert, die sie nicht mehr leisten konnten.

Wie konnte sich die Subprime-Krise ausbreiten? 2

Die Ausbreitung der Subprime-Krise erfolgte durch die Bündelung und Verbriefung der Subprime-Hypothekenkredite. Dadurch konnten diese am Kapitalmarkt verkauft werden. Investmentbanken kauften Kredite von regionalen Banken und Hypothekenbanken und bündelten sie zu neuen Anlageinstrumenten. Dieser Vorgang wird Verbriefung genannt und bezieht sich grundsätzlich auf Mortgage Backed Securities (MBS), also verbriefte Hypothekenkredite. In einem weiteren Schritt werden aus den MBS Fonds gebildet, sogenannte Collateralised Mortgage Obligations (CMO). Diese wurden anschließend weltweit an unterschiedlichste Kunden verkauft. Die bedeutendsten Käufer von MBS-Wertpapieren sind Investmentfonds, Hedgefonds, Versicherungen und Pensionsfonds.

Welche Auswirkungen hat die Subprime-Krise auf die Realwirtschaft? 3

Es ist damit zu rechnen, dass über 20 % der Subprime-Hypothekenkredite für die Kreditnehmer mit einem Verlust der Immobilie enden.

Die Immobilien werden zwangsversteigert, und Familien mit Zahlungs-schwierigkeiten bleiben zurück. Dies hat einen direkten Einfluss auf das Konsumverhalten und damit auf die Realwirtschaft. Der private Konsum in den USA wird weiter zurückgehen. Dies hat wiederum einen nega-tiven Einfluss auf die Produktion weltweit und kann zu einer Rezession führen.

Welche Auswirkungen auf die Immobilienmärkte sind weltweit zu beobachten? `4`

Die Erwartung stetig steigender Immobilienpreise ist nicht nur in den USA zu beobachten. Ähnliche Erwartungen haben auch in Europa zur Immobilienblasen geführt (zum Beispiel in Großbritannien und Spanien). Hier sind die gleichen Krisen-Szenarien wie in den USA möglich. Dies würde die Subprime-Krise noch weiter verstärken.

Welche Länder sind von der Subprime-Krise betroffen? `5`

Die volkswirtschaftliche Analyse zeigt, dass die heute führenden Indus-triestaaten unterschiedlich auf die Subprime-Krise reagieren. Die Volks-wirtschaften in den USA, Großbritannien, Deutschland, Spanien und Japan sind direkt von der Subprime-Krise betroffen, wohingegen Län-der aus den so genannten Emerging Markets wie Russland, China oder Indien kaum direkte Auswirkungen zeigen. Sollte sich die Subprime-Krise noch stärker ausweiten (zum Beispiel sinkende Nachfrage nach asiatischen Produkten weltweit), so wären auch die Volkswirtschaften aus den Emerging Markets stärker betroffen.

Warum haben die Risikomaßnahmen von Basel II nicht funktio-niert? `6`

Ziel von Basel II ist die Sicherstellung einer angemessenen Eigenkapital-ausstattung der Finanzinstitute sowie die Schaffung konsistenter Wett-bewerbsbedingungen. Gemäß Basel II müssen die Banken „risikoge-wichtete" Kredite mit Eigenkapital unterlegen. Da die Banken vermeiden wollten, ihr Eigenkapital auf diese Weise zu binden, gründeten sie bei der Verbriefung der Hypothekenkredite Zweckgesellschaften und über-trugen ihre Risiken auf diesem Wege auf den Kapitalmarkt. Dort übernahmen Kreditgeber die Bankrisiken im Gegenzug für eine Risikoprämie. Für die aus der Bankbilanz ausgegliederten und verkauften Risiken mussten die Banken entsprechend kein Eigenkapital mehr hinterlegen. Somit wurde die Grundidee von Basel II umgangen.

Warum haben die Banken ein so hohes Abschreibevolumen, wenn sie doch die Risiken ausgelagert haben? **7**

Zum einen haben die Banken selbst in Subprime-Titel investiert. Sie waren somit Investor und Nachfrager von verbrieften Produkten. Der Wertverfall der Subprime-Titel führt zu einem direkten Abschreibebedarf. Ferner haben die Banken, die die Verbriefung von Subprime-Produkten durchgeführt haben, für den Fall des Zahlungsausfalls der Kreditnehmer teilweise Sicherheiten für die Investoren gestellt. Dies bedeutet, dass die Banken in der Subprime-Krise einige der Subprime-Produkte in ihre eigenen Bücher nehmen müssen. Auch diese Positionen müssen nun abgeschrieben werden. Die Banken wurden ebenfalls Opfer ihrer eigenen, falschen Erwartungen.

Warum haben Rating-Agenturen bei der Verbriefung die Subprime-Produkte nicht risikogerecht bewertet? **8**

Rating-Agenturen spielen in der Subprime-Krise eine Schlüsselrolle. Die Subprime-Krise entstand durch Wertpapiere, die ein erstklassiges Rating hatten und damit als sicher galten, aber sich aus risikoreichen Hypotheken zusammensetzten. Die erstklassige Ratings wurden von den Rating-Agenturen vergeben und gründeten auf der Vermutung, dass ein Ausfall als unwahrscheinlich betrachtet wurde, da dieser einen Ausfall eines Großteils der zugrundeliegenden Kredite erforderte. Das Rating in Verbindung mit den erwarteten hohen Renditen waren die Hauptinvestitionskriterien der Investoren. „Hohe Renditen in Verbindung mit geringen Risiken" waren das interessante an den Subprime-Titeln und der Grund, warum eine so große Anzahl von unterschiedlichsten Investoren weltweit so viel Kapital in Subprime-Titel investierte. Warum die Rating-Agenturen entgegen wirtschaftlicher Vernunft die Subprime-Titel so hoch geratet haben, kann möglicherweise durch eine falsche Anwendung des externen Ratings, Interessenkonflikte, mangelnden Wettbewerb und die Haftung von Rating-Agenturen erklärt werden. Aber auch hier spielte die falsche Erwartung stetig steigender Immobilienpreise eine zentrale Rolle.

War die amerikanische Zentralbank Mitauslöser der Subprime-Krise?   9

Als im Jahre 2001 die Internetblase platzte, hat die Fed mit einer Senkung der Leitzinsen reagiert. Damit waren die Zentralbanken Mitauslöser der gegenwärtigen Finanzkrise. Die niedrigen Zinsen waren als Einladung an die Banken gedacht, über die Refinanzierung bei den Zentralbanken die Realwirtschaft mit Liquidität zu günstigsten Konditionen zu versorgen. Dadurch sollte die Wirtschaft wieder angekurbelt werden. Die Überversorgung mit Liquidität hat jedoch den Zins als Lenkungsinstrument des gesamtwirtschaftlichen Produktionsaufbaus außer Kraft gesetzt und somit zum Aufbau der Immobilienblase und weiterer Blasen beigesteuert.

Wie reagieren die Zentralbanken in den USA und Europa auf die Subprime-Krise?   10

Die US-Notenbank Fed reagiert mit einer expansiven Geldpolitik auf die Subprime-Krise, die Europäische Zentralbank fokussiert ihre Ziele auf Geldwertstabilität. Trotz eines nun steigenden Inflationsdrucks in den USA reagierte der neue Fed Vorsitzende Ben Bernanke erneut mit starken Zinssenkungen. Der US-Kongress folgte der expansiven Geldpolitik mit Steuerkürzungen und Zusatzzahlungen an Geringverdiener, um den Konsum zu stützen. Die EZB hat im Gegensatz zur Krise von 2001 diesmal nicht mit Zinssenkungen reagiert, weil insbesondere steigende Energie- und Lebensmittelpreise den Inflationsdruck im Eurogebiet erhöhten.

Ist der Markt für Unternehmensübernahmen von der Subprime-Krise betroffen?   11

Die Finanzinvestoren (Private Equity Gesellschaften) haben in der Vergangenheit ebenfalls von dem Liquiditätsüberschuss nach dem Jahr 2001 profitiert. Eine Vielzahl von Unternehmensübernahmen wurde mit einem sehr hohen Anteil an Fremdkapital finanziert. Somit stellt sich die Frage, ob es am Markt für Unternehmensübernahmen auch zu Fehlallokationen gekommen ist, die sich nun verstärkend auf die Finanzkrise auswirken und zu einer Übertragung auf die Realwirtschaft führen können. Das Private Equity Geschäft ist bei großen Unternehmenskäufen von der Finanzkrise stark betroffen. Beim Kauf von mittelständischen

Unternehmen hat sich die Finanzkrise weniger stark ausgewirkt. Die gegenwärtige Konsolidierung wird als Rückkehr zu einer Fokussierung auf Käufe sehr guter Unternehmen mit einer angemessenen Eigenkapitalquote betrachtet. Das Private Equity Geschäft würde von der Finanzkrise in weit stärkerem Maße betroffen sein, wenn sich diese auf die Realwirtschaft ausweitet und die gekauften Unternehmen in eine wirtschaftliche Krise geraten würden.

Welche Rolle spielen Hedge-Fonds in der Subprime-Krise?   12

Weltweit gibt es ungefähr 9000 Hedge-Fonds, die ein Vermögen von ca. USD 1,5 Billionen verwalten. Auf Grund ihrer großen Marktbedeutung und fehlender Regulierung sind mit den Aktivitäten von Hedge-Fonds hohe Risiken verbunden. Diese Risiken betreffen primär die internationale Finanzstabilität und die Marktintegrität. Hedge-Fonds waren einer der größten Investoren in Subprime-Titel und sind auch gegenwärtig in diesem Segment aktiv, um kurzfristige Renditechancen wahrzunehmen. Mit der gestiegenen Bedeutung von Hedge-Fonds ist die Gefahr verbunden, dass die Schieflage von Hedge-Fonds die Funktionsfähigkeit des internationalen Finanzsystems insgesamt beeinträchtigen könnte (zum Beispiel durch Fehlinvestitionen in verbriefte Papiere US-amerikanischer Immobilienkredite). Bisher sind nur wenige Hedge-Fonds-Verluste bekannt geworden. Dies könnte an den Freiheiten der Fonds bei den Berichtspflichten liegen.

Spiegeln die Aktienmärkte die gegenwärtige Krisenlage wider?   13

Gemäß unserer Analyse hat die Subprime-Krise große Auswirkungen auf die Aktienmärkte. Dennoch zeigen die hier untersuchten Haupteinflussfaktoren (Kurs-Gewinn-Verhältnis, Leitzinsen, Inflation, Bruttosozialprodukt) gute Ausgangsbedingungen für eine positive Entwicklung der weltweiten Indices. Aktuell sind das Kurs-Gewinn-Verhältnis und die Leitzinsen niedrig, die Inflation einigermaßen kontrolliert und eine starke wirtschaftliche Basis liegt vor. Wir gehen davon aus, dass die Finanzmärkte für eine bestimmte Zeit volatil bleiben werden. Ein Aufwärtstrend erscheint mittelfristig realistisch.

Ist in der Finanzkrise Licht am Ende des Tunnels erkennbar?   14

Es ist davon auszugehen, dass im Finanzsektor noch weiterer Abschreibungsbedarf in Folge der Subprime-Krise besteht. Ob dies weitere negative Folgen für die Realwirtschaft und eine Rezession zur Folge haben wird, kann erst dann beantwortet werden, wenn alle Risikopositionen offengelegt und bewertet sind. Während die etablierten Industrienationen deutliche Krisenmerkmale im Finanzsektor und in der Realwirtschaft aufweisen, sind die Emerging Markets noch weitgehend unbetroffen und stellen einen Wachstums- und Stabilisierungsfaktor in der Krise dar. Einiges wird auch von der Geldpolitik der Zentralbanken abhängen. Die Europäische Zentralbank sieht sinkende Zinsen in Reaktion auf platzende Blasen als Nährboden für Inflation und neue Blasen. Sie hat deshalb die Zinsen erhöht, um dem steigenden Inflationsdruck entgegen zu wirken. Die Folge dürften kurzfristige Wachstumseinbußen bei langfristiger gesamtwirtschaftlicher Stabilität sein. In den USA dominiert eine Sichtweise, die Wachstum und Finanzmarktstabilität stärker gewichtet als Preisstabilität. Mit den deutlichen Zinssenkungen könnte zwar eine nachhaltige Rezession zunächst vermieden werden. Der Preis wäre aber eine höhere Inflation. Darunter würden alle Wirtschaftssubjekte leiden und langfristig wäre ein geringes Wirtschaftswachstum die Folge.

Haben die wichtigsten Akteure aus der Krise gelernt?   15

Betrachtet man die Vielzahl geplatzter und noch bestehender Blasen, muss man zu dem Urteil kommen, dass es bislang noch nicht gelungen ist, die ordnungspolitischen Rahmenbedingungen für ein globales und nachhaltiges Wachstum auf funktionierenden Märkten zu schaffen. Momentan sind jedoch auf verschiedensten Ebenen Maßnahmen im Gange, um dies zu erreichen. Da ein kurzfristiges Eingreifen in die Märkte keine Lösung darstellt, müssen die Rahmenbedingungen für effiziente und transparente Märkte geschaffen werden. Wir schließen uns dementsprechend den Handlungsempfehlungen des Deutschen Bankenverbandes und den Initiativen der Europäischen Zentralbank an.

3 | Wie entstand die Subprime-Krise?

Infolge der Insolvenz zahlreicher Hypothekengesellschaften, historisch bedingt hoher Zahlungsrückstände und Zwangsvollstreckungen sowie einer deutlichen Verschärfung der Vergabevoraussetzungen für zweitklassige („Subprime") Kredite am US-Hypothekenmarkt entsteht eine zunehmende Wahrnehmung unter Politikern und Finanzmarktaufsichtsbehörden hinsichtlich der Notwendigkeit, die fortschreitende Zwangsvollstreckungswelle daran zu hindern, auf weitere Bereiche der Wirtschaft überzugreifen. Die niedrigen Zinssätze für Hypothekenkredite in den vergangenen Jahren und der zunehmende Anstieg der Immobilienpreise führten zu einer steigenden Anzahl an Hauseigentümern, insbesondere unter den „Subprime"-Kreditnehmern, also den zweitklassigen Kreditnehmern mit schlechter Bonität. Aufgrund der steigenden Zinssätze in Verbindung mit risikoreichen Hypothekenkrediten und variabler Verzinsung werden viele finanziell anfällige Kreditnehmer nun mit hohen Zahlungen konfrontiert.

3.1 Grundlagen der Subprime-Krise

3.1.1 Warum haben US-Bürger in Immobilien investiert?

Da der US-Dollar die bevorzugte Währung für Investitionen ist, flossen in den vergangenen Jahren durchschnittlich drei bis vier Milliarden US-Dollar täglich aus dem Ausland in die USA. Gewöhnlich stärken Kapitalzuflüsse die Wirtschaft, aber im Falle der USA stellte sich heraus, dass sie den umgekehrten Effekt hatten. Die Ansammlung von Kapital trug zu einem starken Rückgang der Zinssätze bei Konsumentenkrediten sowie bei Immobilienkrediten bei.

Nach dem Platzen der Internetspekulationsblase und den Anschlägen vom 11. September senkte die US-Notenbank den Leitzins in den Jahren 2002 und 2003 auf einen historischen Tiefstand von etwa 1 %, um die Wirtschaft mit billigem Geld anzukurbeln (vgl. Abbildung 3.1). Die Amerikaner, die nach dem Crash des Aktienmarktes zurückhaltend bei Investitionen in Aktien waren, wechselten zu Immobilien. Sie begannen in großem Umfang Häuser zu bauen und zu verkaufen und lösten bestehende Hypotheken ab, indem sie neue Kredite zu günstigeren Zinssätzen aufnahmen (vgl. Abbildung 3.2). Der schnelle Anstieg der Immobilienpreise führte zu stetig steigenden Preisen für Wohnungen und Privathäuser und

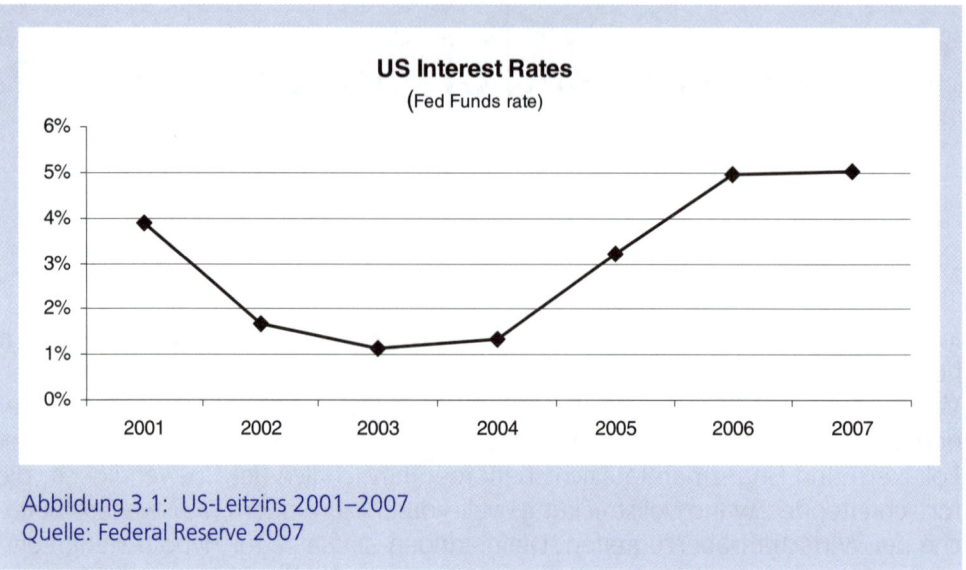

Abbildung 3.1: US-Leitzins 2001–2007
Quelle: Federal Reserve 2007

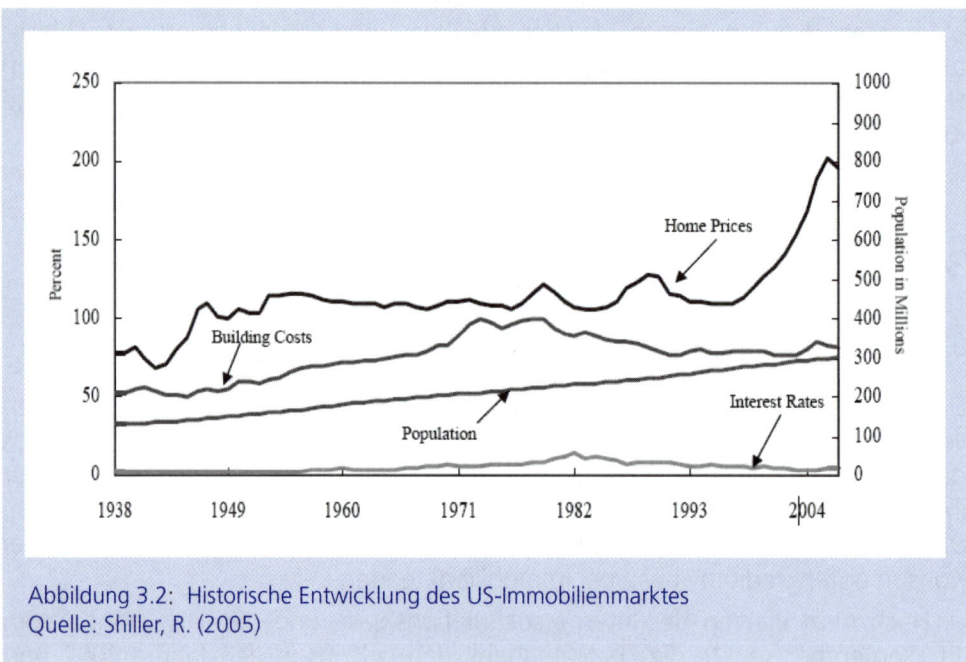

Abbildung 3.2: Historische Entwicklung des US-Immobilienmarktes
Quelle: Shiller, R. (2005)

ermöglichte somit höhere Hypotheken. Während der letzten zehn Jahre stiegen die realen Hauspreise um fast 85 %, und der Anteil an Hauseigentümern in den USA nahm von 65 % auf 69 % zu.[1]

---

[1] Buchter (2007)

3.1.2   Was ist unter Hypothekenkrediten zu verstehen?

Zur gleichen Zeit waren Investoren auf der Suche nach Investitionen mit hohen Renditen, und hierfür wurden neue Lösungen gefunden. Investmentbanken kauften Kredite von regionalen Banken und Hypothekenbanken und bündelten sie zu neuen Anlageinstrumenten. Dieser Vorgang wird Verbriefung genannt und bezieht sich grundsätzlich auf Mortgage Backed Securities (MBS), also verbriefte Hypothekenkredite. In einem weiteren Schritt werden aus den MBS Fonds gebildet, sogenannte Collateralised Mortgage Obligations (CMO). Diese werden im folgenden Schritt an Kunden verkauft. Die bedeutendsten Investoren in MBS-Wertpapiere sind Investmentfonds, Hedgefonds, Versicherungen und Pensionsfonds.[2]

3.1.3   Was steckt hinter der Verbriefung von Hypothekenkrediten?

Bei der Verbriefung handelt es sich um eine Finanztransaktion, bei der Vermögenswerte und Wertpapiere neu strukturiert und letztendlich in einem Pool gebündelt werden. Anschließend werden Wertpapiere emittiert, deren Zinszahlungen und Tilgungen aus den Cash Flows des Pools stammen. Eine solche Verbriefung erleichtert Marktwachstum durch die Streuung von Risiken, bietet Investoren Wertpapiere mit gutem Rating und einer verbesserten Rendite und öffnet den Bereich „Origination" für Spezialfinanzierungsinstitute ohne Einlagengeschäft. Eine typische Verbriefung umfasst die Gründung einer insolvenzsicheren Zweckgesellschaft (Special Purpose Vehicle „SPV"). Diese emittiert mehrere Klassen von Eigenkapital- und Fremdkapital-Wertpapieren, die wiederum aus einer oder mehreren Tranchen von Investment Grade geratetem Fremdkapital und einer oder mehreren Tranchen von Non-Investment Grade geratetem Fremdkapital und/oder Eigenkapital bestehen. Die Risiken, die mit dem zugrunde liegenden Pool an Assets verbunden sind, werden den verschiedenen Tranchen zugeordnet, indem unterschiedliche Arten von „Credit Enhancement" (Verbesserung der Kreditqualität durch Sicherungsmechanismen) verwendet werden. Laut der Mortgage Bankers Association wurden 76 % der neu vergebenen Hypothekenkredite im Jahr 2006 in MBS verbrieft. Der Anteil der Subprime-Kredite innerhalb der MBS stieg von 8,6 % in 2001 auf etwa 20 % in 2005.[3]

Grundsätzlich existieren zwei Verbriefungsstrukturmodelle.

Mortgage Pass Through

Die festverzinslichen Wertpapiere, die durch einen Pool von Assets besichert sind, werden gebündelt und an die Halter des Passed Through-Wertpapieres (Investoren) durchgereicht, und zwar über eine staat-

---

[2] Sabry, Schopflocher (2007)
[3] Dewey & Leboeuf (2007)

liche Agentur oder eine Investmentbank. Bei dieser Struktur werden alle Zins- und Tilgungszahlungen des Hypothekenpools direkt und zeitgleich an die Investoren durchgeleitet. Es existieren drei mögliche Mittelflüsse an die Investoren: die Zinszahlungen, die planmäßigen Tilgungen und vorzeitige Rückzahlungen. Wegen der nicht vorhersehbaren vorzeitigen Rückzahlungen gibt es keinen Schutz gegen die Cash Flow- und Renditevolatilität, die typischerweise auftritt, wenn die Zinssätze fallen und die Hauseigentümer ihre Hypotheken refinanzieren. MPTs sind in der Regel mit einem Prepayment ausgestellt und haben ein Kündigungsrecht. Eine solche Kündigung ist entweder Zins induziert oder aufgrund von persönlichen Belangen möglich. Die Endfälligkeit des Wertpapieres ist daher unbekannt.

Mortgage Pay Through

Die Pay Through-Struktur zeichnet sich durch die zeitliche Umstrukturierung der Zahlungsströme aus. Ein Cash Flow-Management investiert das Geld vorübergehend, bevor es an die Investoren zum vereinbarten Termin gezahlt wird. Auf diesem Wege können die Cash Flows beliebig zu einem Bündel und unterschiedliche Investoren berücksichtigt werden. Die bekanntesten Asset Backed Securities dieser Art sind die „Collateralised Mortgage Obligations" (CMO).

Die Unsicherheit der vorzeitigen Rückzahlung bei MBS führte zur Entwicklung der Collateralised Mortgage Obligations (CMO). Diese komplexere Art von Hypothekenverbriefung hilft dabei, die Kreditqualität zu verbessern, indem die Cash Flows vom Hypothekenpool getrennt werden und in verschiedene Anleihen mit unterschiedlichen Endfälligkeiten sowie unterschiedlichen Risiko- und Renditemerkmalen verbrieft werden. Die Anleihen können dann an Investoren mit verschiedenen Anlagezielen verkauft werden. Dieser Credit Enhancement-Mechanismus wird „Senior/Subordinated-Struktur" genannt. Die MBS werden gebündelt, um CMOs zu strukturieren. Ein CMO wird strukturiert, indem ein Emittent Cash Flows von dem zugrunde liegenden Vermögenswert, dem Collateral, auf eine Reihe von Klassen verteilt, die Tranchen genannt werden. Diese wiederum werden gemäß ihrem Risikogehalt unterteilt. Die Laufzeiten sind derart gestaltet, dass sie spezifische Anlageziele erfüllen. Da die Zahlungen der zugrunde liegenden Hypothekenkredite gesammelt werden, zahlt der Emittent üblicherweise den Zinssatz des Kupons an die Anleihegläubiger jeder Tranche. Alle planmäßigen und außerplanmäßigen Tilgungen gehen zuerst an die Investoren der vorrangigen („senior") Tranchen (AAA und AA geratete Tranchen) (siehe Abbildung 3.3). Investoren der nachrangigen („subordinated") Tranchen erhalten erst dann Tilgungen, wenn die

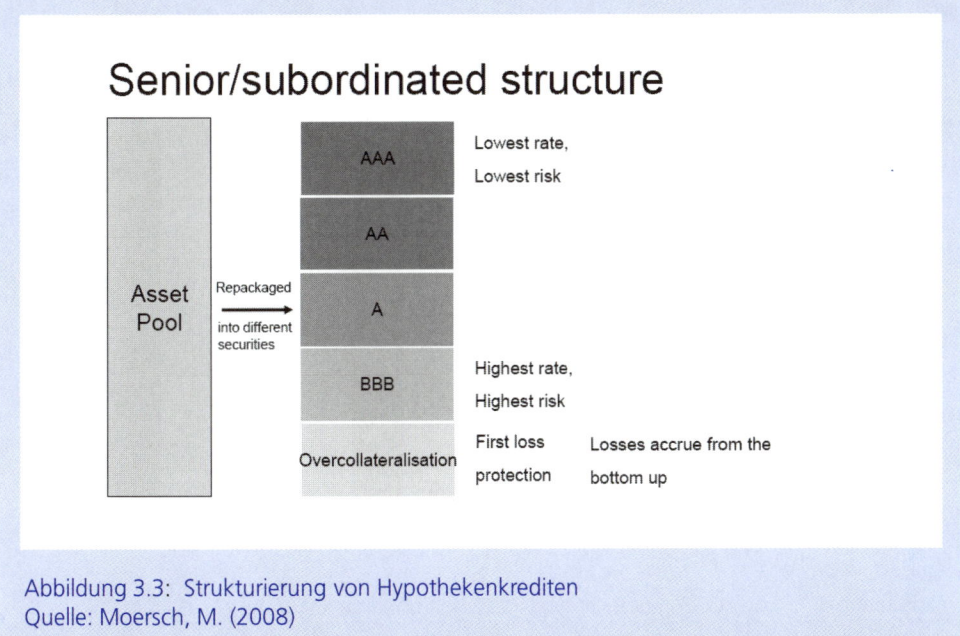

Abbildung 3.3: Strukturierung von Hypothekenkrediten
Quelle: Moersch, M. (2008)

Seniortranchen vollständig zurückgezahlt sind. Als Kompensation für die höchste Wahrscheinlichkeit eines Defaults und des anschließenden Ausfalls erhalten die nachrangigen Tranchen eine höhere Rendite. Durch den Kredittranchierungsprozess ist es möglich, für die Seniortranchen einen Investment Grade Status zu erreichen, obwohl die zugrunde liegenden Vermögenswerte Subprime-Kredite sind.[4]

Abgesehen von der Senior/Subordinated-Struktur gibt es unterschiedliche Formen von Credit Enhancement, die bei der Verbriefung verwendet werden können, um den unterschiedlichen Tranchen unterschiedliche Ratings zu geben. Darunter fallen sogenannte „Überlaufkonten" (spread accounts), „revolvierende/amortisierende Strukturen", „Monoline-Versicherungen", „Cash Collateral Kredite" und „Garantien". Dennoch ist der wesentlichste Aspekt für eine Hypothekenverbriefung die Senior/Subordinated-Struktur.

Ratingagenturen haben anhand von Ratings die Bonität einer Investition in CMOs auf der Basis von erwarteten Verlusten für die unterschiedlichen Tranchen unter normalen Bedingungen und Worst Case-Szenarien bestimmt, bevor diese an Investoren verkauft wurden. Mehr als ein Fünftel der weltweit ausstehenden festverzinslichen Wertpapiere stehen laut der Federal Deposit Insurance Cooperation (FDIC) direkt oder indirekt in Verbindung mit US Immobilien. Um für ausreichendes Angebot zu sorgen, wurden die Voraussetzungen für die Kreditvergabe gelockert. Somit wurde eine sehr risikoreiche Hypothekenvariante für Kreditnehmer mit hohem Ausfallrisiko geschaffen, die Subprime-Hypothekenkredite. Der Anteil des

---

[4] Getter, Jickling et. al. (2007)

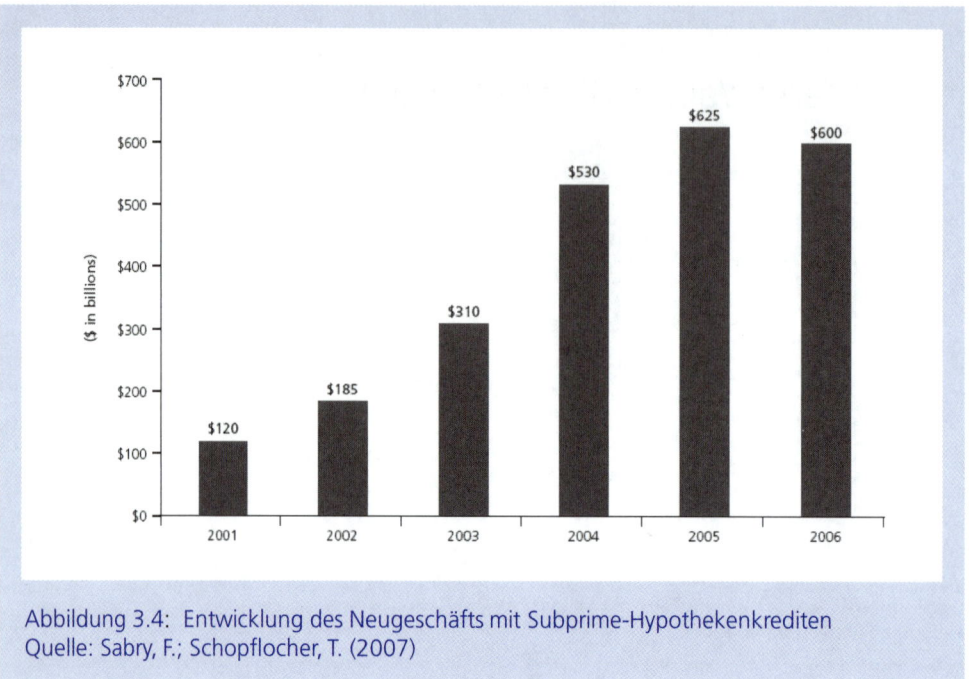

Abbildung 3.4: Entwicklung des Neugeschäfts mit Subprime-Hypothekenkrediten
Quelle: Sabry, F.; Schopflocher, T. (2007)

Neugeschäftes mit Subprime-Hypothekenkrediten stieg von 5 % vor 10 Jahren
auf etwa 20 % im Jahr 2005 und betrug im Jahre 2005 $625 Mrd. (siehe auch
Abbildung 3.4).[5]

3.1.4   Das Problem zweitklassiger „Subprime-Schuldner"

Zweitklassige „Subprime"-Schuldner sind Kreditnehmer, die sich durch eine hohe
Ausfallwahrscheinlichkeit aufgrund ihres geringen Einkommens und Vermögens,
einer inkonsistenten Kredithistorie und andere Merkmale, die das Ausfallrisiko
für Kreditgeber erhöhen, auszeichnen. Die zweitklassigen Subprime-Hypothekenkredite sind teurer im Vergleich zu erstklassigen Hypothekenkrediten. Grund ist
die Risikoprämie, die für das höhere Ausfallrisiko gezahlt werden muss. Subprime-
Kreditnehmer haben meist einen Beleihungswert von über 80 %. Die Kredite von
Subprime-Kreditnehmern werden üblicherweise verwendet, um Häuser zu bauen
oder zu kaufen oder bestehende Hypothekenkredite umzufinanzieren bzw. diese
neu zu strukturieren. Eine Refinanzierung gestattet es den Kreditnehmern, direkt
vom Anstieg der Immobilienpreise (höhere Sicherheit für den Kredit und somit
bessere Kondition) sowie vom niedrigeren Zinssatz (marktgegeben) zu profitieren.
Eine akademische Studie zeigt, dass 60 % der Subprime-Kreditnehmer sich mit einem neuen Subprime-Kredit refinanzieren. Der Anteil dieser Kreditnehmer beläuft
sich auf 13–14 % der 43 Millionen ausstehenden Hypothekenkredite in den USA.

---

[5] Sabry, Schopflocher (2007)

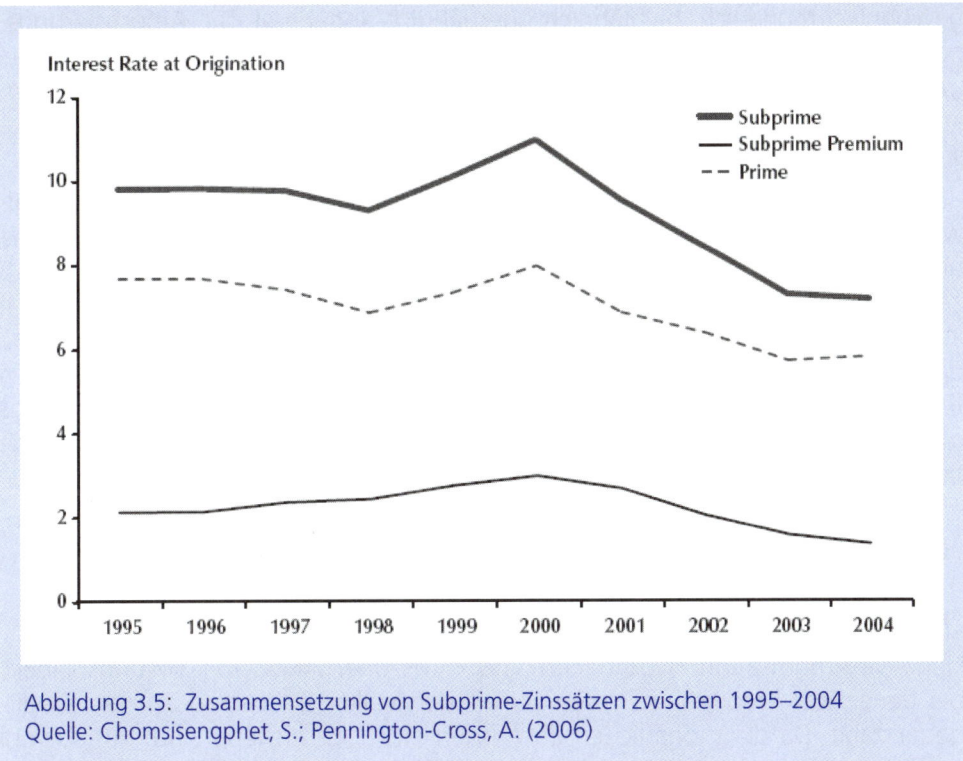

Abbildung 3.5: Zusammensetzung von Subprime-Zinssätzen zwischen 1995–2004
Quelle: Chomsisengphet, S.; Pennington-Cross, A. (2006)

Der Subprime-Sektor ist in den vergangenen Jahren infolge von Fortschritten bei der Kreditwürdigkeitsprüfung und bei der Technologie zur Risikoprüfung drastisch angestiegen. Diese ermöglichen den Kreditgebern, unterschiedlichen Kreditnehmern unterschiedliche Zinssätze auf der Basis einer errechneten Kreditwürdigkeit zuzuteilen.[6] Die Subprime-Zinssätze haben sich wie in Abbildung 3.5 dargestellt verändert.

3.1.5 Hypothekenkredite

Festverzinsliche und variabel verzinsliche Hypothekenkredite

Die Hypotheken, die von den Kreditnehmern aufgenommen werden, werden allgemein in zwei Hauptarten unterteilt: die festverzinslichen Hypotheken (FRM, „fixed rate mortgage") und die variabel verzinslichen Hypotheken (ARM, „adjustable rate mortgage"). Beim „FRM" bleibt die Zinszahlung während der Laufzeit des Kredits gleich. Beim „ARM" ändern sich die Zinszahlungen in regelmäßigen Abständen; die Zinssätze sind gebunden an die Entwicklung eines Index wie beispielsweise den LIBOR. Der Zinssatz eines „ARM" besteht aus zwei Teilen, dem Index und der Marge. Bei den Subprime-Krediten ist der Anteil von „ARMs" von 73 % in 2001 auf über 91 % in 2006 angewachsen. Dabei wird die Tilgungsrate

---

[6] Schumer, Maloney (2007)

gewöhnlich monatlich, halbjährlich oder jährlich angepasst. Die Amortisierungs-periode beträgt üblicherweise 30 Jahre bei monatlichen Zahlungen. Wenn bei „ARMs" der zugrundeliegende Index steigt, so steigt der Zinssatz des Hypotheken-kredites ebenfalls; und eben dieser Effekt führte zu den bekannten Zahlungs-schwierigkeiten bei den Kreditnehmern.[7]

Es gibt auch Mischstrukturen aus „FRMs" und „ARMs", bei denen normaler-weise für die ersten zwei bis drei Jahre ein fester Zinssatz angeboten wird, der unter dem Marktzins liegt. Anschließend erfolgt ein Wechsel zu variablen Zinssät-zen (zum Beispiel „2/28" Hybridstruktur: ein 2 Jahres-„FRM" wird umgewandelt in ein 28 Jahres-„ARM"). Von diesem auf den ersten Blick interessant aussehen-den Angebot ließen sich viele Kreditnehmer insbesondere wegen der niedrigen festen Zinssätze in den ersten Jahren überzeugen. Sie mussten dann allerdings oft einen deutlich höheren Zinssatz zahlen, sobald die variabel verzinste Periode begann, was häufig zu Zahlungsschwierigkeiten führte.[8]

Weitere eingeführte Produkte sind u. a. „Negative-Amortisation" Hypotheken, „Interest-Only" Hypotheken und der „Piggyback" Kredit.

„Negative-Amortisation" Hypothek

Negative-Amortisation Hypotheken sind FRMs oder ARMs mit Tilgungsplänen, bei denen der Kreditnehmer weniger als den vollen Zinsbetrag an den Kredit-geber zahlt. Da die monatlichen Zahlungen nicht ausreichend sind, um sowohl die Zinsen als auch die Tilgungen des Kredits zu decken, wird der Fehlbetrag zum ausstehenden Kreditbetrag hinzuaddiert. Diese Situation entsteht, wenn die Tilgungen das Maximum erreichen, während der Kreditzinssatz steigt.

„Interest-Only" Hypothek (IO)

Ein „Interest Only"-Tilgungsplan ermöglicht es, für einen festgelegten Zeitraum nur die Zinsen zu zahlen. Nach der „Interest Only"-Periode muss der Kreditnehmer den ausstehenden Kreditbetrag zusätzlich zu den periodischen Zinsen zahlen.

Piggyback Kredit

Hauskäufer, die nicht in der Lage sind, die Anzahlung von 10–20 % zu leisten, haben die Möglichkeit, einen zweiten Hypothekenkredit aufzunehmen, um aus-reichend Eigenkapital aufzubringen. Auf diese Weise können sie ein Haus kaufen, ohne auch nur einen Dollar dafür gespart zu haben.

---

[7] Federal Reserve Board (2006)
[8] Kiff, Mills (2007)

3.2 Welchen Verlauf hat die Immobilienkrise genommen?

Die Vergabe von Subprime-Krediten nahm in den 90er Jahren rapide zu. Das Wachstum des Subprime-Marktes kann auf eine Reihe zusammenhängender Faktoren zurückgeführt werden. Dazu zählen u. a. die nationale Gesetzgebung in den USA, die staatlich festgelegten Obergrenzen bei Hypothekenkonditionen abgeschafft hat, die nationale Wirtschaft und steigende Immobilienwerte, eine höhere Verschuldung bei Konsumenten, die technologische Entwicklung, Veränderungen an den Finanzmärkten sowie die Suche nach höheren Gewinnen.

Zwei Gesetze sind in den frühen 80er Jahren in Kraft getreten. Der „Depository Institutions Deregulation and Monetary Control Act" (DIDMCA) und der „Alternative Mortgage Transaction Parity Act" (AMTPA) ermöglichten es den Kreditgebern, Hypothekenkredite mit Konditionen und Ausstattungsmerkmalen, die vorher in einzelnen Staaten verboten waren, zu vergeben.

3.2.1 Depository Institutions Deregulation and Monetary Control Act

DIDMCA wurde im Jahr 1980 eingeführt und half dabei, die Grundlage für die Vergabe von Subprime-Krediten durch die Deregulierung von Kreditzinssätzen zu schaffen, indem staatlich festgelegte Zinsobergrenzen abgeschafft wurden. Des Weiteren unterscheidet das Gesetz nicht zwischen Konsumentenkrediten und Krediten, die für andere Zwecke gewährt werden und durch das Haus des Kreditnehmers besichert sind.[9]

3.2.2 Alternative Mortgage Transaction Parity Act

Während der DIDMCA die Rahmenbedingungen für höhere Zinssätze schuf, schaffte der AMTPA von 1982 Gesetze ab, die eine Vielzahl alternativer Ausgestaltungsmerkmale bei Hypothekenkrediten, die wesentliche Elemente von Subprime-Krediten sind, eingeschränkt hatten. Der AMTPA sollte das Volumen derjenigen Kreditprodukte erhöhen, die die Upfront-Kosten für Kreditnehmer verringern, so dass sich mehr Menschen Wohneigentum leisten können. Insbesondere ermöglicht diese Gesetzgebung Kreditgebern die Gewährung von Hypothekenkrediten mit Merkmalen wie variable Zinssätze und negative Amortisation.

3.2.3 Steuerreform von 1986

Die Nachfrage nach „Home Equity Loans", also nach Eigenheimkrediten in Höhe des Eigenkapitals, stieg zur gleichen Zeit, als DIDMCA und AMTPA eingeführt wurden; es ist unklar, ob diese Gesetze es den Kreditgebern erleichtert haben, auf die zunehmende Nachfrage nach Home Equity Loans zu reagieren, oder ob die Kreditgeber es waren, die einen Markt für solche Kredite geschaffen haben.

---

[9] Birger (2008)

Auf jeden Fall haben die steigenden Häuserwerte in den 80er Jahren die Höhe des Eigenkapitals bei Eigenheimfinanzierungen in den USA erhöht. Dieser Vermögenswert wurde eine attraktive Finanzierungsquelle nach der Einführung des Tax Reform Act im Jahr 1986. TRA untersagte den Steuerzahlern, Zinsen auf Konsumentenkredite wie Kreditkarten und Autokredite von den Steuern abzuziehen, während diejenigen Zinsen, die für Hypothekenkredite gezahlt wurden und die durch das eigene Haus sowie durch weitere Immobilien besichert waren, steuerabzugsfähig wurden. Diese Änderung stellte einen Anreiz für Hausbesitzer dar, Home Equity Loans aufzunehmen und die Erlöse für die Rückzahlung der Konsumentenkredite zu verwenden, für die üblicherweise höhere Zinsen anfielen als für die Home Equity Loans.

3.2.4 Die Entwicklung in den 1990er Jahren

Gesetzgebungsinitiativen und aggressives Marketing der Kreditgeber, zusammen mit einer gestiegenen Nachfrage nach Home Equity Loans als Alternative zu unbesicherten Konsumentenkrediten trieben das Wachstum des Subprime-Segments in den Neunzigern an. Makler und Kreditgeber begannen Mitte der Neunziger mit der computerisierten Darlehensantragserfassung und der Nutzung automatisierter Risikoprüfungssysteme, die sie in erstklassigen Darlehenstransaktionen unterstützen sollten. Diese Innovationen ermöglichten es den Hypothekenfinanzierern, große Volumina an Kreditneugeschäft zu generieren, ausgelöst durch die Nachfrage nach erstklassigen Hypothekenrefinanzierungskrediten. Als die Volumina bei diesen Krediten nach der Zinserhöhung der US-Notenbank im Jahr 1994 fielen, begannen die Kreditgeber auf der Suche nach neuen Märkten den Subprime-Markt zu bedienen. Makler und Hypothekenfinanzierer begannen noch im selben Jahr, eine größere Anzahl an Neugeschäft mit Subprime-Hypothekenkrediten zu generieren, um die Gewinne auf dem gleichen Niveau zu halten und die vorhandenen Kapazitäten zu nutzen.

Nichteinlagen- und Monoline-Finanzierungsinstitute vergeben einen Großteil der Subprime-Kredite. Mortgage Backed Securities (MBS) wiederum stellen einen großen Anteil der Marktliquidität dar.

Die Investoren kauften MBS, weil diese Elemente enthalten, die die Käufer vor dem erhöhten Kreditrisiko des zugrundeliegenden Subprime-Hypothekenkredit-Collateral Pool schützen. Emittenten von Subprime-MBS wandten eine Vielzahl von Methoden an, u. a. Senior/Subordinated-Strukturen, um sicherzustellen, dass ein Teil der Subprime-MBS ein relativ gutes Rating erhält. Für diese MBS herrschte keineswegs eine Knappheit an Käufern. 1997 kauften Investoren MBS im Wert von mehr als 60 Mrd. US$, sechsmal mehr als das im Jahr 1991 erreichte MBS-Volumen von 10 Mrd. US$. Analysten waren Mitte der Neunziger optimistisch, was das Subprime-Kreditgeschäft angeht. Die Nachfrage nach derartigen Krediten war stark, die Kreditgeber generierten viel Neugeschäft, und die Nachfrage von Investoren nach Subprime-MBS stellte einen stabilen Liquiditätszufluss sicher.

Diese positiven Trends kehrten sich in den späten 1990er Jahren rasch ins Gegenteil um, als die Ausfallraten am Subprime-Markt anstiegen und die Finanzkrise in Asien die Marktnachfrage nach Subprime-MBS veränderte.

Immer mehr Firmen, die durch hohe Gewinne angezogen wurden, stiegen in den späten 1980er Jahren und in den Neunzigern ins Subprime-Kreditgeschäft ein. Um die Kreditvolumina zu erhöhen, wandten die Kreditgeber ihre Kriterien für die Kreditvergabe mit größerer Flexibilität an und vergaben Kredite an weniger kreditwürdige Schuldner. Bis zum Jahr 1997 waren die Zahlungsrückstände und Ausfallquoten höher als erwartet. Vorzeitige Rückzahlungen von Subprime-Krediten erfolgten ebenfalls schneller als erwartet; die Kreditnehmer nutzten den Vorteil niedrigerer Zinssätze, um ihre Hypothekenkredite zu refinanzieren, nachdem sie ihre Kreditwürdigkeit verbessert hatten.

Die Finanzkrise in Asien Ende 1998 schädigte das Vertrauen der Investoren insgesamt, was wiederum das Vertrauen in den Subprime-MBS-Markt sinken ließ. Die daraus folgende Liquiditätsverknappung am Kapitalmarkt beschränkte den Zugang der Kreditgeber zu anderen Finanzierungsquellen noch weiter. Dies verschlimmerte die Liquiditätsprobleme vieler Subprime-Kreditgeber. Die Investoren suchten in der Zwischenzeit Zuflucht bei den risikoärmeren Anleihen.

3.2.5 Die aktuelle Krise

Nach dem Platzen der „dotcom"-Blase im Jahr 2000 sahen sich die meisten Länder, so auch die USA, mit einem wirtschaftlichen Abschwung konfrontiert. Die Zinssätze während dieser Periode waren niedrig, und die Kreditvergabestandards ließen zu wünschen übrig. Dies führte zur Entstehung einer neuen Blase im Jahr 2001 in Form von Immobilien. Die Preise für Immobilien schossen in diesem Zeitraum in die Höhe. Es gab einen extremen Konkurrenzkampf beim Kauf von Häusern. Immobilienkäufe wurden durch Kredite finanziert, da diese sehr günstig und leicht zu bekommen waren. Kreditvermittlungsagenturen nutzten innovative Produkte, um Kunden während der Jahre 2004 bis 2006 anzuziehen, und Kreditgeber hatten Vertrauen in Subprime-Kreditnehmer. Das Neugeschäft mit Subprime-Krediten stieg an (vgl. Abbildung 3.6).

Innovationen in der Eigenheimfinanzierung haben Kreditgebern, Investoren und Kreditnehmern viele Vorteile gebracht. Deutlich mehr als in der Vergangenheit sind versicherte Einlageninstitute jetzt in der Lage, ihre Liquidität zu verwalten und ihre Risiken zu kontrollieren, indem sie Klumpenrisiken und Endfälligkeiten durch die Nutzung von Finanzinstrumenten wie MBS anpassen. Für Kapitalmarktinvestoren hat die Verbriefung die Transaktionskosten verringert und die Transparenz sowie die Liquidität erhöht. Der Markt wurde sehr professionell hinsichtlich der Segmentierung der Cash Flows von Hypothekenportfolien in Risikotranchen, die Investoren mit unterschiedlichen Risikoneigungen ansprechen.

Die Vorteile von Hauskäufern in einem von Finanzinnovationen und Liquidität geprägten Marktumfeld liegen insbesondere in der zunehmenden Zahl an

Kreditgebern, die aktiv am Hypothekenmarkt miteinander konkurrieren, in den weit reichenden Produktangeboten, dem optimierten Kreditvergabeprozess, den geringeren Risikoprämien auf Kreditzinsen sowie in der relativ einfachen Möglichkeit, einen Hypothekenkredit zu erhalten. Kurz gesagt, die Verbriefung hat dazu beigetragen, mehr Eigenheimbesitzer zu schaffen. Es überrascht daher nicht, dass es deutliche Zunahmen unter den Eigenheimbesitzern aus den Reihen der gering- und mittelmäßig verdienenden Schichten gab. Die Entwicklung des Subprime-Marktes war ein integraler Faktor bei der Schaffung dieser Eigenheimmöglichkeiten für zuvor bonitätsschwache Kreditnehmer.

An den Finanzmärkten machte sich jedoch die zunehmende Sorge um die Kreditqualität breit und führte zu einem Rückzug der Investoren. Dies führte in manchen Fällen zu einer deutlichen Verschlechterung der Funktionsfähigkeit des Marktes. Für einige Haushalte und Unternehmen wurde es schwieriger, Kredite aufnehmen zu können, und für diejenigen, denen ein Kredit bewilligt wurde, wurde dieser teurer. Verschärfte Kreditbedingungen führten im Umkehrschluss zu einer Intensivierung der fortschreitenden Korrektur am Markt für Eigenheime und zu einer Einschränkung des Wirtschaftswachstums.

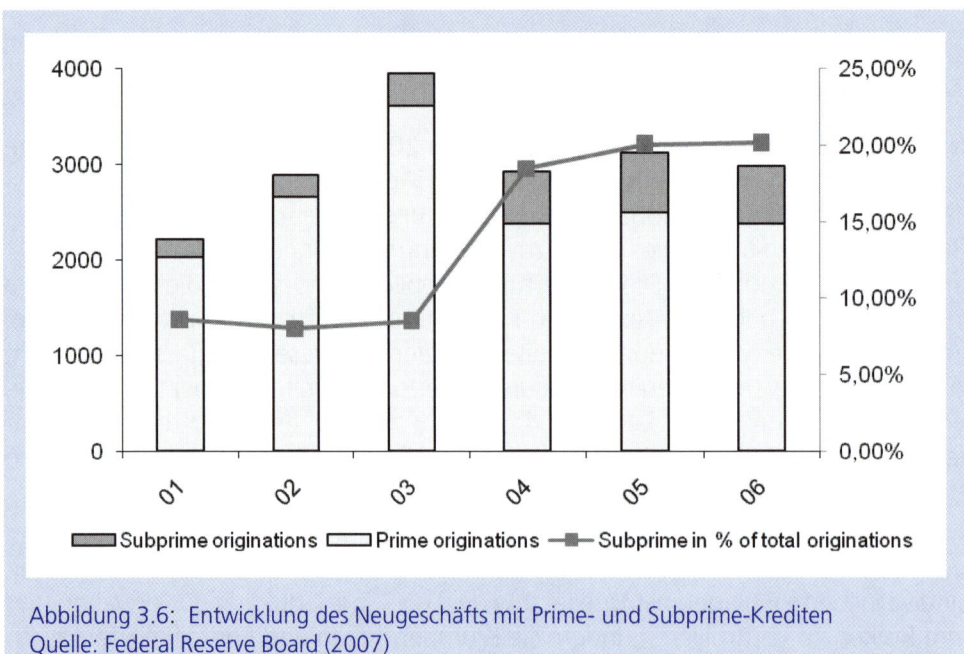

Abbildung 3.6: Entwicklung des Neugeschäfts mit Prime- und Subprime-Krediten
Quelle: Federal Reserve Board (2007)

Während der Jahre des anhaltenden Anstieges der Immobilienpreise und der niedrigen, stabilen Zinssätze wurden die meisten Schuldner nicht mit großen Zahlungsschocks konfrontiert, und diejenigen, die damit konfrontiert wurden, konnten später vom steigenden Wert ihres Eigenheims profitieren, um sich zu refinanzieren bzw. die Kredite umzustrukturieren. Diese Bedingungen änderten sich im

Jahr 2006, als die Zinsen für Hypothekenkredite auf dem höchsten Niveau der vergangenen vier Jahre lagen. Das Volumen an Hausverkäufen ging deutlich zurück, und die Geschwindigkeit der Preissteigerungen bei Eigenheimen nahm ab. Dies machte die Subprime-Kreditnehmer anfälliger für Zahlungsschwierigkeiten. Die Anzahl der Zwangsvollstreckungen und Zahlungsrückstände unter den Schuldnern stieg an.

Als Ergebnis der ausbleibenden Tilgungen durch die Kreditnehmer gerieten die Banken in Liquiditätsengpässe. Einige Banken standen kurz vor der Insolvenz. Infolge dessen fielen die Aktienkurse von Banken. Misstrauen zwischen den Banken entstand aufgrund der Unsicherheiten, wodurch die Interbankengeschäfte zum Erliegen kamen. Die Geldflüsse an den Finanzmärkten brachen zusammen oder wurden massiv beeinträchtigt. Es wurde zunehmend schwieriger für die Kreditinstitute Geld aufzunehmen, um ihr tägliches operatives Geschäft aufrecht zu erhalten.

Unter den institutionellen Marktteilnehmern waren insbesondere die Subprime-Kreditgeber, die Banken, Bauunternehmen und Investoren wie Hedge Fonds und Pensionsfonds betroffen. Die Auswirkungen des Subprime-Marktes sind jedoch nicht auf die USA beschränkt, und bis zum heutigen Tag sind die Auswirkungen auf die Weltwirtschaft nicht absehbar.[10]

3.3 Auswirkungen der Subprime-Krise

3.3.1 Der Ursprung des Problems

Insbesondere Kredite mit variablen Zinssätzen sowie Hybridstrukturen erwiesen sich als problematisch, da die kurzfristigen Zinssätze von etwa 1 % in 2003 auf 5,75 % in 2007 angestiegen sind. Viele Kreditnehmer waren nicht in der Lage, ihren jetzt höheren monatlichen Zahlungsverpflichtungen nachzukommen, während fallende Immobilienpreise es schwierig machten, das Haus ohne Hinnahme von Verlusten zu verkaufen. Dieses Grundproblem wird sich in der nächsten Zeit weiter verschlimmern und weitere, deutliche gesteigerte Ausfälle mit sich bringen.[11]

3.3.2 Auswirkungen auf die Realwirtschaft

Gemäß den Vorhersagen des „Center for Responsible Lending" werden 20 % der Subprime-Hypothekenkredite mit einem Verlust der Immobilie enden. Demnach werden die Immobilien zwangsversteigert und Familien mit Zahlungsschwierigkeiten zurückbleiben. Dies hat möglicherweise einen Einfluss auf die wirtschaft-

---

[10] Bernanke (2007)
[11] Schumer, Maloney (2007)

liche Entwicklung: der private Konsum in den USA wird zurückgehen und die Produktion wird ebenfalls heruntergefahren werden. Dies wiederum könnte zu Entlassungen, insbesondere im Bausektor und den Bau nahen Gewerben führen. Aufgrund der Zwangsvollstreckungen müssen Familien aus ihren Häusern ausziehen. Dies beeinflusst den Wert der benachbarten Immobilien, wenn es in großer Anzahl in einem einzelnen Wohngebiet passiert. Dies könnte wiederum einen Einfluss auf die Grundsteuereinnahmen der Bundesstaaten und lokalen Regierungen haben.

3.3.3   Der Hypothekenmarkt

Da die Investitionen in Bauaktivitäten in Wohngebieten zurückgehen und die Hauspreise fallen, besteht durchaus Grund zur Sorge hinsichtlich der langfristigen Aussichten für Häuserwerte. Einer starken Preissteigerung folgte ein plötzlicher und starker Preisverfall. Da eine Immobilienpreisblase existierte, waren die Immobilienpreisniveaus dramatisch von den veränderten Erwartungen betroffen. Es ist offensichtlich, dass sich die Erwartungen hinsichtlich der Immobilienpreise bereits verändert haben. Der Housing Market Index der National Association of Home Builders, der auf monatlichen Umfragen eines Forums von Hausbauern basiert, erreichte ein historisches Tief zu Beginn des Jahres 2008 (vgl. Abbildung 3.7).[12]

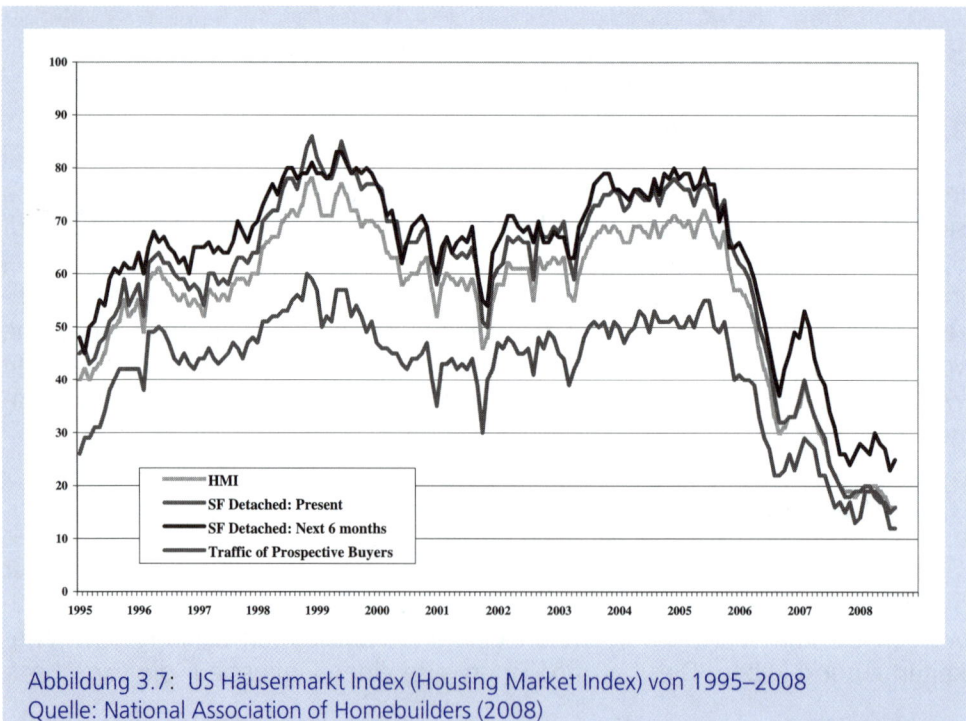

Abbildung 3.7: US Häusermarkt Index (Housing Market Index) von 1995–2008
Quelle: National Association of Homebuilders (2008)

---

[12] National Association of Homebuilders (2008)

3.3.4 Der Bankensektor

Ein weiterer Aspekt liegt darin, dass Immobilienkredite für Banken kein risikofreies Geschäft mehr darstellen. Bisher befürchteten die Banken nicht, dass mehrere Darlehensausfälle durch Subprime-Hypothekenkredite auftreten könnten. Wenn ein Schuldner zahlungsunfähig war, wurde das Haus per Gerichtsbeschluss verkauft. Aufgrund der steigenden Immobilienpreise war die daraus resultierende Zahlung ausreichend, um den Kredit zu tilgen. Infolge fallender Immobilienpreise funktioniert dieses Prinzip nicht mehr und führt zu Verlusten bei den Banken. Da es unklar ist, wie hoch die Beträge sind, die Banken weltweit in Subprime-Hypothekenkredite investiert haben, ist es bislang unmöglich, die endgültigen Auswirkungen auf den Bankensektor abzuschätzen.

3.4 Kann die Subprime-Krise volkswirtschaftlich erklärt werden?

Die volkswirtschaftlichen Rahmenbedingungen spielen für das globale Verständnis der Subprime-Krise eine wichtige Rolle. Im Folgenden wird auf volkswirtschaftliche Aspekte im Rahmen der Konjunkturtheorie von Hayek eingegangen:[13]

Wenn es konjunkturpolitisch hart auf hart kommt, orientieren sich die geldpolitischen Akteure an John Maynard Keynes, auch wenn er immer wieder für tot erklärt wird. Mit Zinsen auf Niedrigstniveau wollen sie die Konjunktur stimulieren; und sie fluten schliesslich die Märkte mit Liquidität, um ein Ausgreifen von Gefahrenherden auf die Gesamtwirtschaft zu unterbinden. Die theoretischen Erkenntnisse von Keynes' Widerpart, Friedrich August von Hayek, sind in Vergessenheit geraten.

> Hayek sah die Ursache für konjunkturelle Turbulenzen in einer verzerrten Zinsbildung begründet. Seine Konjunkturtheorie lässt sich in fünf Phasen gliedern:
>
> 1. Eine höhere Investitionsbereitschaft lässt die Nachfrage nach Kapital steigen;
> 2. die Banken sind bereit, diese zusätzliche Nachfrage zu gleichbleibenden Zinssätzen zu befriedigen; Hayek nennt dies die perverse Elastizität des Kreditangebots;
> 3. der zu niedrige Preis für Kapital führt zu einem falschen Produktionsaufbau;

---

[13] Die folgenden Ausführungen sind entnommen aus: Starbatty, Joachim (2008). Professor (em.) Dr. Dr. h.c. Joachim Starbatty, Universität Tübingen, ist Vorsitzender der Aktionsgemeinschaft Soziale Marktwirtschaft (ASM).

4. der im Zuge des Konjunkturaufschwungs anziehende Zins deckt den fehlgeleiteten Produktionsaufbau auf;
5. der Prozess der Bereinigung der Produktionsstruktur mündet in eine sich verschärfende Konjunkturkrise.

Zieht man die Hayeksche Konjunkturtheorie als Referenzrahmen zur Erklärung der Subprime-Krise heran, ist zu bedenken, dass jeder Konjunkturzyklus spezifische Merkmale aufweist und dass das Erfahrungsmaterial sowie das institutionelle Arrangement Hayeks, in dem sich seinerzeit die Konjunkturschwingungen vollzogen, aus den zwanziger Jahren des vorigen Jahrhunderts stammen. Freilich ist das bewegende Phänomen des Hayekschen Prozesses zeitlos: Der Zins als relativer Preis zur Steuerung des gesamtwirtschaftlichen Produktionsaufbaus ist nicht an Raum und Zeit und an bestimmte institutionelle Arrangements gebunden. Anhand des Hayekschen Phasenschemas kann die Entstehung der Subprime-Krise wie folgt nachgezeichnet werden.

Phase 1: Die für die Weltwirtschaft entscheidenden Zentralbanken haben nach dem Absturz an den Aktienbörsen im Laufe des Jahres 2000 den Refinanzierungszins auf ein so niedriges Niveau – gemessen am Index für Konsumentenpreise war der Realzins sogar negativ – gesetzt, dass dies als auslösendes Moment des letzten Zyklus angesehen werden muss.

Phase 2: Die niedrigen Zinsen waren als Einladung an die Banken gedacht, über die Refinanzierung bei den Zentralbanken die Realwirtschaft mit Liquidität zu günstigsten Konditionen zu versorgen, um so den Konsequenzen des Platzens der Blase auf den Aktienmärkten entgegenzuwirken. Zuvor hatte der Fed-Präsident ein zentrales Signal für Banken und Unternehmerwirtschaft gesetzt. Unter seiner Stabführung – bei Heranziehung der wichtigsten Notenbanken – ist der LTCM-Hedge-Fund in einer koordinierten Runde vor dem Konkurs bewahrt worden. Greenspan wollte die Auslösung einer Kettenreaktion verhindern. Zugleich hat das Fed ausserhalb des Turnus zweimal den Refinanzierungssatz um jeweils 25 Basispunkte gesenkt. Das ist als Zinsreduktion keineswegs nennenswert, wohl aber als Signal an die Märkte: Das Fed wird anbahnenden Liquiditätsengpässen entgegenwirken. Diese Politik ist als „Greenspan put" in die jüngste Geldgeschichte eingegangen: Die Geldpolitik des Fed wird als eine Versicherung gegen gesamtwirtschaftliche Liquiditätsengpässe und damit als Absicherung gegen das Absinken der Börsenkurse auf breiter Front gesehen.

Phase 3: Die liquiditätsmässige Flutung der verschiedenen Märkte hat den Zins als Lenkungsinstrument des gesamtwirtschaftlichen Produktionsaufbaus ausser Kraft gesetzt; dies gilt für den Markt für Unternehmensübernahmen weltweit. Die darauf spezialisierten Investmentfonds verfügten über hinreichend Liquidität zu günstigsten Konditionen und haben dabei auch Projekte angebahnt, bei denen sich die Übernahmepreise von der Realität gelöst haben, so dass die dahinterstehenden Banken schliesslich die Kreditierung auf die eigenen Bücher nehmen mussten. Die einzelnen Kredittranchen konnten im Markt nicht mehr untergebracht werden.

Der frühere Chefökonom der EZB, Otmar Issing, war sich dieser Risiken bewusst, als er festhielt: „Der sehr expansive Kurs der Geldpolitik hat die Liquidität global wie im Euro-Raum stark erhöht. Die hohe Liquidität birgt ein inflationäres Potenzial in sich. Sie hat auch dazu beigetragen, dass bei der Jagd nach Renditen die Risikoprämien so abgeschmolzen sind, dass sie für viele Anlagen das wirkliche Risiko nicht angemessen abbilden."

Die Geschichte auf dem US-Immobilienmarkt ist dafür ein repräsentatives Beispiel. Sie kann nur in Umrissen erzählt werden, aber das ist bereits hinreichend zur Erläuterung, wie hier systematisch der Zins als Steuerungsinstrument ausgehebelt wurde. Niedrige Zinsen beflügeln besonders den Immobilienmarkt, da Zinssenkungen die jährliche Finanzlast stark sinken lassen bzw. für die gleichbleibende Last eine höherwertige Immobilie erworben werden kann. Wird die Kaufkraft mittels niedriger Zinsen in diese Richtung gelenkt, so steigen zum einen die Preise für Immobilien, und zum anderen wird der Bausektor samt vor- und nachgelagerten Branchen an gesamtwirtschaftlichem Gewicht zulegen. Bleiben die Zinsen niedrig, so werden steigende Immobilienpreise nicht abschrecken, sondern die Kauflust sogar noch stimulieren: „Kaufe oder baue heute, denn morgen ist es schon wieder teurer geworden". Hinzu kommt, dass der US-Immobilienmarkt mit aggressiven Konditionen aufwartet: Eigenkapital ist nicht erforderlich, Wertsteigerungen können nachträglich hypothekarisch beliehen werden, und es werden Lockzinsen gewährt. Tatsächlich erhöht sich der Zins im Laufe der Zeit. Die Belastung könne aus einem steigenden Gehalt leichter getragen werden, lautet die Begründung.

Vor nicht geraumer Zeit galten diese Konditionen als eine soziale Errungenschaft, weil sie den Erwerb eines Eigenheims auch für Schichten mit unterdurchschnittlichem Einkommen möglich machten. Natürlich drehen sich diese die Anschaffung fördernden Elemente gegen den Erwerber, wenn die Konjunktur auf dem Baumarkt kippt und die Zinsen obendrein steigen, zumal sich eine schier unvorstellbare Leichtfertigkeit etabliert hatte:

- Kreditmakler machten Jagd auf alles und jeden, der noch keine oder keine hochwertige Immobilie besass; sie erhielten von den Banken Prämien für jeden abgeschlossenen Kreditvertrag, bis schliesslich sogenannte Ninja-Verträge abgeschlossen wurden (no income – no job);
- die Banken haben diese zinsmässig attraktiven Kreditpakete (sogenannte Subprime-Kredite) an eigens gegründete Zweckgesellschaften (Special Purpose Vehicles SPV, Conduits) weitergereicht;
- die SPV verbrieften diese Darlehensverträge; teilweise mischten sie sie mit anderen Kreditverpflichtungen (Leasing-Verträge, Ratenverträge für PKW, Kreditkarten-Verpflichtungen) und machten sie so kapitalmarktreif;

- Rating-Agenturen haben die Ausfallwahrscheinlichkeit solcher Kreditpakete mangels historischer Vorbilder und aufgrund hypothekarischer Sicherungen als höchst gering eingeschätzt und mit Bestnoten versehen; das höchste Rating erhielten Papiere, deren Ausfallrisiko versichert war;
- die Käufer solcher Papiere (Geschäftsbanken, Investmentfonds und auch Hedge-Funds) haben sie in Abhängigkeit von deren Bonität mit Eigenkapital zu unterlegen; bei einem guten Rating ist nur eine geringe Unterlegung erforderlich;
- zu einem nicht geringen Teil haben Banken die Subprime-Kredite, die sie selbst verbrieft haben, auf die eigenen Bücher genommen;
- die Ankäufer haben ihr langfristiges Engagement in der Regel über kurzfristige Einlagen finanziert.

Solange die Immobilienpreise stiegen und die Zinsen niedrig blieben, ist die US-Konjunktur weiter stimuliert worden: Wegen steigender Immobilienpreise rechneten sich die Eigentümer reich und fuhren fort, ihre Häuser mit Hypotheken zu Niedrigstzinsen zu belasten. Sie erhöhten dadurch ihren Gegenwartskonsum. Sie wandelten Zukunftskonsum systematisch in Gegenwartskonsum um, wobei die in den USA bestehende Güterlücke hauptsächlich durch Importe aus China gefüllt wurde.

Phase 4: Nach Hayek deckt ein aus endogenen Gründen steigender Zins den falschen Produktionsaufbau auf; die darauf einsetzenden Anpassungsprozesse bewirken den konjunkturellen Umschwung. In den USA und auch im Euro-Klub haben die Zentralbanken in Schritten von jeweils 25 Basispunkten schliesslich ein Zinsniveau realisiert, das die Notenbankchefs wohl als konjunkturneutral eingestuft haben. Folgen solche Trippelschritte in einem bestimmten Rhythmus und wird die interessierte Öffentlichkeit entsprechend darauf eingestellt, so werden die Zinserhöhungen „eingepreist", und die dämpfende Wirkung bleibt aus. Im Gegenteil: Gibt die Zentralbank zu erkennen, dass weitere Schritte folgen werden, so wirken solche Signale prozyklisch – „verschulde dich lieber heute als morgen". Verharrt der Refinanzierungssatz schliesslich auf der obersten Treppenstufe – in den USA war es ein Refinanzierungssatz von 5,25 % –, so wird er zumindest in den zinssensiblen Sektoren konjunkturdämpfend wirken. Im Immobilienbereich steigt bei Verträgen mit variablen Zinsen die Belastung entsprechend an, zumal die Kreditverträge sogar noch mit Lockzinsen ausgestattet waren.

Fallen dann die ersten Hypothekenschuldner aus, sinken die Immobilienpreise. Können deswegen weitere Schuldner ihren Verpflichtungen nicht mehr nachkommen, so werden Kreditbündel mit solchen Subprime-Anteilen verdächtig, und die Bereitschaft, dafür Liquidität (wenn auch nur kurzfristig) bereitzustellen, sinkt schlagartig; und damit schnellen die Zinsen nach oben. Eine kurzfristige Refinanzierung ist in dieser Situation kaum noch möglich oder nur noch zu hohen Risikoaufschlägen. Dass die Banken einander fortan misstrauen und ihr Geld lieber horten als an risikobehaftete Banken weiterreichen (credit crunch), ist eine erklärliche Reaktion. Der credit crunch würde natürlich auf die Realwirtschaft ausstrahlen und damit F. A. v. Hayeks Aussage bestätigen, dass der Zinsanstieg zu einem kritischen Zeitpunkt den Umschwung bewirkt.

Phase 5: Wie sich der durch die Subprime-Krise initiierte Umschwung auf die Realwirtschaft auswirkt, kann nicht im Einzelnen vorausgesagt werden. Die Flutung der Märkte mit Liquidität soll ein Übergreifen auf die Realwirtschaft unterbinden. Dies zeigen die Reaktionen an den Aktienbörsen deutlich. Freilich kann niemand verlässlich sagen, ob es sich hier um monetär gezündete Strohfeuer handelt oder ob die Gewissheit eingekehrt ist, dass sich die Subprime-Krise so isolieren lässt. Wir wissen aber, dass in den USA die Bauindustrie und der private Konsum, weil zuvor Zukunftskonsum in Gegenwartskonsum umgewandelt wurde, als massgebliche Konjunkturtreiber ausfallen. Sollte der Anstieg der Konsumentenpreise in den USA nicht nachlassen – wegen steigender Rohstoffpreise, anziehender Importpreise über die Abwertung des Dollars und teurer werdender Importgüter aus China (auch wegen der Preisanpassung dort) –, dann ist ein Szenario aus Stagnation und Inflation, also die Stagflation, durchaus realistisch. Sollte es dazu kommen, wird dies wegen des Ausfalls an weltwirtschaftlicher Nachfrage Rückwirkungen auf die Weltwirtschaft insgesamt haben. Wenn dann noch wegen der Zinssenkungen in den USA der Dollar zu trudeln begänne, dann würde es wirklich ernst.

Was können wir aus der Subprime-Krise lernen? Eine generelle Flutung der Geldmärkte und eine Zinssenkung auf breiter Front würde Hayek für kontraproduktiv halten, weil so der falsche Produktionsaufbau überlagert und Strukturbereinigungen hinausgezögert würden, so wie es in Japan mit einer extremen Billiggeld-Politik und einem ausufernden Staatsdefizit noch 18 Jahre nach Platzen der Blase der Fall ist. Was wäre langfristig zu tun? Ein Blick auf die alte Goldwährung kann uns klarmachen, was im Prinzip nötig wäre. Joseph Schumpeter plädierte – im Gegensatz zu John Maynard Keynes – für ein Festhalten am Goldstandard, weil der Abfluss von Gold bei einer exzessiven Geldmengenaufblähung den nationalen Goldvorrat schmälern und damit die Zentralbank zu einer restriktiven Politik zwingen müsste. Dies war für ihn die „goldene Bremse an der Kreditmaschine". Nach dem Übergang zum sogenannten Fiat Money (Geld, das nicht oder nur teilweise durch reale Vermögenswerte gedeckt ist) fehlt dieser Sanktionsmechanismus. Ein Zurück in den Goldstandard wird es nicht geben, doch hatte sich die Deutsche Bundesbank mit ihrer Geldmengenvorgabe eine solche Bremse selbst geschaffen. In der amerikanischen Geldpolitik und auch unter der Ägide der EZB ist eine monetäre Selbstbindung zu einem blossen Erinnerungsposten herabgestuft worden. Der seit 1999 stark gestiegene Geldmengenüberschuss auch im Euro-Raum zeigt das.

Daraus können wir folgende Schlussfolgerung ziehen: Die Zentralbanken müssen sich einer disziplinierenden Regel unterziehen, damit sie nicht unter dem Anschein der Allmächtigkeit im Bankensektor der perversen Elastizität des Kreditangebots Vorschub leisten und damit die Tendenz zu einer Attitüde des „moral hazard" fördern.

3.5   Die globale Dimension der Subprime-Krise

In unserer heutigen globalisierten Welt kann man leicht schlussfolgern, dass eine Krise wie die derzeitige amerikanische Subprime-Krise nicht nur einen Einfluss auf dasjenige Land hat, in dem sie begonnen hat. Um den Einfluss der Krise weltweit einschätzen zu können, wird im Folgenden nicht nur die Krise in den USA betrachtet, sondern auch in weiteren ausgewählten Ländern analysiert.

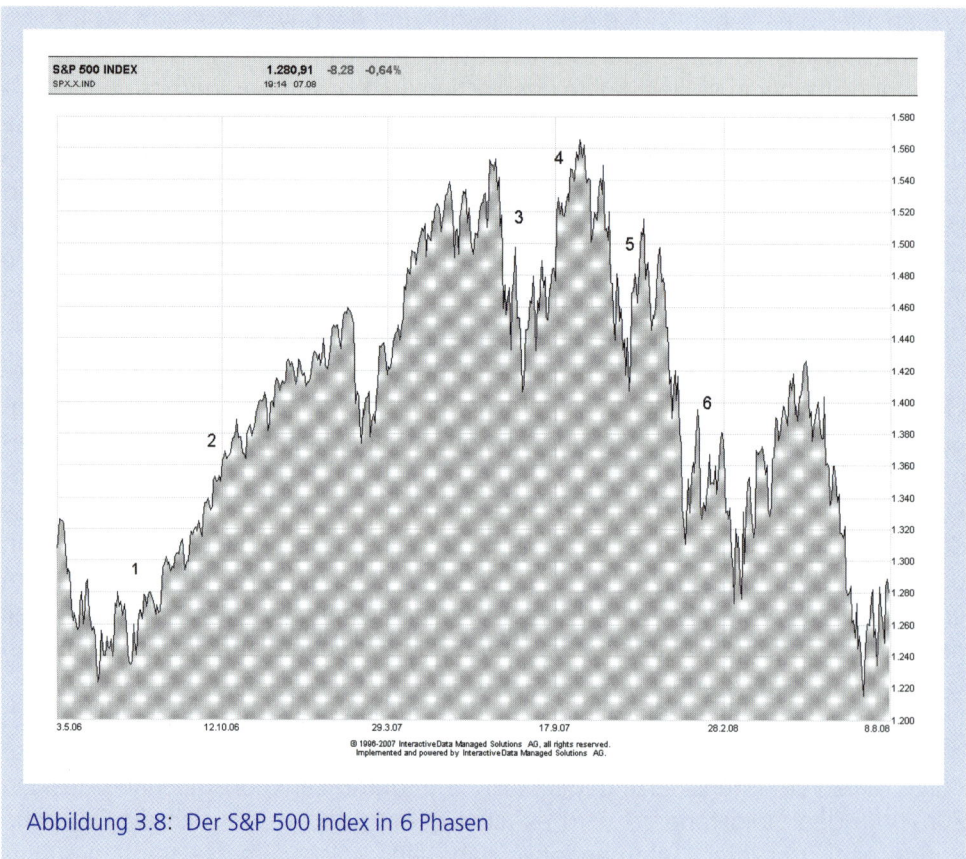

Abbildung 3.8: Der S&P 500 Index in 6 Phasen

Dass es sich bei der Subprime-Krise um eine Krise handelt wird in Abbildung 3.8 deutlich. Anhand der sechs Phasen des S&P 500 wird veranschaulicht, wie stark die Aktienmärkte von der Subprime-Krise betroffen sind:

(1) Erste erhebliche Preisverfälle bei Immobilien (−15 %)
(2) Die Subprime-Krise wird heruntergespielt als „nur ein kleiner Teil der amerikanischen Wirtschaft". Der Aktienmarkt erholt sich.

(3) Zweiter Preisverfall bei Immobilien (−25 %), erhebliche Verluste beim NIKKEI. Die Krise erreicht England.

(4) Der Leitzins wird von 5,25 % auf 4,75 % gesenkt, um die Wirtschaft anzukurbeln. Der NIKKEI erholt sich ebenfalls.

(5) Mehrere Banken geben zu, dass ihr Engagement bei der Subprime-Krise größer ist als angenommen. Gewinnwarnungen werden veröffentlicht.

(6) Informationen gelangen an die Öffentlichkeit, dass Citigroup ernsthafte Probleme aufgrund der Immobilienkrise hat. Gerüchte über Insolvenz und Entlassung von bis zu 20.000 Mitarbeitern kommen auf. Zur gleichen Zeit wird die US-amerikanische Investmentbank Bear Stearns durch JPMorgan Chase & Co. unter Mithilfe der FED aufgefangen und entgeht nur knapp einem Bankrott.

3.5.1 USA

Die Indizes

In Abbildung 3.9 wird deutlich, dass sowohl die Immobilienpreise als auch der S&P 500 Index seit Oktober 2007 deutlich gefallen sind. Die Abwärtsbewegung ist klassisch und erfolgt in einem aktiven, wenn auch weiten, Abwärtstrendkanal. Seit August 2007 haben Anleger mehr als 30 % auf ihren Einsatz verloren.

Markt und Banken

Seit Herbst vergangenen Jahres stagniert die US-Wirtschaft. Das reale Bruttoinlandsprodukt nahm im ersten Vierteljahr 2008 nur mit einer Jahresrate von 1 % zu, nach 0,6 % im Schlussquartal 2007. Vor allem der private Konsum hat wegen des Sprungs bei den Energie- und Nahrungsmittelpreisen und der andauernden

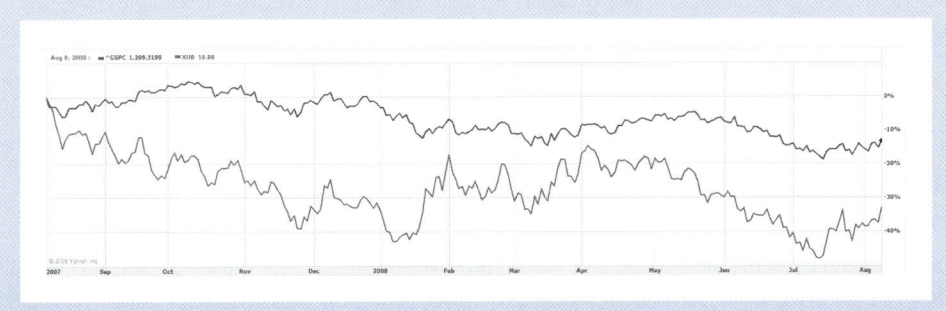

Abbildung 3.9: Vergleich von S&P 500 (obere Linie) mit dem Case-Shiller Häuser-Preis-Index (untere Linie)

Immobilien- und Hypothekenkrise Schwung eingebüßt. Die Belebung im zweiten Quartal ist nur der stimulierenden Wirkung des Konjunkturpakets der Regierung Bush geschuldet.

Die ersten „Steuerschecks" (Konjunkturpaket gegen Immobilienkrise und hohe Benzinpreise) sind bei den privaten Haushalten angekommen. Insgesamt beläuft sich die Entlastung auf 110 Mrd. Dollar. Dies wird den Konsum beflügeln. Es wird erwartet, dass die Haushalte in den kommenden Monaten rund die Hälfte dieser Summe ausgeben werden und den Rest sparen bzw. für Schuldentilgung verwenden. Auf zwei Quartale verteilt, würde dies das Niveau der Konsumausgaben jeweils um annualisiert rund 4,5 % erhöhen. Ohne das Fiskalpaket wäre ein spürbarer Rückgang des realen Konsums – der erste seit 1991 – zu erwarten gewesen. Der wirtschaftliche Druck auf die Konsumenten ist so stark wie seit langem nicht mehr:

- Die kräftige Verteuerung von Energie und Nahrungsmitteln hat die Lohnzuwächse zuletzt mehr als kompensiert
- Die seit Jahresbeginn rückläufige Beschäftigung belastet die Einkommensentwicklung. Gleichzeitig trübt die steigende Arbeitslosigkeit die Konsumlaune. Eine Verbesserung der Lage am Arbeitsmarkt ist kurzfristig nicht in Sicht.
- Das Vermögen der privaten Haushalte steigt nicht mehr. Der Abwärtsdruck auf die Hauspreise dürfte weiter zunehmen und das Aktienvermögen der Haushalte ist zuletzt geschrumpft.
- Die Banken sind bei der Vergabe von Konsumentenkrediten vorsichtiger geworden.

Zu Beginn des Jahres 2007 wurden ernsthafte Probleme im Bankensektor sichtbar. Viele Subprime-Kreditgeber waren nicht mehr imstande, die von ihnen erworbenen Kredite am Kapitalmarkt zu platzieren. Das gesamte System der Sicherheit von Hypothekenkrediten in den USA wurde auf die Probe gestellt. Die Risikoaversion hinsichtlich der Gewährung von Hypothekenkrediten stieg dramatisch an, und es kam zu einer Preiskorrektur am amerikanischen Hypothekenmarkt. Unzählige Hedgefonds mussten geschlossen und liquidiert werden. Viele Hypothekenfinanzierungsinstitute, die sich auf das Subprime-Segment spezialisiert hatten, beantragten Gläubigerschutz. Alle großen amerikanischen Investmentbanken verloren Milliarden Dollar.

3.5.2 Großbritannien

Die Indizes

Beim Vergleich der Charts des FTSE und des Case-Shiller Home Price Index (vgl. Abbildung 3.10) zeigt sich, dass ähnliche Schwankungen erkennbar sind. Der Verfall des FTSE kann, ebenso wie der des S&P 500, mit den pessimistischen Prognosen für die Wirtschaft erklärt werden bzw. ist im Handelsverlauf dieser Tage zu erklären. Viele Investoren haben hohe Longpositionen geschlossen und sich auf die Short Seite begeben.

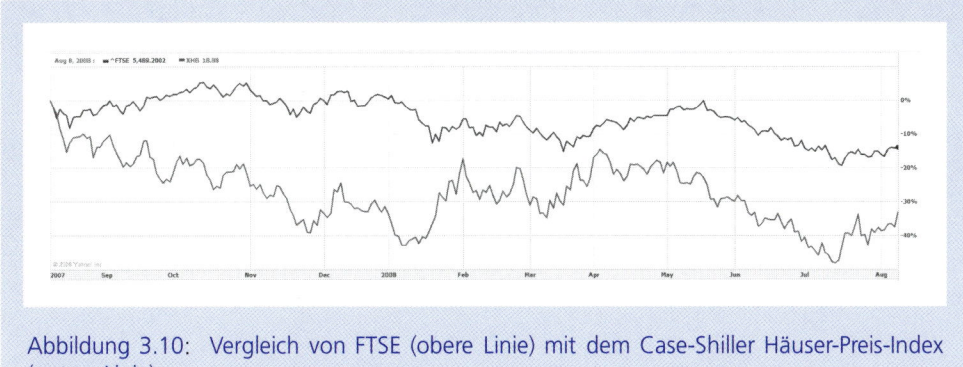

Abbildung 3.10:   Vergleich von FTSE (obere Linie) mit dem Case-Shiller Häuser-Preis-Index (untere Linie)

Der Markt und Banken

Für die britischen Banken ist davon auszugehen, dass der Großteil der Wertberichtigungen im Zusammenhang mit den US-Subprime-Positionen und CDOs vorgenommen wurde. Diese Wertberichtigungen betreffen bei den britischen Banken allerdings „nur" das Investmentportfolio und nicht das operative Geschäft. Realwirtschaftlich und für das operative Geschäft von größerer Bedeutung hingegen ist die Entwicklung der Immobilienpreise in Großbritannien. Die Preise weisen nach dem Boom der letzten Jahre nun ein deutliches Korrekturpotential auf. Im Bankensektor kam es im September 2007 zu einer Refinanzierungskrise. Die Hypothekenbank Northern Rock konnte sich nicht mehr bei anderen Banken refinanzieren. Das Ergebnis war, dass Tausende von Kunden ihr Vertrauen in die Sicherheit ihrer Geldanlagen bei Northern Rock verloren und in nur wenigen Tagen insgesamt 3 Mrd. £ abhoben. Bilder von Kunden, die vor den Filialen der Bank Schlange standen, gingen um die Welt. Nur eine Staatsgarantie konnte die Investoren beruhigen. Weitere von der Bankenkrise betroffene Banken waren kleinere Institute wie Paragon Group und Alliance & Leicester, aber auch große Banken wie HSBC und die Royal Bank of Scotland mussten zumindest ihre Gewinnerwartungen deutlich nach unten korrigieren.

3.5.3   Deutschland

Die Indizes

In Abbildung 3.11 wird deutlich, dass obwohl die Subprime-Krise Deutschland im Sommer 2007 erreichte, der DAX davon mehr oder weniger unberührt blieb. Getrieben durch optimistische Wirtschaftsprognosen, hielt die positive Entwicklung bis Januar 2008 an. Hier kam es nun zu einem klassischen Trendwendesignal. Der Widerstandsbereich knapp über 8.000 Dax-Punkten wurde trotz mehrfachem Anlauf nicht genommen. Die sich hier ausgebildete M-Formation läutete eine deutliche Abwärtsrally ein. Die Abwärtsbewegung hat mit der Zeit zwar an Dynamik verloren, jedoch ist das Chartbild mit einem DAX von gegenwärtig ca.

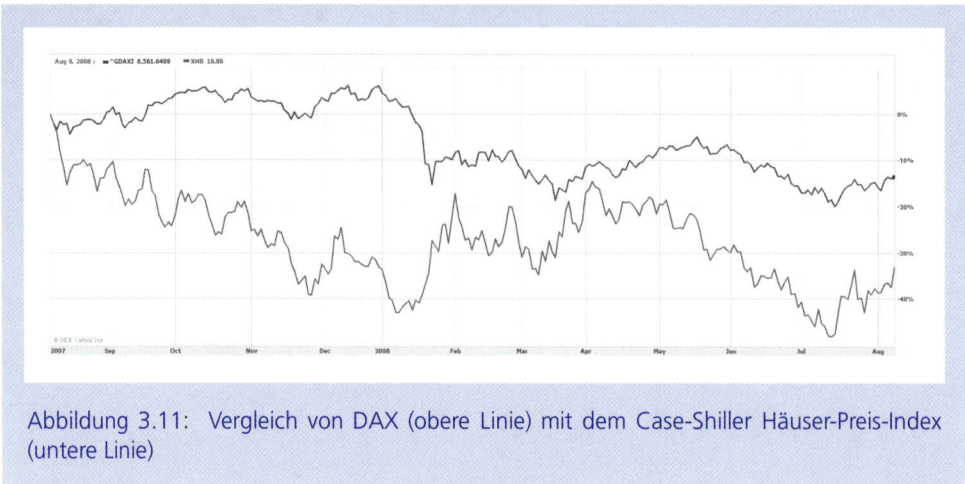

Abbildung 3.11: Vergleich von DAX (obere Linie) mit dem Case-Shiller Häuser-Preis-Index (untere Linie)

6.500 Punkten (Mitte August 2008) nach wie vor als angeschlagen und bearisch zu bezeichnen.

Markt und Banken

Die Subprime-Krise brachte im Jahre 2007 die beiden Bankhäuser IKB Deutsche Industriebank und Sachsen LB in eine existenzbedrohende Krise. Beide Geldhäuser konnten ihre angekauften Forderungen nicht mehr im Geldmarkt refinanzieren. Ferner verbuchten die BayernLB sowie die WestLB Milliardenverluste. Die angehäuften Milliardenverluste der öffentlich-rechtlichen Kreditinstitute fallen wiederum auf die öffentlichen Kassen zurück. Die Auswirkung der Subprime-Krise auf Banken, wie die Deutsche Bank, die Commerzbank etc. wird in dem Kapitel „Wie verändert die Subprime-Krise das Geschäftsbankenmodell" näher erörtert.

3.5.4   Spanien

Die Indizes

In Spanien zeigte sich der IBEX 35-Aktienindex zunächst relativ unbeeindruckt von den Schwankungen des Case-Shiller Home Price Index (vgl. Abbildung 3.12). Während die Immobilienpreise gestiegen und gefallen sind, bewegte sich der IBEX kaum, bis zum Anstieg um 8 % und dem darauf folgenden Abschwung Ende 2007/Anfang 2008. Charttechnisch hat der IBEX eine schöne, fast Lehrbuchmäßige M-Formation ausgebildet, welche den Trendwechsel signalisiert und eingeläutet hat. Ebenfalls deutlich zu sehen war die Zwischenerholung und die darauf folgende deutliche Konsolidierung des IBEX im Frühjahr 2008.

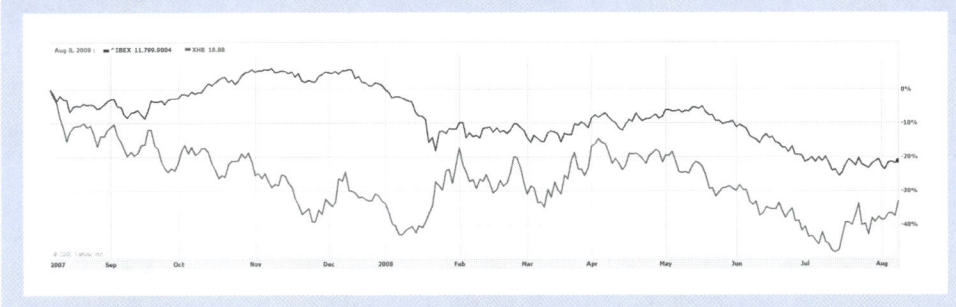

Abbildung 3.12: Vergleich von IBEX 35 (obere Linie) mit dem Case-Shiller Häuser-Preis-Index (untere Linie)

Der Markt

Die spanischen Banken konnten in 2007 eine überdurchschnittliche Aktienperformance ausweißen. Gerade die Großbank Santander zählte in 2007 zu den Topperformern im Bankensektor. Hauptgrund dafür ist auch die geringe Beteiligung an den Subprimeengagements. Außerdem konnte Santander die Akquisition eines Teils der ABN Amro (Einheit Banco Real) günstig realisieren. Was jedoch zum heutigen Zeitpunkt noch nicht überblickbar ist, sind die Risiken, welche im Zusammenhang mit dem Korrekturpotential im spanischen Immobiliensektor steht. Zudem die spanische Wirtschaft sich derzeit ganz klar in einer Phase der Abkühlung befindet. Die Anzahl der Baubeginne ist deutlich zurückgegangen. Gleichzeitig ist die Arbeitslosenquote im 1. Quartal 2008 auf 9,6 % gestiegen. Dies wird sich mit einer gewissen Zeitverzögerung auch in höheren Kreditausfällen bemerkbar machen.

3.5.5 Russland

Die Indizes

Im Gegensatz zu den Indizes der zuvor dargestellten westlichen Länder gibt es offensichtlich keine signifikante Korrelation zwischen der Finanzkrise und dem RTX (vgl. Abbildung 3.13). Ganz im Gegenteil, die russische Wirtschaft weist seit September 2007 eine sehr positive Entwicklung auf, während die Immobilienpreise ins Bodenlose fielen. Der RTX brach den aktiven und deutlichen Aufwärtstrend erst im Sommer 2008. Dieser Zusammenhang hat auch stark mit der Zusammensetzung des RTX (Versorger stark gewichtet) zu tun.

Markt und Banken

Von der größten Krise des letzten Jahrzehnts blieb Russland weitgehend unberührt. Basierend auf der hohen Nachfragesituation bei Dienstleistungen, im Bausektor und bei den Produzenten für Konsumgüter sind sogar steigende Marktpreispotentiale in den Sektoren Öl, Versorger und Telekommunikation zu erwarten. Die

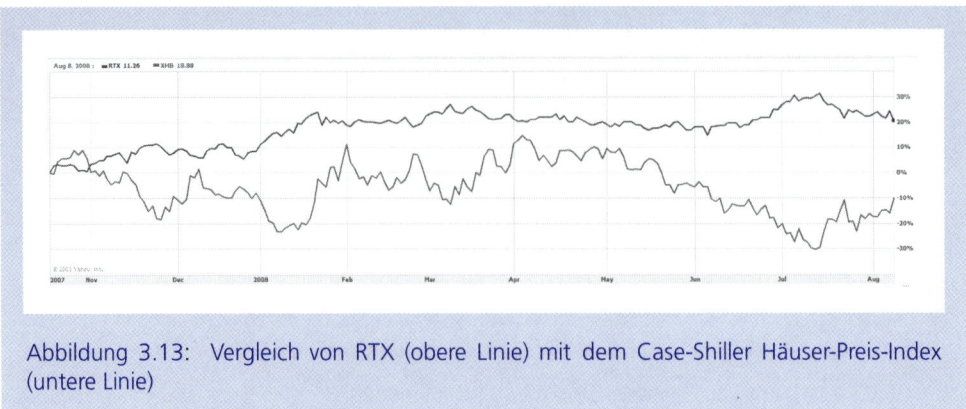

Abbildung 3.13:   Vergleich von RTX (obere Linie) mit dem Case-Shiller Häuser-Preis-Index (untere Linie)

Subprime-Krise erreichte den russischen Aktienmarkt erst im August 2007. Der RTX Index verlor zu diesem Zeitpunkt 3 % seines Wertes innerhalb eines Tages. Gazprom musste seine Anleiheemission verschieben, weil es nicht möglich war, die Anleihe in diesem turbulenten Marktumfeld zu platzieren. Dies waren jedoch Einzelpunkte, die nicht zu gravierenden Auswirkungen führten. Russlands Wirtschaft wird nach Aussage seines Vizepremiers und Finanzministers Alexej Kudrin bei weitem nicht so stark von der Subprime-Krise betroffen sein.

Die russischen Banken haben weder in amerikanische Hypothekenkredite investiert noch damit gehandelt, und ihr Verschuldungsniveau ist niedrig im Vergleich zu anderen Ländern. Dennoch musste die Zentralbank im Sommer 2007 die Summe von 5,5 Mrd. US$ an zusätzlicher Liquidität in den Markt pumpen. Es resultierten jedoch keine ernsthaften Probleme im Bankensektor. Nach Aussage von Alexej Kudrin ist das russische Finanzsystem deutlich unabhängiger von dieser Krise als das europäische Bankensystem[14]

3.5.6   Japan

Die Indizes

Der Vergleich zwischen dem Nikkei 225 und dem Case-Shiller Home Price Index zeigt sehr ähnliche Tendenzen (vgl. Abbildung 3.14). Der Nikkei ist getragen von hohen volatilen Schwankungen. Wobei die klare Trendrichtung ein aktiver Abwärtstrendkanal seit Frühjahr 2007 ist. Aus diesem konnte der Nikkei erst im Frühjahr 2008 ausbrechen, testete ihn jedoch nochmals bei ca. 12.750 Punkten.

Markt und Banken

Der Einfluss der Subprime-Krise erreichte Japan im August 2007, als der Nikkei mehr als 5 % seines Wertes innerhalb eines Tages verlor. Die Ursache lag möglicherweise nicht in den Subprime-Verlusten, da die japanischen Banken behaupten, nur

---

[14] Novosti (2008)

Abbildung 3.14: Vergleich von Nikkei 225 (obere Linie) mit dem Case-Shiller Häuser-Preis-Index (untere Linie)

100–200 Mio. € in diesem Segment investiert zu haben, sondern im steigenden Yen-Kurs. Dieses Phänomen ist zurückzuführen auf den Rückzug der Investoren aus „Carry Trades", die mit Differenzen zwischen den Zinssätzen verschiedener Länder arbeiten. Die Investoren nehmen Fremdkapital zu niedrigen Zinsen in Yen auf und investieren das Geld anschließend in Währungen mit höheren Zinssätzen. Dies funktioniert allerdings nur, solange die Märkte ruhig sind.

3.5.7   China

Die Indizes

Die Charts zeigen, dass der Hang Seng Index und der amerikanische Home Price Index sich vollkommen unabhängig voneinander zu entwickeln scheinen (vgl. Abbildung 3.15). Während die Eigenheimpreise fielen, wuchs die chinesische Wirtschaft schnell und konstant weiter. Der Verlauf des Hang Seng Index zeigt jedoch seit Beginn 2008 ein anderes Bild. Die Hochphase zeigte sich Ende 2007, mit einer klassischen Abwärtsbewegung aufgrund eines Trendwendesignals. Der starke Aufwärtstrend im Frühjahr 2008 wurde jedoch auch hier erst in der Baisse 2008 der letzten Monate gebrochen.

Abbildung 3.15: Vergleich von Hang Seng (obere Linie) mit dem Case-Shiller Häuser-Preis-Index (untere Linie)

Markt und Banken

Im August 2007 mussten sowohl die Bank of China als auch die Industrial and Commercial Bank of China (ICBC) Investitionen im Subprime-Markt zugeben. Während die ICBC dort nur mit 900 Mio. € beteiligt war – aber dennoch Kursverluste hinnehmen musste, obwohl ihre Erträge im ersten Halbjahr 2007 um 62 % auf rd. 4 Mrd. € gestiegen waren – musste die Bank of China Investitionen von rd. 7,2 Mrd. € bekannt geben. Dieser Betrag überraschte nicht nur die Analysten, die ein deutlich niedrigeres Engagement erwartet hatten. Es war zudem die höchste bislang bekannte Investition einer asiatischen Bank im Subprime-Markt. Die Subprime-Hypothekenkredite, die die Bank of China gekauft hatte, schienen zwar ein gutes Rating zu haben; dennoch kamen im Laufe 2008 Spekulationen über die Situation der Bank auf.

Von Zentralbankseite wurde zur Drosselung der Kreditvergabe in China der Mindestreservesatz auf 17,5 % angehoben. Jedoch erweist sich dieses Instrument als wenig wirkungsvoll. Das Geldmengenwachstum setzt sich weiter fort. Es gilt somit abzuwarten, in welchem Umfang China von der Subprime-Krise betroffen ist und in wieweit sich dies auf das Wirtschaftswachstum der Volksrepublik niederschlägt.

3.5.8 Indien

Die Indizes

Der Indische Markt markierte noch im Frühjahr 2008 ein neues Hoch (vgl. Abbildung 3.16). Daraufhin folgte jedoch auch hier die Ernüchterung. Der aktive, wenn auch recht kurze und steile Abwärtstrend, wurde mittlerweile verlassen und der Index konnte sich, zumindest in Teilen, erholen.

Markt und Banken

Indien gehört zu den „Gewinnern" der Subprime-Krise. Offensichtlich unbeeindruckt vom Abwärtstrend an den globalen Aktien- und Finanzmärkten, boomt

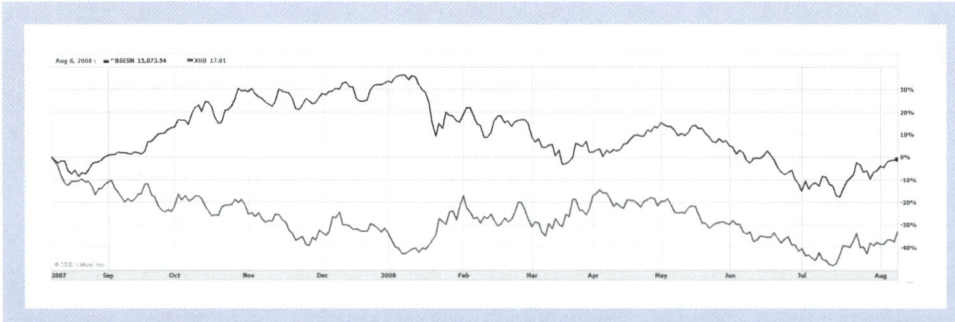

Abbildung 3.16: Vergleich von SENSEX (obere Linie) mit dem Case-Shiller Häuser-Preis-Index (untere Linie)

die Wirtschaft in allen Sektoren, von Telekommunikation über Infrastruktur – wie Häfen und Flughäfen – bis hin zum Einzelhandel. Dieser Boom schafft neue Arbeitsplätze und regt den Konsum an. Im letzten Jahr lag die Wachstumsrate der indischen Wirtschaft bei 9,4 %; dies entspricht der zweithöchsten Wachstumsrate aller wichtigen Emerging Markets nach China. Inwieweit jedoch die indischen Banken ICICI, die State Bank of India, die Bank of Baroda und die Bank of India von der Subprime-Krise betroffen sind, bleibt abzuwarten.

4 | Wie haben Hypothekenbanken Kredite vergeben?

4.1 Hypothekenbanken in den USA

Eine Hypothekenbank ist eine staatlich lizenzierte Bank, die Hypotheken direkt an Konsumenten herausgibt. Hypothekenbanken in den USA sind keine Einlagen-institute, so dass sie keine Erträge daraus generieren. Deshalb benötigen Hypo-thekenbanken Mittel vom Sekundärhypothekenmarkt wie etwa von Fannie Mae, Freddie Mac oder anderen großen Hypothekendienstleistern.

Die Ertragsquellen von Hypothekenbanken sind Kreditvergabegebühren und Kreditbearbeitungsgebühren. Viele Hypothekenbanken entscheiden sich, die Kre-dite, die sie vergeben haben, nicht selbst zu bearbeiten und zu verwalten. Durch den Verkauf dieser Kredite kurz nach ihrer Zusage und Auszahlung verdienen sie eine Prämie. Der Sekundärmarktinvestor, der den Kredit ankauft, verdient die Gebühren für die Verwaltung und Bearbeitung des Kredites, und zwar für jeden Monat, den der Kredit beim Kreditnehmer verbleibt.

> Hypothekenbanken befinden sich in der Mitte zwischen jeweils zwei Kundenbeziehungen.
> - Schuldner: Sie erhalten ihren Hypothekenkredit von der Bank und erlauben dieser, das mit der Hypothek belastete Haus im Falle des Ausfalls des Schuldners zu verkaufen (Primärmarkt).
> - Sekundärmarkt: Der Sekundärhypothekenmarkt erlaubt es den Ban-ken, ihre Hypotheken zu verkaufen, was ihnen neues Kapital ver-schafft, um neue Hypothekenkredite vergeben zu können.

Eine Hypothekenbank operiert im Allgemeinen unter den verschiedenen Bank-gesetzen, die in dem jeweiligen Staat, in dem sie tätig sind, anzuwenden sind. Des Weiteren tendieren Banken dazu, Tochtergesellschaften zu gründen, um das Hypothekengeschäft auszuüben. 30 % der Subprime-Kredite werden von Toch-tergesellschaften von Banken und Bausparkassen vergeben, die weniger streng überwacht werden als ihre Muttergesellschaften, und 50 % werden von unab-hängigen Hypothekengesellschaften vergeben, staatlich lizenziert, aber überhaupt keiner bundesstaatlichen Aufsicht unterliegend.

4.2   Welche Rolle spielen Hypothekenmakler und unabhängige Anbieter?

Hypothekenmakler und unabhängige Anbieter sind überwiegend Besonderheiten des US-amerikanischen Hypothekenmarktes. Sie sind unabhängige Verkaufseinheiten, die Hypothekenkredite an Hauseigentümer verkaufen. Sie sind staatlich lizenziert und unterliegen deshalb dem bundesstaatlichen Gesetz. Hypothekenmakler und unabhängige Anbieter werden weniger genau unter dem Home Owner's Equity Protection Act (HOEPA) kontrolliert. Aufgrund des Mangels an enger Überwachung der kleinen Hypothekengeschäfte und von einzelnen Maklern ist es wahrscheinlicher, dass diese Quellen Probleme haben.

Für das Jahr 2006 hat „Inside Mortgage Finance" geschätzt, dass 63,3 % aller Subprime-Kreditvergaben durch Makler generiert wurden, 19,4 % durch Privatkundenvertriebskanäle und die verbleibenden 17,3 % durch sonstige Kreditgeber. Die Kreditgeber zahlen manchmal sogenannte „Renditeaufschlagsprämien", um Makler am Gewinn hochverzinslicher Hypothekenkredite partizipieren zu lassen. Im Subprime-Segment können Makler außerdem Provisionen für den Verkauf von Hypotheken mit Vorfälligkeitsentschädigungen erhalten, ohne den Zinssatz für den Kreditnehmer anschließend zu reduzieren.[1]

4.3   Die Geschichte des Hypothekenmarktes

Die Anfänge eines Hypothekensystems wurden 1190 unter dem English Commonwealth Law gefunden. Gemäß diesem Gesetz war ein Hypothekenkredit ein bedingter Verkauf. Der Begriff tauchte erstmals in schriftlichen Berichten von etwa 1390 auf (John Gowers Confession). Der Jurist Sir Edward Coke (1552–1634) definierte den Begriff „Hypothek" wie folgt: „Es scheint, dass der Grund, weshalb es Hypothek genannt wird, daher kommt, dass es zweifelhaft ist, ob der Schuldner an dem Tag eine solche Summe zahlt oder nicht, und falls er nicht zahlt, dann wird ihm das Land, welches verpfändet wurde unter der Bedingung der Zahlung des Geldes, für immer weggenommen [. . .]. Und wenn er das Geld bezahlt, dann verfällt die Verpfändung [. . .]."

Pioniere aus Europa brachten ihr Hypothekensystem in die USA mit. Der Anstieg an Grundstückseigentümern führte zu einem Anstieg der Nachfrage nach Hypothekenkrediten, so dass diese zu Beginn des 20. Jahrhunderts weit verbreitet waren. In diesen Tagen erforderte die Qualifikation für einen Hypothekenkredit ein Eigenkapital von 50 % des Kreditbetrages, bevor die restliche Summe als Kredit gewährt wurde. Dieses System brach mit vielen Zwangsvollstreckungen während der großen Depression zusammen, als die Kreditnehmer kein Geld hatten, um ihre Schulden zu tilgen, und die Kreditgeber kein Geld mehr zu verleihen hatten.

---

[1] Ernst (2005)

4.4 Der Hypothekenmarkt heute

Hypothekenbanken und Hypothekenmakler verkaufen Hypothekenkredite an Hauseigentümer. Dies geschieht am Primärmarkt, an dem sich die Kreditnehmer und die Kreditgeber zu Verhandlungen der Vertragseinzelheiten einer Hypothekentransaktion treffen. Hypothekenbanken vergeben Hypothekenkredite, was bedeutet, dass sie Kapital über einen langen Zeitraum binden. Da sie keine Einlageninstitute sind, brauchen sie Kapital vom Sekundärmarkt zur Finanzierung.

Im Jahr 1938 wurde die Federal National Mortgage Association, kurz Fannie Mae, als Teil des Programmes von US-Präsident Franklin Delano Roosevelt zur Versorgung der Bevölkerung mit Liquidität für ihre Hypothekenkredite gegründet. Ursprünglich agierte Fannie Mae wie eine staatliche Einlagen- und Kreditbank, was zu niedrigen Zinssätzen für Hypothekenkredite zum Vorteil der Hauskäufer führte. Dies führte zur Entstehung dessen, was heute als „Sekundärhypothekenmarkt" bekannt ist.

Finanzieller Druck durch den Vietnamkrieg führte zur Privatisierung von Fannie Mae im Jahr 1968, um die Bank aus dem Staatshaushalt zu entfernen. Fannie Mae erhielt eine Lizenz als „Government Sponsored Enterprise" (GSE)[2], welches Gewinne für die Anteilseigner generiert und gleichzeitig die Vorzüge der Befreiung von Steuerzahlungen und von der Aufsicht sowie eine implizite Staatsunterstützung genießt. Um eine Monopolisierung des Marktes zu vermeiden, wurde ein zweites GSE namens Freddie Mac im Jahr 1970 gegründet.

Die Government National Mortgage Association GNMA, auch Ginnie Mae genannt, wurde 1968 durch die Regierung der USA gegründet, und zwar durch eine Aufteilung von Fannie Mae. Ginnie Mae ist ein Unternehmen in Regierungsbesitz innerhalb der Abteilung für Hausbau und Städtische Entwicklung („Department of Housing and Urban Development" HUD), das Mittel für den Sekundärmarkt bereitstellt. Ginnie Mae-Wertpapiere sind „die einzigen MBS, die das volle Vertrauen und die Kreditgarantie der US-Regierung genießen, was bedeutet, dass selbst in schwierigen Zeiten eine Investition in Ginnie Mae MBS eine der sichersten Investitionen ist, die ein Investor tätigen kann."[3]

Fannie Mae, Freddie Mac, Ginnie Mae und andere Institutionen des Sekundärmarktes stellen den Hypothekenbanken Liquidität zur Verfügung. Da politisch so gewünscht, stieg die Quote der Hauseigentümer beachtlich an.

Hauseigentümerquote und ausstehende Schulden

Im Jahr 1940, nach der Großen Depression, erreichte die Hauseigentümerquote mit 43,6 % ihren historisch niedrigsten Wert. Eine einfachere Finanzierung war einer der Hauptfaktoren, der zu dem beträchtlichen Anstieg beim Hauseigentum

---

[2] rechtlicher Sonderstatus für US-Finanzinstitute, die Geschäftszwecke im öffentlichen Interesse verfolgen
[3] www.ginniemae.gov

nach dem Zweiten Weltkrieg führte, so dass die Hauseigentümerquote innerhalb von zwei Jahrzehnten 60 % überstieg.

Eine seltene Kombination aus günstigen wirtschaftlichen Bedingungen und neuen Hypothekenprodukten war verantwortlich für einen 5,6 %-igen Anstieg der Hausbesitzerquote von 63,8 % im vierten Quartal 1994 zu einem Allzeithöchst-

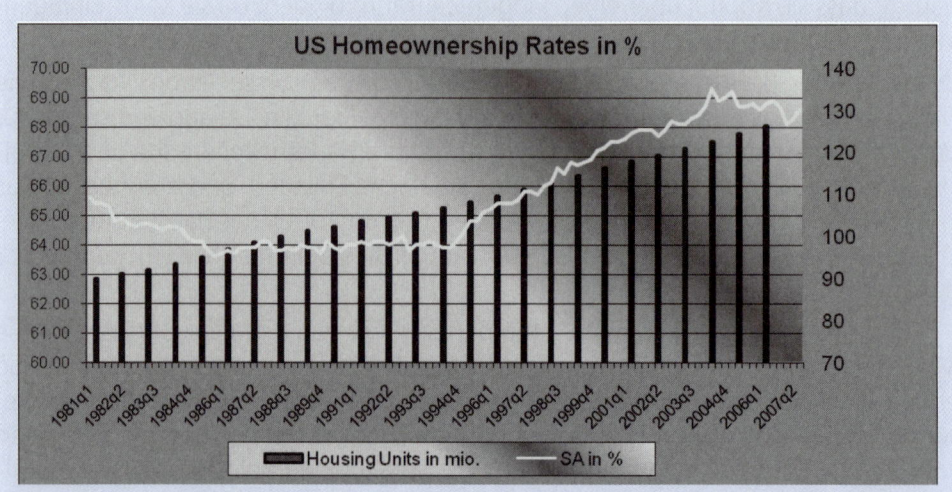

Abbildung 4.1: US-Hauseigentümerquote von 1981–2007
Quelle: Economagic

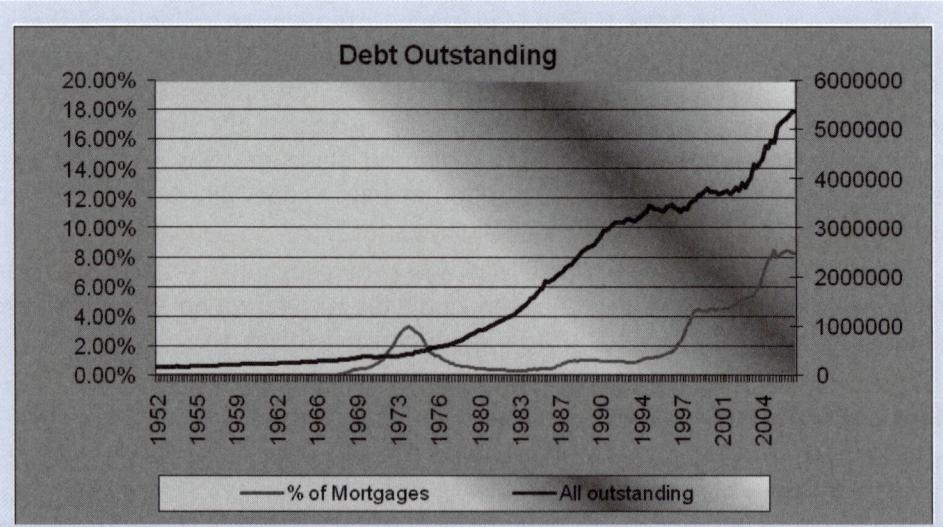

Abbildung 4.2: Ausstehende Kredite am Kreditmarkt in Mrd. US-Dollar und Anteil der Hypothekenkredite am Gesamtkreditvolumen
Quelle: Economagic

niveau von 69,4 % im vierten Quartal 2004, was einem durchschnittlichen jähr-
lichen Wachstum um 0,8 % gleich kommt und einen Anstieg um 19,5 Millionen
Häuser zwischen 1994 und 2006 darstellt (vgl. Abbildung 4.1). Dieser enorme
Sprung bei den Eigenheimen spiegelt sich auch in der starken Zunahme des An-
teils der Hypothekenkredite an den gesamten ausstehenden Schulden wider (vgl.
Abbildung 4.2).

Gemäß der Fed beträgt der Anstieg der ausstehenden Schulden von 1956
bis 2006 durchschnittlich 10,6 %, was ein schnellerer Anstieg als der des durchschnittlichen Wirtschaftswachstums der USA von 6,9 % für den gleichen Zeitraum
ist (gemessen am nominalen BIP-Wachstum).

> Seit Mitte der 1990er ist ein starker Anstieg der Hypothekenkredite in
> Prozent der ausstehenden Schulden zu beobachten. Die Entwicklung
> am Hypothekenmarkt kann in zwei Phasen unterteilt werden:
> (1) die Anfangsphase, in der viele Kreditgeber underpriced Subprime-
>   Hypothekenkredite im wettbewerbsintensiven und stark wachsen-
>   den Markt der frühen bis Mitte 90er anboten und
> (2) eine zweite Wachstumsperiode nach der Rezession von 2001.
>   Die ausstehenden Schuldenvolumina stiegen um geschätzte 13 %
>   in 2002 und 2003, um ungefähr 15 % in 2004 und 14 % in 2005.
>   In 2006 reduzierte sich der Anstieg dann auf „nur noch" 9,6 %.

Ende 2006 wurde der ausstehende Betrag an US-Eigenheimhypothekenkrediten
von der Fed auf ungefähr 10,9 Billionen US$ geschätzt (FN Freddie Mac 2006
Annual Report); dies stellte 8,39 % aller ausstehenden Schulden dar und führte
zu einer Verschuldungsquote der Haushalte von 14,48 % Ende 2006 im Vergleich
zu 11,38 % im ersten Quartal 1995.

Zusätzlich zu rechtlichen Veränderungen haben auch Marktveränderungen
zum Wachstum und der Reife von Subprime-Krediten beigetragen. Steigende
Zinsen bei variabel verzinslichen Hypothekenkrediten und eine weiterhin hohe
Nachfrage vom Sekundärmarkt führten zu der Entstehung neuer moderner Hypothekenkredite wie hybride ARMs (Adjustable Rate Mortgages) und weiteten den
Hypothekenmarkt auf das Subprime-Segment aus. Dies geschah bereits einmal im
Jahre 1994, als die Zinsen stiegen und die Volumina beim Neugeschäft am Primärmarkt zurückgingen. Hypothekenmakler und Hypothekengesellschaften reagierten darauf, indem sie sich dem Subprime-Markt zuwandten, um die Volumina
aufrecht zu erhalten.[4]

---

[4] Chomsisengphet & Pennington-Cross (2006)

Fannie Mae und Freddi Mac heute

Die Refinanzierungsmöglichkeiten für die beiden großen Hypothekenfinanzierer der USA wurden bereits zu ihren Gunsten angepasst. So können sich Fannie Mae und Freddie Mac bereits seit Juli 2008 über den direkten Zugang zu einem FED Kreditfenster zu den gleichen Konditionen wie Geschäftsbanken und zurzeit auch Investmentbanken (derzeit und für unbestimmte Zeit möglich) refinanzieren. Der Refinanzierungszinssatz beträgt 2,25 %. Wie lange diese Möglichkeit offen ist, wurde nicht festgelegt. Sie wird nur gewährt, wenn es notwendig ist, die Verfügbarkeit von Hypothekendarlehen auf dem Markt sicherzustellen. Seit August 2008 ließen Spekulationen in Washington und Frankfurt die Börsenkurse von Fannie Mae (vgl. Abbildung 4.3) und Freddie Mac (vgl. Abbildung 4.4) wieder nach unten tendieren.

Grund für den Kursverfall waren weitere Abschreibefantasien der beiden amerikanischen Finanzagenturen. Die Preise für Absicherungsgeschäfte sind deutlich in die Höhe geschossen. Noch nie war es so teuer, nachrangige Forderungen gegen Fannie Mae und Freddie Mac per Derivat abzusichern. Eine Versicherung für eine nachrangige Forderung über 10 Millionen USD kostet für eine Laufzeit von fünf Jahren knapp 280.000 USD oder 2,8 % der versicherten Summe. Diese Höhe wird sonst nur für strauchelnde Investmentbanken verrechnet. Die Lage ist real zwar mehr als kritisch, dennoch steht der amerikanische Staat weiter hinter Fannie Mae und Freddie Mac. Denn die schiere Größe macht ein Überleben notwendig! So halten oder garantieren die beiden Finanzintermediäre Hypothekendarlehen von mehr als 5 Billionen USD, was in etwa der Hälfte aller US Hauskredite entspricht. Nicht auszudenken wäre eine tatsächliche Schieflage der beiden Häuser. Dies würde auch international deutlich Wellen schlagen. So halten Japan 1,2 Billionen USD und China 0,92 Billionen USD in verbrieften Forderungen an den beiden Finanzagenturen. Bereits am 13. Juli 2008 hat die amerikanische Regierung bekannt gegeben, Fannie Mae und Freddie Mac mit Krediten und Aktienkäufen in Milliardenhöhe vor dem Bankrott zu schützen. Scharfe Kritik hat daran der ehemalige US Notenbankvorsitzende Alan Greenspan geäußert. Er halte es für einen Fehler, einen Zusammenbruch der Gesellschaften durch Kredit oder den Kauf von Aktien mit dem Geld der Steuerzahler zu verhindern. Stattdessen schlägt er eine Verstaatlichung der beiden Häuer vor um diese dann nach der Krise an private Investoren verkaufen zu können. Greenspan hat bereits während seiner aktiven Zeit als Notenbankchef davor gewarnt, den Einfluss der beiden Hypothekenbanken nicht zu groß werden zu lassen, da diese die Finanzstabilität der USA gefährden könnten. Heute muss die US Regierung mit einem Notfallplan zum Eingreifen bereit stehen, da ein Bankrott der beiden oder auch nur von einem der Häuser nicht tragbar wäre.

Der Aussage von Wiliam Poole, dem früheren FED Chef von St. Louis, dass die beiden Institute faktisch bankrott seien, stehen die Rettungspakete gegenüber. Auch im zweiten Quartal 2008 stellte Freddie Mac 2,5 Mrd. USD Rückstellungen für Kreditausfälle in die Bilanz ein. Den Wert der hypothekenbesicherten Anlei-

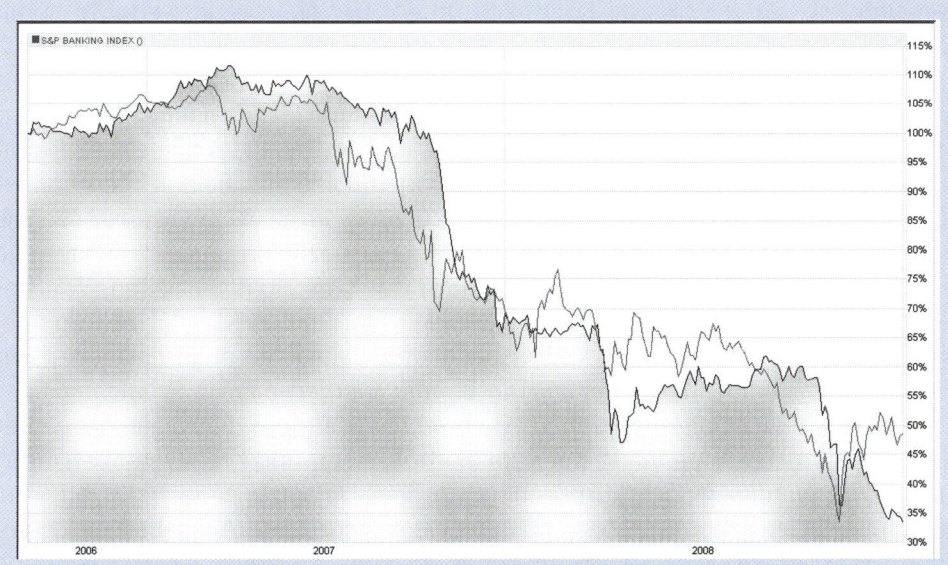

Abbildung 4.3: Kursverlauf von Fannie Mae (graue Fläche) versus dem S&P Banking Index (einfache Linie)
Quelle: Interactiva Data

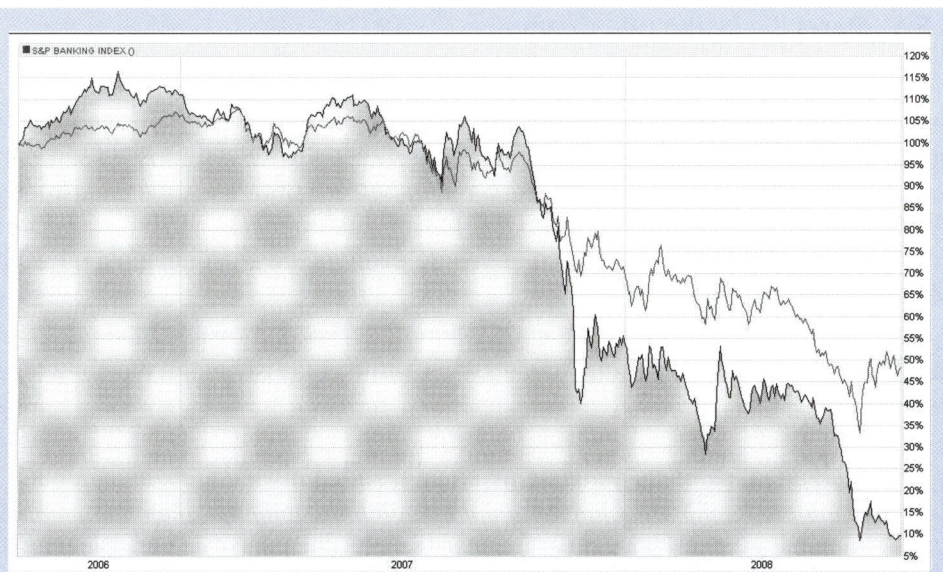

Abbildung 4.4: Kursverlauf von Freddie Mac (graue Fläche) versus dem S&P Banking Index (einfache Linie)
Quelle: Interactive Data

hen senkt sie um 1 Milliarde USD nach unten. Der Nettoverlust erreicht somit 821 Millionen USD gegenüber einem Vorjahresgewinn im selben Quartal i. H. v. 729 Millionen USD. Auch Fannie Mae, welche deutlich größer ist, verbuchte im zweiten Quartal 2008 deutliche Verluste i. H. v. 2,3 Mrd. USD oder 2,54 USD pro Anteilschein. Analysten hatten mit einem Minus von 0,97 USD gerechnet. Damit weist das Unternehmen den vierten Fehlbetrag in Folge aus. Beide Unternehmen kündigten ihren Investoren eine Dividendenkürzung um 85 % an. Fannie Mae will höchstens 0,05 USD anstatt geplanten 0,25 USD bezahlen. Zudem werden die Unternehmen verstärkt an der Stabilisierung der Kapitalbasis arbeiten. Wie bekannt wurde, hat die Investmentbank Morgan Stanley das Mandat bekommen, die Beratung und den Einsatz des Hilfspakets für die beiden angeschlagenen Immobilienfinanzierter auszuarbeiten. Die Berater werden das US Schatzamt über die jeweiligen Situationen an den Kapitalmärkten und über die Folgen möglicher Entscheide im Zusammenhang mit Kapitalerhöhungen und Kreditvergaben informieren. Sie werden jedoch auch konkret bei der Umsetzung unterstützen. Wie bekannt wurde, bekommt Morgan Stanley eine einmalige Ausgabenentschädigung i. H. v. 95.000 USD; den Auftrag selbst führen sie gratis aus. Der laufende Auftrag ist datiert bis zum 17. Januar 2009.

4.5   Basel II und die Subprime-Krise

4.5.1   Basel II – Risiko und Chance

Der Begriff „Basel II" bezieht sich auf die Gesamtheit der Eigenkapitalrichtlinien, die in den vergangenen Jahren vom Direktorium der Bankenaufsicht vorgeschlagen wurden, welches seinen Sitz in Basel hat. Diese Richtlinien müssen seit dem 1.1.2007 in allen EU-Mitgliedstaaten von allen Banken und Finanzdienstleistungsinstituten angewandt werden. Die USA hatten ursprünglich geplant, die Richtlinien im Jahr 2008 einzuführen; dies wurde allerdings auf frühestens 1.1.2009 verschoben.

Die Ziele von Basel II sind die Sicherstellung einer angemessenen Eigenkapitalausstattung der Finanzinstitute sowie die Schaffung konsistenter Wettbewerbsbedingungen.

4.5.2   Verbesserte Risikobewertung durch Basel II

Grundsätzlich haben höhere Risiken auch höhere Zinsen zur Folge. Wenn eine Bank mehr Eigenkapital für einen Kredit mit einem schlechten Rating hinterlegen muss, steigen die Eigenkapitalkosten. Die höheren Kosten werden an den Kunden in Form höherer Kreditzinsen weitergereicht. Umgekehrt profitiert ein Kreditnehmer mit einem guten Rating von niedrigeren Zinsen, da die Bank weniger Eigenkapital hinterlegen muss. Nach Basel II gibt es allerdings keine Regeln für das Pricing von Krediten. Dies bedeutet, dass die Banken selbst entscheiden können, ob sie die Zinssätze an die Eigenkapitalkosten anpassen. Gemäß Basel I mussten die Banken immer Eigenkapital i. H. v. 8 % des Kreditbetrages hinterlegen, unabhängig davon, wie hoch das Kreditrisiko war. Grundsätzlich wurde diese Vorgehensweise mit Basel II nicht geändert. Die ausstehenden Kreditforderungen werden jedoch mit einem Prozentsatz zwischen 0 % und 150 % gewichtet, und zwar in Abhängigkeit vom Rating des jeweiligen Kreditnehmers. Banken müssen demnach die daraus resultierenden „risikogewichteten Aktiva" mit 8 % Eigenkapital unterlegen. Da die Banken vermeiden möchten, ihr Eigenkapital auf diese Weise zu binden, gründeten sie üblicherweise SPVs („Special Purpose Vehicles" oder Zweckgesellschaften) und übertrugen ihre Risiken auf diesem Wege auf den Kapitalmarkt. Dort übernahmen Kreditgeber die Bankrisiken im Gegenzug für eine Risikoprämie. Für die aus der Bilanz ausgegliederten und verkauften Risiken mussten die Banken entsprechend kein Eigenkapital mehr hinterlegen. Ferner mussten sie diese Risiken auch nicht mehr in der Bilanz ausweisen.

Basel II in den USA

Die Position der USA bezüglich der Einführung von Basel II ist etwas komplexer als die europäische und war die Ursache vieler Diskussionen. Im August 2003 schlugen US-Bankenregulierer ein dreistufiges System vor, in dem nur große international tätige Bankenorganisationen, sogenannte „Kernbanken" den IRBA-Ansatz verpflichtend einführen müssen, während die anderen Institute wählen können, ob sie diesen Ansatz einführen (Opt-In-Banken) oder nicht (General Banks). Die meisten Banken werden höchstwahrscheinlich Basel I-Banken bleiben.

4.6 Wie erfolgt die Hypothekenvergabe in den USA?

4.6.1 Der Kreditvergabeprozess

Schritt 1: Beteiligte: Hauseigentümer, Hypothekenbank

Während des Wunsch- und Verifizierungsprozesses zwischen dem Hauseigentümer und der Hypothekenbank werden bestimmte Details in Bezug auf Einkommen und Kredithistorie des Käufers, die in Rede stehende Immobilie, Kontaktdetails und weitere persönliche Informationen benötigt.

Es gibt mehrere Auswertungen und Noten („Score") zur Beschreibung der Kreditwürdigkeit eines Individuums. Eine sehr geläufige Score in den USA ist die FICO Score, entwickelt von der Fair Isaac Corporation, die der Wegbereiter des Kreditratingkonzepts in den späten 1950ern war.

FICO Scores geben Hypothekenbanken – also dem Kreditgeber – eine schnelle und objektive Einschätzung des Kreditrisikos eines einzelnen Hauseigentümers. Die Hypothekenbanken treffen eine Entscheidung anhand der Kreditberichte, die sie von sogenannten Kreditauskunfteien erhalten. In diesen Berichten sind mehrere Fakten aufgelistet, wie etwa: Arten der Kredite, die der Hauseigentümer bereits hat, Laufzeit der offenen Termineinlagen sowie der Kreditbetrag, den der Hauseigentümer derzeit noch zu tilgen hat und ob der Hauseigentümer neue Kreditquellen sucht. Die FICO Score hat eine Bandbreite von 300 bis 850 Punkten.

> Der Kreditbericht besteht aus:
>
> - Persönlichen Informationen (Name, Adresse, Sozialversicherungs-nummer, Geburtsdatum, Informationen zur Beschäftigung zur Verifizierung)
> - Kontenübersicht (Anzahl der aktiven Konten)
> - Anfragen (Beantragungsdatum für den Kredit)
> - Negativeinträge (Hypothekenbanken berichten Versäumnisse nicht geleisteter Zahlungen; Kreditauskunfteien sammeln auch Informationen über überfällige Schulden von Inkassobüros, und öffentliche Informationen von Bundes- und Bezirksgerichten (Insolvenzen, Zwangsversteigerungen sowie Verurteilungen)

Fair Isaac entwickelte drei unterschiedliche FICO Scores im Hinblick auf drei Hauptkreditauskunfteien in den USA: die BEACON Score (Equifax), die Experian Score (Experian) und die FICO Risk Score Classic (TransUnion). Alle drei Scores werden von den Hypothekenbanken bei ihren Bewertungsverfahren genutzt.

Die FICO Score berücksichtigt fünf Aspekte. Einer davon ist die Zahlungshistorie, die 35 % der Score ausmacht. Darin enthalten sind Zahlungsinformationen über Konten (Kreditkarten, Einlagenkonten), öffentliche Berichte, des weiteren Details über späte oder ausgebliebene Zahlungen („Versäumnisse") und wie viele Konten keine Zahlungsverzögerungen zeigen. Ein weiterer Aspekt, der in Betracht gezogen wird, ist die Anzahl geschuldeter Beträge; dies macht etwa 30 % der FICO Score aus. Der dritte wichtige Faktor ist die Länge der Kredithistorie mit einem Anteil von 15 %. Die Absicht, neue Kredite aufzunehmen (neue Konten, Kreditkarten usw.), wird mit 10 % gewichtet, und zuletzt noch die Kreditarten, die ausstehend sind, mit ebenfalls 10 %.

Sobald die FICO Score zur Verfügung steht, kann der Bewertungsprozess beginnen.

Schritte 2 und 3: Beteiligte: Hypothekenbank, Sekundärmarkt und Investoren

Hypothekenbanken müssen verkaufte Kredite in ihrem Bestand halten, bis sie einen passenden Investor am Sekundärmarkt finden; dies ist das so genannte „Warehousing" und wird auch „Debt Financing" (Fremdfinanzierung) genannt.

Meist werden kurzfristige Kredite durch die Investoren vergeben (90 bis 180 Tage), und zwar auf einer revolvierenden Basis über den Sekundärmarkt zurück an die Hypothekenbanken. Hiermit versuchen die Hypothekenbanken eine Marge aus der Differenz zwischen dem kurzfristigen Zinssatz, den sie am Sekundärmarkt zahlen müssen, und dem langfristigen Zinssatz, den sie von den Hauseigentümern bekommen, zu verdienen. Damit versuchen die Hypothekenbanken, neue Kredite für weitere Hauseigentümer zu finanzieren.

Um den Kredit am Sekundärmarkt zu handeln, bündeln und verpacken die Hypothekenbanken die Kredite zunächst und müssen in einem zweiten Schritt einen indossierten Grundbuchauszug, eine Kopie der Hypothek, eine „transmittal form", die „bank's note" und eine Kopie des Engagements als Sicherheit einreichen.

Meist übertragen Hypothekenbanken Kredite über den Sekundärmarkt an den Investor. Wenn dies schnell geht, kann der Sekundärmarkt den Kredit in einen Pool packen und damit Preisänderungsrisiken des Marktes vermeiden. Der Handel am Sekundärmarkt besteht aus Kauf- und Verkaufsaktionen sowohl von Investoren als auch von Hypothekenbanken; um diesen Prozess zu überwachen, achten Ginnie Mae, Fannie Mae und Freddie Mac darauf, den Sekundärmarkt mit Informationen zu versorgen. Abhängig davon unterstützt der Sekundärmarkt die Hypothekenbanken und die Investoren bei der Reduzierung von Zinsdifferenzen über geographische Distanzen hinweg und macht Portfoliodiversifizierung möglich.

4.6.2 Immobilienbewertung

Es gibt mehrere unterschiedliche Ansätze zur Bewertung des durchschnittlichen Wertes eines Eigenheims. Um das Verhalten von Hauspreisen und deren Einfluss auf die Wirtschaft zu verstehen, ist es wichtig zu wissen, wie die unterschiedlichen Berechnungsmethoden für Hauspreise funktionieren. Jeder der Hauptindizes berechnet die Hauspreise unterschiedlich und legt demnach seinen Schwerpunkt auf einen anderen Aspekt. Zunächst werden die Schwierigkeiten, einen Index aufzubauen, aufgezeigt. Danach werden die drei wichtigsten Hauspreisindizes miteinander verglichen: der OFHEO House Price Index (HPI), der S&P Case-Shiller Home Price Index (S&P C-S) und die existierenden Hauspreise, wie sie von der National Association of Realtors (NAR) veröffentlicht werden.

Die Hauptprobleme beim Aufsetzen eines Hauspreisindex sind heterogene und seltene Verkäufe. Eigenheime sind heterogen: der Wert eines Hauses hängt viel von seinen Merkmalen und seiner Lage ab. Selbst das gleiche Haus, an verschiedenen Orten gebaut, wird einen unterschiedlichen Preis erzielen, aber es gibt keine zwei gleichen Häuser. Sie können sehr voneinander abweichen, in einer Vielzahl von Variablen, die sowohl externe Variablen (Nachbarschaft, Stadt, Großstadtumgebung usw.) als auch Merkmale (Anzahl der Schlafzimmer und Bäder usw.) und den tatsächlichen Zustand (ausgeführte Reparaturen, Renovierungen usw.) umfassen. In schwachen Märkten werden die tatsächlichen Preise dazu tendieren, leicht unter den Nominalwerten zu liegen. Dies liegt in „Rückgaben" durch den Besitzer an den Käufer begründet, verursacht durch die Notwendigkeit, zu jedem erzielbaren Preis zu verkaufen. Unterschiede zwischen Häusern spiegeln sich in unterschiedlichen Preisen wider.

Ferner werden Häuser, anders als Aktien, selten gehandelt. Tausende identischer Aktien großer Unternehmen werden täglich gehandelt. Im Gegensatz dazu gehen Jahre vorüber, ohne dass ein bestimmtes Haus verkauft wird. Da Transaktionen bei Häusern selten auftreten, ist es schwierig, den Preis, den ein bestimmtes Haus erzielen könnte, zu kennen. Verkäufe vergleichbarer Häuser können als Peer Group angesehen werden.

Vor dem Hintergrund dieser Unterschiede zwischen Immobilien und Finanzmärkten wurde viel Arbeit und Mühe in die Entwicklung verschiedener Hauspreisindizes investiert, und den Gesamttrend von Hauspreisen in bestimmten geographischen Gebieten zu verfolgen. Der beste Weg, Stichproben zu erhalten, um einen solchen Index aufzubauen, ist die Betrachtung von Häusern, die über einen bestimmten Zeitraum verkauft wurden. Es gibt grundsätzlich zwei unterschiedliche Ansätze, Hauspreise für einen Hauspreisindex zu ermitteln.

1. Durchschnitt oder Mittelwert aller Hauspreise, die in einer Periode beobachtet wurden.
2. Beobachtung nur derjenigen Häuser, die öfter als einmal verkauft wurden.

Mills und Simenauer (1996) haben ein hedonisches Modell entwickelt, das regionale Vergleiche von Hauspreisen mit konstanter Qualität in den USA erfasst. Ihre Studie stellte die erste Schätzung dar, die auf tatsächlichen Verkaufspreisen basiert sowie auf der adäquaten Beschreibung von Immobiliencharakteristika, die in der NAR Hausfinanzierungstransaktionsdatenbank enthalten sind. Eine „hedonische" Methodik nutzt statistische Techniken, um Qualitätsunterschiede zu kontrollieren. „Insbesondere werden Korrelationen zwischen den Verkaufspreisen von Häusern und ihren Eigenschaften verwendet, um „Preise" für bestimmte Eigenschaften zu schätzen, die dann verwendet werden, um den Gesamtpreis eines repräsentativen Bündels an Eigenschaften zu berechnen."[5] Eine einwandfreie Durchführung des hedonistischen Ansatzes erfordert mehr detaillierte Daten der Eigenschaften, als typischerweise verfügbar sind.

4.6.2.1   Der „NAR" National Association of Realtors-Index

Die National Association of Realtors wurde 1908 in Chicago gegründet als „The National Association of Real Estate Exchanges". Im Jahr 1916 änderte sie ihren Namen in „The National Association of Real Estate Boards". Der aktuelle Name wurde 1974 eingeführt. Der NAR-Index wird monatlich veröffentlicht und schätzt den Median der Preise bestehender Hausverkäufe. Der NAR repräsentiert den Immobilienbereich kompetent in den USA mit mehr als 1700 örtlichen Verbänden und Behörden. Jeden Monat befragt die NAR eine festgelegte Gruppe ihrer Ver-

---

[5] Rappaport (2007)

bände, die etwa 30–40 % aller Umsätze ausmachen. Freie NAR Daten sind nur für drei Jahre in der Vergangenheit erhältlich, so dass hier kein echter Vergleich mit dem HPI- und dem S&P/Case Shiller Index möglich ist.

4.6.2.2 Der „HPI" OFHEO Home Price Index

Die OFHEO House Price Indizes und der Home Price Index wurden durch S&P/Case Shiller geschaffen. Beide nutzen das Repeat-Valuations System, welches ursprünglich in den 1960ern vorgeschlagen und später durch Karl Case und Robert Shiller verbessert wurde. Wichtige Unterschiede zwischen den Indizes sind dennoch geblieben. Die beiden Modelle nutzen unterschiedliche Datenquellen und führen die Grundalgorithmen unterschiedlich durch.

Der Home Price Index (HPI) vom Office of Federal Housing Enterprise Oversight (OFHEO) basiert auf wiederholten Transaktionsdaten von Fannie Mae und Freddie Mac. Der Index ist seit 1975 für den amerikanischen Durchschnittsbürger verfügbar, die zehn Census Divisions und die großstädtischen Gebiete werden quartalsweise veröffentlicht. Die Daten bestehen aus wiederholten Transaktionen, Verkaufspreise oder geschätzten Werten von Eigenheimen, deren Hypothekenkredite von Fannie Mae oder Freddie Mac angekauft wurden. Anders als die NAR Daten, die das volle Spektrum an Immobilienwerten umfassen, ist der OFHEO HPI weitgehend beschränkt auf konventionelle konforme Kredite. Daher entgehen dem HPI-Index die Lower End- und Upper End-Eigenheime sowie Häuser, die bar gekauft wurden.

4.6.2.3 Der S&P/Case Shiller-Index

Als ein Wiederverkaufspreis-Index spiegelt der S&P/Case Shiller-Index die Wiederverkaufspreise derselben Immobilien wider – genau wie der OFHEO. Die S&P Case Shiller-Methodik sammelt Daten von Einfamilienhäusern, die wiederverkauft wurden, und erfasst damit Wiederverkaufspreise, um daraus Verkaufspaare zu bilden. Aber während der OFHEO auf Transaktionen beschränkt ist, die „Conforming Loanse" (Hypotheken bis zu 417.000 US$) umfassen, enthält der S&P Case Shiller-Index alle Häuser, unabhängig vom Preis. Die Beschreibung der S&P Indextechniken basiert auf „S&P/Case-Shiller Home Price Indices: Index Methodology" (2007, Seiten 8–9, 29–30), welches zum Download unter „www.standardpoors.com" erhältlich ist. Die S&P/Case-Shiller Indizes bestehen aus 20 regionalen Indizes und zwei zusammengefassten Indizes als Summe der Regionen. Sie werden monatlich berechnet und mit einer zweimonatigen zeitlichen Verzögerung veröffentlicht.

Der größte Nachteil des S&P/Case-Shiller Index ist die beschränkte geographische Abdeckung. Leventis (2007) verglich den HPI und den S&P/Case-Shiller Index in Gebieten mit einer genauen Übereinstimmung der geographischen Abdeckung. Von 1991 bis 2006 fand er eine durchschnittliche Differenz über eine Vielzahl von Städten hinweg von 1,06 % und eine durchschnittliche absolute Differenz von 1,88 % zwischen den beiden Indizes. Die übrigen Differenzen könnten hauptsächlich auf den Einfluss des „Conforming Loan"-Limits bei den OFHEO-Stichproben zurückgeführt werden: mit weniger extensiven Daten am oberen Ende des Preisspektrums werden die Schätzung des OFHEO-Index weniger beeinflusst von Preisentwicklungen bei teuren Häusern.

„Die empirischen Schätzungen legen nahe, dass die derzeitige Lücke größtenteils auf die folgenden drei Faktoren zurückzuführen sind: OFHEOs Verwendung von Eigenheimpreisschätzungen, Unterschiede darin, wie viel Gewicht Häusern zugeteilt wird, die lange Intervalle zwischen Bewertungen haben, und Abweichungen im Preismuster für günstige Eigenheime mit alternativen Finanzierungsmethoden. ... Das Ausmaß, in dem die drei Faktoren die Ergebnisunterschiede erklären, ist stark städtespezifisch."[6] Nach Modellanpassungen in der HPI Berechnung in Verbindung mit der Schätzung von Werten, den Intervallgewichtungen, und den günstigen Nicht-Unternehmenskrediten konnte der Unterschied zwischen den HPI Daten und den S&P/Case-Shiller Daten erklärt werden.

4.7   Das Portfolio der Hypothekenbanken

4.7.1   Arten von Hypothekenkrediten

4.7.1.1   Festverzinsliche Hypothekenkredite

Festverzinsliche Hypothekenkredite sind die klassische Hypothekenkreditart. Bei einem festverzinslichen Hypothekenkredit bleibt der Zinssatz während der Rückzahlungsperiode unverändert. Die üblichsten Laufzeiten sind 15 Jahre und 30 Jahre. Festverzinsliche Hypothekenkredite haben einen höheren Zinssatz als kurzfristige Hypothekenkredite oder variabel verzinsliche Hypothekenkredite („ARM" Adjustable Rate Mortgage"). Der Preis, der beim festverzinslichen Hypothekenkredit für eine Ersparnis im Falle des Anstiegs des dem ARM zugrunde liegenden Indexes gezahlt wird, wird durch das Risiko potentiell höherer Kosten beim ARM ausgeglichen.

4.7.1.2   Variabel verzinsliche Hypothekenkredite

Seit seiner Einführung in den frühen 1980ern hat sich die Bedeutung des variabel verzinslichen Hypothekenkredites deutlich verändert, was zu einem großen Teil vom Zinsniveau bei festverzinslichen Hypothekenkrediten und dem Aufschlag zwischen den Zinssätzen fest- und variabel verzinslicher Hypothekenkredite abhängt. Ein verringerter Aufschlag zwischen dem Zinssatz für einen 30-jährigen festverzinslichen Hypothekenkredit und einem ARM reduziert den Anteil der ARMs am Neugeschäft. Typischerweise bevorzugen die Kreditnehmer festverzinsliche Hypothekenkredite, wenn die Zinsen niedrig sind bzw. der Zinsaufschlag zwischen festverzinslichen und variabel verzinslichen Hypothekenkrediten minimal ist. Wenn die

---

[6] OFHEO (2008)

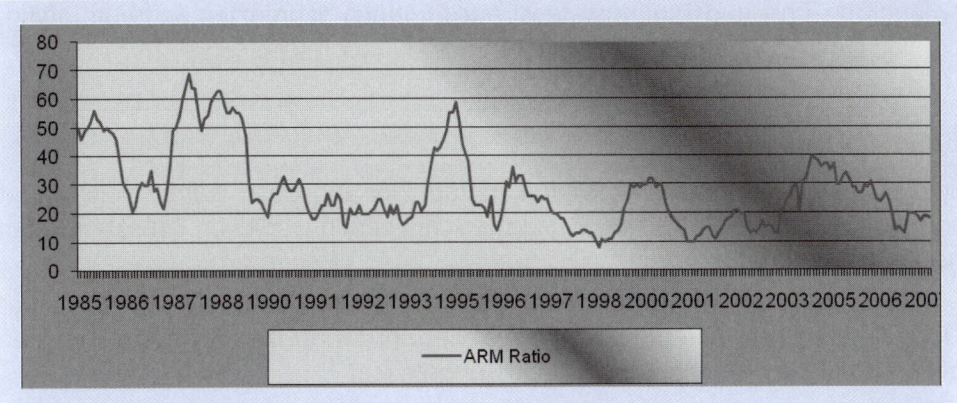

Abbildung 4.5: Anteil der variabel verzinslichen Hypothekenkredite (ARM) an den Gesamthypothekenkrediten
Quelle: Economagic

kurzfristigen Zinsen steigen, wird der Anteil der ARMs weiter zurückgehen. Ihr Anteil stieg von 10 % in 2001 auf 40 % im Juni 2004 und ging dann wieder auf 18 % im August 2007 zurück (Abbildung 4.5).

Während traditionelle ARMs im Jahr 2006 Marktanteile verloren haben, als die Zinsen stiegen, erfuhren die nicht traditionellen Produkte ein enormes Wachstum. „Gemäß der First American LoanPerformance bedienten erstklassige und zweitklassige Kredite mit „Interest-only" oder „Payment-Option" Merkmalen nicht mehr nur einen Nischenmarkt, sondern machten im Jahr 2006 über 32 % des Neugeschäfts aus."[7]

In vielen anderen Industriestaaten sind variabel verzinsliche Hypothekenkredite das marktübliche Produkt. Beispielsweise in Großbritannien und Australien ist der typische Hypothekenkredit ein variabel verzinslicher Kredit mit einer Laufzeit von 25 Jahren. In Frankreich sind üblicherweise die Hälfte aller Kredite variabel verzinst. In Spanien liegt der Anteil bei nahezu 90 %.

Historisch waren die Ausfallquoten bei variabel verzinslichen Krediten höher als bei fest verzinslichen, unabhängig vom Zinsniveau. Dies kann nicht durch einen Zahlungsschock erklärt werden, der aus der Beschaffenheit der variabel verzinslichen Kredite resultiert, da die Ausfallquote selbst in Perioden, in denen die Zinsen fallen, bei variabel verzinslichen Krediten höher ist. Dies sagt vielmehr etwas aus über die traditionellen Schuldner dieser Kredite.

Anfangsphase

Basierend auf der verstrichenen Zeit seit der Kreditvergabe können ARMs unterteilt werden in eine Anfangsphase und eine Anpassungsphase. Die vereinbarte

---

[7] Joint Center for Housing Studies, Harvard University (2007)

anfängliche Zins- und Tilgungsrate ist nur für einen begrenzten Zeitraum gültig, der von einem Monat bis zu fünf Jahren oder länger reicht.

Anpassungsphase

Selbst bei einem stabilen Zinsniveau kann der Zins angepasst werden; dies hängt von der Art des ARM ab sowie vom unterschriebenen jährlichen Zinssatz für den gesamten Hypothekenkredit.

Der Zinssatz des ARM und damit die Raten ändern sich jeden Monat, jedes Quartal, jedes Jahr, alle drei Jahre oder alle fünf Jahre. Den Zeitraum zwischen den Zinsänderungen nennt man Anpassungsphase.

Index und Marge

Der Zinssatz eines ARM besteht aus zwei Komponenten: dem zugrunde liegenden Index und der Marge. Der Index misst den Zins allgemein, während die Marge ein zusätzlicher Aufschlag ist, den der Kreditgeber auf den Zins addiert. Wenn der Index steigt, wird auch der Zins des ARM nach oben angepasst, sobald die nächste Anpassung fällig ist. Aber nicht alle ARMs werden bei einem fallenden Index nach unten angepasst.

Der Kreditgeber kann für den variablen Zinssatz eine Vielzahl von Indizes ver- wenden. Zu den geläufigsten gehören die Sätze der „Constant Maturity Treasury" (CMT) Wertpapiere, der Cost of Funds Index (COFI) und die London Interbank Offered Rate (LIBOR).

Festgeschriebene Zinsobergrenzen („Caps")

ARMs tragen das Risiko exorbitant steigender Zinssätze. Daher sind zwei Arten von Zinsobergrenzen („Caps") möglich:

(1) Ein periodischer Anpassungs-Cap: Dieser Cap begrenzt den Betrag, den der Zinssatz sich vom vorherigen unterscheiden darf; zum Beispiel bei einem peri- odischen Anpassungs-Cap von 2 % kann der Zinssatz maximal auf 3 % oder 7 % angepasst werden. Einige ARMs erlauben sogar einen größeren Cap für die erste Anpassung und gehen dann auf einen geringeren Cap zurück. Bei einigen ARMs begrenzt der Cap zwar den Anstieg der Zinszahlung, aber der Anstieg aufgrund des Index, der nicht auf den Zinssatz aufgeschlagen wer- den konnte, wird in die nächste Periode übertragen. Dies wird „Carryover" genannt. Somit wird der Zins in der nächsten Anpassungsperiode angehoben, selbst wenn der zugrunde liegende Index stabil geblieben ist.

(2) Gemäß US-Recht müssen alle ARMs einen „Lifetime Cap" haben, der den Anstieg des Zinssatzes über die gesamte Laufzeit des Kredites begrenzt. Basie- rend auf einem Zinssatz von 6 % und einem Lifetime Cap von 7 % kann der Zinssatz 13 % nicht übersteigen.

Festgeschriebene Zahlungsobergrenzen und negative Amortisation

Zusätzlich zu den Zins-Caps können ARMs Zahlungs-Caps enthalten, die nur den Prozentsatz des Anstieges der Zahlungsverpflichtung begrenzen. Ein Zahlungs-Cap von 7 % begrenzt den Anstieg der Zahlungsverpflichtung auf 7 %. Zinsen, die wegen des Zahlungs-Caps nicht gezahlt werden, werden auf den Kredit aufgeschlagen und erhöhen diesen daher. Dies wird negative Amortisation genannt.

ARMs mit Zahlungs-Caps haben nicht zwangsläufig einen periodischen Zinscap. Sie bauen einen Zahlungsschock auf bis zur regelmäßig eingebauten Neuberechnungsperiode (meist 5 Jahre). Dann wird die Zahlung auf Basis des akkumulierten Kreditbetrages neu berechnet. Zahlungs-Caps werden bei dieser Neuberechnung nicht angewandt. Einige Hypotheken enthalten eine Obergrenze für die negative Amortisation (zum Beispiel 120 %). Aber wenn der Cap erreicht ist, ist der Zins- und Tilgungsplan voll zur Rückzahlung gesetzt – alle anderen eventuell angewandten Zahlungs-Caps werden außer Kraft gesetzt – und verursacht damit einen schweren Zahlungsschock.

Vorfälligkeitsentschädigungen

Hierunter versteht man Sondergebühren, die anfallen, wenn der Kredit innerhalb eines vereinbarten Zeitpunkts (3 bis 5 Jahre) zurückgezahlt wird. Harte Vorfälligkeitsentschädigungen werden verlangt, aus welchem Grund auch immer der Kredit vorzeitig zurückgezahlt wird. Weiche Vorfälligkeitsentschädigungen werden nicht verlangt, wenn die Rückzahlung wegen einem Verkauf des Hauses erfolgt.

4.7.1.3 Weitere Arten von Hypothekenkrediten

Des Weiteren lassen sich hybride ARMs, Interest-Only ARMs, Payment-option ARMs sowie Reverse Mortgages unterscheiden.

Hybride ARMs

Hybride ARMs bestehen aus zwei Teilen: einer Anfangsphase mit einem Festzins und einer Anpassungsphase. Die werden als ARM x/y bezeichnet; das x deutet die Länge der Anfangsphase und das y die Länge der Anpassungsphase bis zur Rückzahlung der Belastung an (3/1 oder 5/1). Einige Schreibweisen berücksichtigen die Gesamtlaufzeit des Kredites und werden bezeichnet als x/yy; hier benennt das x die Dauer der festverzinslichen Phase und das yy die Anzahl von Jahren, in denen der Kredit angepasst werden kann (2/28, 3/27). Einige von ihnen werden sogar halbjährlich angepasst.

Interest-Only ARMs

Sowohl die erstklassigen als auch die zweitklassigen Interest-only-Kredite sind von nur 5 % in 2002 auf fast 30 % aller neu vergebenen Hypothekenkredite in 2005 gestiegen, bevor sie Ende 2006 zurück auf 20 % gefallen sind. Die meisten sind variabel verzinslich und enthalten nicht nur Zinsanpassungen, sondern auch höhere Zahlungsverpflichtungen, um den Nominalbetrag in einer verkürzten Zeit zu tilgen. Bei Interest-only Hypothekenkrediten enthalten die Zahlungen in der Anfangsphase nur die Zinszahlungen, was einen Zahlungsschock zu dem Zeitpunkt produziert, indem die Rückzahlung des Kredites selbst in den monatlichen Zahlungsraten enthalten ist. Die Interest-only Zahlungsperiode liegt üblicherweise zwischen 3 und 10 Jahren.

Payment-option ARMs

Der Anteil der Payment-option Kredite ist noch schneller gewachsen und hat sich in nur zwei Jahren mehr als verdreifacht. 2006 machten diese Kredite, die es dem Kreditnehmer erlauben, einen Teil des Kreditbetrages und der Zinsen aufzuschieben, indem er kreditkartenartige Minimumzahlungen leistet, etwa 12 % der Neukreditvergaben aus.[8]

Diese ARM-Systeme ermöglichen es dem Kreditnehmer, jeden Monat jeweils aus mehreren Zahlungsoptionen auszuwählen:

(1) Zahlung von Zinsen und Tilgung, was den traditionellen kontinentaleuropäischen Hypothekenkrediten ähnlich ist;

(2) Nur Zahlung von Zinsen, so dass sich der zugrunde liegende Kredit nicht reduziert;

(3) Eine Mindestzahlung, die möglicherweise nicht einmal die Zinsen deckt und deshalb den Kreditbetrag erhöht, und die zukünftigen Zahlungen nach der Anpassung erhöht. Oft muss als Ausgleich für die Mindestzahlungen ein größerer Betrag am Ende der Kreditlaufzeit gezahlt werden („Balloon-Zahlung").

Reverse Mortgages

Eine „Reverse Mortgage" ist ein Kredit auf eine Immobilie, die so lange nicht zurückgezahlt werden muss, wie der Schuldner dort lebt. Deshalb gibt es eine Altersobergrenze von 62, bis zu der man sich für eine Reverse Mortgage bewerben kann.

4.7.2   Hypothekenkredite klassifiziert nach Kreditarten

4.7.2.1   Federal Housing Administration-Kredite

Die Federal Housing Administration (FHA) bietet Hypothekenversicherungen auf Kredite, die durch FHA-anerkannte Kreditgeber in den USA vergeben wurden. Die FHA versichert Hypotheken auf Einfamilienhäuser, Mehrfamilienhäuser, Fertighäuser und Krankenhäuser. Im Gegensatz zu herkömmlichen Krediten erfordern FHA-versicherte Kredite nur eine geringe Anzahlung. Deshalb sind FHA Kredite flexibler bei der Berechnung des Haushaltseinkommens und der Zahlungen. Die Versicherungskosten der Hypothek werden an den Hauseigentümer durchgereicht

---

[8] Joint Center for Housing Studies, Harvard University (2006)

und sind im Allgemeinen in deren monatlichen Raten enthalten. In den meisten Fällen fallen die Versicherungskosten nach fünf Jahren weg, oder wenn der verbleibende Kreditbetrag noch 78 % des Wertes der Immobilie beträgt – je nachdem, was länger dauert.

4.7.2.2 Veterans Affairs-Kredite

Kredite, die durch das Department of Veterans Affairs abgesichert werden, sind auf Individuen beschränkt, die sich durch den Militärdienst qualifiziert haben, entweder weil sie in der US-Armee gedient haben oder als unverheiratete Witwe eines Veterans. Die Veterans Administration (VA) vergibt selbst keine Kredite, sondern garantiert, dass der Kreditgeber gegen Verluste im Falle einer Zwangsvollstreckung bis zu maximal 25 % des Kreditbetrages abgesichert ist. Die VA garantiert Kredite für jeden qualifizierten Veteran, der ein Haus kauft, das er aus seinem Gehalt abbezahlt. Es ist keine Anzahlung erforderlich, wenn der Kaufpreis der Immobilie die VA-Schätzung nicht übersteigt. Der maximale VA-Kreditbetrag beläuft sich derzeit auf 417.000 US$.

4.7.2.3 Erstklassige / Non-Jumbokredite

Aufgrund regulatorischer Vorgaben ist es den GSEs nur erlaubt, Hypotheken unter einer vorgeschriebenen Größenschwelle zu kaufen: der Jumbokredit-Sperre, die 1970 eingeführt wurde.[9] Nicht-Jumbokredite werden vergeben als das, was „erstklassige konforme Hypothekenkreditvergabe genannt wird (konventionelle Einfamilienhäuser, selbst bewohnte Hauskäufe und Refinanzierungshypotheken, die unter der GSE-Kreditgrenze bei Kreditvergabe liegen)."[10] In 2007 lag die GSE-Kreditgrenze bei 417.000 US$. Gemäß Inside Mortgage Finance Publications lag das Neugeschäft bei Jumbohypothekenkrediten zwischen 15 % und 21 %[11] des gesamten Einfamilienhausmarktes von 2000 bis zum ersten Halbjahr 2007, während Hull (2007) einen Anteil von 20–25 % schätzt. Die Finanzierer von Jumbohypothekenkrediten finanzieren diese entweder direkt oder nutzen Privatmarkthypothekenverbriefungen.

Es gibt neue Pläne, die Obergrenze für konforme Kredite vorübergehend von 417.000 US$ auf 125 % des lokalen Hauspreismedians mit einer Obergrenze von 730.000 US$ anzuheben. Dies spiegelt die Verschiebung des Auftrags der GSEs und kann in der folgenden „Mission"-Erklärung gesehen werden.

Fannie Mae, 2005: „Unser öffentlicher Auftrag und unser definiertes Ziel ist es, mehr Familien zu helfen, sich den amerikanischen Traum eines Eigenheims zu erfüllen. Wir können dies tun, indem wir Finanzprodukte und -dienstleistungen zur Verfügung stellen, die es für Familien mit niedrigem, bescheidenem und mittlerem Einkommen möglich machen, sich selbst ein Haus zu kaufen."

---

[9] Hull (2007)
[10] Nothaft & Surette (2001)
[11] OFHEO (2008)

Fannie Mae, 2008: „Wir wurden gegründet, um bezahlbares Wohneigentum zu erweitern und weltweites Kapital in regionale Gemeinden zu bringen, um dem US-Häusermarkt zu dienen. Fannie Mae hat eine öffentliche Lizenz und operiert an Amerikas Sekundärhypothekenmarkt, um sicherzustellen, dass Hypothekenbanken und andere Kreditgeber ausreichend Mittel zur Verfügung haben, um diese zu günstigen Zinsen an Hauskäufer zu verleihen. Unsere Aufgabe ist es, denen zu helfen, die Amerika bewohnen."

4.7.2.4 Subprime-Hypothekenkredite

Gemäß Harvard Bericht (2006) „stieg die Subprime-Kreditvergabe von fast Null in den frühen 1990ern auf 8,6 % der Neukredite in 2001 und 20,1 % in 2006. Mindestens 7 % der Hauseigentümer bzw. mehr als fünf Millionen Haushalte haben Suprime-Kredite."

Einige rechtliche Änderungen waren notwendig, um die Subprime-Kreditvergabe am Hypothekenmarkt einführen zu können.

- 1980: Depository Institutions Deregulation and Monetary Control Act (DIDMCA) ermöglichte die Belastung des Kreditnehmers mit hohen Zinsen und Gebühren
- 1982: Alternative Mortgage Transaction Parity Act (AMPTA) erlaubte variable Zinssätze und Balloonzahlungen
- 1986: Tax Reform Act of 1986: Verbot der Steuerabzugsfähigkeit von Konsumentenkrediten, aber Einführung von Steuerabzugsfähigkeit bei Hypothekenkrediten (Erstwohnsitz sowie ein weiteres Haus)

Mit den rechtlichen Grundlagen wurden selbst hochpreisige Hypothekenkredite für viele Hausbesitzer billiger als Konsumentenkredite. In Zeiten niedriger Zinsen wurden Cash Out-Refinanzierungen beliebt, um Zugang zum Wert eines Hauses zu erhalten. Die Subprime-Kreditvergabe öffnet den Hypothekenmarkt für Kreditnehmer, die anderenfalls eine Absage erhalten hätten. Die beiden Hauptkostentreiber sind der Zinssatz, der auf der Kredithistorie basiert, und die Anforderungen für Anzahlungen, während bei erstklassigen Hypothekenkrediten nur die Anzahlung als Hauptkostenfaktor angesehen werden kann.

Subprime-Kreditvergabe ist ein schnell wachsendes Segment am Hypothekenmarkt, aber es gibt keine allgemein anerkannte Definition für den Begriff „Subprime". Manchmal ist es schwierig, zwischen einer Subprime-Hypothek von Kreditnehmer X und einem Alt-A Kredit (liegt zwischen erstklassig und Subprime) von Kreditnehmer Y zu unterscheiden. Der allgemein verwendete Begriff „Subprime" beschreibt eher ein Segment mit fließenden Grenzen innerhalb des Hypothekenmarktes als einen fest definierten Sektor.

Die Scoringtabelle von Countrywide unterscheidet sechs verschiedene Kredit-kategorien. Zur Bestimmung der Kategorie werden die Hypothekenkredit- und die Bankzahlungshistorie, Insolvenzen und das Schulden-zu-Einkommen-Verhältnis bewertet. Um sich beispielsweise für einen Premier Loan zu qualifizieren, ist nur eine um 30 Tage überfällige Hypothekenrate im vergangenen Jahr erlaubt ($1 \times 30 \times 12$). Ebenso gibt es verschiedene Kündigungsfristen für die verschiede-nen Kategorien. Das Verhältnis des monatlichen Schuldendienstes zum Einkom-men darf in keinem Fall 50 % übersteigen.

Ein Subprime-Kreditnehmer hat ungefähr eine Kreditscore von weniger als 630. Es gibt einige Kreditgeber, die sogar eine Kreditscore von 660 als Subprime an-sehen, während andere Kreditgeber diese als Alt-A (fast erstklassig) betrachten. Ein Hypothekenkredit wird auch dann als Subprime gewertet, wenn der Kredit-nehmer eine Anzahlung von weniger als 5 % leistet oder keine Gehaltsnachweise bzw. sonstige Dokumentation liefert. Die Vergabe von Subprime-Krediten ist üb-lich in Gebieten, in denen Minderheiten und Menschen mit schwächeren wirt-schaftlichen Bedingungen leben.[12] Nichols, Pennington-Cross und Yezer (2005) berichteten, dass Menschen mit substantiellem Wohlstand, aber Kreditbeschrän-kungen ihr Haus am wahrscheinlichsten mit Subprime-Hypotheken finanzieren.

„Die Bandbreite der verlangten Zinssätze zeigt, dass der Subprime-Hypo-thekenmarkt auf Basis mehrerer Faktoren risikobasierte Preisunterschiede macht: aufgrund von verspäteten Zahlungen, Kündigungen, Insolvenzen, Verschuldungs-graden, Kreditscores und Beleihungsausläufen. Zusätzlich werden Klauseln verein-bart, die Risiken in Verbindung mit der Kreditkategorie widerspiegeln und Vorfälligkeitsentschädigungen, die Laufzeit des Kredites, die Flexibilität des Zins-satzes (variabel, fix oder hybrid), den Immobilientyp und andere Faktoren ent-halten."[13]

Alt-A Kredite sind charakterisiert durch Abweichungen beim Betrag und der Qualität der erforderlichen Dokumentation. Sie wurden geschaffen für Selbstän-dige, die eine schnelle Kreditentscheidung benötigen und bereit waren, dafür eine geringe Prämie zu zahlen, um eine Offenlegung ihrer Einkünfte und ihrer Vermögenswerte zu vermeiden. Dies trifft auf Unternehmer und andere zu, die ein volatiles Einkommen über den Zeitverlauf haben, die aber kreditwürdig sind und sich die Verpflichtung leisten können, die sie eingehen.

---

[12] Calem, Gillen, Wachter (2004)
[13] Chromsisengphet, Pennington-Cross (2006)

5 | Welche Finanzprodukte haben Investmentbanken geschaffen?

5.1 Definition „Strukturierte Finanzierungen"

Da es keine eindeutige Definition des Begriffs „strukturierte Finanzierungen" gibt, werden im Folgenden Fabozzi, Davis und Choudhry zitiert: „Techniken, die immer dann angewendet werden, wenn die Anforderungen des Inhabers oder Eigentümers eines Vermögenswertes, sei es, dass sie mit Mittelbeschaffung, Liquidität, Risikotransfer oder einem anderen Erfordernis zusammenhängen, nicht durch ein existierendes Standardprodukt oder -instrument erfüllt werden können."[1] Aus diesem Grund müssen strukturierte Finanztools maßgeschneiderte Kombinationen aus standardisierten Finanzinstrumenten sein. Dadurch können die Anforderungen derjenigen Kunden erfüllt werden, die zukünftige Cash Flows und damit verbundene Risiken antizipieren.

Strukturierten Produkten liegen nur Cash Flow-generierende Vermögenswerte als Sicherheit zugrunde.[2] Das ultimative Ziel der strukturierten Finanzierung ist es, dem Kunden den perfekten Rendite-Risiko-Mix zu bieten. Die Cash Flows der zugrunde liegenden Vermögenswerte können an den Investor ausgeschüttet werden, sobald die Provision abgezogen wurde; hieraus entstehen sogenannte „Pass-Through"-Wertpapiere. Wenn die Cash Flows innerhalb eines Wertpapierpools den Investoren nach spezifischen Regeln zugeteilt werden, wird dies „Pay-Through" genannt.[3] Der Prozess der Strukturierung eines solchen Pools aus verschiedenen Finanzinstrumenten wird „Verbriefung" genannt. Die geläufigsten strukturierten Produkte, die genutzt werden, um die Cash Flows und Risiken des Pools neu zu verteilen („Strukturierung"), sind Asset Backed Securities (ABS), Mortgage Backed Securities (MBS) und Collaterized Debt Obligations (CDO) (vgl. Abbildung 5.1).

Die Haupteigenschaften sind in Abbildung 5.2 zusammengefasst.

Aufgrund des Fortbestehens der aktuellen Krise sind zuverlässige Quellen, die sich mit der Zukunft der verbrieften Finanzprodukte befassen, weiterhin selten. Jedoch vertreten die Autoren die Ansicht, dass deren Zukunft weiterhin viel versprechend ist, obwohl die Banken vorsichtiger sein werden, wenn es darum geht, verbriefungsfähige Vermögenswerte auszuwählen, insbesondere bei MBS.

---

[1] Fabozzi et al. (2006)
[2] Wolf et al. (2003)
[3] Hayre (2001)

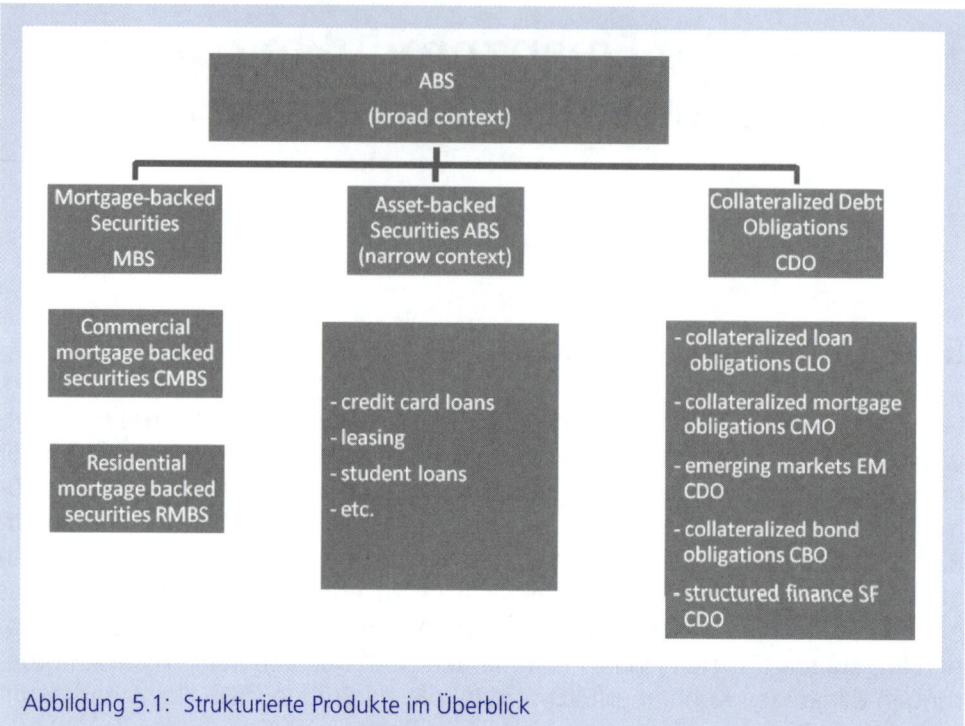

Abbildung 5.1: Strukturierte Produkte im Überblick

Product	Description	Pro	Contra
ABS	financial security backed by loan, lease or receivables other than mortages	– tradability of otherwise illiquid assets – bankruptcy remoteness – individualizing investment	– risk of prepayment – risk of default
MBS	financial security backed by either residential or commercial mortgages as underlying asset	– enabling smaller banks to issue loans for subprime customers as they can transfer the risk of default to the investors	– risk of prepayment for RMBS – risk of default for CMS – high volume of subprime loans
CDO	financial security backed by a pool of cash flow producing obligations such as high-yield loans	– managed CDOs increase structure – broader asset class – longer term to maturity	– higher costs due to management

Abbildung 5.2: Vor- und Nachteile ausgewählter strukturierter Produkte

5.2 Verbriefung als Finanzinnovation

Der ursprüngliche Zweck der Verbriefung bei ihrer Einführung in den späten 1960er Jahren war es, amerikanische Einlageninstitute zu refinanzieren, was letztendlich zu einem starken US-Immobilienfinanzierungsmarkt führte. Die Methode, wie sie im Folgenden beschrieben wird, wurde später angewandt, um andere Vermögenswerte zu verbriefen, wie etwa Kreditkartenforderungen oder Forderungen aus Autokrediten. Ein weiterer Zweck ist das Management von Aktiv-Passiv-Relationen bei Finanzinstituten.

Durch die Verbriefung von Vermögenswerten wandeln die Emittenten gewöhnlich nicht handelbare Vermögenswerte in attraktive Anlageprodukte um. Typische Verkäufer von Vermögenswerten für strukturierte Produkte sind Banken, Versicherungen, Unternehmen und Finanzgesellschaften.

Der Verbriefungsprozess kann wie folgt beschrieben werden (vgl. Abbildung 5.3):

Der Verkäufer bündelt die Vermögenswerte in einem Pool, der am Markt platziert werden soll (zum Beispiel Hypotheken, Kredite) und verkauft diesen Pool mit den als Sicherheiten hinterlegten Vermögenswerten („Collateral") an eine neu

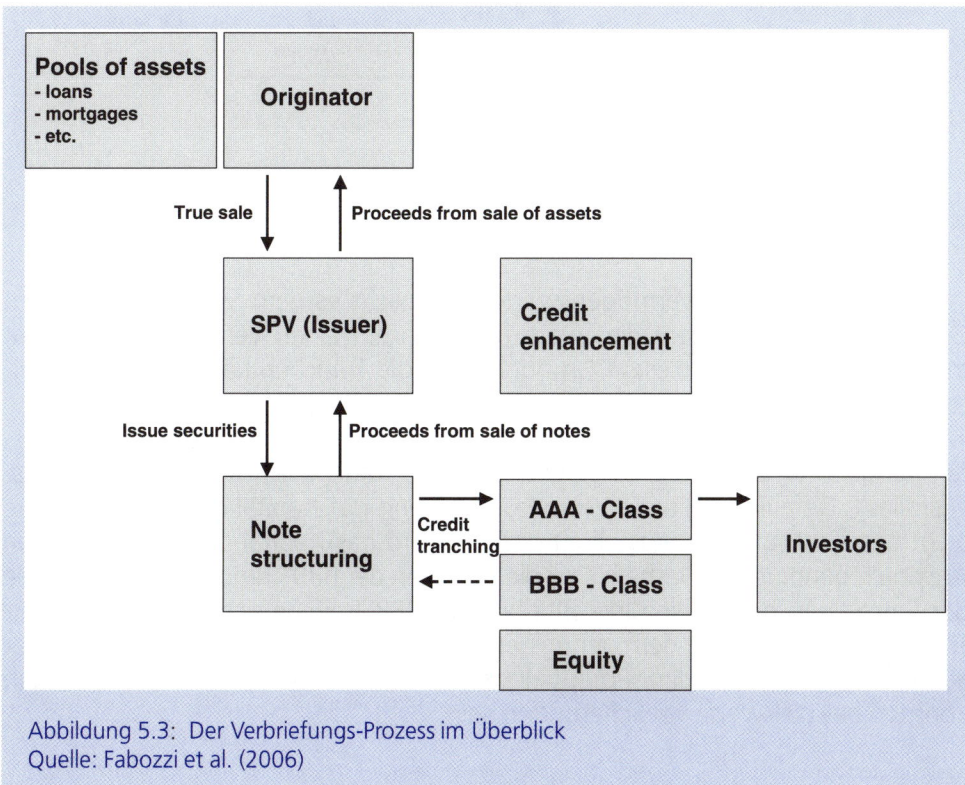

Abbildung 5.3: Der Verbriefungs-Prozess im Überblick
Quelle: Fabozzi et al. (2006)

gegründete Zweckgesellschaft, ein sogenanntes „Special Purpose Vehicle" oder „SPV", welches die Vermögenswerte kauft. Der Verkäufer des Collaterals überträgt diesen vollständig an das SPV; dies stellt einen „True Sale" dar. Dadurch sind die Investoren der strukturierten Produkte, welche vom SPV emittiert werden, vor den Gläubigern im Falle einer Insolvenz des Verkäufers geschützt. Nun wird das SPV aktiv und beginnt, die Anleihen zu strukturieren, indem die neu erworbenen Vermögenswerte in sogenannte Tranchen unterteilt werden. Diese Tranchen umfassen Vermögenswerte je nach deren Ausfallwahrscheinlichkeit, Laufzeit oder Zinssatz. Jedes zugrunde liegende Asset wird einer von drei Tranchen zugeteilt: der AAA-Tranche für Assets mit einem sehr geringen Ausfallrisiko, der BBB-Tranche mit einem mittleren Ausfallrisiko oder der Equity-Tranche bzw. dem First-Loss-Piece, welches das höchste Ausfallrisiko trägt (vgl. Abbildung 5.4)[4].

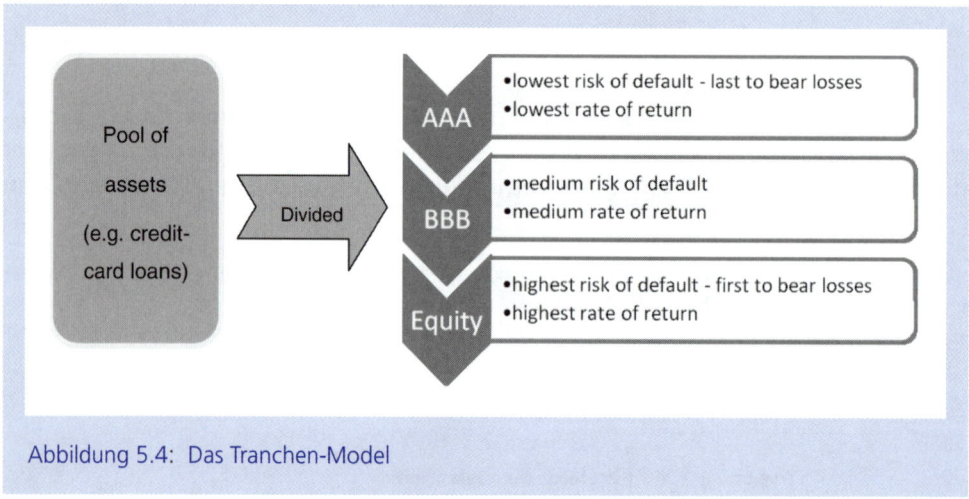

Abbildung 5.4: Das Tranchen-Model

    Die Bündelung der Vermögenswerte ermöglicht es dem SPV, ein Investment Grade Rating zu erhalten; dies wäre für einen einzelnen Vermögenswert nicht möglich gewesen. Aus diesem Grund werden die Tranchen handelbar und interessant für eine große Anzahl von Investoren. Risikofreudige sind möglicherweise interessiert an Investitionen in die Equity-Tranche, die ihren Investoren die höchsten Renditen beschert; allerdings erleidet diese Tranche im Falle eines Zahlungsausfalles („Default") als erste Verluste. Nur wenn das Kapital der Equity-Tranche nicht ausreicht, um den Ausfall zu decken, wird das Kapital der BBB-Tranche in Anspruch genommen. Deshalb sind die Renditen der BBB-Tranche geringer als die der Equity-Tranche, da eine Investition in die BBB-Tranche sicherer ist. Die AAA-Tranche ist diejenige mit dem geringsten Ausfallrisiko und bietet Investoren daher auch die geringste Rendite. Potentielle Kunden für die AAA-gerateten Tranchen könnten beispielsweise Versicherungen sein.

---

[4] Fabozzi et al. (2006)

Investoren kaufen Anteile an denjenigen Tranchen, die für sie passend sind und erhalten monatliche Zahlungen in Form von Cash Flows (Annuitätenzahlungen) vom Schuldner über das SPV. Auf diese Weise führen die periodischen Tilgungszahlungen im Laufe der Zeit die Kredite zurück.

5.2.1 Gründe für eine Verbriefung

Ein erster möglicher Vorteil ist die Reduzierung der Finanzierungskosten. Da die Kreditgeber heutzutage in Einklang mit den Basel II-Regularien agieren müssen, werden Ratings immer wichtiger im Kreditgenehmigungsprozess. Daher kann es schwierig und teurer für einige Unternehmen sein, einen Kredit zu erhalten. Eine Möglichkeit, Basel II zu umgehen, wäre die Emission von Wertpapieren, die durch irgendeine Art von Sicherheit gedeckt werden.

Zweitens kann ein strukturiertes Produkt das Ausfallrisiko vom ursprünglichen Kreditgeber auf eine Vielzahl von Investoren übertragen, was es den Banken ermöglicht, mehr Kredite zu vergeben, und sogar an zweitklassige Kreditnehmer.

Ein weiterer Vorteil ergibt sich aus der Eigenschaft, Liquidität zu schaffen, die der Liquidität des Marktes entspricht. Dies erlaubt es Kreditnehmern, neue Finanzierungsquellen in Anspruch zu nehmen und versetzt Kreditgeber in die Lage, Kapitalbeschränkungen zu vermeiden, die ihnen üblicherweise von Regulierungsbehörden auferlegt werden. Aus diesen Gründen kann die Verbriefung von Vermögenswerten Wertpapiere mit einer höheren Liquidität als ihre nicht besicherten Pendants hervorbringen.

5.2.2 Vorteile für Investoren

Ein Hauptvorteil für Investoren, die bereit sind, am strukturierten Markt zu investieren, besteht in der Möglichkeit, ihr eigenes Risikoportfolio zusammenzustellen. Darüber hinaus bieten ABS häufiger die besseren Risiko-Rendite-Relationen als Unternehmensanleihen mit derselben Laufzeit und demselben Rating. Abgesehen von den vorteilhaften Risiko-Rendite-Relationen profitieren Investoren von einer guten Risikostreuung. Anstatt einen großen Betrag in eine einzelne Unternehmensanleihe zu investieren und der Ausfalleintrittswahrscheinlichkeit („Event Risk") ausgesetzt zu sein, können Investoren strukturierter Produkte ihre Investition streuen und damit das Ausfallrisiko minimieren.

5.2.3 Analytische Herausforderungen

Die hauptsächlichen analytischen Aspekte im Zusammenhang mit strukturierten Produkten sind das Risiko der vorzeitigen Tilgung und das Ausfallrisiko.

Vorzeitige Tilgung bedeutet, dass der Kreditnehmer den zugrunde liegenden Vermögenswert frühzeitig zurückzahlt. Um den möglichen Eintritt einer solchen vorzeitigen Tilgung vorherbestimmen zu können, verwenden Banken zwei unterschiedliche Ansätze: den „empirischen Ansatz" und den „behavioristischen Ansatz". Der empirische Ansatz stützt sich auf die Aussage, dass die Vergangenheit sich wiederholt. Somit werden Prognosen erstellt, indem die in der Vergangenheit beobachteten vorzeitigen Tilgungen unter den gleichen Bedingungen wie in der Vergangenheit reproduziert werden. Der behavioristische Ansatz basiert auf der Annahme des Entscheidungsfindungsprozesses eines Kreditnehmers. Durch akkurates Modellieren dieses Verhaltens kann die Simulation sich ändernde Marktgrundlagen voraussehen. Die Praxis zeigt, dass die besten Ergebnisse durch Kombination der beiden Ansätze erzielt werden.

Eine zweite Hauptherausforderung für Investoren und Banken gleichermaßen ist die Schätzung des Kreditrisikos in Verbindung mit strukturierten Produkten. Mit anderen Worten: das Ausfallrisiko, das im Zusammenhang mit dem Produkt steht, muss bewertet werden. Für Cash Flow-Projektionen ist es ebenfalls zwingend erforderlich, den Zeitpunkt möglicher Ausfälle vorherzusehen, ebenso wie den Zeitraum, der für eine Erholung notwendig ist.

Da beide Risiken das Anlageprodukt in großem Maße beeinflussen, haben sie auch einen großen Einfluss auf die Rendite jedes Produktes. Eine hohe Ausfallwahrscheinlichkeit muss ganz offensichtlich auch ein größeres Interesse wecken und daher einen höheren Cash Flow für die Investoren generieren als ein ähnliches Produkt mit einem durchschnittlichen Risiko. Die gleiche Theorie gilt für das vorzeitige Tilgungsrisiko.

5.3   Asset Backed Securities

Unter ABS sind Vermögenswerte zu verstehen, die durch einen Pool gleichartiger Vermögenswerte gedeckt sind. Bei einer breiten Streuung der zugrunde liegenden Risiken haftet diesen Wertpapieren gesamthaft gesehen ein geringeres Risiko an, als den ursprünglich verbrieften Forderungen. Kredite gehen durch ABS-Transaktionen aus den Bankbilanzen im Rahmen einer True-Sale-Verbriefung vollständig auf Investoren über. Dadurch werden die Risiken auf die Gläubiger des ABS übertragen. Bei Banken werden daraufhin die Kreditlinien wieder frei.

5.3.1   Grundlagen von ABCP und Unterschiede zu ABS

Der Hauptteil der ABS sind zeitlich befristete Asset Backed Securities mit einer Laufzeit von 2 bis 10 Jahren. Ein weiterer großer Teil der ABS sind Asset Backed Commercial Papers (ABCP); deren Emittenten sind entweder Einzel-Verkäufer oder Mehrfach-Verkäufer / Multi-Asset Programme. Der Unterschied zwischen ABS und ABCP kommt in Abbildung 5.5 zum Ausdruck.

	Term-ABS	ABCP
Receivables category	No restriction	No restriction
Type of refinancing	Usually singular, large-volume emissions of at least €250 m	Singular but usually revolving acquisition of receivables with volume of at least €30 m
Type of positioning	Publically positioned, listed transactions with a term of at least 18 months, divided into tranches with different long-term ratings	Private placing, usually not listed, revolving issue of commercial papers with a maturity of 7 to 270 days as a discounted paper with the same rating
Seller of receivables	Known to investors	Usually not known to investors
Type of ratings	One or several long-term public rating (S&P, Moody's or Fitch) e. g. AAA, AA, BB	One or several short-term public ratings (S&P, Moody's or Fitch) e. g. A-1, P-1, F-1
Duration of receivables	Normally more than 1 year	More than 7 days

Abbildung 5.5: Vergleich von Term-ABS mit ABCP im Überblick
Quelle: Wolf et al. (2003)

5.3.2 Vorteile für Investoren

Verglichen mit Unternehmensanleihen können ABS potentiellen Investoren eine Reihe von Vorteilen wie etwa eine geringere Volatilität, attraktive Margen und ein geringes Rückkaufrisiko bieten.

Geringe Volatilität

ABS weisen geringere Schwankungen bei den Ratings auf als Unternehmensanleihen mit vergleichbaren Laufzeiten. Da die Rückzahlungen umgewandelte Cash Flows sind, würden geringere Rückzahlungsbeträge eine deutliche Veränderung im Verhalten der Schuldner erfordern, was deutlich unwahrscheinlicher ist als der Ausfall einer einzelnen Einheit, die zu einem Ausfall der gesamten Unternehmensanleihe führt. Demzufolge kann der Markt für Unternehmensanleihen, wie die vergangenen Entwicklungen gezeigt haben, sehr volatil sein, was ihn in der Folge weniger attraktiv für Investoren macht.

Attraktive Margendifferenz

Abgesehen von der geringeren Volatilität bieten ABS den Investoren höhere Renditen als vergleichbare Unternehmensanleihen. Diese Margendifferenz liegt bei ungefähr 3–4 %. Das gleiche gilt für den europäischen Markt, an dem die durchschnittliche Margendifferenz bei etwa 4 % liegt.

Geringes Rückkaufrisiko

Investoren von ABS werden selten mit einem vorzeitigen Rückkauf konfrontiert, und falls doch, dann geschieht dies zur Minimierung ihres Risikos. Vorzeitige Rückkäufe werden üblicherweise vom Emittenten durch den Verkauf des Collaterals getätigt, um das Kapital an die Investoren zurückzuzahlen. Mit anderen Worten: Wenn Probleme mit dem Pool auftreten sollten, beginnen die Emittenten zuerst die Senior-Investoren abzulösen, indem sie deren Kapital zurückführen.

Schlussfolgernd kann gesagt werden, dass ABS solide Anlagemöglichkeiten bieten, da sie zwei Hauptvorteile kombinieren: eine breite Vielzahl von Asset-Typen inklusive einer Vielzahl von Ratings sowie ein Marktumfeld, in dem Ausfälle verhältnismäßig selten sind.

5.3.3 Risiken

In Verbindung mit den Vorteilen sollten auch die potentiellen Risiken erwähnt werden, die bei Investitionen in ABS involviert sind (vgl. Abbildung 5.6).

Challenges involved	Description
Structural Complexity	ABS are more complex than other investments, hence people need to invest more time in investigation of risks and potentials of an ABS-paper. Therefore a higher yield needs to offset these addition efforts
Differing credit risks	Credit risks differ for each asset class and issuer.
Variation in quality	Each investment is new. Hence, investors can hardly draw from the knowledge of previous ABS-investments. Thus, quality of an investment needs to be reassessed each time an investment is being undertaken
Limited information	Much less public information is available for ABS than for corporate alternatives
Limited independence	Research due to the lack of public information independent investment research is very limited given the fact that research papers issued by investment banks are not „independent"

Abbildung 5.6: Risiken von ABS-Produkte
Quelle: Wisialko (2004)

5.4 Mortgage Backed Securities

Ein Hypothekenkredit ist ein Darlehen, das durch einen zugrunde liegenden Vermögenswert besichert ist, welcher im Falle eines Ausfalls vom Darlehensgeber verwertet werden kann. Im Allgemeinen sind Hypothekenkredite Darlehen, die für den Bau oder Kauf einer Immobilie gewährt wurden. Die Immobilie und das

Grundstück dienen als zugrunde liegender Vermögenswert, und der Kredit wird durch Tilgungszahlungen des neuen Immobilienbesitzers zurückgeführt.

Die Mortgage Backed Securities („MBS") sind besichert durch einen Pool verschiedener Hypothekenkredite. Sie werden grundsätzlich in Residential und Commercial MBS unterteilt; dies wird später genauer erläutert. In den USA wird typischerweise zwischen MBS und ABS unterschieden, wobei sich MBS nur auf verbriefte Hypothekenkredite beziehen, während sich ABS auf andere Kredite beziehen, wie beispielsweise Autokredite oder Konsumentenkredite. Außerhalb der USA werden MBS oftmals als Unterkategorie der ABS betrachtet. Obwohl diese Wertpapiere durch verschiedene Arten von Assets besichert werden, haben sie einen spezifischen Aspekt gemeinsam, da sowohl die Zahlungen, die vom Schuldner an den Pool geleistet werden, als auch die Zahlungen an den Investor auf monatlicher Basis erfolgen. Eine weitere Gemeinsamkeit liegt darin, dass sich sowohl bei ABS als auch MBS die Zahlungsströme aus Zinszahlungen und planmäßigen oder außerplanmäßigen Tilgungen in Höhe desjenigen Betrages, der als Kredit gewährt wurde, zusammensetzen. Während planmäßige Tilgungen allmählich über die Laufzeit des Kredites als Amortisation geleistet werden, spiegeln unplanmäßige Tilgungen die vollständige oder teilweise vorzeitige Rückzahlung des Kredites wider.

5.4.1 Definition

Ein Hypothekenkredit weist mehrere charakteristische Eigenschaften auf. Die erste Eigenschaft ist der Rang der Besicherung. Er gibt die Rückzahlungsreihenfolge an, falls der zugrunde liegende Vermögenswert bei einem Ausfall der Tilgungszahlungen durch den Schuldner liquidiert wird. Hier bedeutet der erste Rang, dass der Kreditor den vorrangigsten Anspruch bei der Liquidierung hat. Der zweite Rang oder der Juniorkredit wird verwendet, um einen gewissen Wert der Immobilie in Liquidität umzuwandeln Obwohl Kredite üblicherweise mit einer 30-jährigen Laufzeit gewährt werden, werden kürzere Laufzeiten von 10 oder 20 Jahren zunehmend beliebter.

Was die Dimension der Kreditklassifizierung betrifft, werden verschiedene Indikatoren zur Bewertung eingesetzt:

Kreditscores

Es gibt drei Unternehmen, die darauf spezialisiert sind, die Kreditwürdigkeit einer natürlichen Person anhand eines Kreditscores (Zahlenwert) zu bewerten, indem die Daten früherer Zahlungen ausgewertet werden und Modelle angewandt werden, die die Kreditwürdigkeit des Schuldners einschätzen. Diese Kreditauskunftsagenturen sind Experian (ihr Kreditscore wird Fair Isaac oder FICO Modell genannt), Transunion (Emperica Modell) und Equifax (Beacon Modell). Obwohl diese Modelle auf verschiedenen Algorithmen und Daten basieren, werden sie alle als FICO

Scores bezeichnet. Je niedriger der FICO Score ist, desto höher ist die Ausfallwahrscheinlichkeit.[5]

Beleihungswertkennzahl

Der Beleihungswert („Loan-to-Value", „LTV") ist das Verhältnis des Kredites zum Gesamtwert der Immobilie zum Zeitpunkt der Gewährung des Kredites. Diese Kennzahl ist wichtig, da sie denjenigen Betrag des Kredites angibt, der bei einem Ausfall des Kreditnehmers durch Verkauf oder Versteigerung der Immobilie erzielt werden kann. Ein höherer LTV lässt auch auf eine höhere Ausfalltendenz schließen. Gewöhnlich werden Hypothekenkredite nur bis zu einem LTV von 75 % gewährt.

$$LTV = \frac{\text{Betrag des Hypothekenkredites}}{\text{Geschätzter Wert der Immobilie}}$$

Einkommenskennzahl („Income Ratio")

Um sicherzustellen, dass der Schuldner in der Lage ist, die monatlichen Zins- und Tilgungszahlungen zu leisten, wurde eine Kennzahl der monatlichen Zahlung im Vergleich zu dem monatlichen Einkommen des Schuldners geschaffen. Die „Front Ratio" wird berechnet, indem die gesamten monatlichen Zahlungen inklusive aller zusätzlichen Belastungen wie Grundsteuer und Versicherungen für das Eigenheim ins Verhältnis zum monatlichen zu versteuernden Einkommen gesetzt wird. Die „Back Ratio" berücksichtigt außerdem weitere Kreditverpflichtungen wie Autokredite oder Kreditkartenforderungen.[6]

Erstklassige („Prime") und zweitklassige („Subprime") Kredite

Kredite sind entweder erstklassiger oder zweitklassiger Natur, je nach Kreditscore, LTV und Income Ratio. Ein weiterer wichtiger Schlüsselfaktor zur Definition von Hypothekenkrediten ist die Art des Zinssatzes. Während festverzinsliche Hypothekenkredite einen festen Zinssatz für die gesamte Laufzeit des Kredites haben, der bei Abschluss festgelegt wird, haben variabel verzinsliche Hypothekenkredite („Adjustable Rate Mortgages", „ARM" einen Zinssatz, dessen Basis ein zugrunde liegender variabler Zinssatz (zum Beispiel USD-LIBOR)) bildet und der sich entsprechend äquivalent zu diesem variablen Basiszins verändert. Auf diesen Basiszins wird eine Marge hinzuaddiert, die anhand des spezifischen Kreditprogramms bestimmt wird. Auch eine Kombination aus beidem existiert, wie etwa der Fixed-Period ARM mit einem festen Zins während eines längeren Zeitraums zu Beginn der Kreditlaufzeit und einem variablen Zinssatz im Anschluss an diesen Zeitraum.

Alle Hypothekenkredite können vorzeitig zurückgezahlt werden. Beispielsweise kann dies durch die Reduzierung des ausstehenden Kreditbetrages infolge eines unerwarteten Mittelzuflusses oder wegen fallender Hypothekenzinssätze und einem entsprechend attraktiveren Angebot einer anderen Bank erfolgen. Derartige

[5] Hayre (2001)
[6] Fabozzi et al. (2007)

vorzeitige Rückzahlungen haben einen großen Einfluss auf die MBS und gehen daher oftmals mit Vorfälligkeitsentschädigungen einher. Diese Entschädigungen sind Gebühren, die der Kreditnehmer mit jeder vorzeitigen Tilgung zahlen muss; eine „Soft Penalty" befreit den Schuldner im Falle eines Verkaufs des Eigenheims. Eine „Hard Penalty" verlangt die Gebühr auch in diesem Fall.

5.4.2 „Residential MBS" versus „Commercial MBS"

Commercial MBS („CMBS") werden gewöhnlich durch Cash Flows von Hypothekenkrediten auf gewerbliche Immobilien besichert, wie beispielsweise Bürogebäude oder Hotels. Residential MBS („RMBS") sind diejenigen Hypothekenkredite, die einzelnen Haushalten für den Bau oder Kauf eines Eigenheims gewährt werden. In beiden Fällen werden die monatlichen Zins- und Tilgungszahlungen an die Investoren weitergereicht, nachdem die Verwaltungsaufwendungen im Falle eines strukturierten Produktes gemäß den Tranchenregularien abgezogen wurden. Das Ausfallrisiko ist bei RMBS höher, und auch vorzeitige Rückzahlungen treten hier häufiger auf, da CMBS üblicherweise von vorzeitigen Rückzahlungen ausgenommen oder die Vorfälligkeitsentschädigungen sehr hoch sind. Der Hauptunterschied zwischen RMBS und CMBS besteht darin, dass alle gewerblichen Hypothekenkredite durch ertragsgenerierende Immobilien gedeckt sind und dass CMBS nicht oder nur teilweise getilgt werden. Der ausstehende Tilgungsbetrag wird „Balloon" genannt. Die ursprünglichen Kredite innerhalb eines CMBS sind deutlich höher als diejenigen eines RMBS; sie beginnen bei 300.000 US$ und reichen bis zu mehreren Hundert Millionen US$[7].

Die Hauptunterschiede von Commercial MBS und Residential MBS sind in Abbildung 5.7 zusammengefasst:

Loan Characteristics	Commercial	Residential
Recourse	Nonrecourse to the borrower	Recourse to the borrower
Call feature	Usually non-callable for the life. Loan prepayments usually permitted via defeasance.	Prepayable at par without penalty.
Security	Secured by income-producing assets (office building, retail property, hotel or multifamily)	Secured by single-family residential properties.
Structure	Bullet structure – typically ten-year balloon payment based on a 25- to 30-year amortizing schedule.	Fully amortizing – typically 15 or 30 years.

Abbildung 5.7: Vergleich von Commercial MBS mit Residential MBS
Quelle: Hayre (2001)

---

[7] Hayre (2001)

5.4.3 Prime-Kredite versus Subprime-Kredite

Eine kürzlich durchgeführte Studie von Lax, Manti, Raca und Zorn zeigt, dass eine unverhältnismäßig hohe Anzahl von Subprime-Kunden entweder zu einer ethnischen Minderheit gehört, erstmaliger Käufer eines Eigenheims ist, zu den Geringverdienern gehört, älter oder finanziell weniger gut ausgestattet ist als der amerikanische Durchschnittsbürger. Die erstklassigen oder „A-Klasse" Kredite haben gewöhnlich einen FICO Score von mindestens 660, einen Beleihungswert von weniger als 95 %, eine Front Ratio von 28 % und eine Back Ratio von 36 %. Zweitklassige „Subprime"-Kreditnehmer hingegen haben üblicherweise einen FICO Score von weniger als 620 und höhere Beleihungswerte als die erstklassigen Kreditnehmer.[8] Aus diesem Grund verlangen Banken höhere Zinsen für Subprime-Hypothekenkredite um dem zusätzlichen Risiko Rechnung zu tragen, das sie mit Kunden aus diesem Segment auf sich nehmen.

5.5   Collateralized Debt Obligations (CDOs)

5.5.1 Grundlagen

Collateralized Debt Obligations, auch „CDO" genannt (vgl. Abbildung 5.8) sind „Mini-Portfolios" eines bestimmten Fremdkapital-Typs, zum Beispiel hochverzinsliche Anleihen oder besicherte Darlehen. CDOs wurden zum ersten Mal in den

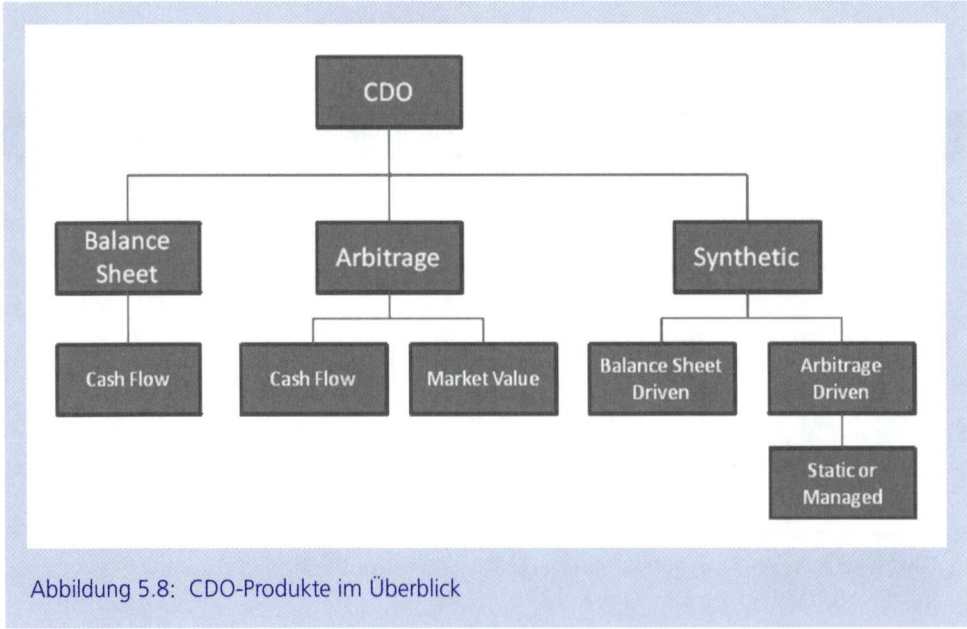

Abbildung 5.8: CDO-Produkte im Überblick

---

[8] Lax et al. (2004)

1980ern emittiert. Innerhalb von 10 Jahren haben sie ein jährliches Emissionsvolumen von 100 Milliarden US$ erreicht, was sie zu den am schnellsten wachsenden Anlageprodukten der heutigen Zeit macht.[9] Ein CDO Emittent investiert in Portfolios und beschafft sich das dafür benötigte Kapital durch die Emission von Eigen- und Fremdkapital. Er verteilt die generierten Cash Flows seines Portfolios an seine „Anteilseigner", also an die Investoren.

Abgesehen von den großen Chancen, die CDOs bieten, ergeben sich gleichermaßen potentielle Risiken für die Investoren. Da keine Transaktion den vorherigen Transaktionen gleicht, müssen Investoren vorsichtig sein, wenn sie mittels CDO Anlageentscheidungen treffen. Der Hauptgrund hierfür ist die Tatsache, dass CDO-Strukturen sehr komplex sind.

5.5.2 Akteure

Der erste und wichtigste Beteiligte ist der Emittent des CDO; dieser muss ein rechtlich selbständiges Unternehmen sein. Emittenten von CDOs haben aus nahe liegenden Gründen ihren rechtlichen Sitz üblicherweise in Steuerparadiesen wie den Cayman Islands; allerdings nutzen CDOs so genannte Co-Emittenten mit Sitz in Delaware, um die Vermarktung zu vereinfachen.

Ein weiterer Beteiligter ist der Vermögensverwalter („Asset Manager") oder Sicherheitenverwalter („Collateral Manager"); dessen Aufgabe ist es, das ursprüngliche Asset-Portfolio zu kaufen (für Arbitrage-CDOs) und dann zu managen. Eine weitere Aufgabe liegt im Verkauf der underperformenden Assets, falls dies notwendig sein sollte.

Die Verkäufer der Assets liefern die notwendigen als Sicherheit dienenden Vermögenswerte („Collaterals"). Im Falle eines Balance Sheet-CDO wäre dies eine Bank oder eine Versicherungsgesellschaft.

Die Ratingagenturen sind verantwortlich für die Einstufung der CDOs; sie genehmigen außerdem die rechtliche Struktur und die Kreditstruktur und werden mit der Due Diligence-Analyse des Asset Managers betraut. Um hier unabhängige Ergebnisse zu gewährleisten, prüfen mindestens zwei der drei weltweit führenden Ratingagenturen (Moody's, S&P, Fitch) jeden CDO.

5.5.3 Aktiva

Ein CDO wird in erster Linie anhand seiner zugrunde liegenden Vermögenswerte identifiziert. Der erste CDO, der im Jahr 1987 emittiert wurde, basierte auf einem zugrunde liegenden Pool hochverzinslicher Anleihen (Collateralized Bond Obligation oder CBO). Später folgten fünf weitere Arten von als Sicherheit dienenden Vermögenswerten auf den ursprünglichen CDO, und zwar hochverzinsliche Darlehen (Collateralized Loan Obligation oder CLO), Schwellenländer-Verbindlichkeiten (Emerging Market Debt oder EM CDO), erstklassige struktu-

---

[9] Lucas (2006)

rierte Finanzierungen, nachrangige („Mezzanine") strukturierte Finanzierungen und Capital Notes. Sicherheitenpools aus strukturierten Finanzierungen wurden 1995 erstmals eingeführt; sie bestanden aus RMBS. Entsprechend sollten Pools aus CMBS und ABS folgen, aber hierfür konnte kein allgemein anerkannter Name gefunden werden, so dass sie üblicherweise als „Structured Finance CDO" (SF CDO) bezeichnet wurden. Die ersten SF CDOs waren verbriefte Mezzanine Finanzierungen mit BBB- bis A-Ratings; erstklassige strukturierte Finanzierungen mit AA- bis AAA-Ratings wurden erstmalig 2003 verbrieft. Heute sind mehr als die Hälfte aller Cash-CDOs durch hochverzinsliche Kredite besichert, rund 25 % durch erstklassige strukturierte Finanzierungen, 16 % durch Mezzanine strukturierte Finanzierungen und die restlichen 9 % durch sonstige Vermögenswerte.[10]

Die Manager von CDOs können sich auf diejenige Art von Collateral konzentrieren, an der die Investoren mehr interessiert sind. Die schlechter performenden Underlyings werden außen vorgelassen. Dies erklärt den Wechsel von hochverzinslichen Anleihen hin zu hochverzinslichen Krediten zwischen 2001 und 2003 sowie den aktuellen Trend hin zu RMBS und CMBS.

5.5.4 Passiva

CDOs haben, genauso wie andere Unternehmen, auch Verbindlichkeiten. Allerdings können die Verbindlichkeiten hier in unterschiedliche Gruppen bzw. Rangfolgen eingeteilt werden (vgl. Abbildung 5.9). Oben angefangen besteht die Kapitalstruktur aus den Senior- oder A-Klasse-Verbindlichkeiten, gefolgt von den Mezzanine- oder B-Klasse-Verbindlichkeiten, den nachrangigen oder C-Klasse-Verbindlichkeiten. Die niedrigste Rangstufe wird Vorzugs- oder Equity-Share genannt. Im Falle eines Ausfalls oder Underperformance des CDO wird die Senior-Tranche zuerst bedient, gefolgt von der Mezzanine-Tranche. Die Equity-Tranche wird nur dann noch bedient, wenn nach der Befriedigung aller vorrangigen Tranchen noch überschüssige liquide Mittel übrig bleiben. Abbildung 5.9 zeigt die Tranchen von CDO und ihre jeweiligen Ausprägungen.

Tranche	Percent of capital structure	Rating	Coupon
Class A	77,5 %	AAA	LIBOR +26
Class B	9 %	A	LIBOR +75
Class C	5,5 %	BBB	LIBOR +180
Preferred shares	8 %	Not rated	residual cash flows

Abbildung 5.9: CDO Tranchen Struktur im Überblick
Quelle: Lucas (2006)

---

[10] Lucas (2006)

Abgesehen von der Tranchenstruktur sind CDOs durch ein weiteres einmaliges Merkmal gekennzeichnet: Die Zweckgesellschaft, in der die Assets gebündelt werden. Diese ist insolvenzsicher. Diese Insolvenzsicherheit resultiert teilweise aus der zuvor erwähnten Tranchenstruktur, die mögliche Ansprüche im Falle einer Insolvenz des CDO genau festlegt. Aus diesem Grund gibt es keinen Anlass für ein Insolvenzurteil. Der Schutz vor Insolvenz bringt auch eine fehlende Verantwortung des CDO hervor, was die Ansprüche gegen eine der folgenden beteiligten Parteien angeht: den Asset Manager, den Verkäufer der Assets oder die Bank, die den CDO strukturiert hat.

Um das Ausfallrisiko weiter zu reduzieren, können Asset Manager sich dafür entscheiden, so genannte Monoliner einzuschalten, um bestimmte Tranchen zu versichern und somit die Attraktivität für potentielle Investoren zu steigern. Die Praxis zeigt allerdings, dass das Einschalten einer solchen Versicherung nur dann sinnvoll ist, wenn „die Kosten, die für die Versicherung des Zinskupons der Tranche und für die Versicherungsprämie anfallen, geringer sind als der Zinssatz, den die Tranche ohne die Versicherung zahlen müsste".[11]

Damit die CDO Tranchen ihre Ratings aufrechterhalten können, muss ein CDO in der Lage sein, sowohl Zinszahlungen als auch fällige Verbindlichkeiten zu zahlen. Die drei Einkommensquellen, die dem Manager des CDO zur Verfügung stehen, sind die Zinszahlungen der im Pool enthaltenen Assets, fällige Assets innerhalb des Pools sowie Erlöse aus dem Verkauf von im Pool enthaltenen Assets.[12]

5.5.5 Klassifizierung von CDOs

CDOs können hinsichtlich der Kreditstruktur in zwei Kategorien unterteilt werden, und zwar in Cash Flow-CDOs und Market Value-CDOs.

Bei Cash Flow-CDOs wird der von den zugrunde liegenden Assets – Unternehmenskredite, Unternehmensanleihen o.ä. – generierte Cash Flow verwendet, um den Schuldendienst an die Investoren zu leisten. Deshalb muss der Asset Manager eines Cash Flow-CDO sicherstellen, dass die Zahlungsverpflichtungen aus Mittelzuflüssen befriedigt werden können, da der CDO aus Assets mit verschiedenen Fälligkeiten besteht. Die Mittelzuflüsse werden auf die folgende Art und Weise verwendet:

Zuerst werden Zahlungen für die beim CDO anfallenden Verwaltungsaufwendungen beglichen, beispielsweise für Management-Dienstleistungen. Anschließend erfolgt die Bedienung der Tranchen. Im Falle übrig bleibender Cash Flows werden diese an die Eigenkapitalgeber ausgeschüttet.

Hinsichtlich der Kreditstruktur gibt es eine weitere Möglichkeit der Strukturierung; diese zweite Kategorie umfasst die so genannten Market Value-CDOs. Hier wird jedes Asset im Pool auf seinen Vorschuss-Satz („Advance Rate") hin überprüft; dieser spiegelt die Grenze wider, bis zu der der Vermögenswert mit

---

[11] Lucas et al. (2006)
[12] Fabozzi et al. (2006)

Fremdkapital beliehen werden darf (ähnlich dem Beleihungswert bei einer Immobilie). Die Advance Rates werden dann kombiniert und mit den Marktwerten des CDO multipliziert. Die Gesamtverschuldung des Pools darf den Marktwert des Pools nicht überschreiten.

Cash Flow-CDOs werden nicht aktiv gemanagt, da der Manager eine „Buy-and-Hold"-Strategie verfolgt. Market Value-CDOs werden vom Manager aktiv gemanagt, um die Gesamtrendite zu verbessern. Ein weiterer Unterschied wird bei den Bonitätseinschätzungen durch die Ratingagenturen erkennbar. Cash Flow-CDOs werden geratet, indem der Barwert der Cash Flows aus dem Pool mit dem Barwert der Verbindlichkeiten des CDO verglichen wird. Beim Market Value-CDO vergleicht die Ratingagentur den Marktwert des Portfolios mit den Verbindlichkeiten des CDO.

5.5.6   Warum CDOs?

Üblicherweise werden CDOs aus Bilanz- oder Arbitrage-Zwecken strukturiert. Wenn ein Unternehmen oder eine Finanzinstitution verbriefbare Assets aus seiner Bilanz ausgliedern möchte, verkauft es diese Assets an den CDO mit dem Ziel, das erforderliche regulatorische oder wirtschaftliche Eigenkapital zu reduzieren und günstigere Finanzierungskosten zu erlangen. Typischerweise sind diese CDOs durch Kredite besicherte Wertpapiere (CLOs), die eine Kapitalerleichterung bewirken und möglicherweise die Liquidität des verkaufenden Unternehmens oder Finanzinstitutes erhöhen. Die Hauptgründe für eine Bank, Assets aus der Bilanz auszugliedern, bestehen darin, die von Basel II auferlegten Kapitalanforderungen zu umgehen, die zusätzliche Cash-Reserven für Kreditrisiken und operationelle Risiken verlangen.

Ein Arbitrage-CDO wird oft von Investmentbanken gezeichnet. Es ist so ausgestaltet, dass es vom Unterschied zwischen den Kapitalkosten der Investment Grade gerateten Tranchen des CDO und den hohen Renditen der zugrunde liegenden Assets profitiert. Grundsätzlich sollte ein Wertpapier denselben Marktwert wie sein zugrunde liegendes Asset haben; in der Realität ist dies jedoch nicht der Fall. Deshalb kaufen Banken Kredite am Sekundärmarkt und verpacken sie in CDOs, um von dieser Arbitrage Gebrauch zu machen. Der Hauptunterschied zwischen Balance Sheet- und Arbitrage-CDOs besteht darin, dass im Falle eines Balance Sheet-CDO die Bank ihre eigenen Kredite verbrieft, um sie aus der Bilanz zu entfernen, während bei Arbitrage-CDOs das Hauptziel darin liegt, von dem zuvor beschriebenen Spread am Markt zu profitieren.[13] Balance Sheet-CDOs können nur Cash Flow-CDOs sein, wohingegen Arbitrage-CDOs weiter aufgespalten werden können in Cash Flow- und Market Value-Kategorien. Das CDO Volumen ist in den letzten Jahren deutlich gestiegen (vgl. Abbildung 5.10).

---

[13] Duffie, Gârleanu (2001)

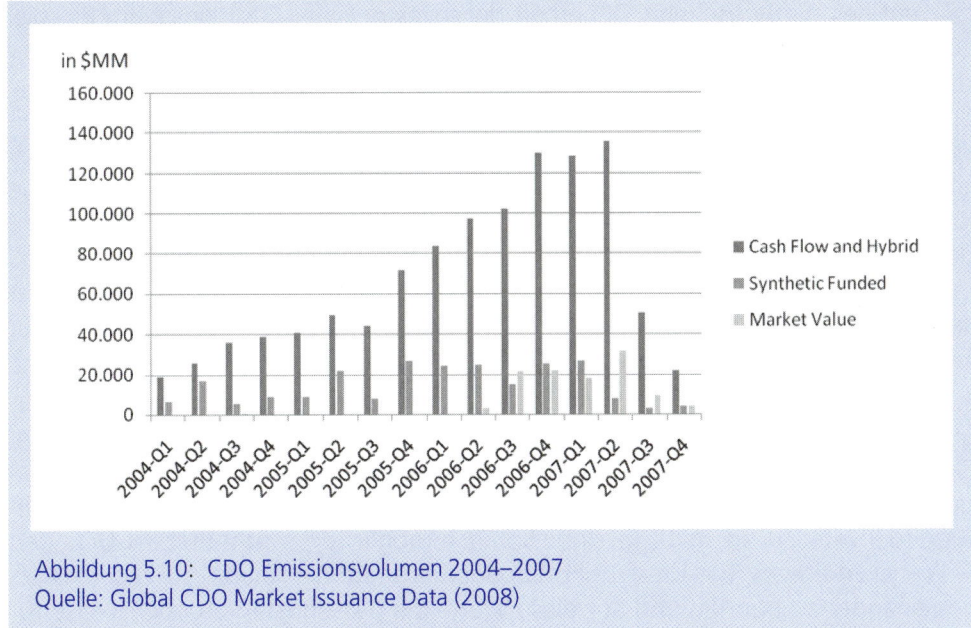

Abbildung 5.10: CDO Emissionsvolumen 2004–2007
Quelle: Global CDO Market Issuance Data (2008)

5.5.7   Synthetische CDOs

Die laufende Entwicklung im Bereich der Verbriefung ebnet den Weg für noch komplexere Strukturen wie etwa synthetische CDOs („SCDOs"). Im Gegensatz zu den klassischen Cash CDOs, bei denen die Eigentumsübertragung im Vordergrund der Transaktion steht, haben synthetische CDOs den Risikotransfer zum Hauptzweck. Deshalb stellt eine synthetische CDO-Transaktion keinen echten Verkauf („True Sale") dar. Das Kreditrisiko der zugrunde liegenden Assets wird durch den Sponsor auf die Investoren übertragen, und zwar anhand von Kreditderivaten wie Swaps, entweder direkt oder durch eine Zweckgesellschaft. Der Forderungsinhaber, also der Sponsor, wird deshalb „Projection Buyer" genannt, während der Investor zum „Protection Seller" wird.

Gründe für die Strukturierung synthetischer CDOs

Wie oben beschrieben, dienen synthetische CDOs einem anderen Zweck als ihre artverwandten Produkte. Ein wesentlicher Vorteil liegt in der Übertragung von Risiken, ohne dass der Verbriefungsprozess notwendig wird. Des Weiteren ermöglichen synthetische CDOs den Banken, Assets zu verbriefen, die ursprünglich für CDOs nicht geeignet waren, wie beispielsweise Bankgarantien oder Akkreditive, die hinsichtlich ihrer Verbriefung möglicherweise Grenzen aufweisen.

CDOs können entweder „funded" oder „unfunded" sein. Bei einem funded CDO zahlt der Investor den Nominalbetrag am Anfang der Laufzeit. Jeder Default hat eine Abschreibung auf den Nominalbetrag zur Folge. Während der gesamten

Laufzeit des synthetischen CDO erhält der Investor einen Basiszins (zum Beispiel USD-LIBOR) plus einen Spread, der das Risiko der Tranche widerspiegelt, in der der Investor investiert hat. Die ursprüngliche Zahlung, die der Forderungsinhaber/ Sponsor erhält, wird in ein Wertpapier mit geringem Risiko investiert, zum Beispiel in Staatsanleihen. Beim üblicheren unfunded CDO, der einem Swap ähnlich ist, wird kein Nominalbetrag ausgetauscht, sondern die Investoren erhalten eine Rendite und müssen dafür alle Ausfälle in ihrer Tranche abdecken. Zusätzlich zu der Liquidität bei solchen synthetischen CDO-Investitionen kann im Vergleich zu ihren Pendants am Anleihe- und Kreditmarkt der wirtschaftliche Wert signifikant sein. Dieser leitet sich vom Spread des CDO ab, welcher sowohl die Investoren der Tranchen als auch die Transaktionskosten abdeckt.

Ein weiterer Grund für die Strukturierer synthetischer CDOs ergibt sich daraus, dass die regulatorischen Kapitalanforderungen kompensiert werden können. Die Basel II-Richtlinien erlauben es den Banken, die Basel II-Regeln bis zu einem gewissen Grad zu umgehen; dies gilt allerdings nur für Assets, die durch einen Kreditderivatevertrag gedeckt sind. Somit ermöglichen synthetische CDOs den Financial Engineers, das Kreditrisiko-Engagement und die Finanzierung der Assets voneinander zu trennen und auf diese Weise die passendste Vorgehensweise für beide Aufgaben zu finden.[14]

Risiken

Wie bei allen strukturierten Produkten gleicht keine Transaktion der anderen. Dies trifft insbesondere bei synthetischen CDOs zu. Da SCDOs üblicherweise hinsichtlich spezieller Anforderungen (Asset-Typ, Währung, zugrunde liegender Cash Flow etc.) maßgeschneidert sind, muss der Investor daran denken, das Anlageangebot sorgfältig zu prüfen.

Das Hauptrisiko, das der Investor trägt, ist ein zweifaches Risiko: das Kreditrisiko, welches mit den Referenzassets verbunden ist, und die rechtlichen Aspekte, die mit der Definition der Kreditereignisse („Credit Events") zusammenhängen. Während das erste Risiko für alle Verbriefungsprodukte gleichermaßen existiert, tritt es bei synthetischen CDOs noch häufiger in Erscheinung. Das zweite Risiko hängt speziell mit SCDOs zusammen. In vielen Fällen bestimmt der Forderungsinhaber des synthetischen CDO auch, ob ein Kreditereignis stattgefunden hat. Da dies eher eine subjektive Auslegung ist, hat die Vergangenheit gezeigt, dass ein Interessenskonflikt zwischen Investoren und Forderungsinhabern oftmals Anlass zu Gerichtsverhandlungen gab. Grundsätzlich kann gesagt werden, dass die Definition des Kreditereignisses so spezifisch wie möglich sein sollte, um weitere Prozesse zu vermeiden.

---

[14] Gibson (2004)

Vorteile

Im Vergleich zu Cash-Transaktionen bieten synthetische CDOs dem Investor ein schnelleres Marktpotential. Die durchschnittliche Dauer für die Platzierung eines SCDO liegt bei sechs bis acht Wochen, während Cash-CDO-Deals durchschnittlich drei bis vier Monate brauchen.

Viele Credit Default Swaps eines speziellen Emittenten wurden zu einem niedrigeren Preis platziert als die zugrunde liegenden Anleihen desselben Emittenten. Das Ausbleiben einer Zweckgesellschaft erweist sich in den meisten Fällen als kostensparend.

Die Vermarktungsvorteile liegen ebenfalls auf der Hand, da die Banken ihre Kundenbeziehungen zu den Kreditnehmern aufrecht erhalten können, da es keine Notwendigkeit gibt, die Assets zu verkaufen, um sie verbriefen zu können.

Des Weiteren ermöglichen SCDOs den Banken, die Bandbreite ausgewählter Assets zu erweitern, da Vermögenswerte wie Bankgarantien oder nicht gezogene Kreditlinien für True Sale-Cash-Transaktionen nicht geeignet wären. Die Verwendung von Kreditderivaten erlaubt es den Banken, maßgeschneiderte Lösungen hinsichtlich der Kreditrisikoanforderungen anzubieten.

6 | Welche Rolle spielten die Ratingagenturen?

6.1 Ratingagenturen

Im Nachgang des Enron-Debakels sagte Joe Liberman, damals Vorsitzender des US-Senatskomitees für Regierungsangelegenheiten, am 20. März 2002: „Jemand sagte einmal, dass Ratingagenturen eine „fast biblische Authorität" inne haben. Der New Yorker Tom Friedman ging 1996 in einer „NewsHour with Jim Lehrer" sogar soweit zu sagen, „es gibt zwei Supermächte auf der Welt ... die Vereinigten Staaten und Moody's Bond Rating Service ... und glauben Sie mir, manchmal ist nicht klar, wer von beiden mächtiger ist." Von einigen Beobachtern werden Ratingagenturen deshalb als undurchsichtig, oligopolistisch und mächtig wahrgenommen.[1]

Die derzeitige Krise am Subprime-MBS-Markt entstand durch Wertpapiere, die ein erstklassiges Rating hatten und damit als sicher galten, aber sich aus risikoreichen Hypotheken zusammensetzten. Das gute Rating begründete sich auf der Vermutung, dass ein Ausfall unwahrscheinlich war, da dieser einen Ausfall eines Großteils der zugrundeliegenden Kredite erforderte. Dies wirft die Frage auf, ob die Ratingagenturen zu optimistisch in ihrer Risikoeinschätzung waren.[2]

6.1.1 Historische Entwicklung

Die Entstehung der modernen Kreditratingindustrie begann im Jahr 1909 durch John Moody. Ratings eröffneten dem Investor die Möglichkeit, die Kreditwürdigkeit einer dynamischen Institution einschätzen zu können. Während einer Phase der Expansion stieg ihre Bedeutung für den US-Finanzmarkt, und sie wurden letztendlich verwendet, um den Markt zu regulieren, gefolgt von einer Phase der Bedeutungslosigkeit der Kreditratings Ende der 30er Jahre.

Erst 1970 gewann das Kreditrating wieder an Bedeutung. Der Bedarf an Ratings stieg wieder. Das Geschäft der Ratingagenturen ist seitdem kontinuierlich gewachsen, insbesondere seit den 80er Jahren. Die Ratingagenturen haben die Anzahl ihrer Mitarbeiter stark erhöht. Die Anzahl der Emissionen und Emittenten, die geratet wurden, ist signifikant angestiegen. Ratingagenturen haben ihre Geschäftstätigkeit international ausgeweitet, indem sie Tochtergesellschaften außerhalb

---

[1] Hirsch (2007)
[2] Norris (2007)

der USA, insbesondere in Europa, gegründet haben. Aber auch die angebotenen Dienstleistungen wurden erweitert – von Ratings für neue Finanzprodukte bis hin zu häufigeren Ratingüberprüfungen.

Eine wichtige Veränderung, die mit dieser neuen Expansion des Ratinggeschäftes einherging, betraf die Art und Weise, wie die Ratingagenturen ihr Geschäft finanzierten. Sie gingen dazu über, sich nicht mehr selbst zu finanzieren, indem sie ihre Veröffentlichungen bis Ende der 70er verkauften (hauptsächlich an Investoren), sondern verlangten Gebühren vom Emittenten für das Rating seines Produktes.

Eine Voraussetzung für die steigende Geschäftätigkeit waren die sich ändernden Bedingungen an den Finanz- und Kapitalmärkten. Das Ende des Bretton Woods-Systems 1973 und die Umwandlung in ein System mit freien Wechselkursen ermöglichte einen freieren Kapitalfluss weltweit sowie die Globalisierung der Finanzmärkte.

Dieses Emporsteigen der Ratingagenturen wurde überwiegend durch Faktoren wie die strukturelle und qualitative Verbesserung der Finanzmärkte, die Tendenz zur Verbriefung und dem Ausweichen auf andere Finanzierungsquellen im Kreditgeschäft, die steigende Länderfinanzierung über Kapitalmärkte, die Verbreitung von US-amerikanischen Marktmethoden und Standardisierungsprozessen sowie die Verwendung von Ratings durch Aufsichtsbehörden beeinflusst.[3]

6.1.2   Wie funktionieren Ratingagenturen?

Ratingagenturen spielen eine wichtige Rolle an den Finanzmärkten. Ihre Hauptfunktion liegt darin, das Kreditrisiko von Unternehmen oder Regierungen, die als Kreditnehmer oder Emittent festverzinslicher Wertpapiere auftreten, zu untersuchen. Sie sammeln Informationen über einen Emittenten oder Kreditnehmer, sein Marktumfeld und seine wirtschaftliche Situation, um Investoren und Kreditgebern ein besseres Verständnis der Risiken im Zusammenhang mit diesem Kreditnehmer zu geben, wenn sie Kredite an ihn vergeben oder ein festverzinsliches Wertpapier von ihm kaufen. Dies umfasst beispielsweise die Analyse der erwarteten Cash Flows, die das Unternehmen im Rahmen seiner Geschäftätigkeit künftig erwirtschaften wird.

Das Kreditrating „ist eine Einschätzung davon, wie wahrscheinlich es ist, dass ein Emittent in der Lage sein wird, seinen Zahlungsverpflichtungen fristgerecht nachzukommen."[4] Es hilft dem Emittenten, die Kapitalkosten zu senken, da es durch das Rating größere Anreize gibt, sein Wertpapier zu kaufen. Auf Seiten des Investors reduziert das Kreditrating die Unsicherheit. Der Investor muss die Kreditwürdigkeit nicht selbst überprüfen.

Ratingagenturen recherchieren und analysieren gegenwärtige und zukünftige Faktoren, die auch die Sicherheit des Kredites in Zukunft gefährden könnten.

---

[3] Gras (2003)
[4] Rosner (2007)

Ratingagenturen spielen auch eine wichtige Rolle in der Beziehung zwischen Investoren und Emittenten. Sie geben den Marktteilnehmern die Gelegenheit, die gesamte Datenmasse zu verstehen, die sie gerne für eine fundierte Entscheidung untersuchen möchten.

6.2 Neueste Entwicklungen im Bereich Rating

6.2.1 Änderungen im Ratingprozess

In der jüngeren Geschichte gab es signifikante Entwicklungen im Geschäftsmodell der Ratingagenturen, die auch für die Integrität des Ratingprozesses relevant sind. Ratingagenturen haben ihr Geschäft ursprünglich betrieben, indem sie Gebühren von Abonnenten erhalten haben, die im Gegenzug Researchmaterial und Ratings hinsichtlich der Kreditwürdigkeit der Wertpapiere eines Emittenten erhalten haben. Der Wert dieser Ratings kann als Benchmark verstanden werden, um Vergleiche zwischen verschiedenen Wertpapieren ziehen zu können.

Die Ratingagenturen haben lange Zeit behauptet, dass ihre Ratingstufen konsistent für alle Märkte und Vermögenswerte sind, da Standard & Poor's eine Erklärung im Jahr 2001 abgab, dass ihr „Ansatz, sowohl hinsichtlich der Politik als auch der Praxis, darauf abzielt, konsistente Rahmenbedingungen für die Risikoeinschätzung bereitzustellen, die eine vernünftige Ratingkonsistenz innerhalb und über Sektoren und Länder hinaus aufbaut".[5]

Heute sind diese Stimmen leiser geworden, und die Ratingagenturen geben nicht mehr so viele Informationen preis, wenn es um die Vergleichbarkeit ihrer Ratings über Länder und Märkte hinaus geht. Die Art und Weise, wie Ratingagenturen ihr Geschäft betreiben, hat sich ebenfalls geändert. Seit den 1970ern generieren sie ihren Umsatz aus Zahlungen des Wertpapieremittenten. Diese Veränderung führte zu einer Umwandlung der Beziehung zwischen den Ratingagenturen und den Emittenten. Die Emittenten sind heute die Kunden der Ratingagenturen, nicht mehr die Investoren, was möglicherweise die Integrität des Kreditratings beeinträchtigt hat. Aufgrund dieser Veränderung war die geratete Unternehmenseinheit nicht in der Lage, viel zu tun, um die Kreditcharakteristika vor dem Ratingprozess zu modifizieren.

Die vergangenen Jahre haben eine weitere Entwicklung mit sich gebracht: die Zusammensetzung der Geschäftsfelder und ihre Relationen haben sich drastisch verändert.

Abbildung 6.1 zeigt den wichtigsten Anstieg bei der Emission globaler strukturierter Finanzierungen von 2002 bis 2006. Mit der zunehmenden Bedeutung dieser Finanzprodukte haben die Umsätze der Ratingagenturen sich ebenfalls hin-

---

[5] Rosner (2007)

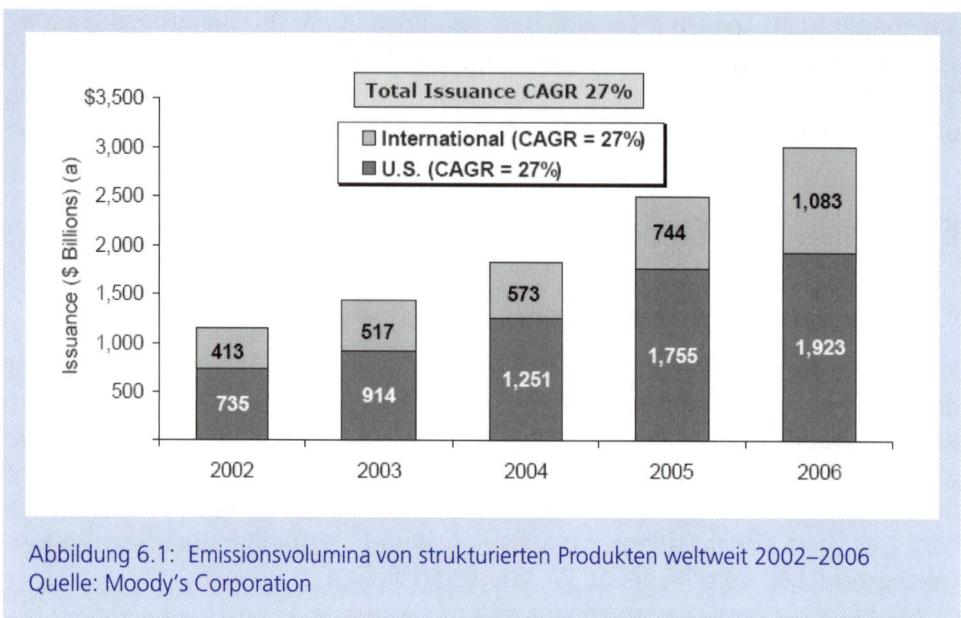

Abbildung 6.1: Emissionsvolumina von strukturierten Produkten weltweit 2002–2006
Quelle: Moody's Corporation

sichtlich ihres Ursprungs verschoben: ein größerer Anteil stammt mittlerweile aus Ratings dieser relativ neuen strukturierten Finanzprodukte.

Woher kommt diese Veränderung in der Geschäftstätigkeit? Der Markt zeigte einen wachsenden Bedarf an „Investment Grade"-Assets mit höheren Renditen. Anforderungen wie Basel II verlangen von Investoren, dass sie „Investment Grade" geratete Assets kaufen, deren Ratings von denjenigen Ratingagenturen stammen, die von der nationalen Aufsichtsbehörde anerkannt werden. Aufgrund der begrenzten Anzahl an national anerkannten statistischen Ratingagenturen („NRSROs") in den USA hat deren Entscheidung, sich auf Ratings für neue Assetklassen zu konzentrieren, ihre Marktmacht weiter verstärkt. Strukturierte Finanzprodukte haben sich als wichtige Wachstumsmöglichkeit für die Ratingindustrie herausgestellt. Aber diese Veränderung der Geschäftsaktivitäten bedeutete gleichzeitig eine Veränderung der Ratingdefinitionen. Ihre Bedeutung sowie die Art, wie sie zum Einsatz kommen, musste modifiziert werden. Sie entwickelten sich von Ratings dynamischer und wachsender Unternehmen hin zu Ratings neuer Produkte in Form statischer und strukturierter Assets mit festgelegter Lebensdauer. Diese neuen strukturierten Produkte erforderten von den Ratingagenturen die Entwicklung neuer Modelle und Methoden, um solche verbrieften Vermögenswerte raten zu können. Dies erfolgte durch eine Art „Learning by Doing" mit ständigen Verbesserungen bei den Ratingmethoden und Ratingdefinitionen.

Diese neuesten Entwicklungen zeigen, dass die Rolle der Ratingagenturen sich dramatisch verändert hat. Sie haben heute eine völlig andere Position am Markt, und auch die Art und Weise, wie sie ihre Tätigkeit ausüben, spiegelt die neue Rolle wider, die sie an den Finanzmärkten ausüben, an denen die Emittenten zunehmend abhängig von ihren Ratings sind. Die Ratingagenturen haben eine einflussreichere Position an den Fremdkapitalmärkten inne als die Aktienanalysten: „Niemandem wurde gesagt, dass er eine bestimmte Aktie nur dann kaufen kann, wenn beispielsweise ein skrupelloser Aktienanalyst eine Kaufempfehlung dafür gibt. Aber die Aufsichtsbehörden verlangen von den Banken, Versicherungen und den Managern von Pensionsfonds, dass sie nur qualitativ hochwertige Wertpapiere kaufen – und genau diese Qualität wird durch niemand anderen bestimmt als durch die Ratingagenturen."[6] Die zunehmende Bedeutung der Ratingagenturen ist jedoch nur ein Teil des Problems, da bei „strukturierten Finanzierungen die Ratingagentur eine aktive Rolle bei der Strukturierung eines Geschäfts spielen kann. Denn tatsächlich wurden die Modelle, die verwendet wurden, um CDOs zu raten, in enger Zusammenarbeit mit denjenigen Investmentbanken entwickelt, die die Wertpapiere strukturiert haben."[7]

Aus den beschriebenen Entwicklungen ergeben sich nun einige Fragen. Verwenden die Ratingagenturen die richtigen Modelle für die Ratings strukturierter Finanzprodukte? Ist ihr Haftungsausschluss in den USA durch den Ersten Verfassungszusatz („Redefreiheit") noch immer anwendbar? Sind sie frei von Interessenskonflikten?

6.2.2 Regulierung von Ratingagenturen

Zum ersten Mal wurden Stimmen in den USA für eine schärfere Regulierung der Ratingagenturen laut, als der Zusammenbruch von Enron und WorldCom in 2001 und 2002 die Finanzmärkte erschütterte. Hier wurde den Ratingagenturen vorgeworfen, zu spät reagiert und Ratingherabstufungen nicht schnell genug vorgenommen zu haben. Später wurden bei beiden Ratingagenturen Bestechungen aufgedeckt.

Nur zwei Jahre zuvor hatte der US-Kongress ein Gesetz verabschiedet, welches der US-Börsenaufsicht SEC („Securities and Exchange Commission") einen besseren Zugang zu den Ratingagenturen verschaffen sollte, um Einblick in deren Instrumente und Methoden nehmen zu können. Allerdings behaupten einige, dass dieses Gesetz der SEC nicht genügend Befugnisse verleiht, um eine echte Überwachung und Sanktionierung der Ratingagenturen zu ermöglichen.

Die US-Börsenaufsicht „SEC"

Die Hauptaufgabe der US-Börsenaufsicht „SEC" liegt darin, den Wertpapierhandel in den USA zu kontrollieren. Ihre Mission ist es, die Investoren und den Wert ihrer Ersparnisse zu schützen, indem sie Transparenz am Finanzmarkt schafft, da alle Investoren Zugang zu bestimmten Basisinformationen über ein Anlageprodukt haben sollten, bevor sie es kaufen, und ebenso während der gesamten Zeit, in der sie das Produkt besitzen. Aus diesem Grund verlangt die SEC von börsennotier-

---

[6] Rosner (2007)
[7] Rosner (2007)

ten Unternehmen die Publizierung wichtiger Finanz- und sonstiger Informationen an die Öffentlichkeit. Diese werden durch einen allgemeinen Informationspool, genannt EDGAR (Electronic Data-Gathering, Analysis and Retrieval), für die Investoren verfügbar gemacht, damit diese fundiertere Entscheidungen darüber, ob sie ein bestimmtes Wertpapier kaufen, verkaufen oder halten, treffen können.

Eine weitere wichtige Verantwortlichkeit der SEC liegt in der Regulierung der Ratingagenturen und der Brauchbarkeit ihrer Ratings. Nach einer komplexen Prüfung werden Ratingagenturen als „NRSROs" – national anerkannte statistische Ratingorganisationen – zugelassen, deren Ratings als zuverlässig und glaubwürdig angenommen werden.

Die folgenden Ratingagenturen sind derzeit als „NRSROs" anerkannt:
- Moody's Investor Service
- Standard & Poor's
- Fitch Ratings
- Dominion Bond Rating Service, Ltd.
- A.M. Best Company
- Japan Credit Rating Agency, Ltd.
- R&I, Inc.
- Egan-Jones Ratings Company

Die fünf zuletzt aufgeführten Ratingagenturen erlangten ihren Status als NRSROs erst im vergangenen Jahr, nachdem der neue Registrierungsprozess vollendet wurde, der durch die neue Gesetzgebung im Jahr 2006 eingeführt wurde; dieser Registrierungsprozess gibt der SEC mehr Möglichkeiten, die Instrumente und Methoden der Ratingagenturen zu überprüfen. Er soll helfen, den Wettbewerb zu steigern, um somit die Kosten zu senken und die Qualität der Ratings zu verbessern.[8]

IOSCO

Die „International Organisation of Securities Commission" (IOSCO) wurde 1974 als internationale Vereinigung nationaler Börsenaufsichtsbehörden gegründet. Das Ziel der IOSCO ist die Förderung eines weltweiten Standards für Börsennotierungen und Wertpapierhandel. Deshalb hat das technische Komitee der IOSCO eine Arbeitsgruppe gebildet, um bestimmte Schlüsselthemen in Bezug auf die Rolle der Ratingagenturen an den Wertpapiermärkten offen zu legen und einen Verhaltenskodex für die Ratingagenturen zu entwickeln. Unter Einbeziehung von Ratingagenturen, Investoren, Akademikern und Finanzinstituten war die Arbeitsgruppe verantwortlich zu prüfen, ob die Ratingagenturen Informationen über ihre Ent-

---

[8] Kopecki (2007)

scheidungen und Ratingkriterien offen legen, und ob die Menge und die Qualität der Informationen ausreicht, um Anlageentscheidungen zu treffen. Die Arbeitsgruppe prüft auch, wie, wann und für wen die Ratingagenturen ihre Ratingentscheidungen veröffentlichen, und wie die Ratingagenturen sich gegen den Missbrauch und die unerlaubte Veröffentlichung nicht öffentlicher Informationen schützen. Sie untersucht aber auch die Arten von Interessenskonflikten, mit denen Ratingagenturen konfrontiert werden, wie diese Interessenskonflikte vermieden bzw. wie damit umgegangen werden kann. Ferner untersucht sie die regulatorischen Aufsichtsformen, denen Ratingagenturen ausgesetzt sind, die Effektivität dieser Aufsichtsformen sowie die Qualifikationen, die Aufsichtsbehörden von Ratingagenturen verlangen. Zuletzt prüfen sie, ob es Eintrittsbarrieren im regulatorischen System für das Ratinggeschäft gibt, ob diese Barrieren einen Einfluss auf die Qualität der Ratings haben und ob sie reduziert werden können.

Die Arbeitsgruppe hat einen Fragebogen mit 25 Fragen entworfen und diesen an ihre Mitglieder verteilt, um ein besseres Verständnis dafür zu bekommen, wie Ratingagenturen arbeiten. Am 25. März 2003 wurde der Verhaltenskodex für die Aktivitäten der Ratingagenturen („Statement of Principles for the Activities of Rating Agencies") veröffentlicht. Das allgemeine Ziel dieses Verhaltenskodex liegt darin, einen globalen und konvergierten Überblick über die speziellen Mechanismen zu geben, die Ratingagenturen nutzen können, um ihre analytische Unabhängigkeit zu schützen. Der Kodex eliminiert oder handhabt Interessenkonflikte und hilft, die Vertraulichkeit bestimmter Informationen sicherzustellen, die zwischen Ratingagenturen und dem Emittenten ausgetauscht werden.[9]

Nachdem die Fragebögen analysiert wurden, wurden im Rahmen des „Statement of Principles for the Activities of Rating Agencies" des technischen Komitees vier Ziele festgelegt (vgl. Abbildung 6.2). Dies ist die Richtlinie für die Ratingagenturen oder andere Marktteilnehmer, um den Gläubigerschutz und die Markttransparenz zu verbessern.

CESR

Das „Committee of European Securities Regulators" (CESR) hat in erster Linie die Aufgabe, die Ratingagenturen in Bezug auf die Ziele des zuvor erwähnten Verhaltenskodex zu überwachen, und an die Europäische Kommission Bericht zu erstatten.

Aus diesem Grund hat das CESR ein Rahmenkonzept entwickelt, welches folgende Punkte enthält:[10]

(1) Ein jährliches Schreiben von jeder Ratingagentur, das veröffentlicht wird und hervorhebt, wie die Ratingagentur den IOSCO Kodex befolgt sowie Abweichungen vom Kodex andeutet;

---

[9] IOSCO (2004)

(2) Ein jährliches Treffen zwischen dem CESR und den Ratingagenturen, um jegliche Themen zu diskutieren, die mit der Durchführung des IOSCO Kodex in Verbindung stehen;

(3) Eine Erklärung der Ratingagentur gegenüber dem nationalen CESR-Mitglied, falls sich ein bedeutender Vorfall mit einem bestimmten Emittenten in seinem Markt ereignet hat.

ZIEL	ERLÄUTERUNG
Ziel 1: Qualität und Integrität des Ratingprozesses	Die Meinungen der Ratingagenturen sollten die Informationsasymmetrie zwischen Schuldnern, Gläubigern und anderen Marktteilnehmern reduzieren
Ziel 2: Unabhängigkeit und Interessenskonflikte	Die Meinungen der Ratingagenturen werden von den Investoren respektiert, wenn sie nicht beeinflusst wurden Die analytische Unabhängigkeit der Ratingagenturen und die Integrität des Ratingprozesses sind wichtig zum Schutz gegen Interessenskonflikte (zum Beispiel direktes finanzielles Interesse einer Ratingagentur an einem Emittenten, oder Angestellte der Ratingagentur betreiben Handel vor einer Ratingentscheidung) Einsatz formaler Mechanismen und Verfahren zur Identifikation tatsächlicher und potentieller Interessenskonflikte sowie die Eliminierung von diesen bzw. die Abschwächung ihrer Auswirkungen ◇ Vermeidung von Handelsaktivitäten und finanziellen Beziehungen, die möglicherweise Interessenskonflikte darstellen oder die Unabhängigkeit der Ratingagentur untergraben
Ziel 3: Transparenz und zeitnahe Ratingveröffentlichungen	Das Rating muss aktuell sein Transparenz im Ratingprozess sollte gegeben sein (zeitnahe Informationen, Methodik, Arbeitsabläufe, Annahmen) ◇ Bereitstellung besserer Informationen, damit Investoren fundiertere Entscheidungen treffen können ◇ Bereitstellung besserer Informationen für den Emittenten über den Ratingprozess ◇ Umgekehrt versorgen die Emittenten die Ratingagentur mit Informationen, die ihnen dabei helfen, sich eine Meinung zu bilden
Ziel 4: Vertrauliche Informationen	Ratingagenturen müssen Informationen über Geschäftsaktivitäten, Management und die finanzielle Situation vertraulich behandeln Ratingagenturen müssen gegenüber dem Emittenten sicherstellen, dass nicht-öffentliche Informationen nur für das Rating verwendet werden

Abbildung 6.2: Die vier Ziele des „Statement of Principles for the Activities of Rating Agencies"

Nachdem das CESR die jährlichen Offenlegungsschreiben von den Ratingagenturen Moody's, Standard & Poor's, Fitch und Dominion Bond Rating Service im Juni 2006 erhalten hatte, veröffentlichte das Komitee diese auf seiner Homepage. Bis auf zwei inkonsistente Punkte war die Feststellung des Konzeptes die Übereinstimmung der Kodexe der Ratingagenturen mit dem IOSCO Kodex. Der erste inkonsistente Punkt umfasste die sonstigen Dienstleistungen, beispielsweise der Wertaufschlag für Fitch sowie einige Fortbildungen, die Entwicklung analytischer Produkte sowie Researchdienste für Moody's. Das CESR glaubt, dass die operationale Trennung ein wichtiger Aspekt ist, wenn es darum geht, Interessenskonflikte zu bewältigen.

Hinsichtlich der zweiten Inkonsistenz, den unaufgeforderten Ratings, definiert der IOSCO Kodex diese Ratings nicht, da die Investoren der Tatsache Bedeutung beimessen, ob es sich um ein unaufgefordertes Rating handelt, wegen der Nichtteilnahme oder Nichteinbeziehung des Emittenten.

6.2.3 Kreditrating und Basel II

Die neue Baseler Eigenkapitalvereinbarung „Basel II" wurde im Januar 2001 durch die Bank für Internationalen Zahlungsausgleich (BIZ) eingeführt. Wie in Abbildung 6.3 dargestellt, ist die vorgeschlagene Baseler Vereinbarung für die zukünftigen Regulierungen in drei Säulen unterteilt. Die Basel II Rahmenvereinbarung definiert die Sammlung der Kapitalstandards, die während der vergangenen Jahre durch die Baseler Kommission für Bankenaufsicht empfohlen wurden.

Die Kreditinstitute und die Finanzdienstleistungsinstitute aller EU-Mitgliedstaaten müssen diese Vorschriften seit dem 1. Januar 2007 anwenden, die gemäß den EU-Richtlinien „Banking Directive 2006/48/EC" und „Capital Adequacy Directive 2006/49/EC" geschaffen wurden. Die Zielsetzung der Basel II Rahmenvereinbarung liegt darin, eine angemessene Eigenkapitalbasis bei Finanzinstitutionen sicherzustellen und den Wettbewerb zu erleichtern, indem Kreditvergabestandards festgelegt werden. Gemäß Basel II kann die Verwendung von Ratings durch Banken nur dann stattfinden, wenn eine Ratingagentur als solche von der nationalen Bankenaufsicht anerkannt wird.

Die nationalen Aufsichtsbehörden müssen die externen Ratings der Ratingagenturen gemäß dem Kreditrisiko-Standardansatz akzeptieren („Mapping-Prozess"). Dies bedeutet, dass sie beschließen müssen, welche Ratingkategorien welcher Risikogewichtung zugeordnet werden. Die Kriterien für die Anerkennung von Ratingagenturen sind in Abbildung 6.4 aufgeführt.

Die Paragraphen 91 bis 108 der Basel II Rahmenvereinbarung beschreiben die Kriterien für die Anerkennung der Ratingagenturen im Detail. In dem im Folgenden dargestellten Kasten heben die zusätzlichen Artikel 81 bis 83 der „Banking Directive 2006/48/EC" sowohl die Anerkennung der externen Ratingagenturen als auch ihre Verwendung auf EU-Ebene hervor:

Säule I: Mindestkapital- anforderungen	Säule II: Bankenaufsichtlicher Überwachungsprozess	Säule III: Erweiterte Offenlegung
• Setzt Untergrenze für akzeptables Mindest-kapital • Verbesserter Ansatz für Kreditrisiko gebun-den an Rating (exter-nes Rating, internes Rating)	Basiert auf vier Prinzipien: • Banken müssen Solvenz in Relation zu ihrem Risikoprofil bewerten • Aufsicht sollte die Be-wertung der Bank und deren Kapitalstrategien überprüfen • Banken sollten Kapital über die Mindestgrenze hinaus halten • Regulierungsbehörden schreiten in einem frü-hen Stadium ein, wenn sich die Eigenkapitalba-sis verschlechtert	• Verbesserte Offenle-gung der Kapitalstruk-tur • Verbesserte Of-fenlegung der Risikomessungs- und Risikomanagement-Verfahren • Verbesserte Offenle-gung des Risikoprofils • Verbesserte Offenle-gung der Angemessen-heit des Eigenkapitals
Explizite Behandlung opera-tioneller Risiken • noch in der Entwick-lungsphase • schließt Geschäftsri-siko aus		

Abbildung 6.3: Die drei Säulen von Basel II

KRITERIEN	ERLÄUTERUNG
Objektivität	Die Ratingmethode muss genau und systematisch sein Die Ratings müssen permanent kontrolliert werden und müs-sen auf veränderte finanzielle Situationen reagieren
Unabhängigkeit	Frei von politischem oder wirtschaftlichem Einfluss
Internationaler Zugang und Transparenz	Das individuelle Rating muss für nationale und internationale Institutionen unter den gleichen Bedingungen zugänglich sein
Veröffentlichung	Die Ratingagentur muss veröffentlichen: • Ratingmethoden inklusive der Definition für Ausfall • Zeithorizont und Bedeutung des individuellen Ratings • Tatsächliche Ausfälle • Wahrscheinlichkeit, dass aus einem AA Rating ein A Rating innerhalb einer bestimmten Zeit wird
Quellen	Die Ratingagentur muss ausreichende verfügbare Quellen für hochwertige Ratings haben
Glaubwürdigkeit	Die Glaubwürdigkeit einer Ratingagentur wird durch die oben aufgeführten Kriterien garantiert sowie durch die Zu-sammenarbeit unabhängiger Investoren, Versicherer oder Handelspartner

Abbildung 6.4: Kriterien für die Anerkennung von Ratingagenturen

Artikel 81

1. Ein externes Rating kann nur dann für die Bestimmung des Risikogewichts einer Forderung nach Artikel 80 herangezogen werden, wenn die Ratingagentur, von der diese Bewertung stammt, von den zuständigen Behörden für diesen Zweck anerkannt wurde (nachstehend als „anerkannte Ratingagentur" bezeichnet).

2. Die zuständigen Behörden erkennen eine Ratingagentur für die Zwecke des Artikels 80 nur an, wenn sie sich davon überzeugt haben, dass deren Rating-Methode Objektivität, Unabhängigkeit und Transparenz gewährleistet, sie kontinuierlich überprüft wird und die erstellten Ratings zuverlässig und transparent sind. Zu diesem Zweck tragen die zuständigen Behörden den technischen Kriterien in Anhang VI Teil 2 Rechnung.

3. Wurde eine Ratingagentur von den zuständigen Behörden eines Mitgliedstaats anerkannt, so können die zuständigen Behörden eines anderen Mitgliedstaats sie ohne eigene Prüfung ebenfalls anerkennen.

4. Die zuständigen Behörden machen Informationen über das Anerkennungsverfahren und eine Liste der anerkannten Ratingagenturen öffentlich zugänglich.

Artikel 82

1. Die zuständigen Behörden legen unter Berücksichtigung der technischen Kriterien in Anhang VI Teil 2 fest, welchen der in Teil 1 jenes Anhangs genannten Bonitätsstufen die jeweiligen Ratings einer anerkannten Ratingagentur zuzuordnen sind. Bei dieser Zuordnung wird objektiv und kohärent verfahren.

2. Wenn die zuständigen Behörden eines Mitgliedstaats eine Zuordnung gemäß Absatz 1 vorgenommen haben, können die zuständigen Behörden eines anderen Mitgliedstaats diese ohne eigenes Zuordnungsverfahren anerkennen.

Artikel 83

1. Werden für die Berechnung der risikogewichteten Forderungsbeträge eines Kreditinstituts die Ratings von Ratingagenturen herangezogen, so werden diese kohärent und in Einklang mit Anhang VI Teil 3 verwendet. Eine selektive Nutzung einzelner Ratings ist nicht zulässig.

2. Die Kreditinstitute verwenden in Auftrag gegebene Ratings. Mit Erlaubnis der zuständigen Behörde können sie jedoch auch ohne Auftrag erstellte Ratings verwenden.

Als Interpretation der oben aufgeführten Paragraphen hat das „Committee of European Banking Supervisors" (CEBS) am 20. Januar 2006 die „Guidelines on the recognition of External Credit Assessment Institutions (ECAIs)" veröffentlicht. Diese Richtlinien legen fest, welche Standards beim Rating angewandt werden müssen und ob die Anerkennungskriterien erfüllt sind.

Die Ratingagenturen müssen an einem gemeinsamen Prüfungsprozess teilnehmen, um von den anderen EU-Mitgliedstaaten anerkannt zu werden sowie die nationalen Aufsichtsbehörden zu überzeugen, dass die Ratings die zuvor erwähnten Kriterien erfüllen. Ein Prozessmoderator und die Aufsichtsbehörden (die SEC in den USA und das BaFin in Deutschland) sind am Prüfungsprozess beteiligt, um eine gemeinsame Meinung unter den Mitgliedstaaten sicherzustellen und um die Bürokratie für den Bewerber zu reduzieren.

Die Ratingagenturen Moody's, Standard & Poor's und Fitch wurden bereits 2006 geprüft; die Ratingagentur DBRS wurde im April 2007 geprüft.

In Deutschland muss die Anerkennung der Ratingagenturen gemäß § 41 der Solvabilitätsverordnung ebenfalls von der Aufsichtsbehörde akzeptiert werden, bevor ein Institut ihre Ratings verwenden kann. Deshalb ist es notwendig, zwischen der Anerkennung der Ratingagentur und der Nutzbarkeit von deren Ratings zu unterscheiden. Der Grund ist, dass nicht alle Ratingagenturen bedingungslos raten. § 46 Absatz 1 der Solvabilitätsverordnung legt fest, welche Ratings verwendet werden dürfen. Und gemäß § 46 Absatz 2 und 3 ist die Verwendung von Ratings, die nicht vom Schuldner in Auftrag gegeben wurde, nur mit separater Zustimmung des BaFin möglich. Die §§ 52 bis 54 definieren das Anerkennungsverfahren für Ratingagenturen, die Anerkennungsvoraussetzungen und die Zuordnung der Bonitätsbeurteilungskategorien zu den Bonitätsstufen; dies wird auch „Mapping" genannt. Eine Ratingagentur kann die Anerkennung beantragen und muss nachweisen, dass mindestens eine Institution ihre Ratings zur Risikogewichtungsanalyse verwendet.[11]

6.3   Subprime-Krise – Warum hat das Rating nicht funktioniert?

Die Rolle der Ratingagenturen in der Subprime-Krise wurde in den vergangenen Monaten vielfach hinterfragt. Es kam viel Kritik auf, als die Krise begann. Die Ratingagenturen wurden beschuldigt, zu einem großen Teil zu den Problemen, die zur Krise führten, beigetragen zu haben. Ihnen wurde vorgeworfen, den MBS zu gute Bonitätsnoten zu geben und dann nicht schnell genug reagiert zu haben, als bei den zugrunde liegenden Vermögenswerten substantielle Ausfälle auftraten. Die SEC hat Ermittlungen eingeleitet, um die Rolle der Ratingagenturen zu prüfen; hierbei soll insbesondere geprüft werden, ob sie durch die Emittenten und Konsortialbanken hinsichtlich der Einhaltung ihrer Methoden und Prozesse bei der Ratingvergabe und der Vermeidung von Interessenkonflikten beeinflusst wurden. Die SEC untersucht die Rolle der Ratingagenturen bei der Strukturierung von Geschäften, und ob sie dahingehend beeinflusst wurden, dass sie zu gute Ratingnoten für zweitklassige Subprime-MBS vergeben haben.[12]

6.3.1   Fehlerhafte Anwendung?

Einige der derzeitigen Schwierigkeiten bei RMBS und CDOs deuten auf eine falsche Anwendung der externen Ratings hin. Die Veränderungen in der Neuvergabe und der Bedienung von Hypothekenkrediten machen es schwierig, das Risiko von RMBS und CDOs zu bewerten. Diese Veränderungen haben letztendlich zu ei-

[11] www.bundesbank.de
[12] Hume (2007)

ner größeren Risikobandbreite bei denjenigen Arten von Finanzinstrumenten, die allgemein Hypotheken genannt werden, geführt. Die zusätzlichen Risiken stammen aus einem bedeutenden Anstieg bei der Vergabe von Hypothekenkrediten an risikoreichere Schuldner, was unterstützt wurde durch die Demokratisierung des Kredites seit den 1970ern, aber ebenso durch die in großem Umfang verfügbare Finanzierung aufgrund der neuen strukturierten Produkte. Nahezu jeder war in den vergangenen Jahren in der Lage, ein Haus zu finanzieren, da die Bedingungen günstig waren. Dies steigerte die Hausbesitzerquote. Unabhängig davon, wie viel jemand verdiente oder besaß, es gab immer ein Produkt, das es ermöglichte, ein Haus zu finanzieren. Es war nicht einmal das Vorhandensein von Eigenkapital notwendig; das gesamte Haus konnte über Kredite finanziert werden.

Diese Entwicklungen führten zu einem Anstieg des Risikos, welches am Markt verkauft wurde. Aber das gestiegene Risiko war nicht erkennbar. Die strukturierten Produkte wurden aufgrund der Verbriefung zunehmend komplexer. Damit stieg allerdings auch die Undurchsichtigkeit.

Doug Cifu, ein Partner, der sich auf Private Equity und Finanzierung bei Paul Weiss Rifkind Wharton & Garrison spezialisiert hat, sagte, es sei „unvernünftig zu denken, dass Menschen mit Quantenmathematik die ultimative aggregierte Ausfallrate eines CDO herausfinden können, auch wenn es eine größere Erwartung gibt, dass die Ratingverantwortlichen die zugrunde liegenden Kredite genauestens überprüfen."[13] Dies zeigt die größere Abhängigkeit der Investoren von den Ratingagenturen bei strukturierten Finanzierungen.

Der Hauptfaktor, der die Zahlungsverzögerungen und Zahlungsausfälle vor 2007 davon abhielt, zu Verlusten zu werden, war die starke Wertsteigerung der Eigenheime seit 1998. Aber dies verlor an Gewicht, als der Häusermarkt 2006 einen Abschwung erlebte und das Kreditrisiko des Subprime-Hypothekenmarktes nicht länger hinter dieser Fassade versteckt werden konnte.

2004 glaubten viele noch an die geringeren Marktrisiken, da beispielsweise S&P bei 981 RMBS Hochstufungen der Bonitätsnote („Upgrades") und nur 17 Herabstufungen („Downgrades") vornahm, und gleichermaßen Moody's 414 Hochstufungen und nur 4 Herabstufungen bei RMBS vornahm.[14]

6.3.2 Interessenkonflikte?

Viele argumentieren heute, dass die Art der Entlohnung der Ratingagenturen eine Hauptquelle des Problems ist. Sie mögen die Tatsache nicht, dass die Ratingagenturen heute von den Emittenten und nicht mehr von den Investoren bezahlt werden, da dies die Ratingagenturen in eine andere Position gegenüber dem Emittenten versetzt, der nun ihr Kunde ist. Aber es gibt keine Möglichkeit, sich diesem Konflikt zu entziehen. Ratings müssen jedem bekannt sein und als werthaltig angesehen

---

[13] Benner (2007)
[14] Rosner (2007)

werden können. Investoren werden allerdings nicht für Informationen bezahlen, wenn diese für jeden zugänglich sind.

Aber der hauptsächliche Interessenkonflikt liegt in den Stellenangeboten für Analysten von Investmentbanken: „Obwohl Analysten nicht einzeln für das Rating eines Deals bezahlt werden, liegt der wahre Interessenkonflikt möglicherweise in einer bei Investmentbanken üblichen Vorgehensweise, einem Analysten einen Job als Gegenleistung für das vorteilhafte Rating eines Deals zu versprechen, gemäß Sylvain Raynes, einem früheren Analysten im Bereich Strukturierte Finanzierungen bei Moody's und Chef bei R&R Consulting, einer Boutique für Unternehmensbewertungen im Bereich Strukturierte Finanzierungen."[15]

Ein weiterer Interessenkonflikt könnte aus der Zusammenarbeit der Ratingagenturen mit anderen Parteien entstehen, die ebenfalls vom Emittenten bezahlt werden. Ein Beispiel ist die rechtliche Isolation, die ein Kernthema in strukturierten Finanzierungstransaktionen ist. Es ist nicht garantiert, dass die Ratingagenturen die Anwälte des Emittenten für eine Due Diligence der rechtlichen Struktur des Deals einsetzen, was in der Regel der Fall ist. Diese derzeit übliche Vorgehensweise der Ratingagenturen entspricht nicht den Anforderungen der IOSCO.

Kürzlich gab es neue Geschäftsinititativen der Ratingagenturen, den Kaufinteressenten Bewertungsdienstleistungen anzubieten. Diese Entwicklung führt möglicherweise zu größeren potentiellen Interessenkonflikten, da die Ratingagenturen an der Strukturierung im Vorfeld der Emission des CDO beteiligt sind, indem sie die Sicherheiten definieren und den Tranchen angemessene Renditen zuordnen. Somit ist es fraglich, ob es angemessen ist, dass die Ratingagenturen die Bewertung von Wertpapieren am Sekundärmarkt als Dienstleistung anbieten, die sie möglicherweise vor der Emission selbst geratet haben.

6.3.3 Mangelnder Wettbewerb?

Am gesamten Fremdkapitalmarkt existiert eine Machtkonzentration bei den Ratingagenturen. Im Bereich strukturierte Finanzierungen gibt es allerdings zudem eine deutliche Konzentration an Emittenten gegenüber den traditionellen Einzelemittenten. Nur eine geringe Anzahl an Banken und Ratingagenturen ist in diesem Marktsegment aktiv. Drei Ratingagenturen decken den gesamten europäischen Markt ab; zwei von ihnen kontrollieren 80 % des Marktes. Auch die Anzahl an Anwaltskanzleien, die sich mit der Strukturierung der Finanzprodukte beschäftigen, ist sehr begrenzt. Drei Kanzleien sind für die Strukturierung von 60 % des CDO-Marktes verantwortlich. Drei weitere Kanzleien decken 50 % des RMBS-Marktes ab.[16]

Diese Tatsachen beeinflussen die Risiken, die mit strukturierten Finanzierungen in Verbindung stehen: Ratingmodellrisiken, Risiken bei den rechtlichen Strukturen,

---

[15] Bizouati (2007)
[16] Aguesse (2007)

weitere Rechtsrisiken, Kontrahentenrisiken, Missbrauchsrisiken bei Rechnungslegungsvorschriften.

Der Mangel an Wettbewerb „hat es den Ratingagenturen ermöglicht, nachlässig in ihren Prozessen zu werden und gleichzeitig riesige Gewinne anzuhäufen."[17]

Der Mangel an richtigem Wettbewerb ist auch der Grund für ihre Möglichkeit, Bereiche zu beeinflussen, in denen sie nie zuvor tätig waren. Die jüngste Vergangenheit hat einige besorgniserregende Entwicklungen gezeigt. Die staatlich anerkannten Ratingagenturen (NRSROs) in den USA haben begonnen, eine indirekte Rolle in der öffentlichen Politik zu spielen, indem sie gedroht haben, aufgrund von Gesetzgebungen bestimmte Wertpapiere herabzustufen oder sie gar nicht mehr zu raten (zum Beispiel GSE-Gesetzgebung, Georgia Fair Lending Act).

6.3.4 Haftung von Ratingagenturen?

Aufgrund der veränderten Situation bei den Ratingagenturen beim Rating strukturierter Finanzprodukte kommt die Frage auf, ob die Ratingagenturen immer noch diejenige Rolle inne haben, die sie behaupten inne zu haben.

In der Vergangenheit haben sich die Ratingagenturen auf die Ratings als reine „Meinungen" oder „der Welt kürzeste Leitartikel" (Fitch) bezogen, und Schutz vor Haftung aufgrund des ersten Verfassungszusatzes verlangt, da ihre Ratings lediglich Meinungsäußerungen seien. Das CESR hat diese Behauptung der Ratingagenturen, nur Herausgeber zu sein, in Frage gestellt, da die Einhaltung des Verhaltenskodex nicht immer gegeben war. Es gibt bestimmte Anzeichen, die darauf hindeuten, dass in strukturierten Finanzierungen die gewerbsmäßige Meinungsäußerung tatsächlich nicht länger vor Anfechtung geschützt ist.

Wenn man das veränderte Geschäftsmodell und die geänderte Art der Bezahlung in Betracht zieht, haben die Ratingagenturen womöglich eine neue Rolle inne, in der sie für die strukturierten Produkte werben, anstatt wie ursprünglich eine Meinungsäußerung zu verfassen. Sie verlangen Schutz durch den ersten Verfassungszusatz („Pressefreiheit"), aber sie wenden nicht die Arbeitsprinzipien von Journalisten an:

* Überprüfung der Genauigkeit der Information von allen Quellen
* Identifizierung von Quellen, soweit dies möglich ist
* Jederzeit Hinterfragung der Motive der Quellen, bevor Anonymität zugesichert wird
* Unterscheidung zwischen Befürwortung und Berichterstattung

Die IOSCO erklärt, dass die Ratingagenturen „schriftliche Methoden einführen, durchführen und durchsetzen sollten, um sicherzustellen, dass die Meinungen, die sie verbreiten, auf einer gründlichen Analyse aller Informationen, die den Ratingagenturen bekannt sind und die für ihre Analyse relevant sind, gemäß den

---

[17] Schroeder (2007)

von den Ratingagenturen veröffentlichten Ratingmethoden basieren."[18] Aber die Ratingagentur Moody's erklärt, dass sie „keine Verpflichtung hat, eine sorgfältige Überprüfung („Due Diligence") hinsichtlich der Genauigkeit der Informationen, die sie im Zusammenhang mit dem Rating erhält, durchzuführen, und eine solche Überprüfung nicht durchführen wird. Moody's verifiziert derartige Informationen weder unabhängig, noch prüft oder verpflichtet sie sich auf andere Art dazu, festzustellen, ob solche Informationen vollständig sind. Daher gibt Moody's durch die Vergabe einer Bonitätsnote in keinster Weise eine Garantie oder irgendeine Versicherung hinsichtlich der Genauigkeit, Zeitnähe oder Vollständigkeit faktischer Informationen, die sich in den Ratings oder in damit zusammenhängenden Veröffentlichungen widerspiegeln oder darin enthalten sind."[19]

Auch Fitch erklärt, dass sie „nicht verpflichtet sind, jegliche Informationen zu verifizieren oder zu überprüfen, die sie von irgendeiner Quelle erhalten, oder eine Überprüfung oder Nachforschungen anzustellen, oder andere Maßnahmen zu ergreifen, um Informationen zu erhalten, die der Emittent nicht auf andere Weise zur Verfügung gestellt hat."[20]

Diese Erklärungen zeigen, dass die Ratingagenturen offensichtlich den Auftrag der Wertpapieraufsichtsbehörden missachten und nicht den normalen Arbeitsgrundsätzen von Journalisten folgen, obwohl sie ihre Ratings als journalistische Werke bezeichnen.

Es ist ebenso fraglich, ob die Ratingagenturen die Grundsätze des Investment Advisers Act von 1940 in den USA einhalten, wonach sie „eine besondere Pflicht haben, ihre Meinungen auf aktuelle und adäquate Informationen zu gründen"[21].

Da die Ratingagenturen eine aktive Rolle bei der Strukturierung von Deals vor der Emission des Wertpapiers spielen, ist die objektive Beurteilung sowie die Verifizierung von Informationen umso wichtiger bei strukturierten Finanzierungen als bei traditionellen Unternehmensfinanzierungen, wo die geratete Gesellschaft ihre Risikomerkmale vor der Emission nicht beeinflussen kann.

Bei strukturierten Finanzierungen ist der Emittent in der Lage, das Wertpapier mit den verschiedenen Vermögenswerten in den Tranchen so zu arrangieren, dass die Anforderungen der Ratingagentur erfüllt werden, um das gewünschte Rating zu erhalten. Zudem bekommt der Emittent eine Rückmeldung vor der Vergabe des Ratings, aufgrund derer die Struktur so angepasst werden kann, dass das gewünschte Rating erreicht wird.

„Die häufigste Situation, in der eine Ratingagentur die Wertpapiere eines strukturierten Produktes nicht ratet, ist die, wenn die vorgeschlagenen Vermögenswerte und Strukturen die Anforderungen der Ratingagentur gemäß ihren vorgegebenen Gesichtspunkten nicht erfüllen. Normalerweise hat in dieser Situation

---

[18] IOSCO (2004)
[19] www.moodys.com
[20] www.cesr-eu.org
[21] www.sec.gov

eine andere Ratingagentur, die staatlich anerkannt sein kann, beschlossen, dass die vorgeschlagenen Ratings des Sponsors die Anforderungen dieser Ratingagentur erfüllen. Auf diese Weise kaufen die Sponsoren von strukturierten Produkten die gewünschten Ratings ein."[22]

Hier kommt die Frage auf, ob der Ratingprozess nicht ein entscheidendes Kriterium für die Fähigkeit ist, ein Wertpapier zu verkaufen und zu vertreiben; dies würde die Rolle der Ratingagenturen von „Meinungsäußerern" zu „Underwritern" verändern.

Gemäß des Securities Act von 1933 § 2 (a)(11) wird die Bezeichnung „Underwriter" wie folgt definiert:

(11) Unter dem Begriff „Underwriter" versteht man eine Person, die von einem Emittenten gekauft hat im Hinblick auf den, oder die für einen Emittenten anbietet oder verkauft in Verbindung mit dem Vertrieb irgendeines Wertpapiers, oder die teilnimmt oder eine direkte oder indirekte Beteiligung an einem solchen Vorhaben hat, oder die teilnimmt oder eine Beteiligung an dem direkten oder indirekten Underwriting eines solchen Vorhabens hat.

Die Definition des Begriffs „Underwriter" umfasst gemäß dieses Gesetzes alle Personen, die eine direkte oder indirekte Rolle spielen bei Schritten, die erforderlich sind für den Vertrieb des Wertpapiers. Wenn die Ratingagenturen als „Underwriter" definiert werden, wäre Absatz (11) des Securities Act von 1933 anzuwenden, so dass die Ratingagenturen für ihre Ratings haftbar wären. Aber aufgrund § 230.436 (g) des Securities Act von 1933 sind Ratingagenturen von der Haftung ausgeschlossen. Dieses Thema sollte allerdings überdacht werden wegen der veränderten Rolle der Ratingagenturen und wegen ihrer Ratings bei strukturierten Finanzierungen.

Es könnte also ein Hauptthema in der aktuellen Krise am Subprime-MBS-Markt werden, wo die Investoren möglicherweise einen Prozess gegen diejenigen Parteien anstreben, die an den entsprechenden Geschäften beteiligt waren.

6.3.5 Angemessene Risikobewertung?

Können bestimmte strukturierte Finanzprodukte mit AAA-Ratings eine Rendite von bis zu 200 Basispunkten für Investoren erzielen, während AAA Unternehmen oder AAA MBS-Tranchen nur eine Rendite von 10–20 Basispunkten bringen? Was bedeutet das? Eine Unvollkommenheit am Markt, eine Prämie für ein neues Produkt, eine Liquiditätsprämie? Oder die Marktwahrnehmung, dass das Risiko dieser AAA-Tranche, insbesondere hinsichtlich ihrer Volatilität, höher ist als für eine „Standard"-Transaktion? Die richtige Antwort auf diese Frage könnte helfen, die Integrität der Finanzmärkte zu bestimmen und die Eigenkapitalanforderungen von Banken zu untersuchen.

Als die Subprime-Krise aufkam und die Beschuldigungen gegen die Ratingagenturen begannen, erklärten diese, dass ihre Ratings missbraucht und missver-

---

[22] Rutherford (2007)

standen wurden. Sie sagen, ihre Ratings spiegeln das Kreditrisiko, also die Ausfallwahrscheinlichkeit eines Wertpapieres, das bis zur Endfälligkeit gehalten wird, wider. Sie berücksichtigen allerdings weder das Marktrisiko, also das Risiko steigender oder fallender Preise für Vermögenswerte bis zu deren Fälligkeit, noch das Liquiditätsrisiko, also die Handelbarkeit eines Vermögenswertes. Deshalb sollten Investoren nicht dieselbe Liquidität für alle AAA-gerateten Produkte erwarten. Dies macht eine größere Transparenz notwendig. Um das Problem zu lösen, versuchen die Ratingagenturen seitdem, neue Instrumente für die Einschätzung des Liquiditätsrisikos zu finden und somit zwischen einem AAA-gerateten strukturierten Kreditprodukt und einer AAA-gerateten Unternehmensanleihe zu unterscheiden.

Ein weiteres Problem ist der hohe Druck und der Wettbewerb am Markt, der zu Fehlern durch die Ratingagentur oder zu einer oberflächlichen Analyse der Risiken eines Wertpapiers führen kann, weil die Ratingagentur diese komplexen Deals sofort raten muss.

6.3.6   Vergleichbarkeit von Ratingergebnissen?

Ratings sind oftmals selbst in der gleichen Asset-Klasse nicht mehr vergleichbar. Gründe für diese Entwicklung sind möglicherweise die fortschreitenden Veränderungen bei den Ratingmethoden bei strukturierten Finanzierungen und die Diskrepanzen bei der Anwendung der Ratingkriterien zwischen neuen und bereits existierenden Asset-Klassen. Dadurch ist die Integrität der Bonitätsstufen gefährdet, und zusätzliche Risiken werden womöglich in Kauf genommen, da die Bonitätsstufen dieselben sind, aber die Ausfallrisiken in Abhängigkeit der Asset-Klasse voneinander abweichen.

Da Ratingagenturen nach dem Prinzip „Learning by Doing" arbeiten, passen sie regelmäßig ihre Ratingmethoden an. Allein 2004 haben zwei von drei Ratingagenturen in der EU 57 Änderungen an ihren Methoden vorgenommen.[23]

Die gewichtigsten Aspekte dieses Ansatzes sind:
- Ratingagenturen erstellen selten neue Ratings existierender Strukturen
- Neue Methoden sind selten rückwirkend
- Ein Mangel an Transparenz macht es schwierig festzustellen, ob diese Anpassungen, teilweise oder insgesamt, einen bedeutenden Einfluss auf existierende Strukturen hätten (Tranchen mit gleichen Ratings aber unterschiedlichen Emissionsdaten – anderes Risikoprofil)
- Die Fähigkeit der Sicherheiten-Manager, zu reinvestieren, könnte diese Risiken erhöhen
- Die Manager der Deals könnten die Gelegenheit riskanter Ratingarbitragen ausnutzen

---

[23] Rosner (2007)

Diese heiklen Aspekte lassen es fragwürdig erscheinen, ob die Analysen der Ratingagenturen als angemessen für die risikogewichtete Analyse nach Basel II angesehen werden können.

6.3.7 Anwendung von Rating zur Bestimmung der Eigenkapitalausstattung?

Zur Bestimmung der Eigenkapitalanforderungen kleinerer Banken (größere Banken nutzen ihre eigenen Modelle) wird gemäß Basel II auf Ratings zurückgegriffen. Bislang haben sich diese Ratings jedoch nur als bedingt verlässlich erwiesen. Experten sehen diese Lösung allerdings weiterhin als die einzig mögliche Lösung an, wie zum Beispiel Karen Shaw Petrou, Managing Partner von Federal Financial Analytics Inc. sagte: „Es war schon immer ein beschwerliches Thema, wie so viele andere Basel-Verordnungen. Aber es war immer die am wenigsten schlimmste Entscheidung, denn was würden wir ohne die Ratingagenturen tun?"[24]

6.4 Handlungsempfehlungen

Wie bereits von einigen Experten hervorgehoben wurde, ist die Analyse des Marktes und der Vermögenswerte bei strukturierten Finanzierungen sehr schwierig aufgrund mangelnder Liquidität, Transparenz, Historie und Datenverfügbarkeit.

Für einen Investor, der mit einem Rating nicht einverstanden ist, ist die Situation sehr schwierig, wenn man Folgendes berücksichtigt:

- Die aktivere Rolle der Ratingagenturen
- Die oligopolistische Struktur des Sektors
- Die Notwendigkeit von Ratings für den Verkauf von IGSFS
- Die theoretisch konsistente Anwendung der Ratingmethoden

Somit muss der Investor möglicherweise die gesamte Assetklasse vermeiden, wenn er sich wegen des Ratings unsicher ist.

Aber die Schaffung einer größeren Transparenz dahingehend, wie Ratings vergeben werden, könnte helfen, das mit ihnen und mit ihrer Abhängigkeit verbundene Risiko besser zu bewerten. Um eine bessere Verlässlichkeit bei Ratings zu ermöglichen, sollten die Ratingagenturen sich bemühen, neue Instrumente für die zusätzliche Berücksichtigung des Liquiditätsrisikos beim Rating dieser Produkte zu entwickeln.

Die SEC sollte Richtlinien herausgeben, die von den Ratingagenturen verlangen, Anleihen regelmäßig neu zu raten. Dies würde zu einer besseren Widerspiegelung der aktuellen Risikosituation führen und außerdem das Alter der Hypothekenpools berücksichtigen.

---

[24] Sloan (2007)

„Das Reformgesetz, das 2006 verabschiedet und 2007 angepasst wurde, gibt der SEC die Authorität, die NRSRO zu benennen und zu beaufsichtigen, wie diese arbeiten. Bei der Bewerbung um den NRSRO Status müssen die Ratingagenturen heute Informationen bereitstellen, wie sie mit potentiellen Interessenkonflikten umgehen, wie beispielsweise, dass sie von den Unternehmen bezahlt werden, die sie raten, dass sie den Underwritern bei der Strukturierung der Wertpapiere helfen oder sonstige Aktivitäten, die möglicherweise die Ratings beeinflussen."[25] Die SEC sollte die neu erworbene Macht nutzen, um eine Wiederholung der Subprime-Krise zu vermeiden. Sie sollte ihre Genehmigungsrichtlinien erneut untersuchen, um sicherzustellen, dass sie die richtigen Anforderungen verwenden und nach den richtigen Informationen fragen, was die Vermeidung von Interessenkonflikten garantieren soll. Um die Vergabe besserer Ratings durch Analysten zu verhindern, die aufgrund von Stellenangeboten ihrer Kunden beeinflusst werden, sollte für Ratinganalysten ebenfalls eine Karenzzeit beschlossen werden. Diese sollte mindestens zwei Jahre dauern, anstatt der zwei Tage, die derzeit gelten.

Andererseits muss das „Shopping" der Emittenten des gewünschte Ratings durch bestimmte Maßnahmen verhindert werden. Neben diesen Maßnahmen sollte die SEC außerdem Standards für die Weiterbildung und Qualifizierung der Ratinganalysten festlegen, um konsistente, objektive, transparente und reproduzierbare Methoden zu schaffen.

John C. Coffee Jr., Professor an der Columbia University Law School, schlägt die Schaffung eines Systems durch die SEC vor, welches von den Ratingagenturen verlangt, Mindestgenauigkeitsstandards zu erfüllen, wenn sie nicht ihren NRSRO-Status verlieren wollen.[26] Einige gehen sogar noch weiter, wie beispielsweise Janet Tavakoli, Gründerin und Geschäftsführerin von Tavokali Structured Finance, eine Beratungsfirma in Chicago: Sie schlägt vor, dass den Ratingagenturen der Status als NRSRO in Bezug auf die Verbriefung entzogen werden sollte. Sie begründet diesen Vorschlag mit der mangelnden Kompetenz der Ratingagenturen, „diese ausgereiften Finanzprodukte zu verstehen". Sie behauptet außerdem, „Ratings synthetischer Verbriefungen, die Verschuldung einsetzen, sind nahezu bedeutungslos aufgrund der Tatsache, dass die primären Risiken Marktrisiken sind, die durch die Marktkräfte Angebot und Nachfrage beeinflusst werden, und die Ratings sind völlig unzureichend, um dieses Risiko zu bewerten." Ob diese Behauptungen Substanz haben oder nicht, kann in diesem Buch nicht endgültig festgestellt werden, aber der Mangel an Verlässlichkeit der Ratings, den sowohl die Krise gezeigt hat als auch die Aussagen der Ratingagenturen in Bezug darauf, dass ihre Ratings nur das Kreditrisiko widerspiegeln, aber nichts über das Liquiditäts- und das Marktrisiko aussagen, deuten an, dass es Grund zu diesen Behauptungen gibt. Die Fähigkeit der Ratingagenturen und ihrer Methoden, das Risiko strukturierter Produkte zu bewerten, muss genauer untersucht werden.

---

[25] Louria-Hahn (2007)
[26] Hume (2007)

Für das erneute Rating von Fremdkapitalstrukturen sollten die Ratingagenturen automatische und objektive Systeme entwickeln, die auf den zugrunde liegenden Vermögenswerten basieren. Insbesondere die RMBS und CDOs sollten kurz nach ihrer Emission aufgrund ihres Alters neu gerated werden, damit das Risikolevel korrekt dargestellt wird (siehe Analyse der Unterschiede zwischen Unternehmensanleihen und Hypothekenpools). Sie sollten außerdem ihre Methoden hinsichtlich der ausreichenden Berücksichtigung der unterschiedlichen Natur von Unternehmensanleihen gegenüber Hypothekenpools neu überarbeiten.

Auch existierende Strukturen sollten neu gerated werden, wenn die Ratingmethoden und Bonitätsstufen angepasst werden (wegen des „Learning by Doing"-Ansatzes), um die Vergleichbarkeit der Ratings zu gewährleisten – bei Anwendung der gleichen Standards hat das Emissionsdatum keinen Einfluss auf das Risikoprofil.

Trotz des hohen Drucks, unter dem die Ratingagenturen stehen, sollten sie keine oberflächlichen Analysen durchführen. Und sie sollten – wo immer möglich – versuchen, die Daten, die sie vom Kunden erhalten, zu verifizieren, um Betrug zu vermeiden.

Ein Problem hinsichtlich der Ratingmethoden ist gemäß Janet Tavakoli der Mangel an ausreichender „Rechenschaft oder unabhängiger Außenprüfung der Zuverlässigkeit und Konsistenz der Methoden der Ratingagenturen in Bezug auf statistische Prinzipien."[27]

Derzeit wird noch immer von einigen diskutiert, ob das neue Gesetz der SEC wirklich genug Macht gibt, um „den Sektor zu überwachen und zu sanktionieren... Teilweise kommt das daher, weil das Gesetz die SEC explizit daran hindert, seine eigenen Einschätzungen darüber einfließen zu lassen, wie Kredite zu bewerten sind."[28] Aber die SEC ist in der Lage, „die Ratingagenturen auf mögliche Interessenkonflikte, missbräuchliche und unfaire Praktiken oder unzureichende Quellen zu untersuchen." Und die SEC will ihren Einfluss maximal ausnutzen.[29]

Ein Ergebnis des neuen Gesetzes ist bereits jetzt sichtbar: die Anzahl der NRSROs ist auf derzeit acht gestiegen, gegenüber den ursprünglich drei („Big Three"). Dies ist ein positives Signal und wird hoffentlich das Problem des mangelnden Wettbewerbs lösen.

Einige Rufe werden für eine völlige Umstrukturierung des Geschäftsfeldes laut. Insbesondere Stimmen in Europa verlangen eine Regulierung durch die Regierung oder sogar die öffentliche Finanzierung von Ratingagenturen. Aber dies hätte große Nachteile, da sie im öffentlichen Sektor nicht so innovativ sein könnten und von der Regierung finanzierte Ratings möglicherweise als öffentliche Garantien missverstanden werden, was bei den Investoren dazu führen würde, dass sie Unterstützung bei Verlusten verlangen würden, wenn die Ratingagenturen falsch lagen.

---

[27] Bizouati (2007)
[28] Kopecki (2007)
[29] Kopecki (2007)

Die Abhängigkeit von Basel II von Ratings für die Risikobewertung kleinerer Banken kann sehr problematisch sein. Gemäß Basel II müssen größere Banken ihre eigenen Risikomanagementsysteme nutzen, aber kleinere Banken nutzen möglicherweise den Standardansatz unter Nutzung der externen Ratings. Einige empfehlen, dass diese Position der Ratingagenturen neu beurteilt werden muss, wie der „Economist" vorschlägt (2007). Andere denken allerdings, dass es keine Alternative zu der Nutzung der externen Ratings gibt. Somit bleibt dieses Thema ungeklärt.

Eine wichtige Lektion, die man aus der Subprime-Krise gelernt hat, ist, dass man sich nicht ausschließlich auf die Risikobewertung der Ratingagenturen verlassen kann. Die Investoren müssen zusätzlich ihre eigene Analyse durchführen.

Ratingagenturen stützen sich auf den Haftungsausschluss gemäß des Ersten Verfassungszusatzes, aber infolge des beschriebenen Machtgewinnes, den Markt mit ihrer Meinung beeinflussen zu können, sollte man neu überdenken, ob die Ratingagenturen nicht doch für die Ratings haftbar gemacht werden sollten.

Wie ein Sprecher von S&P sagte: „Ratings sind keine Empfehlungen zum Kauf, Verkauf oder Halten eines bestimmten Wertpapieres... sie stellen einfach nur ein Instrument für Investoren dar, das Risiko zu bewerten und die Kreditqualität zu unterscheiden, und die Ratingkriterien sind öffentlich zugänglich und nicht verhandelbar."[30]

Zusammenfassend ergeben sich folgende Handlungsempfehlungen:

HANDLUNGSEMPFEHLUNGEN
1 Größere Transparenz bei Ratings, um das Risiko besser einschätzen zu können
2 Entwicklung neuer Instrumente, um auch das Liquiditätsrisiko zu berücksichtigen
3 Ratingagenturen sollten automatisierte und objektive Systeme für Folgeratings entwickeln (insbesondere bei RMBS und CDOs)
4 Ratingagenturen sollten existierende Strukturen neu raten, wenn sie ihre Methodik anpassen
5 Ratingagenturen sollten versuchen, die Daten möglichst zu verifizieren
6 Die SEC könnte ihre Genehmigungsvorschriften überarbeiten, um sicherzustellen, dass die Ratingagenturen die richtigen Anforderungen und Informationen verwenden.
7 Die SEC könnte von den Ratingagenturen verlangen, dass sie die Wertpapiere neu raten
8 Neue Ausbildungs- und Qualifikationsstandards für Ratinganalysten schaffen
9 „Karenzzeit" von zwei Jahren für Analysten, bevor sie die Arbeit beim Kunden aufnehmen
10 „Kauf" des gewünschten Ratings sollte vermieden werden
11 Mehr Ratingagenturen in Form von staatlich anerkannten Ratingorganisationen, um einen Mangel an Wettbewerb zu vermeiden
12 Schaffung eines Systems durch die SEC zur Erfüllung von Mindestsorgfaltsanforderungen
13 Überdenken der Haftung von Ratingagenturen
14 Investoren sollten ihre Anlageentscheidung nicht nur auf die Ratings stützen

---

[30] Bizouati (2007)

7 | Wie verändert die Subprime-Krise das Geschäftsbankenmodell?

Die folgenden Ausführungen beschäftigen sich mit der Rolle der Geschäftsbanken im Rahmen der Subprime-Krise. Aufgrund der fehlenden Offenlegungsvorschriften mussten Banken ihre Conduits mit Liquidität versorgen, was dazu führte, dass einige Banken durch die Subprime-Krise getroffen wurden. Viele Banken – nicht nur in den USA, sondern auch in Europa – litten unter einem immensen Abschreibungsbedarf.

Da die Krise viele Banken schwächte, ist es für diese nun an der Zeit, ihre Geschäftsstrategie zu überdenken. Banken, die sich auf das Retail Banking fokussieren, waren der Finanzkrise weniger ausgesetzt, da ihre Geschäfte weniger Risiken unterlagen und deshalb mehr Stabilität gewährleisteten. Da Banken mit dem Investment Banking in verhältnismäßig risikoreichen Geschäftsfeldern tätig sind, werden sie sich wohl wieder mehr dem stabileren und langfristigeren Retail Banking zuwenden.

Allerdings werden sich Retail Banken, wenn sie künftig erfolgreich sein wollen, auf einen bestimmten Teil der Wertschöpfungskette konzentrieren. Aus dem Grund stellt dieses Kapitel fünf mögliche Geschäftsmodelle vor, die Retail Banken verfolgen können, um eine starke Position im wettbewerbsintensiven Bankenmarkt zu erlangen.

7.1 Subprime-Engagements innerhalb der Bilanz

Die Diskussion über die Existenz außerbilanzieller Vehikel dauert bereits eine ganze Weile an. Der Enron-Skandal im Jahr 2001 warf die Frage auf, ob es erlaubt sein soll, risikobehaftete Assets aus der Bilanz eines Instituts auszugliedern, indem sie auf ein so genanntes Strukturiertes Investmentvehikel („SIV") übertragen werden, obwohl diese Assets weiterhin ein indirektes Risiko für das ursprüngliche Institut bergen. Die SIVs, auch „Conduits" genannt, werden von Banken gegründet, um ihrerseits wiederum Gesellschaften zu gründen, die risikoreiche Geschäfte zu höheren Margen tätigen. Ein Vorteil ist, dass die Conduits nicht so sehr Regularien ausgesetzt sind wie die Banken selbst.

Obwohl die Banken versucht haben, die Risiken auf ihre Conduits zu übertragen, wurden sie aufgrund der folgenden Ereignisse von der Subprime-Krise getroffen:

- Die Banken verkaufen langfristige Vermögenswerte, die durch zweitklassige Hypothekenkredite besichert sind, an ihre Conduits, und verbuchen aus dem Verkauf sofortige Gewinne.
- Im Anschluss an den Verkauf stellen sie ihren Conduits weiterhin Beratungsdienstleistungen hinsichtlich der Verwaltung dieser Assets zur Verfügung, und bekommen dafür Gebühren. Dementsprechend haben sie weiterhin die Kontrolle über sowie ein Interesse an den ABS.
- Da die risikoreichen Assets verkauft sind, müssen die Banken keine Kapitalreserven mehr für das Ausfallrisiko hinterlegen und können daher das Kapital anderweitig investieren.
- Dennoch garantieren die Banken oftmals, dass sie für ihre Conduits eintreten, falls Liquiditätsprobleme auftreten.
- Die Conduits versuchen, ihre Investitionen in langfristige Assets durch Emission kurzfristiger Commercial Papers zu finanzieren.
- Diese Fristeninkongruenz zwischen den langfristigen und kurzfristigen Wertpapieren kann zu Liquiditätsproblemen führen, falls die kurzfristigen Commercial Papers nach Fälligkeit nicht erneut platziert werden können.
- Die Tatsache, dass die Assets durch zweitklassige Hypothekenkredite besichert sind, wird von den Instituten nicht offengelegt.
- Aufgrund von Spekulationen erfahren die Investoren allerdings von dem potentiellen Risiko, kennen aber immer noch keine Details hinsichtlich der Höhe der potentiellen Subprime-Beteiligung.
- Infolge dessen verlieren die Investoren das Vertrauen und distanzieren sich von Investitionen in diese Produkte.
- Liquiditätsprobleme treten bei den SIVs auf, und schließlich auch bei den Banken selbst, da diese aufgrund ihrer Garantien eintreten müssen.

Daher kehrte das Risiko der Subprime-Kredite, von dem die Banken dachten, dass sie es auf ihre Zweckgesellschaften übertragen haben, wieder zu den Banken selbst zurück. Die Probleme, die bei vielen Banken infolge der Subprime-Krise auftraten, zeigen, dass die Gründung außerbilanzieller Investmentvehikel nicht zwangsläufig bedeutet, dass alle potentiellen Risiken dadurch beseitigt werden können.

Der Markt für Asset Backed Commercial Papers betrug 2007 US$ 1,3 Billionen. Gemäß einem Bericht von Merrill Lynch sind davon US$ 1,1 Billionen durch

Liquiditätslinien von Banken gedeckt. Dieser hohe Betrag zeigt, dass die Regulie-rungsbehörden dieser Thematik mehr Aufmerksamkeit schenken sollten.[1]

Auch könnten die Rechnungslegungsvorschriften in Bezug auf dieses Thema noch konkretisiert werden. Wenn Banken Assets an ein außerbilanzielles Vehikel verkaufen, dürfen sie die daraus resultierenden Gewinne sofort verbuchen, sofern sie die Kontrolle über die Assets übertragen. Dennoch erlauben viele Ausnahmen den Banken, diese Gewinne selbst dann auszuweisen, wenn sie weiterhin als Ga-rant für die SIVs auftreten.[2]

Es stellt sich nun die Frage, ob es den Banken weiterhin erlaubt sein soll, Struk-turierte Investmentvehikel zum Zwecke der Ausgliederung risikobehafteter Assets zu gründen, wenn sie anschließend noch immer als Garant involviert sind, oder ob die Subprime-Kredite in der Bilanz der Banken ausgewiesen werden sollten. Ab-bildung 7.1 zeigt Argumente für und gegen den Ausweis von Subprime-Krediten in der Bankbilanz:

PRO	CONTRA
• Investors know about potential risk, and thus will be reassured for taking further investment decisions. • Disclosure requirements are fulfilled. • Unexpected losses are prevented.	• Credit risk stays within the banking sys-tem. • Financial shocks cannot be absorbed eas-ily. • Funding options of banks decrease, as they have to bind resources. • Banking system is less liquid. • Choice of investment products decreases.

Abbildung 7.1: Argumente für und wider den Ausweis von Subprime-Krediten in der Bank-bilanz
Quelle: Spaventa (2007)

In Abbildung 7.1 wird deutlich, dass der Ausweis risikobehafteter Assets in den Bilanzen der Banken den großen Vorteil der „Reassurance" unter den Investoren bietet. Die Einhaltung von Offenlegungsvorschriften gewährt Investoren einen Einblick in die potentiellen Risiken, die sie bei bestimmten Anlageprodukten ein-gehen. Wenn sie in der Lage sind, das Risiko einzuschätzen, können sie weitere Anlageentscheidungen treffen. Der größte Vorteil liegt allerdings darin, dass im-mense unerwartete Verluste – wie diejenigen, die im Laufe der Subprime-Krise aufgetreten sind – vermieden werden können, und zwar aufgrund der Tatsache, dass dem Verlustrisiko Rechnung getragen wird.

Wie Abbildung 7.1 zeigt, hat der Ausweis von Subprime-Krediten in der Bilanz nicht nur Vorteile. Ein bedeutender Nachteil liegt darin, dass das Kreditrisiko im Bankensystem bleibt, was dazu führt, dass finanzielle Schocks nicht leicht absor-biert werden können. Ein weiterer negativer Aspekt ist, dass die Finanzierungs-möglichkeiten der Banken weniger werden, da sie Kapital für das Verlustrisiko

---

[1] Bissonnette (2007)
[2] Weil (2007)

binden müssen, wenn sie Subprime-Kredite in ihrer Bilanz ausweisen. Die Folge ist ein weniger liquides Bankensystem. Darüber hinaus hindert der Ausweis von Subprime-Krediten in der Bilanz die Banken daran, ihr Produktportfolio durch das Eingehen risikoreicher Geschäfte zu erweitern. Deshalb geht die Auswahl der Anlageprodukte für Investoren zurück.

Trotz der Tatsache, dass das SIV Modell eine Vielzahl von Vorteilen bietet, hat die Subprime-Krise gezeigt, dass das Modell an aktuelle Gegebenheiten angepasst werden sollte. Der ursprünglich genannte Vorteil, dass das Kreditrisiko durch die Bildung von SIVs aus dem Bankensystem entfernt wird, entspricht nicht länger der Realität. Die Krise hat gezeigt, dass das Kreditrisiko zu den Banken zurückgekehrt ist.

Die Subprime-Krise trat auf, weil die Investoren sich von ABS abgewandt haben, und zwar vor dem Hintergrund, dass sie keinen klaren Überblick über den Umfang des potentiellen Subprime-Engagements hatten. Deshalb ist derzeit die Forderung nach mehr Transparenz bei außerbilanziellen Investmentvehikeln das wichtigste Thema. Wenn die Investoren genügend Informationen über das Risiko bei Finanzprodukten haben, wäre Unsicherheit kein Problem mehr und die Investoren würden weiterhin in solche Produkte investieren.

Aktuell müssen Banken die gesamten von ihnen verwalteten Vermögenswerte („Assets under Management") sowie die Erträge, die sie aus der Verwaltung generieren, offenlegen. Wenn die Investments allerdings außerbilanziell sind, müssen keine Informationen hinsichtlich dieser Assets veröffentlicht werden. Der Grund hierfür ist, dass davon ausgegangen wird, dass das Risiko beim Investor anstelle des Anteilseigners liegt.

Wenn zusätzliche Informationen auch bei diesen Assets verlangt werden würden, könnte das Vertrauen der Investoren wieder hergestellt werden. Die Formulierung adäquater Offenlegungsvorschriften für außerbilanzielle Geschäfte wäre entsprechend ein wichtiger Schritt hin zur Vermeidung einer neuen Krise.

> Schlussfolgernd kann festgestellt werden, dass risikobehaftete Assets nicht zwangsläufig in der Bilanz ausgewiesen werden müssen, sofern adäquate Offenlegungsvorschriften für außerbilanzielle Geschäfte festgelegt werden. Die Investoren müssen über die Risiken, die durch den Kauf bestimmter Assets entstehen, aufgeklärt werden. Wenn die Unsicherheit unter den Investoren beseitigt werden kann, wird das Bankensystem auch mit außerbilanziellen Vehikeln weiterbestehen

7.2 Die Opfer der Subprime-Krise

Infolge der US-Hypothekenkrise und den darauf folgenden Turbulenzen an den Finanzmärkten sind viele Banken weltweit in den Mittelpunkt des öffentlichen

Interesses gerückt. Im Folgenden wird ein Überblick über die Opfer in Deutschland, Europa sowie der restlichen Welt gegeben. Es wird untersucht, in welche
Subprime-Geschäfte diese Banken verwickelt waren und wie deren Aktivitäten ihr
gesamtes Geschäft beeinflusst haben. In Abbildung 7.2 wird ein Überblick über
das Abschreibungsvolumen weltweit agierender Banken gegeben.

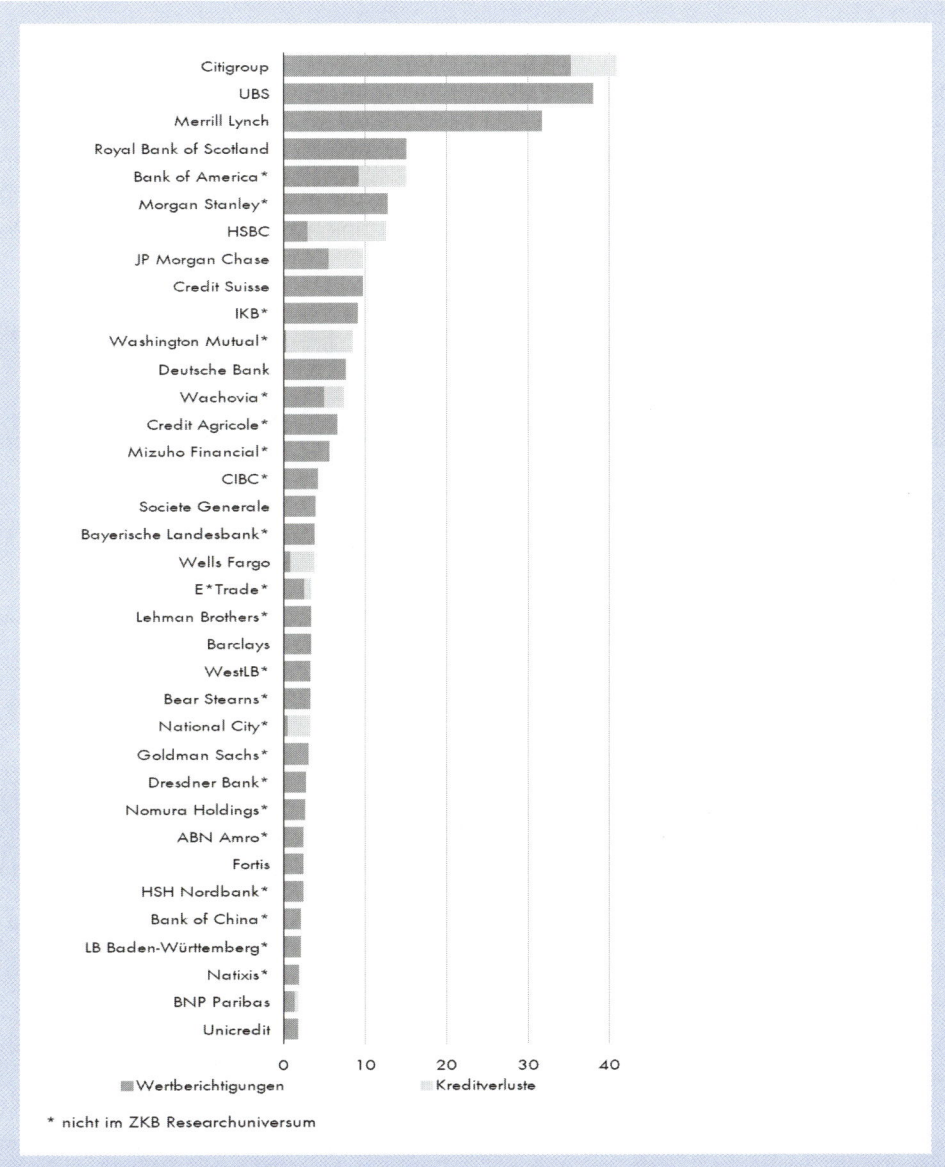

Abbildung 7.2: Überblick über das Abschreibungsvolumen von Banken weltweit (in US-Dollar
Mrd.). Stand 18.06.2008
Quelle: ZKB

Die dargestellten Wertberichtigungen bzw. Verluste sind im Kontext der möglichen Verluste zu sehen (vgl. Abbildung 7.3).

Die deutlichen Abschreibungen machten eine Reihe von Kapitalerhöhungen notwendig. Dies wird anhand eines Vergleichs der Volumina der Kapitalerhöhungen im Verhältnis zu den Wertberichtigungen deutlich (vgl. Abbildung 7.4).

Die Risikopositionen der einzelnen Banken sind weiterhin hoch (vgl. Abbildung 7.5).

Für jede der im Folgenden ausgewählten Bank wird im Rahmen eines Charts dargestellt, wie sich der Aktienkurs dieser Bank relativ gesehen zum Bankenindex verändert hat. Die Quelle aller Charts ist „Interactive Data Managed Solutions AG" und der Zeitraum beträgt zwei Jahre. Die deutschen und die europäischen Banken wurden mit dem Index „DJ Euro Stoxx Bank" und die amerikanischen Banken mit dem „S&P Banking Index" verglichen. Beim Vergleich beider Indices ergibt sich folgendes Bild (vgl. Abbildung 7.6):

Daten per März 2008 in USD Mrd	US-Kredite		Erwartete Zusammensetzung der Verluste auf US-Kredite				
	Ausstehendes Volumen	Geschätzte Verluste	Banken	Versicherungen	Pensionskassen	GSE & Regierungen	Andere /z.B. Hedge-Funds)
Subprime	300	45	20–30	<5	<5	10–15	5–10
Alt-A	600	20	15–20	<5	<5	5–10	<5
Prime	3800	40	15–20	<5	<5	15–20	<5
Geschäftshypotheken	2400	30	15–20	<5	<5	<5	<5
Konsumkredite	1400	20	10–15	<5	<5	—	<5
Unternehmenskredite	3700	50	25–30	<5	—	15–20	
Leveraged Leans	170	10	5–10	<5	<5	—	<5
Total Verluste auf Kredite	**12370**	**225**	**100–130**	**10-20**	**10–20**	**30–50**	**40–50**

Daten per März 2008 in USD Mrd	Verbriefte Wertschriften		Erwartete Zusammensetzung der Wertberichtigungen auf verbriefte Wertschriften				
	Ausstehendes Volumen	Geschätzte Wertberichtigungen	Banken	Versicherungen	Pensionskassen	GSE & Regierungen	Andere (z.B. Hedge-Funds)
Asset-backed securities (ABS)	1100	210	85–100	20–35	35–45	20–35	20–45
ABS CDOs	400	240	145–160	35–50	15–25	0–25	15–50
Prime MBS	3800	0	—	—	—	—	—
CMBS	940	210	85–95	20–35	30–45	20–35	30–45
Consumer ABS	650	0	—	—	—	—	—
High-grade corporate debt	3000	0	—	—	—	—	—
High-yield corporate debt	600	90	10–15	<5	5–10	—	<5
CLOs	350	90	15–20	<5	<5	—	0–10
Total Verluste auf Wertschriften	**10840**	**720**	**340–380**	**95–110**	**70–120**	**40–90**	**70–150**
Gesamttotal erwartete Verluste	**23210**	**945**	**440–510**	**105-130**	**90–160**	**30–50**	**110–2000**

Abbildung 7.3: IMF Schätzung des Verlustpotentials aus der Finanzmarktkrise. Juni 2008
Quelle: IMF, ZKB Research

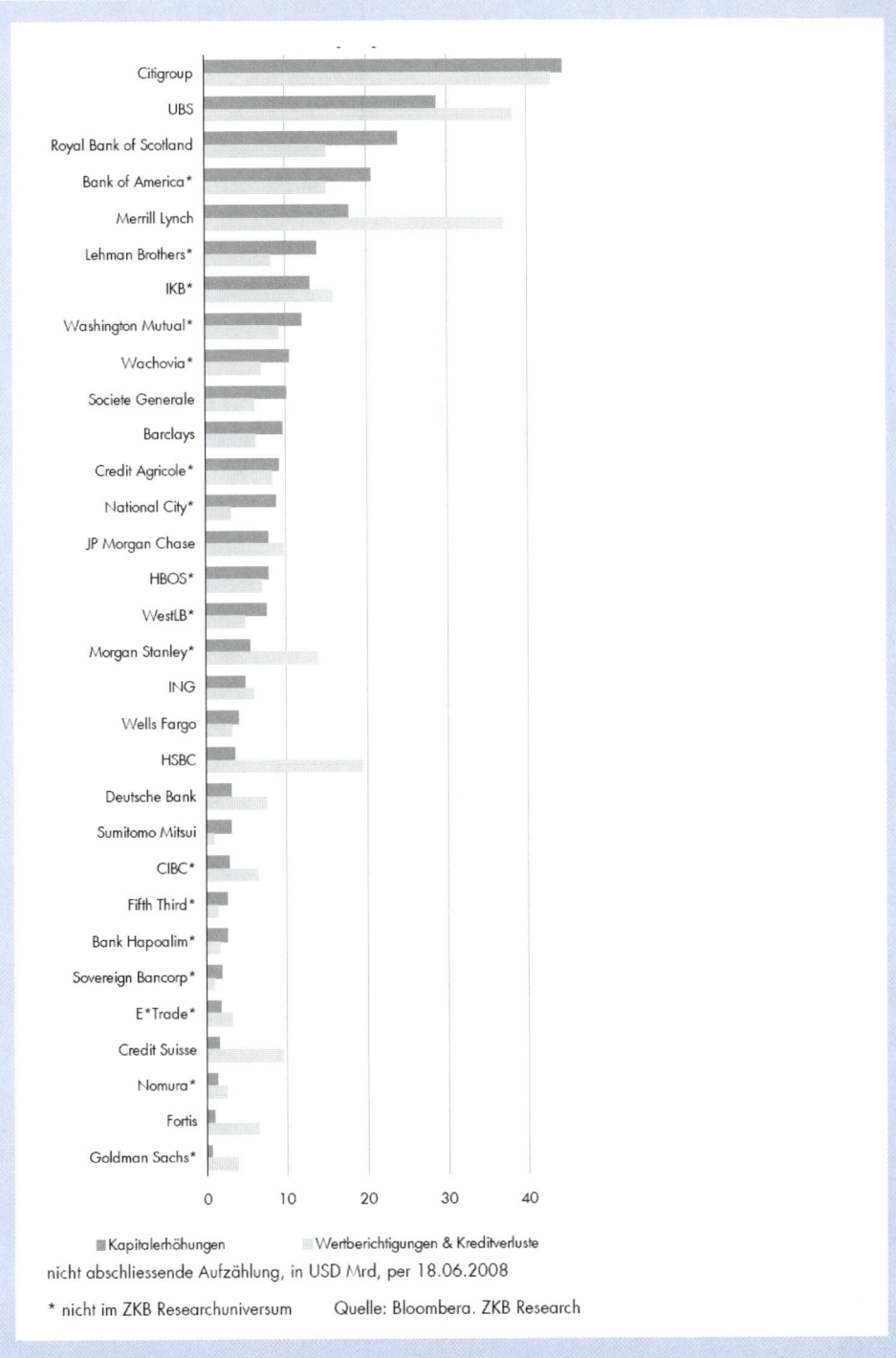

Abbildung 7.4: Kapitalerhöhungen und Wertberichtigungen ausgewählter Banken
Quelle: Bloomberg, ZKB Research

	UBS**	Credit Suisse	Deutsche Bank	RBS	Bar-clays	Citi-group	Merrill Lynch	JP Morgan	Goldman Sachs*	Morgan Stanley*	Lehman*
Währung	USD	USD	EUR	GBP	FBP	USD	USD	USD	USD	USD	USD
Subprime	15.6	1.8	1.1	2.6	8.2	29.1	11.4	6.3	2.1	0.3	10.5
– Super-Senior RMBS CDO	6.7	0.7	0.9	2.0	4.0	22.7	6.8	4.4	0.3	1.5	6.5
– verbriefte Wohnbauhypotheken (RMBS)	8.9	1.1	0.2	0.6	4.2	6.4	4.6	1.9	1.8	–1.2	4.0
Alt-A	17.1	1.1	1.7	1.0	4.5	18.3	8.5	5.7	4.9	2.4	14.6***
US-Geschäftshypotheken (CMBS)	6.3	19.3	15.5	1.4	12.6	23.1	26.1	13.5	19.4	6.4	36.1
Kreditfinanzierte Übernahme (LBO)	8.6	20.8	30.2	12.4	7.3	37.7	14.0	22.5	9.1	12.7	17.8
Anleihensversicherer (monoline insurer)	6.3	2.0	3.8	3.2	2.8	10.5	3.0	—	—	2.8	—
andere	8.9	2.2	—	—	0.6	6.5	—	—	—	—	—
TOTAL	**62.8**	**47.2**	**52.3**	**20.6**	**36.0**	**125.2**	**63.0**	**48.0**	**35.5**	**24.6**	**79.0***
– in USD	**62.8**	**47.2**	**83.2**	**40.6**	**70.9**	**125.2**	**63.0**	**48.0**	**35.5**	**24.6**	**79.0***
– in % des Eigenkapitals (ohne Immaterielle)	256****	172	192	71	343	206	274	73	91	92	o.B.

*nicht im ZKB Researchuniversum, per Ende Februar 2008. **ohne Berücksichtigung von USD 10.4 Mrd Studentenkredite. ***inkl. Prime. ****inkl. Kapitalerhöhung.

Abbildung 7.5: Übersicht der Risikopositionen ausgewählter Banken (netto). Stand: 31.03.2008
Quelle: ZKB Research

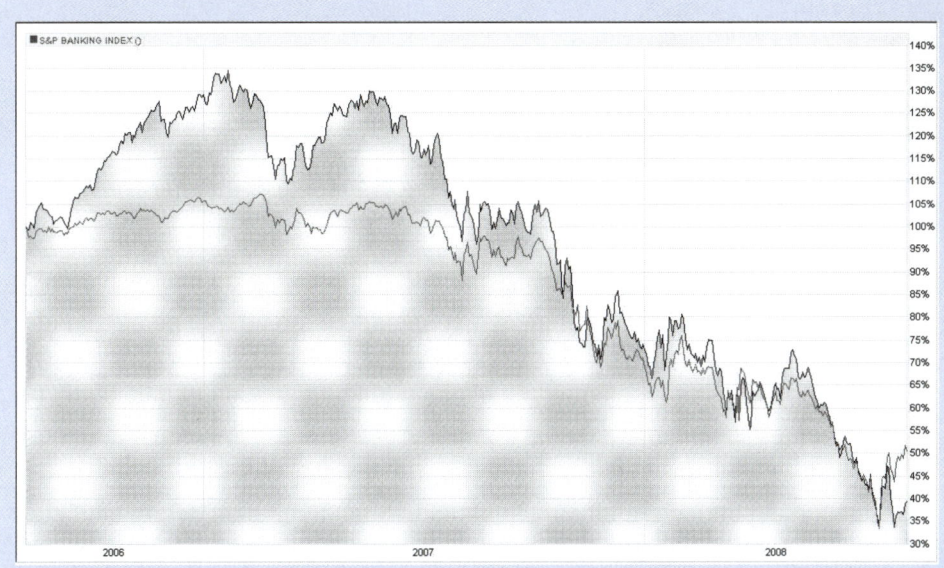

Abbildung 7.6: Vergleich der beiden Bankenindices „S&P Banking Index" (einfache Linie) und „DJ Euro Stoxx Bank" (graue Fläche)
Quelle: Interactive Data

Ein Vergleich der beiden Branchenindices DJ Euro Stoxx Bank und S&P Banking Index ergeben sich im Jahr 2006/07 noch unterschiedliche Performancezüge bei ähnlichem Kursverlauf. Mit dem Bekanntwerden der Subprime-Krise und der Abschreibevolumen wird ein Gleichlauf der beiden Indices deutlich. Erst in den Sommerwochen 2008 ist eine Scherenbildung leicht erkennbar und zeigt ein mögliches Auseinandergehen auf.

7.2.1 Deutsche Banken

Im August 2007 meldeten deutsche Banken, dass sie nicht stark in den US-Hypothekenmarkt investiert hatten, mit der Absicht, die Investoren nicht zu beunruhigen. Dann wurde jedoch offensichtlich, dass die Banken die Situation unterschätzt hatten, und dass es möglicherweise gewisse Auswirkungen auf ihre Ertragssituation aufgrund einiger Subprime-Engagements geben könnte. Die zentralen in die Subprime-Krise involvierten Banken werden im Folgenden näher beleuchtet.

IKB Deutsche Industriebank AG

Die erste Bank, die von der Krise stark getroffen wurde, war die IKB Deutsche Industriebank AG. Ende Juli 2007 gab die IKB zu, an Subprime-Investments beteiligt zu sein. Sein außerbilanzielles Vehikel „Rhineland Funding", dessen Assets einen

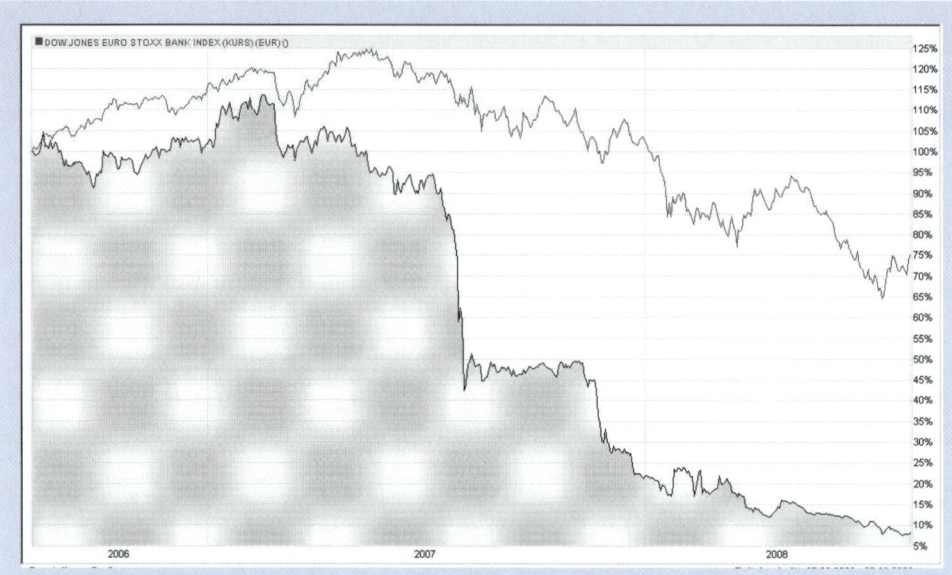

Abbildung 7.7: Vergleich des IKB Aktienkurses (graue Fläche) mit dem DJ Euro Stoxx Bank (einfache Linie)
Quelle: Interactive Data

Wert von € 12,7 Mrd. hatten, hat im Subprime-Segment € 1,3 Mrd. investiert. Aufgrund von Liquiditätsproblemen musste die IKB durch ihre Hauptaktionärin, die staatliche Bankengruppe KfW sowie durch den Bundesverband deutscher Banken mit € 3,5 Mrd. gegen die Risiken abgeschirmt werden, um potentielle Verluste abzudecken. Des Weiteren erweiterte die KfW ihre Liquiditätslinie zugunsten der IKB auf € 6,9 Mrd., um den Liquiditätsproblemen der IKB entgegenzuwirken. Infolge der Krise musste die Bank ihre Gewinnprognosen von € 280 Mio. zum Ende des Geschäftsjahres am 31. März 2008 korrigieren.

Da im Laufe der Krise viele Fehler gemacht wurden, zog die IKB Konsequenzen hinsichtlich des verantwortlichen Personals. Zu Beginn der Krise traten der Vorstandsvorsitzende Ortseifen sowie der Finanzvorstand Doberanzke von ihren Posten zurück. Der Aufsichtsratsvorsitzende der KfW, Günther Bräuning, übernahm Ortseifens Position. Im Oktober 2007 mussten zwei weitere führende Banker, Markus Guthoff und Frank Braunsfeld, die IKB verlassen. Das prominenteste Opfer der Krise war jedoch die Vorstandssprecherin der KfW Bankengruppe, Ingrid Matthäus-Maier, der schlechtes Krisenmanagement vorgeworfen wurde. Sie kündigte im April 2008, nachdem mehrfach ihr Rücktritt gefordert wurde.

Die IKB plante daraufhin eine Restrukturierung; Investitionen in internationale Wertpapiere sollen nicht länger Teil ihres Geschäftes sein. Die Bank will sich wieder mehr auf ihr Kerngeschäft, die inländische Mittelstandsfinanzierung, konzentrieren und innovative Finanzlösungen anbieten. Um in Zukunft erfolgreich zu sein, brauchte die IKB einen starken Partner. Deshalb strebte die KfW einen Verkauf ihrer Anteile von 45,48 % an. Am 21. August 2008 kam es zu folgender Erklärung: „KfW gibt Käufer bekannt – Lone Star nimmt die IKB". Die US-Beteiligungsgesellschaft Lone Star übernimmt 90,8 Prozent der angeschlagenen Mittelstandsbank IKB. Das teilte die bisherige Mehrheitseignerin KfW in einer Einladung zur Pressekonferenz über den Verkauf mit. Lone Star sticht den Finanzinvestor RHJ International aus. Die IKB-Aktie legte vorbörslich rund 30 Prozent zu. Der für sein hartes Durchgreifen bekannte Investor Lone Star dürfte nach Ansicht von Experten versuchen, das Institut gesundzuschrumpfen – nach dem Vorbild der erfolgreichen Sanierung der Allgemeinen Hypothekenbank Rheinboden (AHBR, heute Corealcredit)."[3]

Sachsen LB

Nur zwei Wochen nach der Rettung der IKB stellte sich heraus, dass die Sachsen LB in großen Schwierigkeiten war. Die letzte unabhängige öffentlich-rechtliche Landesbank der Neuen Bundesländer hat, ebenso wie die IKB, ihr Kreditgeschäft durch Investitionen in ABS ergänzt. Das irische Conduit der Bank, Ormond Quay, mit einem Vermögen von € 13 Mrd., war mit einem Betrag von rd. € 3,5 Mrd. am US-Subprime-Hypothekenmarkt beteiligt. Aufgrund dieses Engagements zogen die Investoren ihr Kapital ab, und es traten Liquiditätsprobleme bei Ormond Quay auf. Im August 2007 wurde geschätzt, dass die Bank mindestens € 500 Mio. abschreiben muss.

Infolge dessen musste der Deutsche Sparkassenverband einschreiten und eine Kreditlinie i. H. v. € 17,3 Mrd. zur Verfügung stellen, zu der die LBBW € 250 Mio. beisteuerte, um die Verluste der Sachsen LB zu decken. Die größte Landesbank LBBW beschloss daraufhin, die Sachsen LB zu übernehmen. Der Kaufpreis, der an den Freistaat Sachsen und die regionalen Sparkassen in Cash und Aktien gezahlt werden musste, wurde auf € 300–900 Mio. geschätzt. Die Akquisition war für Ende 2007 geplant, aber während der Analyse der finanziellen Situation der Bank kam ans Licht, dass das potentielle finanzielle Risiko sich in der Summe auf bis zu € 43 Mrd. belaufen könnte. Die LBBW hat die Sachsen LB per 1.1.2008 übernommen, nachdem das Land Sachsen Bürgschaften gestellt hat. Die Bank wurde in „Sachsen Bank" umfirmiert und alle Aktivitäten außer Mittelstandsgeschäft und vermögende Privatkunden wurden ausgegliedert.

Deutsche Bank

Auch das größte Finanzinstitut in Deutschland, die Deutsche Bank, war von der Finanzkrise betroffen. Im dritten Quartal 2007 beliefen sich die durch die Krise verursachten Verluste auf insgesamt € 2,2 Mrd.; davon resultierten € 700 Mio. aus der Neubewertung von Kreditforderungen und € 1,5 Mrd. stammten aus dem Geschäft mit verbrieften Immobilienkrediten, strukturierten Kreditprodukten sowie aus dem Handel mit festverzinslichen Produkten und Aktien. Trotz der entstandenen Verluste hat die Deutsche Bank einen Nettogewinn von € 1,6 Mrd. im

---

[3] Reuters, 21.08.2008

Abbildung 7.8: Vergleich des Deutsche Bank Aktienkurses (graue Fläche) mit dem DJ Euro Stoxx Bank (einfache Linie)
Quelle: Interactive Data

dritten Quartal 2007 erwirtschaftet. Etwa € 600 Mio. des Nettogewinns wurden allerdings nicht im operativen Geschäft erzielt, sondern resultierten aus außerordentlichen Effekten aus Beteiligungsverkäufen und positiven Steuereffekten. Das Nettoergebnis zeigt dennoch, dass die Deutsche Bank in ihrem operativen Geschäft erfolgreich war. Die Verluste im Investment Banking konnten durch den Erfolg im Privatkundengeschäft ausgeglichen werden. Am 31. Juli 2008 legte die Bank die Zahlen für das zweite Quartal 2008 vor. Demnach ist der Vorsteuergewinn auf 642 Mio. Euro geschrumpft. Wertberichtigungen von 2,3 Mrd. Euro führten im zweiten Quartal zu einem Einbruch des Vorsteuergewinns um drei Viertel. Gestützt wurde das Ergebnis durch die Auflösungen von Steuer-Rückstellungen. Dennoch ist ein Minus von 64 % zu verzeichnen. Darüber tröstete lediglich hinweg, dass die Bank beim Netto-Gewinn leicht über den Analystenschätzungen lag. Für die Deutsche Bank summieren sich damit die Belastungen aus der Subprime-Krise auf mehr als € 7 Mrd. Dazu kommt, dass die Sparte Investmentbanking nicht mehr die Gewinne abwirft wie einst.

Commerzbank

Die zweitgrößte deutsche Bank, die Commerzbank, ist insbesondere durch die Insolvenz von Homebanc von der Subprime-Krise betroffen; an diese hatte die Commerzbank Kredite in Millionenhöhe gewährt. Die Commerzbank und ihre Tochtergesellschaft Eurohypo haben Geschäfte in Höhe von € 1,2 Mrd. in strukturierte Produkte wie RMBS und CDOs getätigt, die durch Subprime-Kredite gedeckt

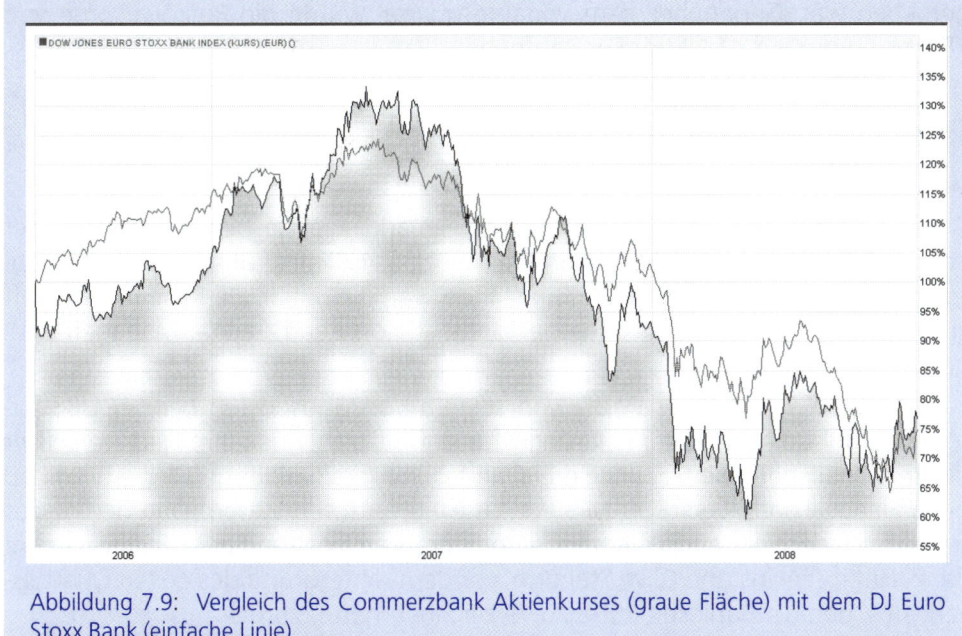

Abbildung 7.9: Vergleich des Commerzbank Aktienkurses (graue Fläche) mit dem DJ Euro Stoxx Bank (einfache Linie)
Quelle: Interactive Data

waren. Im August prognostizierte das Institut Abschreibungen von € 80 Mio.; am Ende lagen die Abschreibungen im dritten Quartal 2007 allerdings bei € 291 Mio. Dieser Betrag stieg bis zum Dezember 2007 weiter an; die gesamten Abschreibungen beliefen sich zu diesem Zeitpunkt bereits auf € 337 Mio. Gemäß Analysten werden weitere Abschreibungen infolge von Ausfällen im Subprime-Segment anfallen. Schätzungen liegen zwischen € 210 Mio. und € 300 Mio.

Trotz der hohen Abschreibungen hat die Commerzbank ihr Gewinnziel erreicht. Das operative Ergebnis im dritten Quartal 2007 lag bei € 361 Mio., was einem Anstieg von 7 % gegenüber dem vergleichbaren Vorjahreszeitraum entspricht. Die Planzahlen für das Gesamtjahr 2007 wurden bereits im September 2007 erreicht. Die Eigenkapitalrendite wurde zunächst auf 12 % geschätzt, wurde dann aber nach oben auf 15 % angepasst. Des Weiteren konnte der für 2007 geplante Nettogewinn von € 1,5 Mrd. ebenfalls im September 2007 überschritten werden, als der Nettogewinn schon bei € 1,72 Mrd. lag.

Als die Commerzbank das Ergebnis für das zweite Quartal 2008 vorlegte, wurde deutlich, wie die Bank von der Finanzkrise berührt wurde. Dieser Effekt konnte zwar durch eine Steuergutschrift etwas abgefedert werden, dennoch hinterlässt die Subprime-Krise auch aktuell ihre Spuren. Im Vergleich zum Vorjahresquartal hat sich der Vor-Steuer-Gewinn von 1,08 Milliarden Euro auf 484 Mio. Euro verringert. Gleichwohl angemerkt werden muss, dass der Vorjahresgewinn durch Sondereffekte (diverse Verkäufe und Umschichtungen im Beteiligungsportfolio) getrieben war. Gegenüber dem Vorjahresquartal wurde die Risikovorsorge von 151 Mio. Euro auf 414 Mio. Euro aufgebaut.

7.2.2 Europäische Banken

UBS

Aufgrund ihres Engagements im Subprime-Markt musste die größte Bank der Schweiz, die UBS, im dritten Quartal 2007 US$ 4,4 Mrd. abschreiben, obwohl es anfänglich schien, dass die UBS imstande war, die Subprime-Krise in den Griff zu bekommen, nachdem der Hedge Fonds „Dillon Read Capital Management" geschlossen wurde.

Im Juli 2007 trat Peter Wuffli von seinem Vorstandsposten bei der UBS zurück. Obwohl die Bank keine Gründe für den Rücktritt bekannt gab, verließ er die Bank, nachdem die Gewinne drei Quartale hintereinander gefallen waren und beim Hedge Fonds US$ 300 Mio. Verluste aufgelaufen waren. Darüber hinaus traten auch der Vorstandsvorsitzende und der Finanzvorstand der UBS Investment Bank, Hugh Jenkins und Clive Standish, vor dem Hintergrund des ersten Quartalsverlustes, den die Bank seit 1998 zu verzeichnen hatte, zurück.

Im Dezember 2007 gab die UBS weitere Abschreibungen in Höhe von US$ 10 Mrd. im Zusammenhang mit dem US-Subprime-Immobiliensektor bekannt. Das Unternehmen teilte mit, dass diese Verluste den Gewinn des gesamten Geschäftsjahres 2006 übersteigen. Nach einer Gewinnwarnung wurde der UBS fri-

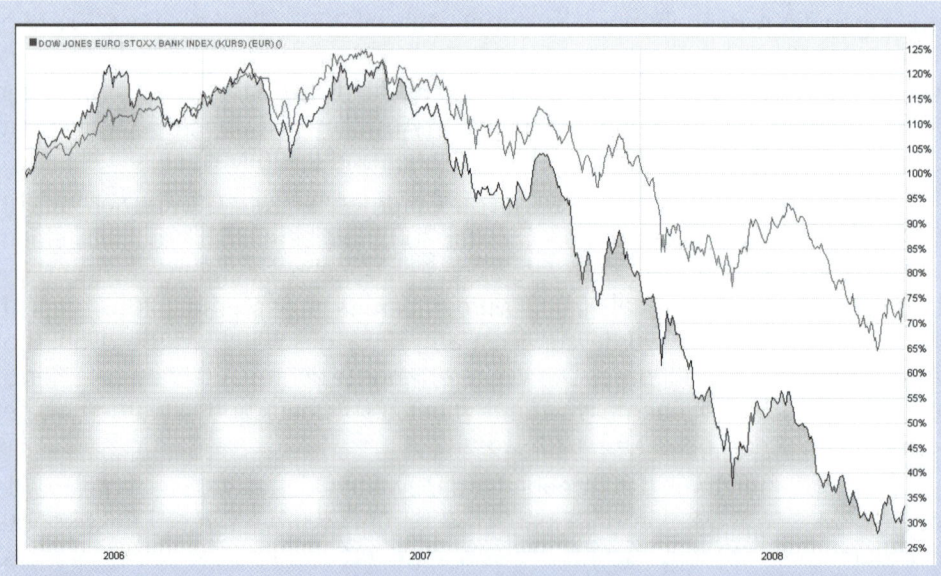

Abbildung 7.10: Vergleich des UBS Aktienkurses (graue Fläche) mit dem DJ Euro Stoxx Bank (einfache Linie)
Quelle: Interactive Data

sches Eigenkapital durch Investoren aus Asien und dem Mittleren Osten zugeführt. Das Unternehmen erhielt eine Finanzspritze in Höhe von US$ 9,7 Mrd. von der Government of Singapore Investment Corporation (GIC), die infolge dessen einen 9 %igen Anteil an der UBS halten wird. Weitere US$ 1,7 Mrd. stammten von einem nicht genannten Investor aus dem Mittleren Osten, laut Berichten die Regierung des Oman.

Als Reaktion auf die Krise teilte die UBS mit, sie werde ihr Investment Banking Geschäft eingehend unter die Lupe nehmen und nicht ausreichend profitable Bereiche ausgliedern. Als die Bank ankündigte, die vorgeschlagene Bardividende durch eine aktienbasierte Ausschüttung für 2007 zu ersetzen, fielen die Aktien zunächst um fast 3 %. Die Finanzspritze und Stärkung der Eigenkapitalbasis brachten dann aber das Vertrauen in den Aktienmarkt zurück. Die Ratingagentur Fitch Ratings stuften die UBS um einen Notch auf AA herab und erklärten, dass nur die rasche Entscheidung der Bank, das Eigenkapital zu erhöhen, einen größeren Downgrade verhindert habe.

Zusätzlich zu den US$ 4,4 Mrd. im dritten Quartal musste die UBS im vierten Quartal weitere Abschreibungen von US$ 14 Mrd. vornehmen. Gründe hierfür waren erwartete Verluste von US$ 12 Mrd. aus Investitionen in US-Subprime-Hypotheken sowie andere Belastungen in Höhe von US$ 2 Mrd., die ebenfalls in Verbindung mit der Subprime-Krise entstanden sind.

Letztendlich kann die UBS als das größte Opfer der US-Subprime-Krise unter den führenden europäischen Banken gesehen werden. Ein Blick auf andere weltweit führenden Institutionen zeigt, dass nur amerikanische Banken wie die Citibank und Merrill Lynch sowie Morgan Stanley noch härter getroffen wurden.

Nach der Bekanntgabe der Zahlen für das zweite Quartal 2008 gab die UBS einen massiven Umbau der Bank und eine gravierende Neustrukturierung bekannt. Die neue Struktur definiert die drei Geschäftsgebiete: Investmentbanking, Vermögensverwaltung und Asset Management für institutionelle Kunden. Bedingt durch diesen Umbau wird es zu Personaleinsparungen von über 5.500 Stellen kommen. Die Risikostrategien im Investmentbanking sollen weiter reduziert werden. Nachdem die Bank im zweiten Quartal 2008 erneut 5,1 Milliarden USD wertberichtigen musste und daraufhin einen Verlust i. H. v. 358 Mio. Franken ausgewiesen hat, will sie bereits im ersten Quartal 2009 wieder Gewinne schreiben. Das Gesamtabschreibevolumen beträgt nun, seit Anfang 2007, ca. 45 Mrd. USD.

HSBC

Die größte europäische Bank verzeichnete zwar hohe Abschreibungen konnte den Vorsteuergewinn jedoch im dritten Quartal gegenüber dem vergleichbaren Vorjahreszeitraum aufgrund des starken Ergebniszuwachses aus Asien und dem Mittleren Osten steigern. Von den Abschreibungen des dritten Quartals waren etwa US$ 700 Mio. auf die US-Hypothekenkredite zurückzuführen. Der verbleibende Betrag entfiel auf unbesicherte Kredit- und Kreditkartenportfolios. Im Novem-

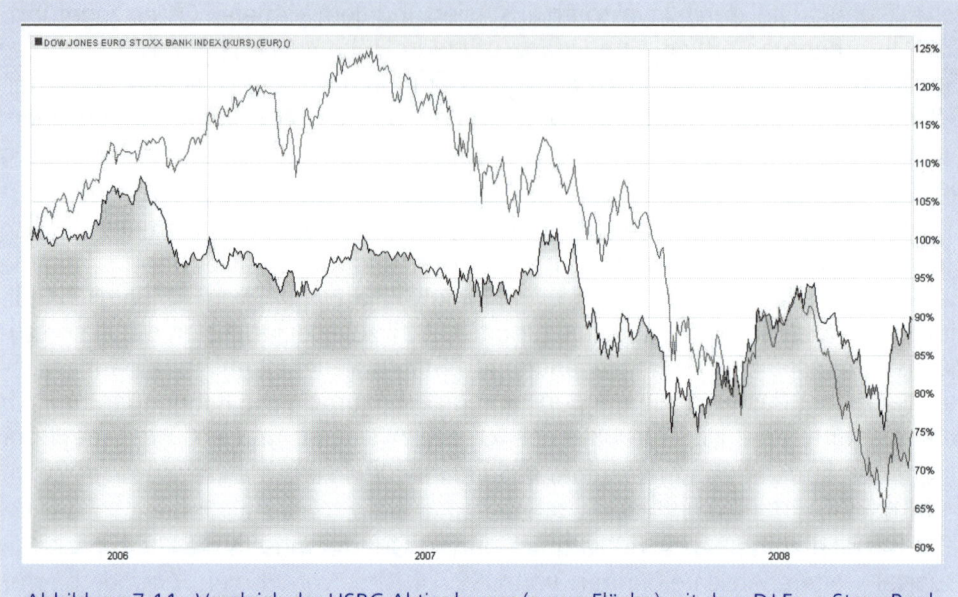

Abbildung 7.11: Vergleich des HSBC Aktienkurses (graue Fläche) mit dem DJ Euro Stoxx Bank (einfache Linie)
Quelle: Interactive Data

ber 2007 kündigte die HSBC an, weitere 260 Niederlassungen für Konsumenten-kredite in den USA zu schließen, die im vierten Quartal zu Belastungen von US$ 55 Mio. führen. Insgesamt erhöhte die HSBC die Anzahl der zu schließenden Filialen auf etwa 1.000. HSBC zufolge könnte es bis zu drei Jahre dauern, die durch die Subprime-Krise entstandenen Probleme zu beseitigen. Um die Auswirkungen auf das operative Geschäft zu begrenzen, hat die HSBC zahlreiche Manager ausgewechselt und begonnen, die Hypothekenbereiche zu schließen.

Credit Suisse

Auch die zweitgrößte Schweizer Bank meldete, von der Subprime-Krise betroffen zu sein; anders als die UBS konnte die Credit Suisse allerdings einen Gewinn verkünden. Dennoch ging der Nettogewinn im dritten Quartal 2007 um 31 % zurück und belief sich nur noch auf US$ 1,18 Mrd. Infolge der Subprime-Krise musste die Bank Abschreibungen in Höhe von US$ 2 Mrd. aufgrund rückläufiger Ergebnisse im Investment Banking sowie im Asset Management verbuchen. Im Januar 2008 wurde in einem Bericht veröffentlicht, dass sich die Abschreibungen für das vierte Quartal möglicherweise auf US$ 2,2 Mrd. aufgrund von Schwierigkeiten in den Geschäftsbereichen Hypothekenfinanzierungen und Leveraged Finance belaufen werden. Weltweit ist die Credit Suisse einer der größten und aktivsten Konsortialführer bei CMBS und LBOs („Leveraged Buy-Outs"). Obwohl die Credit Suisse nicht bereit war, ihr CMBS-Engagement offenzulegen, werde dieses als überschaubar angesehen. Der Forecast auf die Zahlen des zweiten Quartals der Credit Suisse

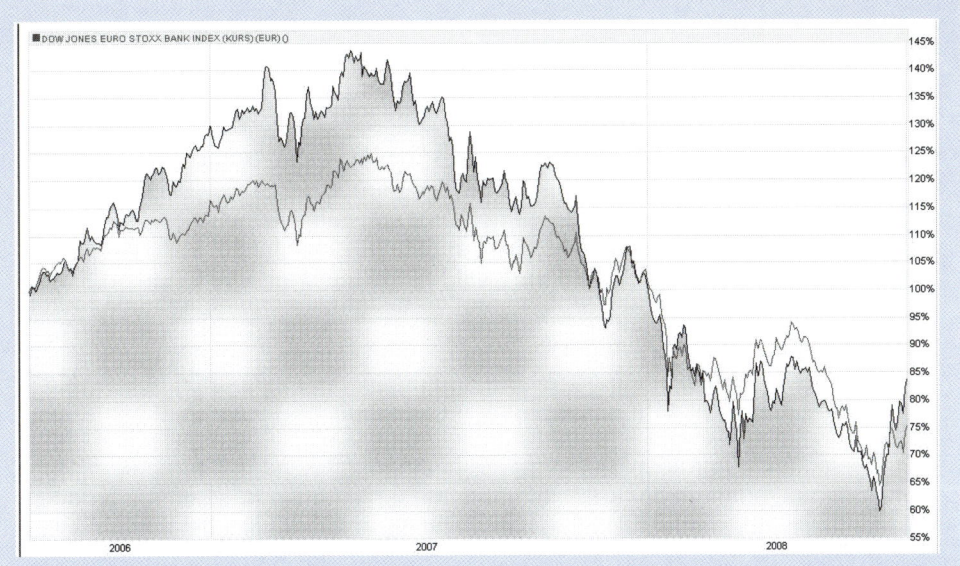

Abbildung 7.12: Vergleich des Credit Suisse Aktienkurses (graue Fläche) mit dem DJ Euro Stoxx Bank (einfache Linie)
Quelle: Interactive Data

lassen zumindest ein positives Ergebnis erahnen. Analysten rechnen damit, dass die Credit Suisse ihr Engagement in risikobehafteten Subprime-Papieren im Griff hat und dieses abbaut.

Crédit Agricole

Die Crédit Agricole, Frankreichs größte Privatkundenbank und zweitgrößte Bank gemessen an der Bilanzsumme musste im Geschäftsjahr 2007 US$ 3,6 Mrd. Abschreibungen vor Steuern aufgrund ihrer Super Senior CDOs vornehmen. Der Nettogewinn des dritten Quartals 2007 ging infolge von Handelsverlusten bei der Calyon, der Investment Banking-Arm der Crédit Agricole, um 16,8 % zurück.

Barclays

Barclays schrieb US$ 2,7 Mrd. auf Subprime-Wertpapiere ab, wobei die Abschreibungen geringer ausfielen, als erwartet. Sie resultierten aus der Herabstufung von CDOs durch die Ratingagenturen und dem damit verbundenen Markteinbruch. Barclays hatte in Collateralised Commercial Papers sowie in andere strukturierte Wertpapiere im US-Subprime-Segment investiert. Dennoch belief sich der Vorsteuergewinn für die ersten zehn Monate des vergangenen Geschäftsjahres auf US$ 3,9 Mrd. und lag damit über dem Niveau des vergleichbaren Vorjahreszeitraumes.

Am 06. August 2008 veröffentlichte Barclays die Zahlen für das erste Halbjahr 2008. Dabei wird von einem Gewinneinbruch vor Steuern von 33 % auf 2,75 Mrd. Pfund gesprochen. Dies entspricht einem Gewinnverfall je Aktie von

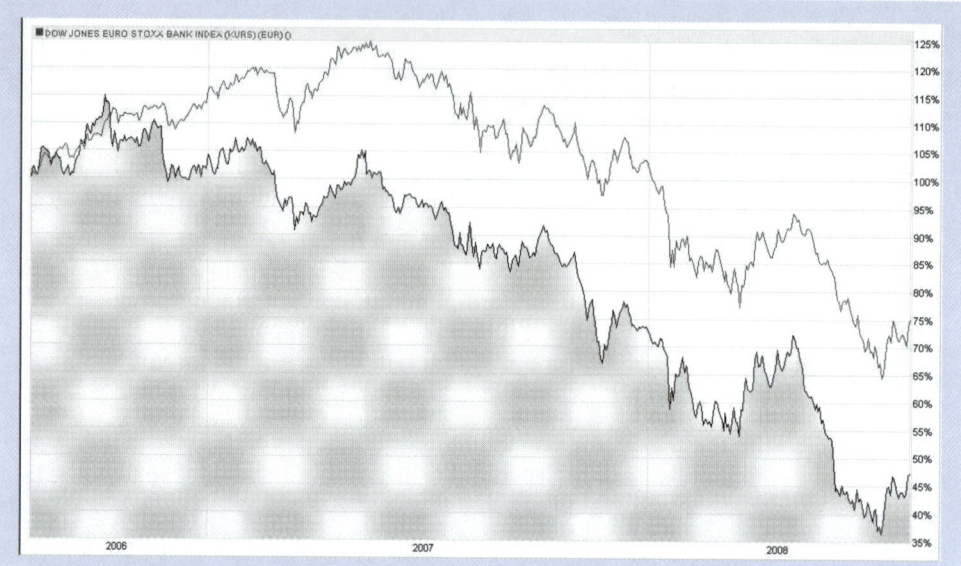

Abbildung 7.13: Vergleich des Credit Agricole Aktienkurses (graue Fläche) mit dem DJ Euro Stoxx Bank (einfache Linie)
Quelle: Interactive Data

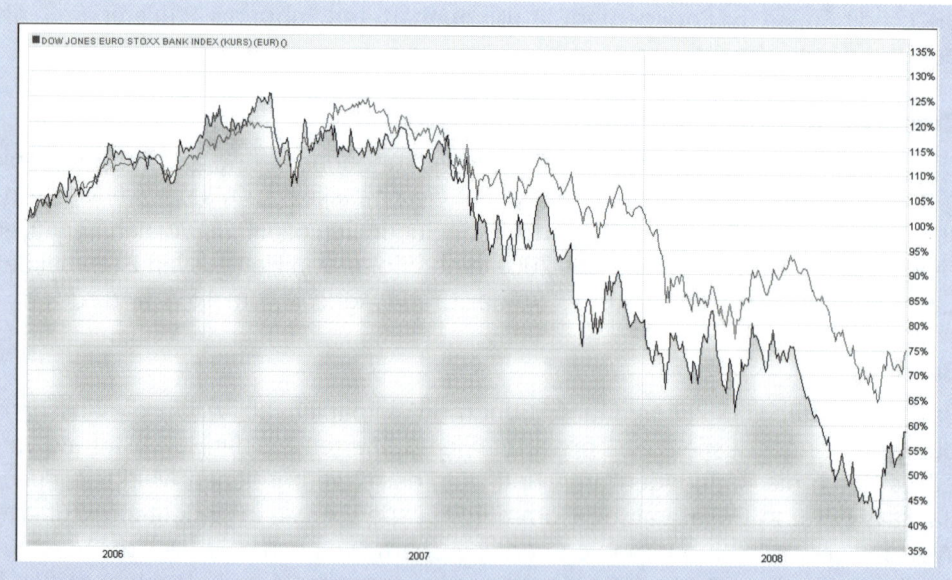

Abbildung 7.14: Vergleich des Barclays Aktienkurses (graue Fläche) mit dem DJ Euro Stoxx Bank (einfache Linie)
Quelle: Interactive Data

35 % oder 27 Pence. Für das erste Halbjahr setzte Barclays Wertberichtigungen
i. H. v. 2,4 Mrd. Pfund an. Nach eigenen Angaben hat Barclays den Bestand an
hypothekenbesicherten amerikanischen Krediten von 7,4 auf 3,2 Mrd. Pfund reduziert. Gleichzeitig wurde die Netto-Risikoposition der Übernahmekredite auf
5 Mrd. Pfund reduziert.

7.2.3 Banken in den USA

Bisher wurde die Performance deutscher und europäischer Banken mit dem zentralen europäischen Bankenindex, dem Dow Jones Euro Stoxx Bank Index, verglichen. In den folgenden Ausführungen werden die Aktienkurse der wichtigsten
amerikanischen Banken dem zentralen US-amerikanischen Bankenindex, dem S&P
Banking Index, gegenübergestellt.

Merrill Lynch

Im Oktober 2007 meldete Merrill Lynch & Co., der größte US-Broker und das
drittgrößte Wertpapierhaus der USA, Abschreibungen auf Subprime-Hypothekenkredite, ABS und CDOs in Höhe von US$ 8,4 Mrd. Dies führte zu einem Verlust
im dritten Quartal 2007 von US$ 2,24 Mrd. – der größte Quartalsverlust, den
Merrill Lynch in seiner 93jährigen Firmengeschichte verzeichnen musste. Zudem
fiel der Aktienkurs auf ein Fünfjahrestief, und Merrill Lynchs Ratings auf unbe-
sicherte vorrangige Anleihen („senior unsecured debt") wurden von AA- auf A+

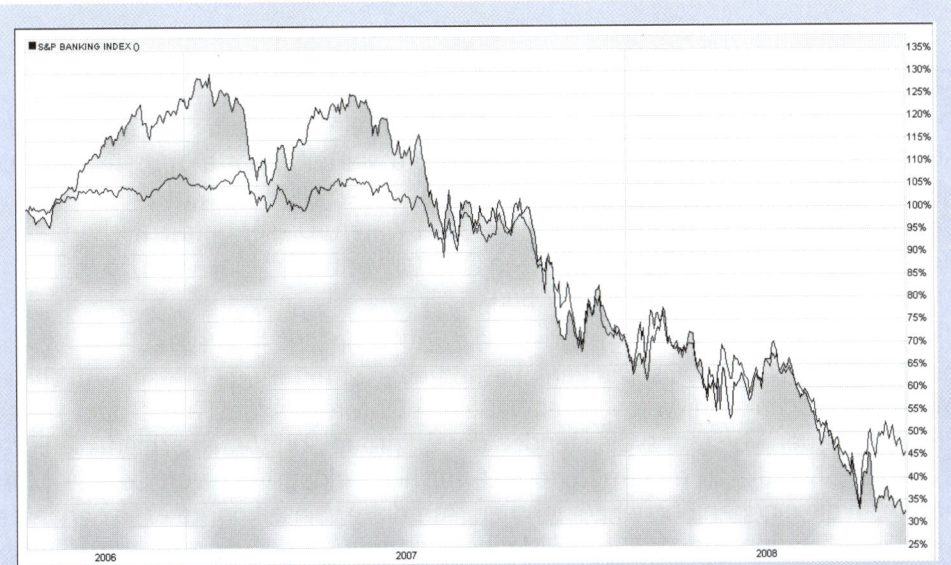

Abbildung 7.15: Vergleich des Merrill Lynch Aktienkurses (graue Fläche) mit dem S&P Banking
Index (einfache Linie)
Quelle: Interactive Data

herabgestuft. Merrill Lynch hielt CDOs in Höhe von US$ 23 Mrd. in seinen eigenen Büchern, sagte aber aus, dass der CDO-Bestand, der aus ABS bestand, während des Quartals auf US$ 15,2 Mrd. reduziert wurde. Im dritten Quartal verloren die von Merrill Lynch gehaltenen Hypothekenkredite inklusive der CDOs US$ 7,9 Mrd. ihres Wertes.

Im vierten Quartal 2007 veröffentlichte Merrill Lynch einen Rekordverlust von US$ 9,8 Mrd. nach Abschreibungen von US$ 16,7 Mrd. Diese enthielten US$ 11,5 Mrd. Abschreibungen auf Subprime-Hypothekenkredite und CDOs infolge des starken Wertverlustes. Um die Liquidität zu erhöhen, beabsichtigt Merrill Lynch, einige CDOs an Hedge Fonds sowie an andere Investoren zu verkaufen, die liquide Mittel bündeln, um davon Wertpapiere zu niedrigen Preisen zu kaufen. Dennoch glaubt Merrill Lynch nicht an eine Markterholung.

Der Verlust des vierten Quartals war größer als von Experten angenommen und führte zu Merrill Lynchs erstem Gesamtjahresverlust seit 1989; er belief sich auf US$ 7,78 Mrd. Da die Investoren befürchteten, dass Merrill Lynch weitere Verluste auf seine Hypothekenkredite und ABS, die insgesamt US$ 67 Mrd. betrugen, verzeichnen müsste, fielen die Aktien der Bank um über 8 %. Zur Stärkung der Liquidität sammelte Merrill Lynch rd. US$ 13 Mrd. durch den Verkauf von Assets und die Emission von Vorzugsaktien an eine Gruppe institutioneller Investoren aus Korea, Singapur, Kuwait und Japan ein. Am 15.09.2008 wurde bekannt gegeben, dass Merrill Lynch durch die Bank of America gekauft wird. Somit endet die Eigenständigkeit des Bankhauses aufgrund von Problemen, welche in Zusammenhang mit der Subprime-Krise stehen.

Citigroup

Die größte Bank der USA war nach Merrill Lynch eines der am stärksten von der Subprime-Krise getroffenen Finanzinstitute. Im vierten Quartal musste die Citigroup US$ 18,1 Mrd. abschreiben, zusätzlich zu den US$ 6,5 Mrd. Abschreibungen, die bereits im dritten Quartal angefallen waren. Dieser beträchtliche Betrag führte letztendlich auch hier zum ersten Quartalsverlust in Höhe von US$ 9,8 Mrd. in der 196-jährigen Geschichte der Bank.

Wie viele andere Banken handelte die Citigroup mit hochspekulativen Subprime-Krediten und CDOs. Die Bank besaß sieben strukturierte Investmentvehikel mit einem geschätzten Wert von zeitweise US$ 80 Mrd. Vikram Pandit, der Charles Prince als neuen Vorstandsvorsitzenden der Citigroup ablöste, entschied, die Portfolios der SIVs, die zu diesem Zeitpunkt nur noch einen Wert von US$ 49 Mrd. hatten, in die eigenen Bücher zu nehmen. Auf diese Weise konnte er so genannte „Fire Sales" vermeiden, da die SIV-Manager gezwungen gewesen wären, die Assets zu jedem Preis zu verkaufen.

Nach der Ankündigung, dass die Assets der SIVs in die Bilanz der Citigroup übertragen werden, stufte Moody's die Ratings für langfristige Einlagen und Schulden („Long-Term Deposit and Debt Ratings") von Aa2 auf Aa3 herab, da Analysten

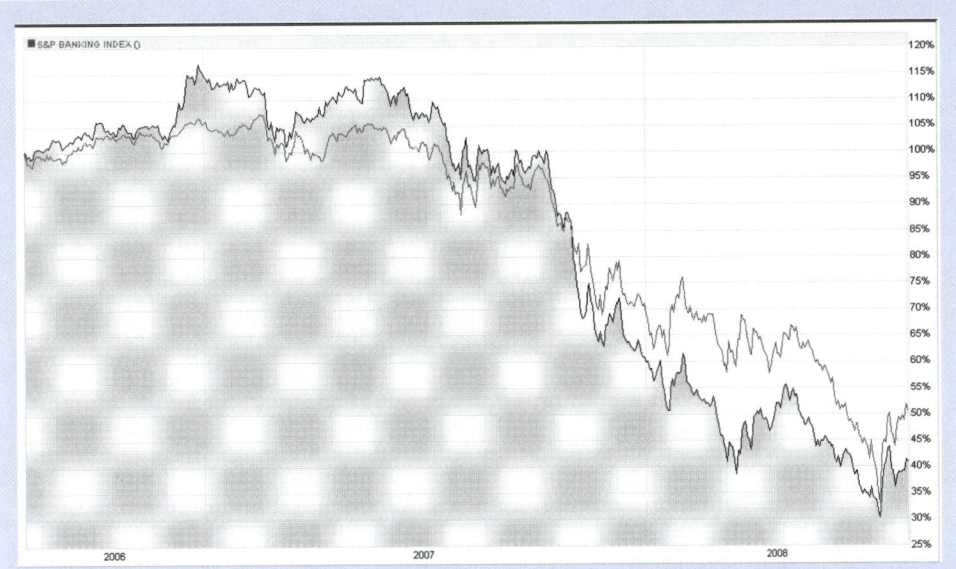

Abbildung 7.16: Vergleich des Citigroup Aktienkurses (graue Fläche) mit dem S&P Banking Index (einfache Linie)
Quelle: Interactive Data

die Einschätzung abgaben, dass die Eigenkapitalbasis der Citigroup zu diesem Zeitpunkt gering bleiben wird, nachdem sie die hohen Risiken in ihre Bücher genommen hat. Aus diesem Grund war es die Absicht der Citigroup, neues Eigenkapital aufzunehmen und somit die Kreditwürdigkeit zu bewahren. Im November investierte die Abu Dhabi Investment Authority bereits US$ 7,5 Mrd. in die Citigroup, nachdem dort hohe durch die Subprime-Krise verursachte Belastungen bekannt wurden. Zuletzt sammelte die Citigroup weitere US$ 12,5 Mrd. in Cash von verschiedenen Investoren ein, darunter von Prinz Alwaleed bin Talal von Saudi-Arabien und von Investoren aus Singapur und Kuwait. Darüber hinaus kündigte die Citigroup an, 4200 Stellen zu kürzen, und zur Stärkung der Eigenkapitalbasis die Dividende um 41 % von 54 auf 32 Cent pro Aktie zu kürzen.

Morgan Stanley

Das Wall Street-Unternehmen kündigte beträchtliche Abschreibungen in Höhe von US$ 9,4 Mrd. im vierten Quartal 2007 an, von denen US$ 7,8 Mrd. durch die Subprime-Krise verursacht wurden. Die Abschreibungen wurden auf Subprime-Handelspositionen sowie auf europäische notleidende Kredite, CMBS und weitere Kredite vorgenommen. Dies führte zum ersten Quartalsverlust in der 73-jährigen Geschichte der Bank. Die Bank verzeichnete einen Verlust von US$ 3,59 Mrd., verglichen mit einem Gewinn von US$ 1,54 Mrd. im selben Vorjahreszeitraum. Aufgrund dieser schwerwiegenden Abschreibungen und dem daraus resultieren-

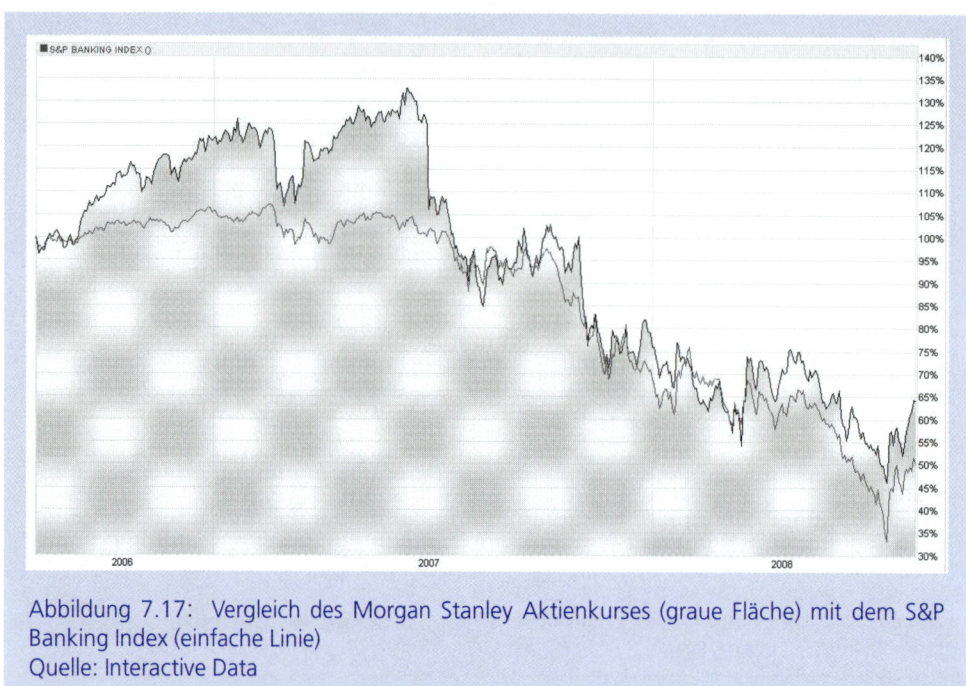

Abbildung 7.17: Vergleich des Morgan Stanley Aktienkurses (graue Fläche) mit dem S&P Banking Index (einfache Linie)
Quelle: Interactive Data

den Verlust war Morgan Stanley gezwungen, einer Kapitalspritze durch Pekings China Investment Corporation (CIC) zur Stärkung der Eigenkapitalbasis zuzustimmen. Die chinesische Regierung investiert mit US$ 5 Mrd. in das Unternehmen und wurde dadurch zum zweitgrößten Anteilseigner. Im zweiten Quartal 2008 konnte Morgan Stanley nur durch den Verkauf von Vermögenswerten einen Verlust verhindern. Der Gewinn war um mehr als 60 % eingebrochen.

Bank of America

Die zunehmenden Ausfälle bei Hypotheken, die die Wertpapiere besichern, haben zu großen Abschreibungen bei der Bank of America Corporation geführt. Im vierten Quartal 2007 musste die zweitgrößte Bank der USA US$ 5,28 Mrd. abschreiben Aufgrund der Subprime-Krise fiel der Gewinn im vierten Quartal auf US$ 268 Mio. von US$ 5,26 Mrd. im Vorjahr – ein Rückgang von 95 % infolge hypothekenbedingter Abschreibungen und höherer Rückstellungen für zukünftige Kredite. Im dritten Quartal musste die Bank ebenfalls bereits einen Gewinnrückgang um 32 % auf US$ 3,7 Mrd. verbuchen. Die Bank of America gab am 15.09.2008 bekannt, dass sie Merrill Lynch für 50 Mrd. USD übernehmen wird.

JP Morgan Chase

Im dritten Quartal 2007 konnte JP Morgan Chase – trotz Abschreibungen von US$ 1,64 Mrd. – den Gewinn leicht auf US$ 3,37 Mrd. steigern, da sich die Gewinne bei Private Equity-Investments verdreifacht hatten. Allerdings musste die drittgrößte

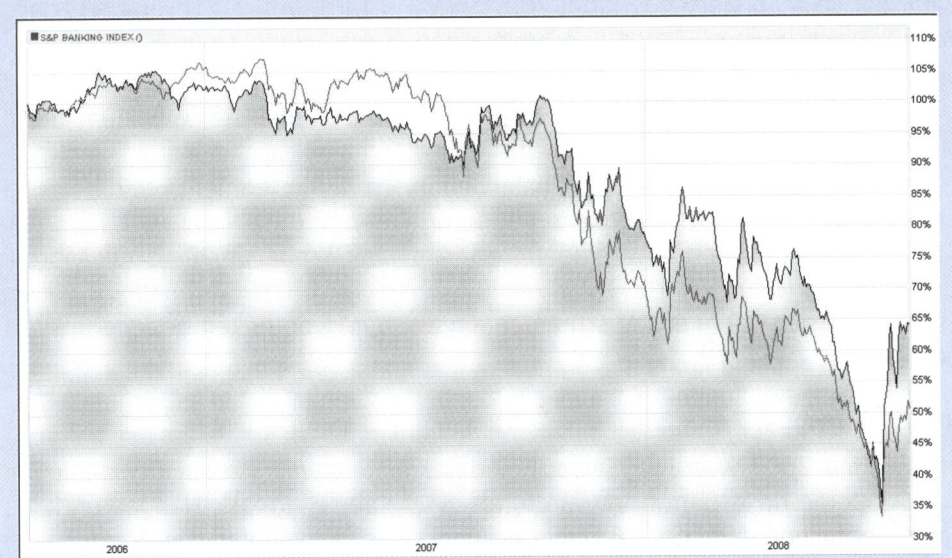

Abbildung 7.18: Vergleich des Bank of America Aktienkurses (graue Fläche) mit dem S&P
Banking Index (einfache Linie)
Quelle: Interactive Data

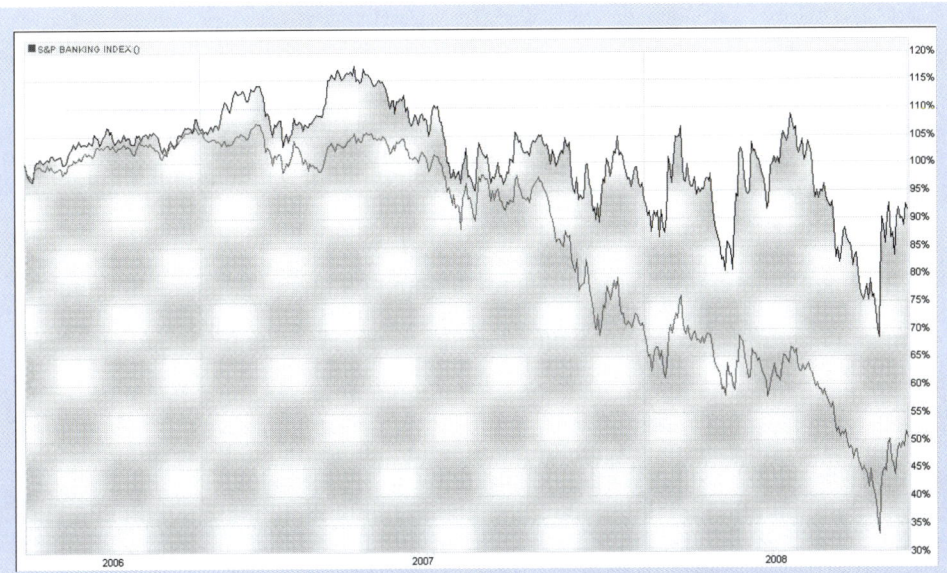

Abbildung 7.19: Vergleich des JP Morgan Chase Aktienkurses (graue Fläche) mit dem S&P
Banking Index (einfache Linie)
Quelle: Interactive Data

Bank der USA im vierten Quartal 2007 US$ 1,3 Mrd. auf das Leveraged Loans-Portfolio abschreiben. Diese Abschreibungen verursachten einen Rückgang der Gewinne im vierten Quartal um 34 % – der Gewinn sank auf US$ 2,97 Mrd. von US$ 4,53 Mrd. im Vorjahr. Für das Gesamtjahr 2007 konnte JP Morgan einen Gewinn von US$ 15,4 Mrd. verzeichnen.

Im März 2008 hat JP Morgan Chase begonnen Kreditnehmer über die Neube-wertung der Kreditverbindlichkeiten zu informieren und hat in einigen Fällen die Kreditrahmen reduziert bzw. eingefroren. Am 12. Oktober 2008 gab JP Morgan Chase bekannt, im Juli 2008 Verluste i. H. v. 1,5 Mrd. USD verbucht zu haben. Es handelte sich dabei um Abschreibungen auf mit Hypotheken besicherte Wert-papiere.

Bear Stearns

Im Sommer 2007 war Bear Stearns eine der ersten Wall Street-Firmen, die von der Subprime-Krise getroffen wurde, als zwei ihrer High-Risk Hedge Fonds zu-sammenbrachen und US$ 1,6 Mrd. des Anlagekapitals verloren. Die Fonds hatten auf einen weiteren Aufschwung des Subprime-Marktes spekuliert. Als die Inves-toren daraufhin ihre Gelder abzogen, musste Bear Stearns mehr als US$ 3 Mrd. in diese Fonds stecken. Drei Monate später kündigte das Unternehmen einen Ge-winneinbruch um 61 % an. Entsprechend beliefen sich die Abschreibungen auf notleidende Kredite und Hypotheken auf US$ 850 Mio. im dritten Quartal 2007.

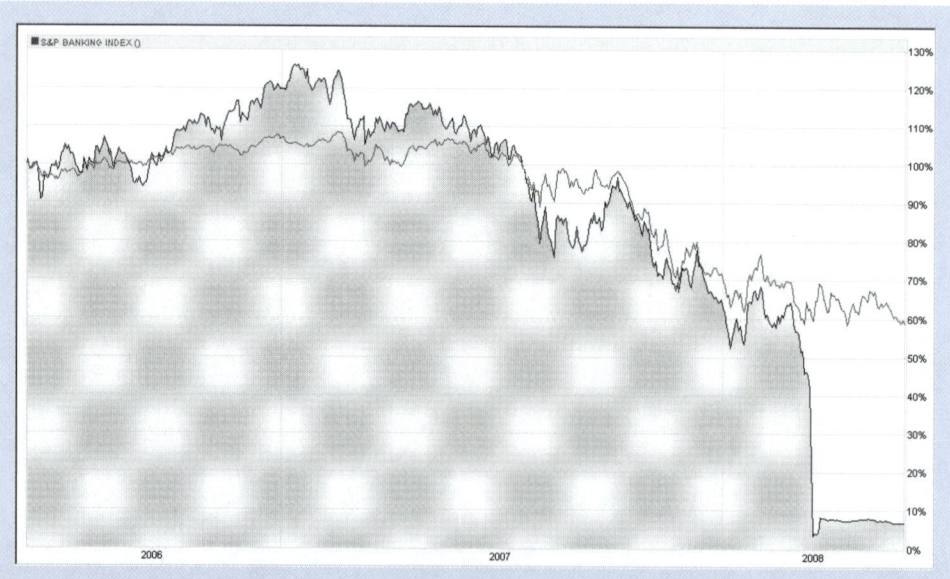

Abbildung 7.20: Vergleich des Bear Stearns Aktienkurses (graue Fläche) mit dem S&P Banking Index (einfache Linie)
Quelle: Interactive Data

Im vierten Quartal 2007 erwartete Bear Stearns weitere Abschreibungen in Höhe von US$ 1,2 Mrd.; diese Zahl wurde jedoch im Dezember auf US$ 1,9 Mrd. korrigiert infolge schlechter Wetten, die auf risikobehaftete Eigenheimkredite und die angespannten Konditionen an den Kreditmärkten gemacht wurden. Ein Groß-teil dieser Abschreibungen stand im Zusammenhang mit dem Wertverlust bei CDOs. Demzufolge musste Bear Stearns einen Verlust von US$ 854 Mio. im vierten Quartal hinnehmen; dies war der erste Quartalverlust in der 84jährigen Firmen-geschichte. Bear Stearns unternahm Anstrengungen, das Subprime-Hypotheken-kredit- und CDO-Engagement zu reduzieren. Im November befanden sich noch US$ 884 Mio. an CDOs sowie ein vernachlässigbarer Betrag an Subprime-Hypo-thekenkrediten in den Büchern.

Seit Anfang 2008 häuften sich die negativen Spekulationen über den Liquidi-tätszustand von Bear Stearns. Am 10. März 2008 bezeichnete Bear Steans diese noch als „absolut unwahr". Vier Tage später, am 14. März 2008 räumte man deut-liche Verschlechterungen in der Liquiditätslage der Bank ein. JPMorgan Chase & Co. kaufte die Bank schließlich nach einer Nachbesserung im Angebot, für 10 USD pro Aktie. Am 29. Mai 2008 stimmte eine Sonderhauptversammlung dieser Über-nahme zu.

7.3   Die zukünftige Bankenlandschaft

Durch die drastischen Auswirkungen der Subprime-Krise ist die strategische Aus-richtung innerhalb des Bankensektors auf dem Prüfstand. Nach Ansicht der Ver-fasser wird es in naher Zukunft zu einer Verstärkung des Retail Banking kommen. Deshalb wird im Folgenden insbesondere auf diesen Bereich näher eingegangen.

Retail Banking versus Investment Banking

Das klassische Retail Banking gliedert sich in zwei Segmente auf. Zum einen in das standardisierte Privatkundengeschäft und zum anderen in das Geschäft mit vermögenden Individualkunden. Im Gegensatz zu den Retail Banken mussten die Investmentbanken auf Grund der Subprime-Krise hohe Verluste erleiden. Da das Investmentbanking die Chance eröffnet, kurzfristig hohe Gewinne zu generieren, weiteten zahlreiche Banken ihr Engagement bei hochriskanten Geschäften aus, was dann beim Eintreten der Subprime-Krise nicht mehr überschaubar war.

Die europäische Retail Banking-Landschaft in der Zukunft

Die folgenden Abschnitte beschäftigen sich mit der Frage, welche Bedeutung die neuesten Entwicklungen für die Retail Banking-Industrie haben; durch die Präsentation verschiedener Modelle wird versucht, eine Antwort darauf zu geben, wie die Industrie sich anpassen kann, um auch in Zukunft erfolgreich zu sein.[4]

---

[4] Vgl. im folgenden: Dombret; Kern (2003).

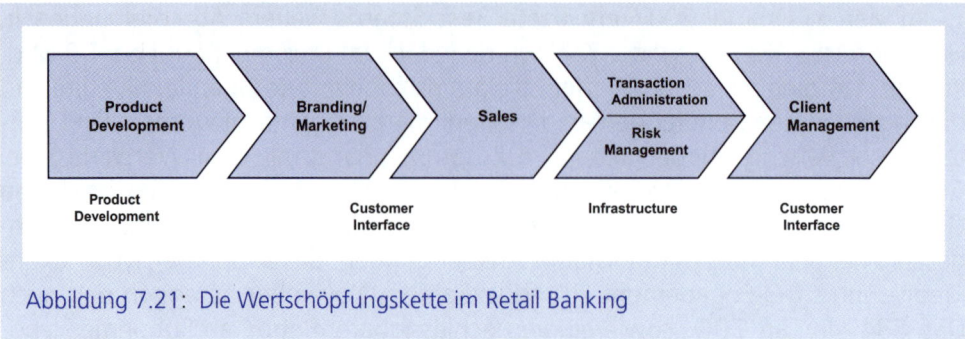

Abbildung 7.21: Die Wertschöpfungskette im Retail Banking

Die Wertschöpfungskette des Retail Banking

Um die Trends und Entwicklungen sowie die Einschränkungen besser verstehen zu können, beschreibt dieser Abschnitt die Wertschöpfungskette der Retail Banking-Industrie (vgl. Abbildung 7.21). Für diese Wertschöpfungskette ist es typisch, dass Bankprodukte „Produkte zum Bestellen" sind. Dies bedeutet, dass die Transaktion beginnt, nachdem der Kunde sie initiiert hat.

Abbildung 7.22 gibt einen Überblick über die einzelnen Schritte der Retail Banking-Wertschöpfungskette, die in den folgenden Paragraphen detailliert untersucht werden.

STEP	DEFINITION
Product Development	Design of the product and the necessary infrastructure / transaction
Marketing / Branding	Product branding and marketing, corporate branding
Sales	Distribution inc. channel decisions and distribution co-operations, all customer interaction at the POS
Transaction / Administration	Internal process to produce the product: actually carrying out the customers' orders
Risk Management	Processes parallel to the transaction to record it internally and externally. Transfer of risk internally (e. g. ALM) or externally (e. g. on interbank or capital markets)
Client Management	Anything done to sell an additional product to an existing client

Abbildung 7.22: Schritte und Inhalte der Wertschöpfungskette im Retail Banking

Produktentwicklung

Zukünftige Herausforderungen in der Produktentwicklung liegen einerseits darin, ständig bessere Produkte zu entwickeln, andererseits aber darin, den Fokus von der Produktdifferenzierung wegzubewegen hin zu Kosteneffizienz, d. h. Skaleneffekte und Größe durch Outsourcing zu erreichen. Obwohl die Produktentwicklung eine lange Zeit nicht von allzu großer Bedeutung war, hat sich dies aus den folgenden Gründen geändert.

Erstens sind die Kunden aufgrund der gestiegenen Lebenserwartung zunehmend an der Altersvorsorge interessiert, zweitens werden die Kunden durch Erbschaften wohlhabend und fragen entsprechende Dienstleistungen und Produkte nach. Dies bringt komplexere Beratungsprozesse und deutlich komplexere Produktideen mit sich. Heutzutage werden alle Bankprodukte im eigenen Haus entwickelt. Allerdings wird diese Inhouse-Entwicklung immer weniger wichtig, da viele Kunden heute eher von Marken, bequemen Vertriebskanälen oder intelligentem Kundenmanagement angezogen werden. Somit ist die Produktentwicklung aufgrund von Skaleneffekten und Größe ein Bereich, in dem Outsourcing Kosten reduzieren und trotzdem die Qualität aufrechterhalten kann. Outsourcing überlässt die Produktentwicklung wenigen Spezialisten, die erfahrener und effizienter sind und ein besseres Verständnis der Kunden und der Märkte sowie der Entwicklungen und Risiken haben. Auf diese Weise können bessere und profitablere Produkte entwickelt werden. Ferner ist die Produktinnovation gewährleistet.

Markenpolitik und Marketing

Um wettbewerbsfähig zu bleiben, Kunden zu binden und neue Kunden zu gewinnen, müssen Banken sich mit den Herausforderungen in der Markenpolitik auseinandersetzen, um aktiv im Wettbewerb um Kunden mitzuwirken. Folglich wird die zukünftige Herausforderung im Bankensektor sein, Privatkundenbanken eine Marke zu geben. Banken haben früher durch technische Kompetenz und Zuverlässigkeit Produkte verkauft und sich selbst vermarktet. Da die Bankprodukte in den Augen des Kunden allerdings zu ähnlich erscheinen, müssen die Banken sich über den Preis und den Kundenservice differenzieren und sich dabei einem noch höheren Margendruck aussetzen. In Zukunft werden die Banken lernen müssen, sich durch emotionale Marken anstatt durch technische Marken von der Konkurrenz abzuheben. Dass Bankprodukte zu Markenprodukten mit einer eigenen Markenstory werden müssen, haben die Banken bereits deutlich zu spüren bekommen. Ein Umdenken, gerade in den Führungsebenen ist derzeit deutlich zu beobachten. So werden nicht nur klare Bankdienstleistungen angeboten sondern Produkte, welche den Kunden langfristig und effektiv an ein Haus binden und eine emotionale Seite zwischen Kunden und Bank (dem Mitarbeiter) aufbauen lassen.

Problematisch wird es dann, wenn Privatkundenbanken ihre Marke auf alle Zielkundengruppen und -segmente ausdehnen. Dies führt zu einer noch geringeren Differenzierung und Einzigartigkeit, da all die Zielgruppen keinen Bezug dazu haben. Deshalb sollte sich das Marketing nur auf das Produkt beziehen, nicht auf das Unternehmen. Dies stellt einen besseren Fokus, eine spezifischere Positionierung und einen besseren Umgang mit den Vertriebskanälen sicher.

Letztlich, um eine starke Marke zu entwickeln, muss eine gewisse Konsistenz bestehen zwischen der Botschaft der Marke und der Kundenerfahrung (dies beinhaltet den Produktkauf, das Design und die Verwendung, den Service und den Umgang mit Beschwerden). Was dem Kunden versprochen wird, muss konsistent sein mit dem, wie der Kunde das Produkt oder die Dienstleistung der Bank in der Realität erfährt.

Vertrieb

Die nächste Stufe in der Wertschöpfungskette ist der tatsächliche Vertriebsprozess des Produktes, d. h., ein Kunde kauft ein Anlageprodukt. Zukünftige Herausforderungen werden hier sein, neue Kanäle aufzubauen und zu nutzen. Die letzten Jahre haben gezeigt, dass neue Vertriebskanäle wie Bankautomaten, Call Center oder Online-Banking den Zugang zu Bankdienstleistungen für die Kunden einfacher und bequemer gemacht haben, da diese leichter ins alltägliche Leben integriert werden können.

Die Banken müssen nun weiter darüber nachdenken, wo und wie sie ihre Produkte anbieten und ihre Profitabilität steigern, ohne dabei Kunden zu verlieren. Sie müssen ihre Vertriebskanäle auf eine profitable und intelligente Art und Weise managen, zum Beispiel durch die Kombination von Kanälen oder durch Preisaufschläge zwischen den Kanälen. Dennoch müssen Banken, um wettbewerbsfähig zu sein, nicht nur innovativ und kosteneffizient sein, sondern sie müssen auch die Bedürfnisse ihrer Kunden genau kennen, ihren Mehrwert steigern und ihnen Anreize bieten (zum Beispiel durch eine starke Marke). Darüber hinaus müssen die Banken lernen, sich darauf zu konzentrieren, ihren Kunden Lösungen anstatt Produkte zu verkaufen. Nur wenn die Banken die Bedürfnisse und Vorlieben ihrer Kunden verstehen und ihre Produkte entsprechend daran anpassen, können sie dem Kunden eine positive Kauferfahrung geben.

Transaktion und Administration

Sobald der Vertriebsprozess vorüber ist, muss die Anweisung des Kunden (zum Beispiel Geldtransfer, Aktienkauf, Zinskalkulation oder die Verwaltung eines Kontos) verarbeitet werden.

Faktoren, die hier eine entscheidende Rolle spielen, sind Zuverlässigkeit (hochqualitative Prozesse und Kontrollmechanismen) und Kosteneffizienz. Eine zukünftige Herausforderung für die Banken wird die Konzentration auf die Steigerung ihrer Effizienz sein. Sie müssen die richtige Strategie wählen, um ihre Effizienz durch die Bündelung von Volumina zu steigern: einerseits können zusätzliche Volumina hinzugefügt werden, indem die Prozesse im eigenen Haus bleiben, entweder durch Fusionen und Übernahmen (M&A) oder durch die Hereinnahme externer Fachkompetenzen anderer Unternehmen. Andererseits können Volumina auf einen spezialisierten externen Anbieter ausgelagert werden.

Der Vorteil des Outsourcings besteht darin, dass die Unternehmen ihre Ressourcen auf strategischere Bereiche konzentrieren können und sich nicht über technologische Veränderungen Gedanken machen müssen, da dies die Aufgabe des Spezialisten sein wird. Dennoch ist Outsourcing nur dann sinnvoll, wenn Skaleneffekte oder Größe erreicht werden können, und wenn die ausgelagerten Prozesse keine Schlüsselfähigkeiten oder Kernkompetenzen darstellen. Des Weiteren funktioniert Outsourcing nur, wenn das Unternehmen, auf das die Prozesse ausgelagert werden, kein direkter Wettbewerber ist und hieraus keine Gefahr zu befürchten ist.

Risikomanagement

Ebenso wie der Bereich Transaktion/Administration ist das Risikomanagement ein Teil der Infrastruktur in der Wertschöpfungskette. In diesem Prozessschritt müssen die Transaktionen intern und extern erfasst werden. Die interne Erfassung umfasst die Aufnahme, Überwachung und Verarbeitung der verkauften Produkte und Dienstleistungen. Externe Aufsichtsbehörden (zum Beispiel das BaFin in Deutschland) müssen über die Risikoengagements unterrichtet werden. Dennoch kann das Risikomanagement aufgrund der Gesetzgebung nicht ausgelagert werden. Deshalb sind zukünftige Herausforderungen für Geschäftsbanken und Privatkundenbanken die Anpassung an IAS, Basel II sowie an die MAK („Mindestanforderungen an das Kreditgeschäft").

Obwohl das Risikomanagement nicht von oberster Priorität für Privatkundenbanken ist, wird es weitgehend seitens der Geschäftsbanken verlangt. Risikomanagement befasst sich hauptsächlich mit zwei Risikokategorien: Marktrisiken und Kreditrisiken. Die Subprime-Krise hat uns gelehrt, dass im Vergleich zu Marktrisiken, die großenteils unter Kontrolle sind, heutzutage Kreditrisiken eine größere Bedrohung darstellen.

Kundenmanagement

Für Privatkundenbanken besteht die Notwendigkeit, ihr Kundenmanagement zu verbessern und die speziellen Bedürfnisse und Präferenzen ihrer Kunden besser zu verstehen. Deshalb liegen die zukünftigen Herausforderungen darin, sich auf Zielgruppen zu fokussieren, kompetente personalisierte Dienstleistungen und objektive Beratung anzubieten (die sogar die Produkte des Konkurrenten umfasst, wenn es dem Kunden nützt) und somit das Vertrauen und die Loyalität der Kunden zurück zu gewinnen. Allerdings ist „Customer Relationship Management" alleine nicht die Antwort zur Verbesserung des Kundenmanagements. Die Banken müssen lernen, vorliegende Informationen effizienter zu nutzen, um über weitere Verkaufsmöglichkeiten Bescheid zu wissen und das Cross-Selling zu intensivieren. Letztendlich werden die Kunden nur dann loyal und haben nicht das Bedürfnis, zum Konkurrenten zu wechseln, wenn sie ihre Bank als kompetenten und vertrauenswürdigen Partner betrachten.

Zukünftige Geschäftsmodelle und das Netzwerk spezialisierter Finanzdienstleister

Für universell tätige Privatkundenbanken ist es wichtig, neue Wege einzuschlagen. Um am Bankenmarkt weiterhin wettbewerbsfähig zu sein, müssen sie sich auf

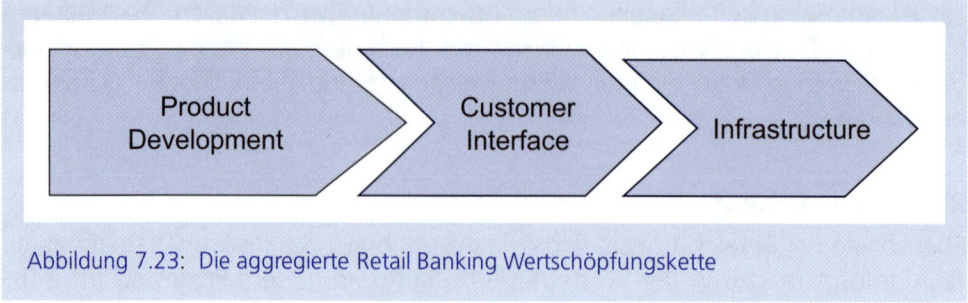

Abbildung 7.23: Die aggregierte Retail Banking Wertschöpfungskette

einen bestimmten Bereich der Wertschöpfungskette spezialisieren, und andere Aufgaben auslagern. Dadurch wird ein Netzwerk spezialisierter Finanzdienstleister entstehen.

Gemäß der einzelnen Bereiche der Wertschöpfungskette einer Bank können hieraus verschiedene Geschäftsmodelle zur Spezialisierung entwickelt werden. Die Wertschöpfungskette, die zuvor bereits dargestellt wurde, kann in drei Hauptbereiche zusammengefasst werden (vgl. Abbildung 7.23).

Wie können sich Banken in diesen drei Bereichen spezialisieren? Banken könnten sich auf einen Bereich der Wertschöpfungskette beschränken, oder zwei Bereiche kombinieren, oder sogar Dienstleistungen in allen drei Bereichen anbieten. Folglich gibt es grundsätzlich sieben mögliche Kombinationen (vgl. Abbildung 7.24). Aber welche dieser Kombinationen sind wirklich durchführbar und praktikabel im Sinne bestehender Kundennachfrage und Nachhaltigkeit?

Das Geschäftsmodell 7, welches die Privatkundenbanken derzeit am häufigsten verwenden, wird in der Zukunft nicht realisierbar sein. Nur die Besten können überleben; dies bedeutet, dass für die anderen Banken die Spezialisierung ausschlaggebend für den langfristigen Erfolg ist.

Des Weiteren kann das Geschäftsmodell 6 von den zukünftigen Geschäftsmodellen ausgeschlossen werden. Die Spezialisierung auf Kundenschnittstelle und Infrastruktur bringt hinsichtlich Skaleneffekten keine Vorteile.

Im Folgenden werden die verbleibenden fünf Modelle detailliert diskutiert, indem ihre Produkte, Märkte, Kunden und Kooperationsstrategien dargelegt werden.

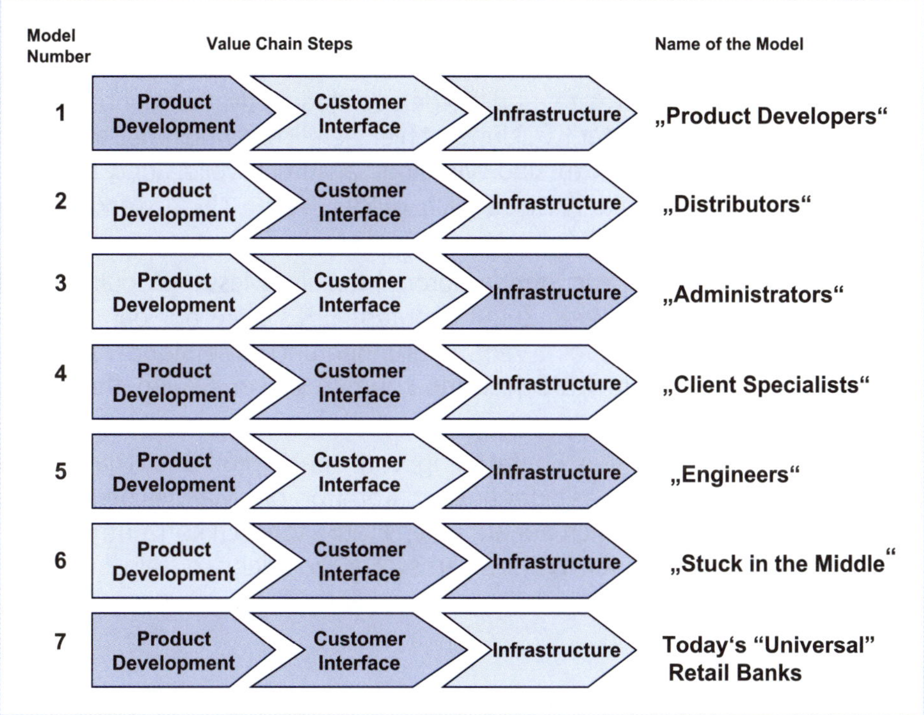

Model Number	Value Chain Steps			Name of the Model
1	Product Development	Customer Interface	Infrastructure	„Product Developers"
2	Product Development	Customer Interface	Infrastructure	„Distributors"
3	Product Development	Customer Interface	Infrastructure	„Administrators"
4	Product Development	Customer Interface	Infrastructure	„Client Specialists"
5	Product Development	Customer Interface	Infrastructure	„Engineers"
6	Product Development	Customer Interface	Infrastructure	„Stuck in the Middle"
7	Product Development	Customer Interface	Infrastructure	Today's "Universal" Retail Banks

Abbildung 7.24: Die sieben Geschäftsmodelle im Retail Banking

Modell 1:
Die „Produktentwickler": Banken, die sich auf Produktentwicklung fokussieren

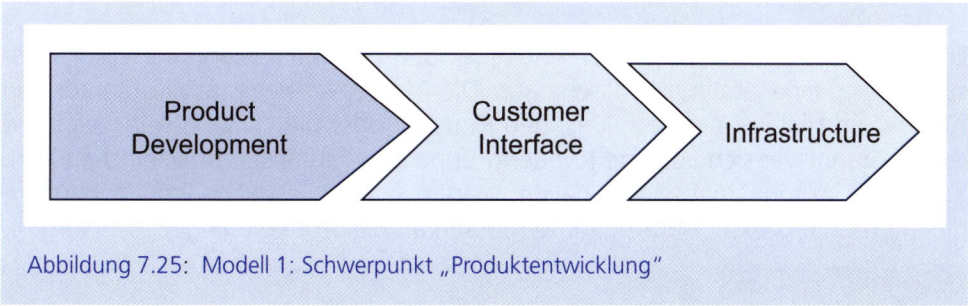

Abbildung 7.25: Modell 1: Schwerpunkt „Produktentwicklung"

Um das Modell der „Produktentwickler" erklären zu können, müssen zwei Produktarten unterschieden werden: die Standardprodukte und die Spezialprodukte.

Die Standardprodukte umfassen in der Regel Angebote wie Girokonten, Festgelder oder Konsumentenkredite, und werden von jeder Privatkundenbank angeboten. Der Bedarf an Produktentwicklung ist hier ziemlich gering. Spezialprodukte (beispielsweise Anlageprodukte) sind allerdings anspruchsvoller, und die Bandbreite an möglichen Produkten ist deutlich größer. Wenn sie ausverkauft sind, werden neue Produkte benötigt.

Sich auf die Entwicklung von Standardprodukten als „Massenproduktentwickler" zu spezialisieren, bietet kein Zukunftspotential. Es wäre nur dann sinnvoll, wenn viele große Banken ein Joint Venture gründen und diese Standardprodukte gemeinschaftlich entwickeln würden. Dann könnten sie von Skaleneffekten profitieren.

Die Spezialisierung auf die Entwicklung von Spezialprodukten dagegen ist machbar und praktikabel, da es einer tieferen Kenntnis des Marktes bedarf. Diese „Rocket Scientists" könnten sich nur auf einen Produktbereich konzentrieren, und wären dann in der Lage, einen Wettbewerbsvorteil zu erlangen, selbst wenn das Unternehmen klein ist.

Modell 2:
Die „Vertriebsspezialisten" – Banken, die sich auf die Kundenschnittstelle konzentrieren

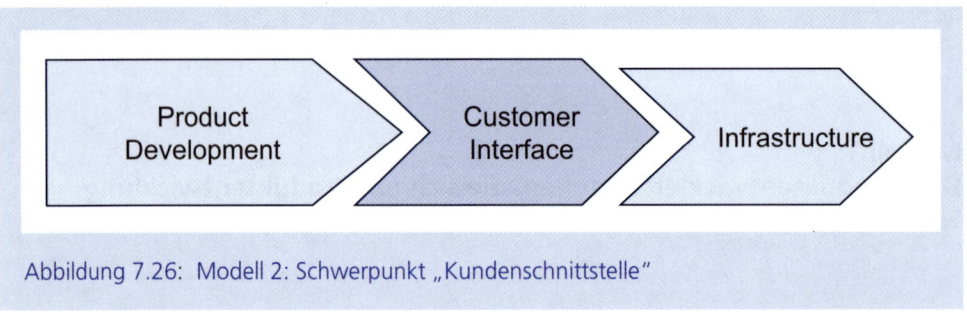

Abbildung 7.26: Modell 2: Schwerpunkt „Kundenschnittstelle"

Die Vertriebsspezialisten nehmen entweder den gesamten Markt ins Visier, oder suchen sich eine bestimmte Nische aus. Die Massenvertriebsspezialisten können führend im Hinblick auf den Preis, den Komfort oder die Qualität sein, während die Nischenplayer sich auf eine Kundengruppe oder ein bestimmtes Produkt konzentrieren sollten. Unabhängig davon, worauf sich die jeweilige Bank fokussiert, die internen Prozesse und Angebote müssen an die Strategie angepasst werden.

Preisführer
Vertriebsspezialisten, die sich für die Preisführerschaft entscheiden, bieten nur eine begrenzte Palette an standardisierten Produkten zu einem sehr niedrigen Preis an. Die Marken sind unbekannt, Dienstleistungen sind kaum vorhanden.

Dennoch müssen die Produkte der Preisführer zuverlässig sein. Wenn eine Privatkundenbank die Anforderungen dieses Geschäftsmodells erfüllen kann, wird sie genügend Kunden anziehen, um erfolgreich zu sein.

Komfort-Führer
Komfort-Führer bieten standardisierte Produkte zu einem Durchschnittspreis an. Die Spezifizierungskriterien sind ein schneller und einfacher Zugang. Komfort („Convenience") ist für den Kunden am wichtigsten, was bedeutet, dass diejenigen Privatkundenbanken, die dieses Geschäftsmodell nutzen, einen gewissen Face-to-Face-Kontakt anbieten sollten. Um in der Lage zu sein, relativ geringe Preise anbieten zu können, sollten die Bereiche Transaktion, Produktentwicklung und Administration ausgelagert werden.

Die Graue Eminenz – Banken hinter den Banken
Sowohl Preis- als auch Komfort-Führer brauchen zwei Mitwirkende, um ihr Geschäft führen zu können. Einer tritt als Kundenschnittstelle auf, nicht notwendigerweise ein Experte im Bankengeschäft, der für die Markenpolitik und das Marketing zuständig ist. Der andere Mitwirkende, die Graue Eminenz, bleibt im Hintergrund und bietet die Bankdienstleistungen an. Zusätzlich hat die Graue Eminenz eigene Geschäftsaktivitäten, mit denen sie eigenständig am Markt als Wettbewerber auftritt.

Qualitätsführer
Qualitätsführer ragen aufgrund ihrer breiten Produktpalette und ihres hohen Niveaus an persönlichen Dienstleistungen heraus. Allerdings muss für die Dienstleistungen ein hoher Preis gezahlt werden. Der Markenname der Qualitätsführer ist äußerst wichtig für deren Erfolg am Markt. Interne Prozesse sollten ausgelagert werden. Wegen der breiten Produktpalette wird eine große Anzahl an „Zulieferern" benötigt.

Nischenplayer
Wenn eine Privatkundenbank dieses Geschäftsmodell wählt, zielt sie entweder auf eine bestimmte Kundengruppe oder auf ein bestimmtes Produkt ab. Alle anderen Segmente müssen außer Betracht gelassen werden, um fokussiert bleiben zu können. Nischenplayer können sich durch Kosten oder Service von anderen unterscheiden. Die Art der Spezialisierung sollte nicht allzu leicht nachzuahmen sein. Jeder Prozess, der für die Spezialisierung nicht erforderlich ist, sollte ausgelagert werden. Die derzeit noch universell tätigen Banken können nur dann Nischenplayer werden, wenn sie eine herausragende Strategie präsentieren. Anderenfalls werden sie keine Gewinne machen. Des Weiteren wäre es möglich, dass aus den existierenden Privatkundenbanken Nischenplayer hervorgehen.

Modell 3:
Die „Administratoren" – Banken, die sich auf die Infrastruktur konzentrieren

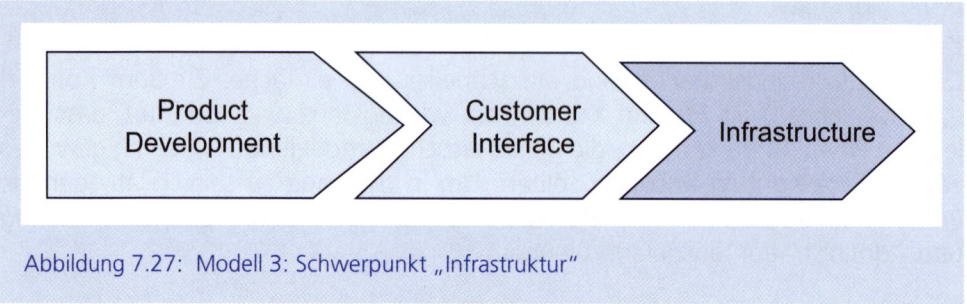

Abbildung 7.27: Modell 3: Schwerpunkt „Infrastruktur"

Dieses Geschäftsmodell ist am Markt bereits gut entwickelt. Die „Administratoren" kümmern sich um die Prozesse, die im Hintergrund ablaufen. Sie sind deshalb für die Kunden nicht so sehr von Bedeutung wie die Prozesse, die mit der Kundenschnittstelle zusammenhängen.

Zwei Typen von „Administratoren" sind zu unterscheiden:

- Transaktionsspezialisten: Sie spezialisieren sich auf die Produktion von Transaktionen in großem Umfang und zu niedrigen Kosten.
- IT oder Administrations-Spezialisten: Sie spezialisieren sich auf IT-Operationen und Support-Funktionen.

Transaktionsspezialisten – die Fließbänder
Die Transaktionsspezialisten bündeln in ihrem Haus Aktivitäten wie die Verarbeitung von Überweisungen und Schecks, Kreditkartenmanagement oder „Asset Servicing". In diesem Sektor ist die Konsolidierung nicht sehr weit fortgeschritten, wird aber sicherlich deutlich zunehmen in der Zukunft, da sie hohe Skalenerträge und Kosteneffizienzen bietet.

Viele Privatkundenbanken lagern diese Prozesse allerdings noch immer nicht aus, da sie einen Vertraulichkeitsverlust befürchten, wenn sie sie einem Konkurrenten übertragen. Deshalb ist der wichtigste Aspekt, der für Transaktionsspezialisten zu beachten ist, unabhängig zu sein. Privatkundenbanken lagern ihre Prozesse höchstwahrscheinlich an einen Spezialisten aus, der nicht mit ihrem regulären Geschäft konkurriert, oder an einen, der sich von mehreren Wettbewerbern gegründet wurde. Wenn sie diese Anforderungen beachten, werden Transaktionsspezialisten in Zukunft erfolgreich und in der Lage sein, mit der nahenden Konsolidierung zurechtzukommen.

IT- oder Administrationsspezialisten
IT-Kosten stellen den größten Kostenblock einer Bank dar. Die Auslagerung der IT führt deshalb zu hohen Kosteneinsparungen. Aufgrund dieser Tatsache hat die Auslagerung von IT und Supportfunktionen bei Privatkundenbanken zugenom-

men. Auch in anderen Wirtschaftszweigen ist dies durchaus üblich. Da es bereits einige erfolgreiche IT-Spezialisten am Markt gibt, ist der Bedarf an neuen Marktteilnehmern gering.

Modell 4:
Die „Kundenspezialisten" – Banken, die sich auf Produktentwicklung und die Kundenschnittstelle konzentrieren

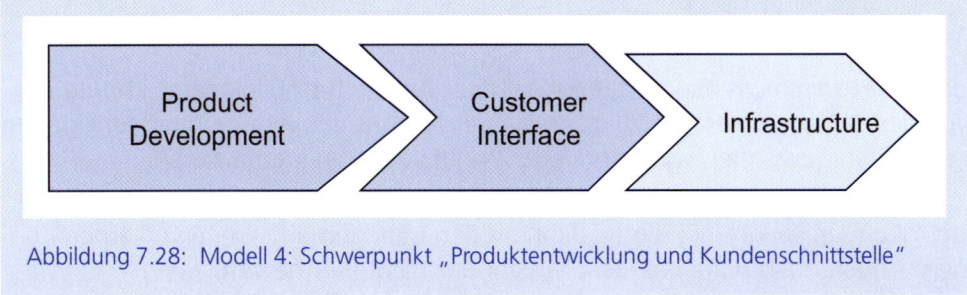

Abbildung 7.28: Modell 4: Schwerpunkt „Produktentwicklung und Kundenschnittstelle"

Manchmal ist es sinnvoll, dass „Vertriebsspezialisten" ihre Produktentwicklung im eigenen Haus behalten. Dies ist dann der Fall, wenn ihre Zielgruppe sehr speziell ist und deshalb auch sehr spezielle Produkte nachfragt. Dieses besondere Bedürfnis einer Kundengruppe kann nur dann befriedigt werden, wenn die Bank sich selbst um die Produktentwicklung kümmert, da sie die einzige ist, die die Wünsche der Kunden genau kennt. Standardprodukte könnten allerdings ausgelagert werden.

Dieses Geschäftsmodell kann nur von Nischenplayern oder Qualitätsführern verfolgt werden. Preis- und Komfortführer wären nicht in der Lage, wettbewerbsfähig zu sein, wenn sie ihre Produkte selbst entwickeln.

„Kundenspezialisten" sind Nischenplayer und deshalb weder Konkurrenten von „Produktentwicklern" noch von „Vertriebsspezialisten". Wenn sie die richtige Nische auswählen, können sie in der Privatkundenlandschaft durchaus erfolgreich sein.

Modell 5:
Die „Engineers" – Banken, die sich auf Produktentwicklung und Transaktionen spezialisieren

Das letzte denkbare Geschäftsmodell wäre die Spezialisierung auf Produktentwicklung und Infrastruktur. „Produktentwickler", die auch auf Infrastruktur spezialisiert sind, könnten von den Einblicken profitieren, die sie in ihre Kundenprozesse haben, da sie in der Lage sind, eine bestimmte Nachfrage nach neuen Produkten zu identifizieren. „Transaktionsbanken", die bereits ein recht tiefgehendes Verständnis für die Produktbedürfnisse ihrer Kunden haben, könnten dieses Wissen auch verwenden, um bessere und wirtschaftlichere Produkte für diese Kunden zu entwickeln. Eine Grundvoraussetzung für den Erfolg dieses Geschäftsmodells ist wiederum die notwendige Vertraulichkeit, die hinsichtlich der Kundendaten

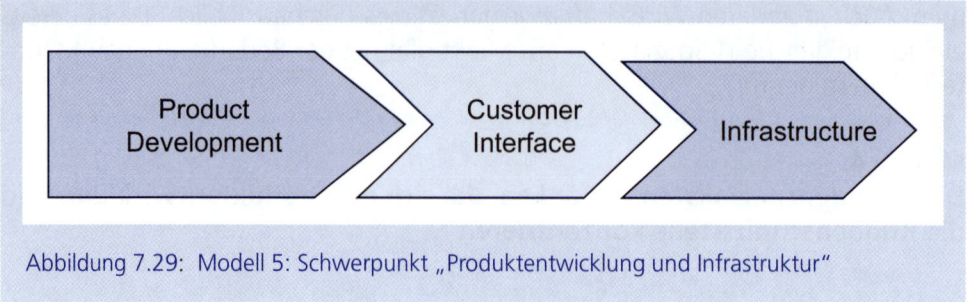

Abbildung 7.29: Modell 5: Schwerpunkt „Produktentwicklung und Infrastruktur"

garantiert sein muss. Ein weiterer möglicher Ansatz für „Engineers" könnte sein, von dem Wissen Gebrauch zu machen, welches aus der Verarbeitung der eigenen Aktivitäten gewonnen wird, um neue Produktideen zu identifizieren.

„Engineers" müssten diese verbesserten Produkte an ihre bestehenden Vertriebskunden verkaufen, die sie dann an den Massenmarkt weiterverkaufen können. Anderenfalls wäre das Geschäftsmodell nicht wettbewerbsfähig.

Diese fünf Geschäftsmodelle beschreiben, wie eine Spezialisierung im Privatkundengeschäft der Banken erreicht werden kann. Die Banken müssen sich nun entscheiden, welches Geschäftsmodell für sie interessant wäre, und sie sollten dann auch eine Transformationsstrategie festlegen.

Wenn die Geschäftsbanken in Betracht ziehen, ihre Strategie hinsichtlich Konsolidierung und Spezialisierung zu ändern, und auch ihr Engagement bei hochriskanten Investmentaktivitäten zu reduzieren, werden sie in der Lage sein, eine starke, wettbewerbsfähige Position in der Zukunft zu erlangen.

8 | Wie hat die US-Notenbank reagiert?

Die Zentralbanken, insbesondere die US-Notenbank Fed, spielen eine wichtige Rolle in der Subprime-Krise. Als „Lenders of Last Resort" (Kreditgeber letzter Instanz) stellen sie Geld zur Verfügung, wenn keine andere Bank mehr bereit oder in der Lage ist, Geld zu verleihen. Als eine Institution, die mittels der Kontrolle der Zinssätze Geldpolitik betreibt, spielen die Zentralbanken eine wesentliche Rolle in der Subprime-Krise. Insbesondere durch Veränderungen der Leitzinsen hat die Fed versucht, den Markt zu beeinflussen, um das Wirtschaftswachstum in den USA zu stärken, welches durch die Krise gefährdet ist, und das Misstrauen zwischen den Banken zu beheben, das seit August 2007 am Markt vorherrscht.

Dieses Kapitel analysiert das Dilemma der Fed, die derzeit einer Stagflation gegenübersteht. Um die Handlungen der Zentralbanken zu verstehen, wird zu Beginn die Funktionsweise des Zentralbankensystems – insbesondere das amerikanische Zentralbankensystem und das europäische Zentralbankensystem– erläutert.

Die Handlungen der Fed, insbesondere die Änderungen des Leitzinses seit der Entstehung der Subprime-Krise, werden dargestellt und erklärt. Des Weiteren wird der Einfluss des Leitzinses auf den S&P 500 Index analysiert. Es wird gezeigt, dass fallende Zinssätze sowie Zinssätze unter 6 % sich positiv auf den Aktienmarkt auswirken. Die Situation seit August 2007 ist jedoch eine andere: die Zinsen fallen, jedoch führte dies nicht zu einem Anstieg des S&P 500 Index. Gründe für diese ungewöhnliche Entwicklung liegen im derzeitigen Misstrauen am Markt, in der Angst vor einer Rezession sowie in den Verkäufen am Anleihen- und Leveraged Loan-Markt im großen Stil.

Abschließend wird gezeigt, dass die Möglichkeiten der Zentralbank, die momentane Situation am Markt zu verbessern, begrenzt sind, da andere Faktoren wie die hohen Ölpreise und die stark gestiegenen Rohstoffpreise ebenfalls zu den aktuell vorherrschenden Bedingungen beitragen.

8.1 Die US-Notenbank und die EZB im Überblick

Die Zentralbanken als „Kreditgeber letzter Instanz" versorgen den Markt mit Liquidität, wenn keine andere private Institution mehr bereit oder in der Lage ist, Geld zu verleihen, und sie beeinflussen und kontrollieren die Wirtschaft durch ihre Geldpolitik. Dadurch spielen die Zentralbanken eine wichtige Rolle in der Subprime-Krise. In diesem Kapitel werden die beiden wichtigsten Zentralbanken, die in die Krise involviert sind, die Fed und die EZB, dargestellt, um somit Hintergrundinformationen über das System der Zentralbanken liefern zu können.

Zunächst werden die Aufgaben und Ziele beider Zentralbanken beschrieben, gefolgt von einem allgemeinen Überblick über die geldpolitischen Instrumente einer Zentralbank. Zum Schluss folgt ein Vergleich zwischen der Fed und der EZB.

8.1.1 Das Zentralbanksystem der Vereinigten Staaten

Die Federal Reserve Bank („Fed") ist die Zentralbank der Vereinigten Staaten. Sie wurde durch den Kongress im Jahr 1913 gegründet mit dem Zweck, dem Land ein sichereres, flexibleres und stabileres Geld- und Finanzsystem zu geben. Im Laufe der Jahre wurde die Rolle der Fed im Bankensystem und in der Wirtschaft erweitert.

Obwohl die Federal Reserve Bank als unabhängige Zentralbank gilt, muss sie innerhalb der Rahmenbedingungen der übergeordneten Ziele der Wirtschafts- und Finanzpolitik, die durch die Regierung festgelegt wurden, agieren und kann daher präziser als „unabhängig innerhalb der Regierung" bezeichnet werden. Die Federal Reserve Bank setzt sich zusammen aus einer zentralen Regierungsagentur, dem Direktorium („Board of Governors") sowie 12 regionalen Mitgliedsbanken („Federal Reserve Banks").

Heute umfassen die Verantwortlichkeiten der Fed die folgenden vier Bereiche (vgl. Abbildung 8.1):

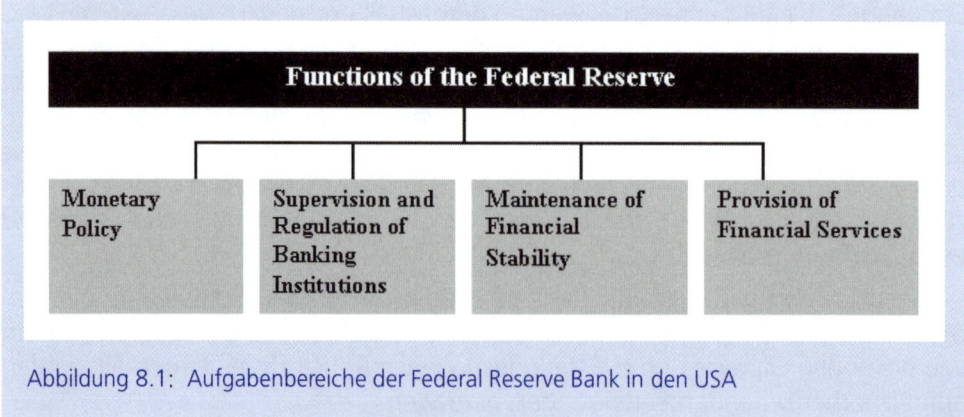

Abbildung 8.1: Aufgabenbereiche der Federal Reserve Bank in den USA

Folgende Ziele sind im Federal Reserve Act festgeschrieben:

Geldpolitik
Die Durchführung der Geldpolitik des Landes durch Beeinflussung der monetären sowie der Kreditbedingungen in der Wirtschaft mit dem Ziel

der Vollbeschäftigung, stabiler Preise sowie niedriger langfristiger Zinssätze.

Überwachung und Regulierung des Bankwesens
Die Überwachung und Regulierung des Bankwesens zur Sicherstellung der Sicherheit und Stabilität des nationalen Banken- und Finanzsystems und zum Schutz der Kreditrechte der Verbraucher.

Aufrechterhaltung der finanziellen Stabilität
Erhaltung der Stabilität des Finanzsystems und Eindämmung des systematischen Risikos, welches an Finanzmärkten auftreten kann.

Bereitstellung von Finanzdienstleistungen
Bereitstellung von Finanzdienstleistungen für Einlageninstitute, die US-Regierung und ausländische offizielle Institute; dies umfasst auch eine wichtige Rolle im Betrieb der nationalen Zahlungssysteme.

Die Fed dient auch als „Kreditgeber letzter Instanz", indem sie Einlageninstituten Kredite zur Verfügung stellt und ihnen hilft, sich an vorübergehende, unerwartete Veränderungen in ihren Einlagen- oder Kreditportfolios anzupassen. Daneben hilft die Fed Instituten, die einen saisonalen oder dringenden Kreditbedarf haben.

Das wichtigste Gremium des Federal Reserve Systems ist das Federal Open Market Committee (FOMC), welches die Offenmarktgeschäfte überwacht, die das Hauptinstrumentarium der Federal Reserve zur Beeinflussung der gesamten Geld- und Kreditbedingungen darstellen.

8.1.2 Die Europäische Zentralbank

Die Europäische Zentralbank ist die Zentralbank für die Eurozone. Die Hauptaufgaben der EZB bestehen darin, die Kaufkraft des Euro und damit die Preisstabilität in der Eurozone – der zweitgrößten Wirtschaft der Welt nach den USA – zu gewährleisten. Sofern ohne Beeinträchtigung des obersten Ziels, der Preisniveaustabilität, möglich, unterstützt das Europäische System der Zentralbanken (ESZB) darüber hinaus die allgemeine Wirtschaftspolitik der Europäischen Union.

Die Eurozone
Die Eurozone entstand, als die Verantwortung für die Geldpolitik von den nationalen Zentralbanken der elf Mitgliedstaaten im Januar 1999 auf die EZB übertragen wurde. Griechenland folgte im Jahr 2001; Slowenien im Jahre 2007.

Die Europäische Zentralbank
Die gesetzliche Grundlage für die alleinige Geldpolitik ist der Vertrag über die Europäische Union sowie die Satzung des Europäischen Systems der Zentralbanken

(ESZB). Sowohl die EZB als auch das ESZB wurde am 1. Juni 1998 gegründet. Die EZB wurde als Kern des Eurosystems und der ESZB gegründet, und führt gemeinsam mit dem ESZB die Aufgaben aus, mit denen sie betraut wurden. Die EZB hat Rechtspersönlichkeit unter öffentlichem internationalem Recht.

Das Eurosystem

Die EZB und die nationalen Zentralbanken derjenigen Länder, die den Euro eingeführt haben, bilden zusammen das Eurosystem. Es ist die Währungsbehörde der Eurozone, und das Hauptziel ist die Preisniveaustabilität für das Allgemeinwohl. Da das Eurosystem auch als führende Finanzbehörde agiert, verfolgt es das Ziel, die Finanzstabilität zu gewährleisten und die europäische finanzielle Integration zu fördern. Durch diese Zielsetzungen muss das Eurosystem im Einklang mit den Grundsätzen einer offenen Marktwirtschaft mit freiem Wettbewerb sowie einer günstigen und effizienten Ressourcenverteilung handeln.

Hauptaufgaben des Eurosystems

Der EG-Vertrag betraut das ESZB mit der Aufgabe, die Zentralbankfunktion für die „Gemeinschaft" – also die Eurozone – durchzuführen (vgl. Abbildung 8.2).[1]

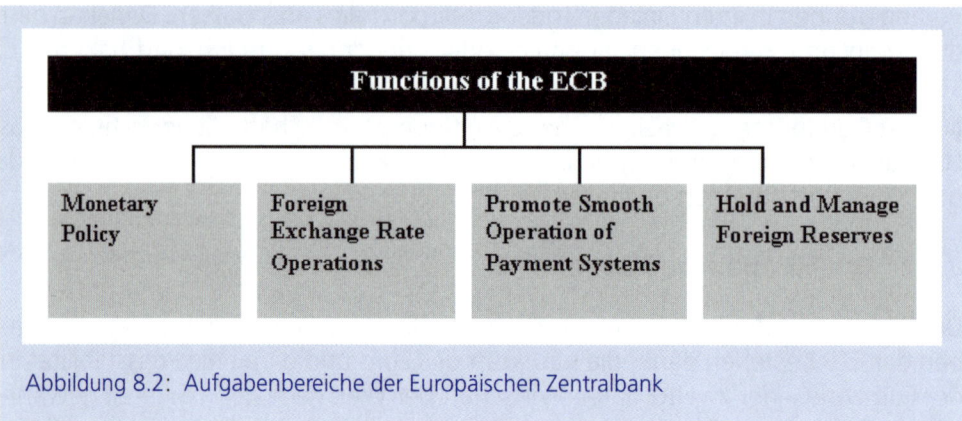

Abbildung 8.2: Aufgabenbereiche der Europäischen Zentralbank

Geldpolitik

Das Eurosystem ist verantwortlich für die Festlegung und Ausführung der Geldpolitik in der Eurozone. Dies ist eine öffentliche Aufgabe, die hauptsächlich anhand von Finanzmarktoperationen durchgeführt wird. Für diese Aufgabe ist die volle Kontrolle des Eurosystems über die monetäre Basis wichtig. Dazu gehört auch, dass die EZB und die nationalen Zentralbanken die einzigen Institutionen sind, die berechtigt sind, Banknoten auszugeben, die in der Eurozone das gesetzliche Zahlungsmittel darstellen. In Bezug auf die Abhängigkeit des Bankensystems vom

---

[1] European Central Bank, Basic Tasks (2007)

Basisgeld ist das Eurosystem somit in der Lage, einen wesentlichen Einfluss auf die Bedingungen am Geldmarkt und auf die Geldmarktzinsen auszuüben.

Devisengeschäfte

Das Eurosystem ist auch zuständig für Devisengeschäfte, die die Wechselkurse und die inländischen Liquiditätsbedingungen beeinflussen. Dies gewährleistet, dass die Devisengeschäfte konsistent bleiben mit den Zielen der Geldpolitik der Zentralbank.

Förderung des reibungslosen Betriebs von Zahlungssystemen

Mittels Zahlungssystemen werden Gelder zwischen Kredit- und anderen Geldinstituten transferiert. Diese Funktion stellt die Zahlungssysteme in den Mittelpunkt der Finanzinfrastruktur einer Wirtschaft. Die Förderung des reibungslosen Ablaufes durch das Eurosystem spiegelt die Wichtigkeit zuverlässiger und effizienter Zahlungssysteme wider – nicht nur für die Durchführung der Geldpolitik, sondern auch für die Stabilität des Finanzsystems und für die Wirtschaft insgesamt.

Halten und Verwalten der Währungsreserven

Einer der wichtigsten Gründe für die Verwaltung des Währungsreservenportfolios ist es sicherzustellen, dass die EZB stets über ausreichend Liquidität verfügt, um ihre Devisengeschäfte durchführen zu können. Die Währungsreserven der EZB werden derzeit dezentral durch die nationalen Zentralbanken verwaltet, die sich an den operativen Aktivitäten zur Verwaltung der Währungsreserven beteiligen. Die nationalen Zentralbanken handeln eigenständig im Namen der EZB und im Einklang mit den Vorgaben der EZB. Obwohl die nationalen Zentralbanken ihre eigenen Währungsreserven eigenständig verwalten, bedürfen ihre Devisengeschäfte ab einer bestimmten Grenze der Zustimmung der EZB, um hier eine Übereinstimmung der Devisen- und Geldpolitik des Eurosystems zu gewährleisten.

8.1.3 Die geldpolitischen Instrumente der Zentralbanken

Der angemessene Einsatz der Geldpolitik ist die wichtigste Aufgabe einer Zentralbank, um die Volkswirtschaft gesund zu halten. Deshalb werden in Abbildung 8.3 die wichtigsten geldpolitischen Instrumente der Zentralbanken – inklusive der Instrumente sowohl der Fed als auch der EZB – zusammengefasst.

Wie man obiger Abbildung entnehmen kann, werden die Instrumente der Zentralbanken in vier große Kategorien unterteilt:

- Offenmarktgeschäfte
- Reserveanforderungen
- Discount Window Lending (Fed)
- Ständige Fazilitäten (EZB)

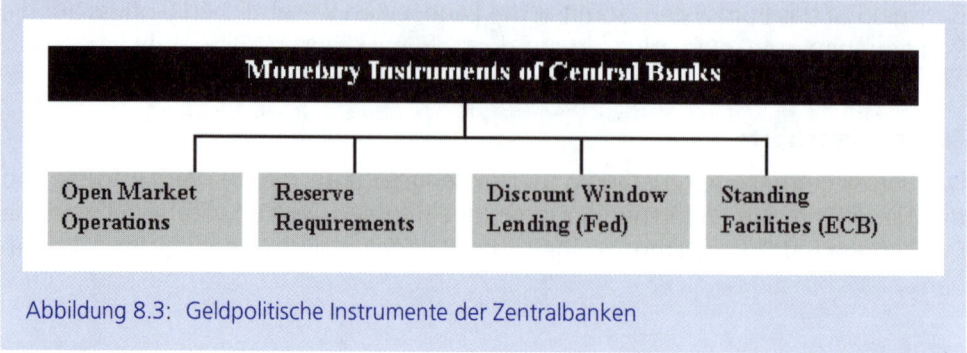

Abbildung 8.3: Geldpolitische Instrumente der Zentralbanken

Diese Instrumente werden nachfolgend aus Sicht der Fed erläutert. Zusätzlich wird das Instrument „ständige Fazilitäten" der EZB beschrieben, um den Überblick zu vervollständigen.

Offenmarktgeschäfte

Offenmarktgeschäfte werden definiert als Kauf oder Verkauf von Wertpapieren, überwiegend US-Staatsanleihen, am freien Markt, um die Höhe der Geldbestände zu beeinflussen, die Einlageninstitute bei den Zentralbanken halten. Dies ist das flexibelste und von der Fed am häufigsten genutzte geldpolitische Instrumentarium.

Wenn das FOMC beschließt, dass mehr Geld und Kredite verfügbar sein sollten, weist es seinen Handelsbereich in New York an, Wertpapiere am freien Markt zu kaufen.

Die Fed zahlt für diese Wertpapiere, indem sie Gutschriften auf den Reservekonten der am Verkauf beteiligten Banken vornimmt. Wenn die Banken mehr Geld auf diesen Reservekonten unterhalten, können sie mehr Kredite vergeben, die Zinssätze fallen und die Konsum- und Investitionsausgaben steigen möglicherweise; dies kurbelt das Wirtschaftswachstum an. Um die Geldmenge und die Kredite in einer Volkswirtschaft zu reduzieren, weist das FOCM den New Yorker Handelsbereich an, Staatsanleihen zu verkaufen und damit Gelder von den Banken einzusammeln, indem deren Reservekonten reduziert werden. Befindet sich weniger Geld in den Reservekonten, so können die Banken weniger Kredite vergeben, die Zinssätze steigen, die Konsum- und Investitionsausgaben fallen möglicherweise und die Wirtschaftsaktivitäten verlangsamen sich.

Mindestreserveanforderungen

Mindestreserveanforderungen sind Anforderungen hinsichtlich des Prozentsatzes bestimmter Einlagen, die Einlageninstitute in Form von Bargeld oder auf einem Konto bei der Zentralbank als Reserve hinterlegen müssen. Gesetzlich ist vorgeschrieben, dass Finanzinstitutionen, unabhängig davon, ob sie Mitgliedsbanken des Federal Reserve Systems sind oder nicht, einen bestimmten Prozentsatz ihrer

Einlagen als Reserve hinterlegen müssen, entweder in Form von Bargeld oder in Form von Reservekonten bei einer Zentralbank. Die Fed legt Mindestreserveanforderungen für alle Geschäftsbanken, Sparkassen, Genossenschaftsbanken sowie US-Niederlassungen ausländischer Banken fest. Einlageninstitute nutzen ihre Reservekonten bei den Federal Reserve Banks nicht nur, um die Mindestreserveanforderungen zu erfüllen, sondern auch, um viele Finanztransaktionen durch die Fed durchzuführen, wie etwa Scheck- und elektronische Zahlungen, Währungs- und Bargelddienstleistungen.

Die Änderung der Mindestreserveanforderungen wird selten als geldpolitisches Instrument eingesetzt. Die Reserveanforderungen unterstützen allerdings die Durchführung der Geldpolitik durch die Bereitstellung einer vorhersehbareren Nachfrage nach Bankreserven, was den Einfluss der Fed auf Veränderungen bei den kurzfristigen Zinssätzen erhöht, wenn sie Offenmarktgeschäfte durchführt.

Discount Window Lending

Die Diskontfazilitäten (Discount Window Lending) sind definiert als Krediterhöhungen an Einlageninstitute durch primäre, sekundäre und saisonale Kreditvergabeprogramme.

Der Diskontsatz ist derjenige Zinssatz, den eine Zentralbank bei ausgewählten Finanzinstituten, die kurzfristige Mittel aufnehmen, erhebt. Anders als die Offenmarktgeschäfte, die mit den Finanzmarktkräften interagieren, um die kurzfristigen Zinsen zu beeinflussen, wird der Diskontsatz von den Vorständen der Federal Reserve Banks festgelegt und ist durch das Direktorium (Board of Governors) zu genehmigen. Unter einigen Umständen können Veränderungen beim Diskontsatz Auswirkungen auf andere Offenmarktzinssätze haben. Veränderungen beim Diskontsatz können auch einen Ankündigungseffekt haben, der dazu führt, dass die Finanzmärkte auf eine mögliche Veränderung in der Geldpolitik reagieren. Ein höherer Diskontsatz kann eine restriktivere Politik ankündigen, während ein niedrigerer Diskontsatz möglicherweise eine eher expansive Politik signalisiert.[2]

Ständige Fazilitäten

„Ständige Fazilitäten" ist ein geldpolitisches Instrument der EZB. Ständige Fazilitäten bieten Banken die Chance, ihre Liquiditätslage auf eigene Initiative hin zu beeinflussen. Eine Bank kann jederzeit Geld bei der Zentralbank für einen kurzen Zeitraum aufnehmen (Spitzenrefinanzierungsfazilität). Umgekehrt haben die Banken auch die Möglichkeit, überschüssiges Bargeld auf einem Zentralbankkonto anzulegen (Einlagenfazilität). Die EZB legt diese Zinssätze fest, aber die Banken entscheiden über die Höhe des Geldbetrages. Hinsichtlich der Offenmarktgeschäfte haben die ständigen Fazilitäten eine geringere Bedeutung am Geldmarkt.

---

[2] Board of Governors of the Federal Reserve System (2005)

8.1.4   Die US-Notenbank und die EZB – ein Vergleich

Beide Banken sind Zentralbanken, aber aus zwei Gründen sind sie sehr unterschiedlich: Die beiden Zentralbanken haben unterschiedliche vom Gesetz vorgeschriebene Verantwortlichkeiten und handeln innerhalb völlig unterschiedlicher Rahmenbedingungen (vgl. Abbildung 8.4).

Bei einem Vergleich zwischen der Fed und der EZB müssen die Unterschiede bei den Hauptzielen hervorgehoben werden. Die Hauptziele der Fed sind Vollbeschäftigung, Preisniveaustabilität und niedrige langfristige Zinsen. Dies bedeutet, dass die Preisniveaustabilität nicht das oberste gesetzlich festgelegte Ziel der Fed ist, wie dies bei der EZB der Fall ist. Die Fed hat dementgegen mehrere gesetzlich festgelegte Ziele und muss innerhalb der Rahmenbedingungen agieren, die die allumfassenden Ziele der nationalen Wirtschaftspolitik vorgeben. Die EZB dagegen erklärt die Preisniveaustabilität in der Eurozone als ihr oberstes gesetzlich festgelegtes Ziel. Die Preisniveaustabilität wird von der EZB definiert als mittelfristig betrachtet maximaler Preisanstieg von 2 % im Vergleich zum Vorjahr.[3]

8.2   Zusammenhang zwischen Geldpolitik und Realwirtschaft

Um den Zusammenhang zwischen der Geldpolitik und der Realwirtschaft zu verstehen, wird im Folgenden ein Überblick über die Auswirkungen der Geldpolitik auf die Realwirtschaft gegeben.

Die ursprüngliche Verbindung zwischen Geldpolitik und Realwirtschaft ist der Markt für Mindestreserven, die bei den Zentralbanken hinterlegt werden. Einlageninstitute verfügen über Konten bei ihren Zentralbanken, und sie verwalten ihre Geldbestände auf diesen Konten aktiv zu einem Zinssatz, der als Leitzins bekannt ist. Die Fed kontrolliert den Leitzins durch ihren Einfluss auf Angebot und Nachfrage beim Geld der Zentralbanken. Das FOMC legt den Leitzins auf einem Niveau fest, bei dem erwartet wird, dass die finanziellen und monetären Bedingungen gefördert werden, und zwar im Einklang mit der Erreichung der geldpolitischen Ziele. Dieses Ziel wird angepasst an die auftretenden Wirtschaftsentwicklungen. Eine Veränderung des Leitzinses kann eine Reihe von Ereignissen auslösen, die die gesamte Wirtschaft beeinflussen. In Abbildung 8.5 werden die Auswirkungen einer Leitzinsänderung auf die Wirtschaft beschrieben.

Wenn sich die Konjunktur verlangsamt und die Arbeitslosigkeit steigt, werden Entscheidungsträger die Geldpolitik lockern, um die Gesamtnachfrage anzukurbeln und das Nachfragewachstum auf ein Niveau zu bringen, das über dem Produktionspotential der Wirtschaft liegt. Umgekehrt, wenn die Wirtschaft Anzeichen einer Überhitzung zeigt und die Inflation steigt, wird die Fed die Geldpolitik

---

[3] Apel (2003)

	Federal Reserve	ECB
Principle Objectives	• Maximum employment • Stable prices • Moderate long-term interest rates	• Price stability
Functions	• Monetary Policy • Supervision and Regulation of Banking Institutions • Maintenance of Financial Stability • Provision of Financial Services	• Monetary Policy • Foreign Exchange Rate Operations • Promote Smooth Operation of Payment Systems • Hold and Manage Foreign Reserves
Monetary Instruments	• Open Market Operations • Reserve Requirements • Discount Window Lending	• Open Market Operations • Reserve Requirements • Standing Facilities
The banks	• Arranges monetary policy for over 100 years • Manages the most important currency in the world: the US Dollar • Federal structure: the chefs of the district central banks decide in the Board of governors • Right to vote rotates by the governors of the districts	• Exists since July 1998 • Manages since January 1999 the Euro, the world's most important currency after the USD • Federal structure: The chefs of the National banks take part in decision making • No rotation of rights of vote
Strategies	• The Fed is seen as „closed" • No monitoring of checkable monetary policy indicators and has no inflation target	• ECB is seen as very open (due to monthly reports and press conferences) • Follows a two pillar strategy • Mid-term target is to keep inflation rate $< 2\,\%$
Political Background	• Area of the USD comprises just one state, the USA • Counterpart in government is the financial minister • Fed operates just one single national publicity • Responsibility to account for the US congress	• Area of Euro comprises 13 EU countries, it changes by admission of further states • Political counterparts: Eurogroup, Ecofin, EU commission • Has to operate regarding 13 publicities • Responsibility to account for the European Parliament
Economical background	• Big, relatively closed economy with chronicle deficit in current account • Big and widely homogenous market for goods and services • Widely liberal employment and capital markets • Low ratio of government expenditures to GDP • Low structural unemployment • Big stock exchange capitalization • Most important financial center worldwide	• Big, relatively closed economy with widely balanced current account • Big, widely homogenous market for goods and also partly for services • Liberal capital markets • crusted employment markets • High ratio of government expenditures to GDP • High structural unemployment • Low stock exchange capitalisation • Second-rank stock exchanges in the Eurosystem (Frankfort, Paris)

Abbildung 8.4: Vergleich zwischen der Federal Reserve Bank und der Europäischen Zentralbank
Quelle: Junius, Meier, Müller (2002); Apel (2003).

Effects of Changes in Federal Funds Rate	
Increase of Federal Funds Rate (Tightening of policy)	Decrease of Federal funds Rate (Easing of policy)
Increase of short-term rates	Decrease of short-term rates
Increase of long-term rates	Decrease of long-term rates
Decrease of stock prices	Increase of stock prices
Increase of exchange value of Dollar	Decrease of exchange value of Dollar
Decrease of prices of imports to U.S.	Increaase of prices of imports to U.S.
Increase of prices of U.S. exports	Decrease of prices of U.S. exports
Decrease of households' and businesses' spending decisions	Increase of households' and businesses' spending decisions
Moderate growth in aggregate demand	Growth in aggregate demand
Downward pressure on inflation rate	Upward pressure on inflation rate

Abbildung 8.5: Auswirkungen von Leitzinsänderungen

verschärfen, um diesen Entwicklungen entgegenzuwirken und um das Nachfragewachstum unter das Niveau des Produktionspotentials der Wirtschaft zu bringen.

Bei Entscheidungen über die jeweilige Geldpolitik stehen die Zentralbanken allerdings gewissen Unsicherheiten gegenüber.

- Erstens sind die aktuelle Lage der Wirtschaft und das Gesamtnachfragewachstum zu jedem Zeitpunkt nur teilweise bekannt, da Schlüsselinformationen über Ausgaben, Produktion und Preise nur zeitverzögert verfügbar sind. Deshalb müssen sich die Entscheidungsträger auf Schätzungen dieser volkswirtschaftlichen Variablen verlassen, wenn sie angemessene wirtschaftspolitische Entscheidungen bewerten wollen; hier sind sie sich dessen bewusst, dass sie auf Basis irreführender Informationen handeln könnten.
- Zweitens ist es niemals sicher, wie genau eine Anpassung des Leitzinses das Gesamtnachfragewachstum beeinflussen wird.
- Drittens kann das Gesamtangebotswachstum, d. h. das Wachstum beim potentiellen Output, nicht genau gemessen werden. Schlüsselvariablen sind hier das Arbeitskräftewachstum und der damit verbundene Arbeitskräfteinput sowie das zugrunde liegende Wachstum bei der Arbeitskräfteproduktivität. Wachstum beim Arbeitskräfteinput kann genauer gemessen werden als die zugrunde liegende Produktivität.

Grundsätzlich dauert es eine Weile, bis Änderungen des Leitzinses durch das FOMC die Wirtschaft und die Preise beeinflussen, und häufig ist es ungewiss, ob ein ausgewähltes Zielniveau für den Leitzins die gewünschten Zielsetzungen erreicht. Deshalb widmet die Fed bestimmten Zielgrößen, die zwischen dem operativen Ziel – dem Leitzins – und der Wirtschaft stehen, eine große Aufmerksamkeit. Diese Zielgrößen umfassen die sich im Umlauf befindlichen Geldmengen, die Höhe und Struktur der Zinssätze, die sogenannte Taylor-Regel (Bestimmung des

Leitzinses in einer linearen Gleichung unter Berücksichtigung der tatsächlichen Entwicklung von Inflation und Wirtschaftswachstum) sowie Wechselkurse.

Zusammenfassend kann festgestellt werden, dass die Zentralbanken dazu tendieren, sich einer großen Bandbreite von Indikatoren zu bedienen, um Trends in der Wirtschaft bewerten zu können und um die Lage und den Verlauf der Geldpolitik einschätzen zu können.

8.3 Die Rolle der FED in der Subprime-Krise

Im Folgenden wird die Rolle der Fed in der Subprime-Krise zusammengefasst. Zusammenfassend ist zu sagen, dass die heute bestehenden Probleme das Ergebnis sind von vier oder fünf Jahren

- extrem niedriger Zinssätze risikofreier Anlagen für alle Laufzeiten in den USA, der Eurozone und Japan, sowie
- exorbitant niedriger Kreditrisikoaufschläge in allen Sektoren (nicht nur an den Subprime-Hypothekenmärkten).

Diese beiden Marktanomalien führten zu vielen hochverschuldeten offenen Positionen, die sich auf genau diesen lange Zeit vorherrschenden niedrigen Zinssätzen und Risikoaufschlägen begründeten. Regulatorische und aufsichtsrechtliche Fehler verschlimmerten das Ausmaß der Schulden- und Kreditrisikoblase, die dadurch entstanden ist.

8.3.1 Oktober 2001 – Juli 2007

Im Jahr 2001 geriet die US-Wirtschaft in eine leichte Rezession infolge der Terroranschläge vom 11. September. Zu diesem Zeitpunkt senkte die Fed den Leitzins, um der Rezession entgegen zu wirken. Während der darauffolgenden Erholung wurden der Aufwärtstrend und das Wachstum von steigenden Ressourcenauslastungsraten begleitet, insbesondere nachdem der Aufschwung Mitte 2003 an Fahrt gewann. Vor allem die Arbeitslosenquote sank von einem Höchstniveau von 6,3 % im Juni 2003 auf 4,4 % im März 2007. Da die Wirtschaft die Vollbeschäftigung erreichte, sah sich das FOMC mit dem klassischen Problem konfrontiert, die Abschwächung in der Mitte des Konjunkturzyklus zu managen, was darin besteht, eine Politik zu verfolgen, die der Wirtschaft hin zu nachhaltigem Wachstum ohne Inflation verhilft. Mit diesem Ziel vor Augen hat das FOMC eine Vielzahl von Zinserhöhungen durchgeführt, beginnend in der Mitte des Jahres 2004 bis hin zum Juni 2006; zu diesem Zeitpunkt lag der Leitzins bei 5,25 % – ein Niveau, das gemäß der Einschätzung des FOMC die politischen Ziele der Geldpolitik am besten unterstützt. Die Wirtschaft entwickelte sich zu Beginn des Jahres 2007 weiterhin gut, mit solidem Wachstum im dritten Quartal und einer Arbeitslosenquote, die nahe an den letzten Tiefständen blieb; und somit blieb der Leitzins bei 5,25 %.

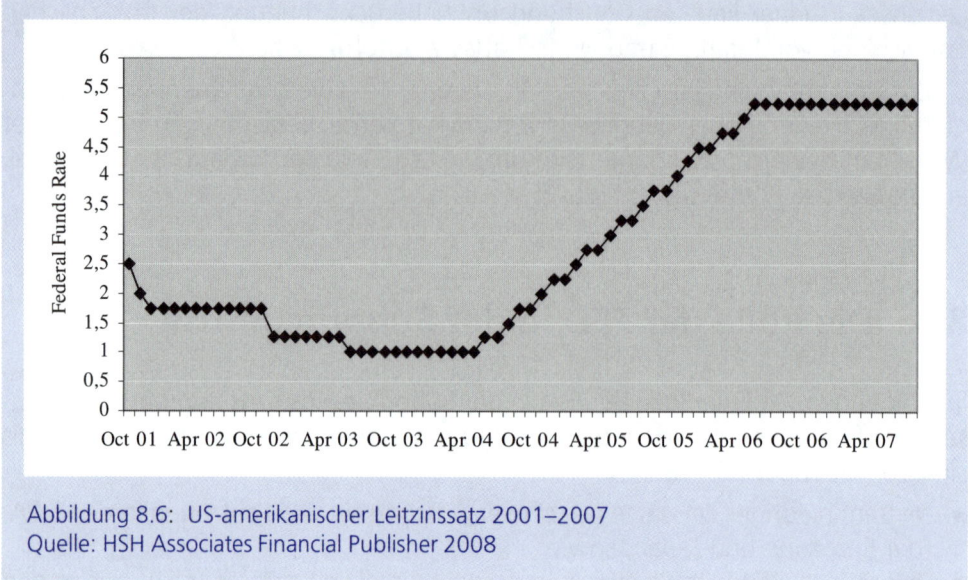

Abbildung 8.6: US-amerikanischer Leitzinssatz 2001–2007
Quelle: HSH Associates Financial Publisher 2008

Indikatoren des zugrunde liegenden Inflationstrends, wie etwa die Kerninflation, signalisierten eine moderate Entwicklung.[4]

In Abbildung 8.6 werden die Veränderungen des Leitzinses von Oktober 2001 bis Juli 2007 dargestellt.

Dennoch war die Situation im Jahr 2007 aufgrund einer Vielzahl von Faktoren kompliziert. Ein fortschreitender Anstieg der Preise für Energie und andere Rohstoffe, gemeinsam mit einer hohen Ressourcenauslastung, versetzte das FOMC weiterhin in Inflationsalarmbereitschaft. Aber eine noch größere Herausforderung stellte die starke und langwierige Korrektur am Häusermarkt dar, die einem jahrelangen Boom beim Hausbau und bei den Häuserpreisen folgte. Der Abschwung am Häusermarkt wäre vermutlich deutlich schwächer ausgefallen, wenn es nicht gleichzeitig ungünstige Entwicklungen am Subprime-Hypothekenmarkt gegeben hätte.[5]

Die Schritte, die die Fed anschließend unternommen hat, um auf die Subprime-Krise zu reagieren, werden in den folgenden Teilkapiteln beschrieben.

8.3.2 August 2007 bis heute

Die Fed hat eine Vielzahl von Schritten unternommen, um auf die Subprime-Krise zu reagieren. Um den Märkten zu helfen, wieder besser zu funktionieren, und um seine wirtschaftspolitischen Ziele einer nachhaltigen Vollbeschäftigung und Preisniveaustabilität zu unterstützen, hat die Fed die folgenden zwei Vorgehensweisen verfolgt: Bemühungen, die Marktliquidität und die Marktfunktion zu unterstüt-

---

[4] Bernanke (2008)
[5] Bernanke (2008)

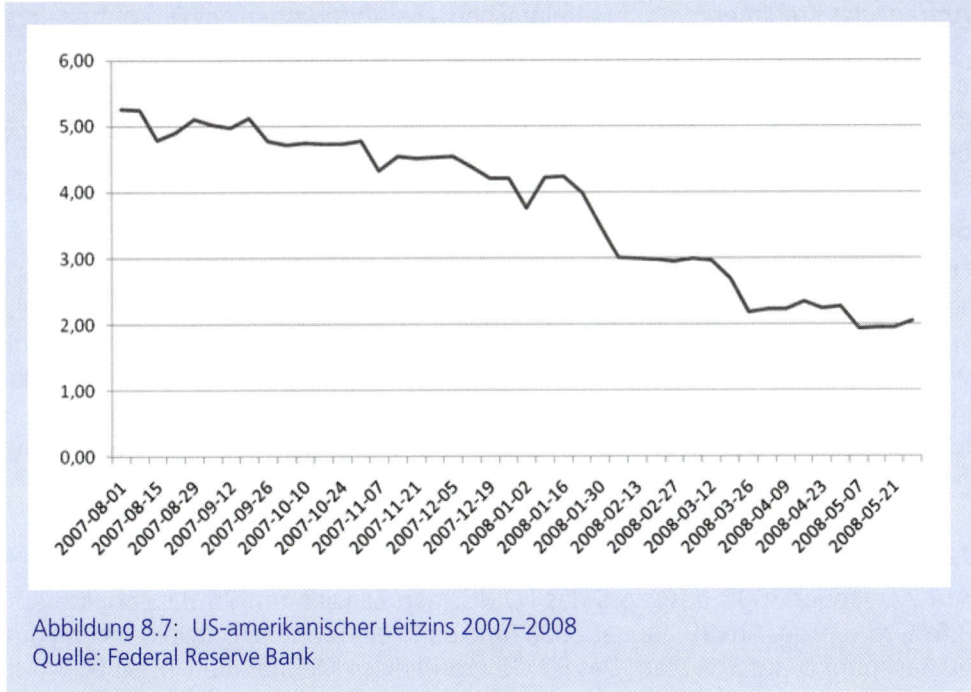

Abbildung 8.7: US-amerikanischer Leitzins 2007–2008
Quelle: Federal Reserve Bank

zen, und das Verfolgen makroökonomischer Ziele durch die Geldpolitik.[6] Um den signifikanten Spannungen an den kurzfristigen Geldmärkten zu begegnen, hat die Fed eine ganze Reihe von Schritten unternommen. In Abbildung 8.7 werden die Leitzinssenkungen dargestellt.

August 2007

Am 10. August 2007 hat die Fed Liquidität bereitgestellt, um das ordnungsgemäße Funktionieren der Finanzmärkte zu erleichtern. Sie stellte ausreichend Reserven durch Offenmarktgeschäfte bereit, um den Handel am Markt für Zentralbankreserven zu unterstützen, und zwar zu Zinssätzen, die nahe am Leitzins des FOMC von 5,25 % lagen. Aufgrund der Bedingungen der Subprime-Krise hatten die Einlageninstitute einen ungewöhnlich hohen Finanzierungsbedarf, was zurückzuführen war auf Verschiebungen an den Geld- und Kreditmärkten.[7]

Am 17. August 2007 senkte die Fed den Diskontsatz – der Zinssatz, zu dem sie Geld direkt an die Banken verleiht – um 50 Basispunkte, und sie hat bis heute den Spread zwischen dem Leitzins und dem Diskontsatz von 50 Basispunkten beibehalten, anders als die zuvor üblichen 100 Basispunkte.

Im August hat die Fed auch ihre üblichen Verfahren angepasst, um die Bereitstellung einer Diskontfenster-Finanzierung von bis zu 30 Tagen, erneuerbar auf

---

[6] Bernanke (2008)
[7] Board of Governors of the Federal Reserve System (2007)

Anfrage des Kreditnehmers, zu vereinfachen. Die Änderungen des Diskontfensters wurden vorgenommen, um den Banken die Verfügbarkeit einer im Notfall erforderlichen Liquiditätsquelle zuzusichern. Obwohl die Banken nur moderate Beträge im Diskontfenster aufnahmen, erhöhten sie den Betrag an Sicherheiten, die sie bei den Zentralbanken hinterlegen mussten, deutlich.

September, Oktober und Dezember 2007

Die Geldpolitik reagierte proaktiv auf die auftretenden Bedingungen. Das FOMC senkte den Leitzins um 50 Basispunkte in seiner Septembersitzung und um jeweils weitere 25 Basispunkte in den Sitzungen im Oktober und Dezember. Insgesamt wurde der Leitzins also von seinem ursprünglichen Niveau um einen Prozentpunkt gesenkt, kurz bevor die finanziellen Spannungen auftraten. Die Fed ergriff diese Maßnahmen, um den Einschränkungen, die von den verschärften Kreditbedingungen und der Abschwächung des Häusermarktes ausgingen, entgegenzuwirken.

Januar 2008

Am 22. Januar 2008 beschloss das FOMC, den Leitzins um 75 Basispunkte auf 3,5 % zu senken. Am 30. Januar 2008 fand dann eine weitere Leitzinssenkung um 50 Basispunkte auf 3 % statt. Das FOMC ergriff diese Maßnahmen im Hinblick auf die schwachen Wirtschaftsprognosen und die zunehmenden Wachstumsrisiken. Während die Spannungen an den kurzfristigen Geldmärkten leicht nachgelassen haben, haben die Bedingungen an den Kapitalmärkten sich weiter verschlechtert, und die Kreditvergabebedingungen für einige Unternehmen und Haushalte haben sich weiter verschärft. Darüber hinaus deuten aktuelle Informationen auf einen weiteren Abschwung an den Häusermärkten hin, ebenso wie eine Abschwächung am Arbeitsmarkt.[8]

Weitere Maßnahmen seitens der Fed während der Subprime-Krise

Um den Grenzen des Diskontfensters zu begegnen, hat die Fed kürzlich eine „Term Auction Facility" (TAF) eingeführt, durch die vorher festgelegte Beträge von Diskontkrediten an ausgewählte Kreditnehmer versteigert werden können. Das Ziel der TAF ist es, den Anreiz für Banken zu reduzieren, Bargeld zu horten, und ihre Bereitschaft zu erhöhen, den Unternehmen und Haushalten Kredite zur Verfügung zu stellen. Die TAF kann den derzeitigen Problemen des Interbankenkreditmarktes effektiver begegnen, ohne die Verwaltung der Reserven und des Leitzinses zu verkomplizieren. Im Dezember hat die Fed erfolgreich 40 Mrd. US$ durch diese Fazilität versteigert. TAF Auktionen werden so lange es notwendig ist fortgeführt, um dem gestiegenen Druck an den Geldmärkten entgegenzuwirken.

Obwohl die TAF und andere liquiditätsverbundene Maßnahmen anscheinend positive Auswirkungen haben, können solche Maßnahmen alleine den grundlegenden Bedenken hinsichtlich Kreditqualität und Bewertung nicht vollständig be-

---

[8] Bernanke (2008)

gegnen, und sie können ebenso nicht die Bilanzrestriktionen bei Finanzinstituten lockern. Daher können sie die finanziellen Spannungen, die die gesamte Wirtschaft beeinflussen, nicht beseitigen. Die Geldpolitik (d. h. die Verwaltung des kurzfristigen Zinssatzes) ist das beste Instrument der Fed, um makroökonomische Ziele zu verfolgen, also um nachhaltige Vollbeschäftigung und Preisniveaustabilität zu fördern.

8.3.3 Das Dilemma der Stagflation

Grundsätzlich gibt es vier mögliche Kombinationen aus Inflation, Preisniveaustabilität und Wirtschaftsentwicklung, mit denen die Zentralbank eines Landes konfrontiert werden kann. Auf jedes dieser Szenarien sollte die Zentralbank in angemessener Art und Weise reagieren. In Abbildung 8.8 werden diese Szenarien dargestellt.

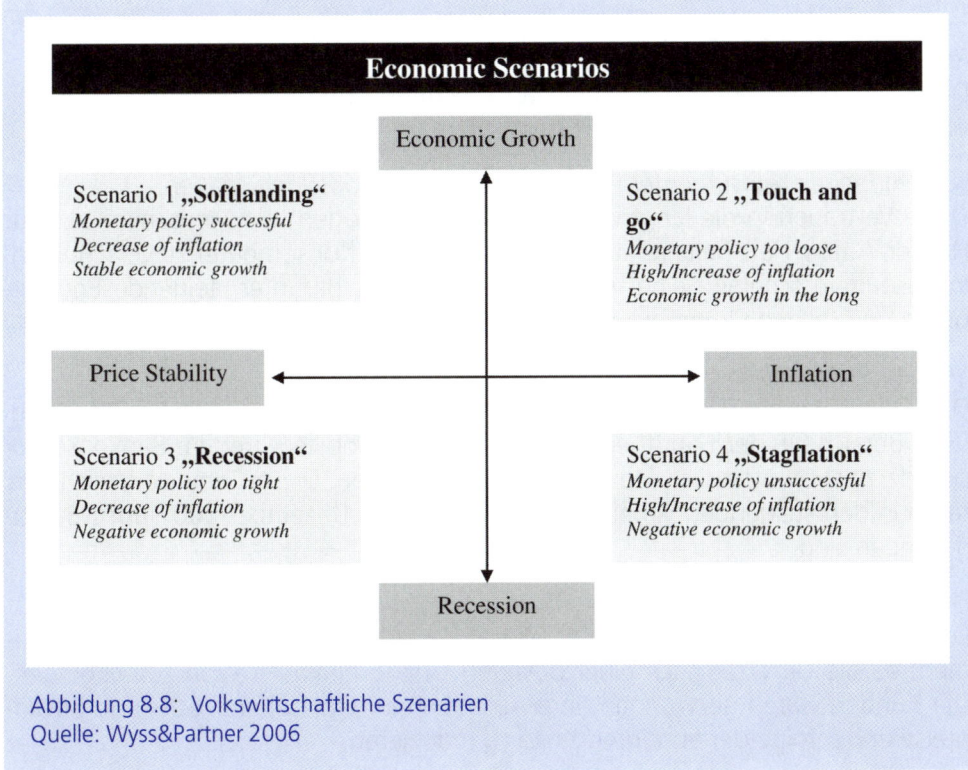

Abbildung 8.8: Volkswirtschaftliche Szenarien
Quelle: Wyss&Partner 2006

FED

Momentan steht die Fed einer Stagflation gegenüber. Stagflation ist die Kombination aus wirtschaftlicher Stagnation/Rezession und finanzieller Inflation; dies bedeutet das gleichzeitige Auftreten von zwei offensichtlich gegensätzlichen Wirtschaftsphänomenen. In einer solchen Situation ist es wegen der Inflation schwierig für die Zentralbanken, die Zinsen zu senken, während andererseits die wirtschaftliche Stagnation dazu führt, dass sie die Zinsen gerne senken würden. Mit anderen Worten: einer Inflation begegnen die Zentralbanken üblicherweise mit höheren Zinsen, während die Maßnahme gegen Rezession genau das Gegenteil bedeutet, nämlich niedrigere Zinsen.

Die Fed befindet sich in dem Dilemma, die Zinsen senken zu müssen, um eine drohende Rezession in den USA und der EU zu bekämpfen. Allerdings steigen gleichzeitig die Öl- und Nahrungsmittelpreise sowie weitere Inflationsmessgrößen.

Die Frühwarnsignale einer aufkommenden Rezession und Inflation sowie die Wirtschaftsprognose für die Realwirtschaft sehen wie folgt aus:[9]

Geringes BIP-Wachstum
Die BIP-Wachstumsrate lag 2007 in den USA lediglich bei 2,2 %. Es wird angenommen, dass das reale BIP-Wachstum sich in 2008 und 2009 drastisch verringern wird.

Rückläufige Hauskäufe
Der Kauf von Häusern sowie Hausbauaktivitäten sind beide um etwa die Hälfte von ihrem jeweiligen Spitzenwert gefallen.

Schwindendes Konsumentenvertrauen, sinkende Konsumausgaben
Ohne Vertrauen in die langfristigen Perspektiven zögern die Menschen, sich für Häuser, Autos, Haushaltsgeräte und sonstige große Konsumgüter zu verschulden. Insbesondere scheinen eine Vielzahl von Faktoren, darunter steigende Energiepreise und fallende Immobilienwerte, die Konsumausgaben in 2008 zu belasten.

Steigende Arbeitslosigkeit
Da die Umsätze zurückgehen, kommt es bei den Unternehmen zum Stellenabbau. Viele Bereiche in der Hypothekenindustrie, im Immobilien- und im Bankensektor sind derzeit von umfassenden Entlassungen getroffen. Dieser Trend zeigt sich sehr rasch in den steigenden Arbeitslosenzahlen, die im Dezember 2007 auf 5 % angestiegen sind.

Fallende Einzelhandelsumsätze
Dezember 2007 war ein schwacher Monat für viele große Einzelhandelsunternehmen, da die Umsätze nach einer düsteren Urlaubseinkaufssaison zurückgingen. Die Kunden waren gezwungen, ihre Ausgaben infolge höherer Gas- und Strompreise und infolge der Subprime-Krise zu reduzieren.

Abschwächung der Wirtschaftsaktivitäten im Unternehmenssektor
Im Unternehmenssektor scheinen Investitionen in Betriebsanlagen und Software zu stagnieren, während der Bau gewerblicher Immobilien ein starkes Wachstum verzeichnete. Im Lichte der schwächelnden Wirtschaftsaktivitäten und der ungünstigen Entwicklungen an den Kreditmärkten erscheint es naheliegend, dass das

---

[9] Bernanke (2008); Economist Intelligence Unit (2007)

Wachstum bei den Investitionen in beiden Bereichen in den kommenden Monaten nachlassen wird.

Unsicherheit an den Finanzmärkten
Die Bedingungen an den Finanzmärkten stellen weiterhin ein Risiko für die zukünftigen Aussichten dar. Die Marktteilnehmer empfinden immer noch eine starke Unsicherheit hinsichtlich der richtigen Bewertung komplexer Finanzanlagen sowie hinsichtlich des Ausmaßes weiterer Verluste, die in der Zukunft offengelegt werden.

Inflation
Da selbst die Prognosen für die Realwirtschaft schlechter geworden sind, haben sich an der Inflationsfront einige wichtige Entwicklungen ergeben. Am erwähnenswertesten ist, dass der Ölpreisanstieg, der das Wirtschaftswachstum möglicherweise bremsen wird, gleichzeitig die gesamten Konsumausgaben in die Höhe treibt. Im vergangenen Jahr sind die Nahrungsmittelpreise ebenfalls außerordentlich stark angestiegen, was die Preisinflation weiter angetrieben hat.

Da sowohl die Inflation als auch der wirtschaftliche Abschwung zunehmend offensichtlich werden, sieht die Fed sich dem bereits beschriebenen Dilemma gegenüber. Die Frage ist, was die Fed hier tun kann bzw. tun sollte. Die Zinsen erhöhen, um die Inflation zu stoppen, oder die Zinsen senken, um eine Rezession und Risiken zu vermeiden, die zu einem freien Fall beim US-Dollar führen?

Federal Open Market Committee (FOMC)

Das FOMC hat diese Maßnahme im Hinblick auf die schwächeren Wirtschaftsaussichten und die zunehmenden Wachstumsrisiken ergriffen. Während die Spannungen an den Geldmärkten etwas nachgelassen haben, haben sich die Bedingungen an den Kapitalmärkten weiter verschlechtert, und die Kreditaufnahme ist für einige Unternehmen und Haushalte noch schwieriger geworden. Darüber hinaus kündigen neue Informationen eine weitere Abschwächung des Häusermarktes sowie des Arbeitsmarktes an.

Da das Komitee erwartet, dass die Inflation in den nächsten Quartalen nachlässt, konzentriert sich die Fed auf die Senkung der Zinsen und auf die Bekämpfung der Rezession anstatt auf die Bekämpfung der Inflation.

Die Maßnahmenpolitik der Fed zusammen mit denjenigen Maßnahmen, die sie zuvor ergriffen hatte, sollte helfen, im Laufe der Zeit ein moderates Wachstum zu fördern und die Risiken bei den Wirtschaftsaktivitäten zu verringern. Dennoch bleiben Wachstumsrisiken bestehen.

EZB

Die EZB dagegen hat bislang noch nicht auf die wirtschaftlichen Probleme reagiert. Dazu muss erwähnt werden, dass die Preisniveaustabilität das oberste Ziel der Geldpolitik der EZB ist, gefolgt von Wirtschaftswachstum. Deshalb geht die EZB mit dem Problem der Stagflation, welche auch in Europa auftreten könnte, anders um als die Fed. Zurzeit hält die EZB die Zinsen stabil.

8.4   Zusammenhang zwischen Zinsen und Aktienkursen

8.4.1   Eine langfristige Analyse

Der Leitzins der US-Notenbank ist in der Tat einer der wichtigsten Faktoren für langfristige Prognosen bei Aktien. Der immense Einfluss des Leitzinses auf die Aktienkurse wird im Folgenden diskutiert.

In Abbildung 8.9 ist die Entwicklung des US-Leitzinses und des S&P 500 seit 1971 dargestellt. Interessanterweise ist erkennbar, dass der US-Leitzins seit 1983 einem Abwärtstrend folgt, während im gleichen Zeitraum der S&P 500 einen klaren Aufwärtstrend zeigt, und sich nicht länger auf einem konstanten Niveau bewegt.

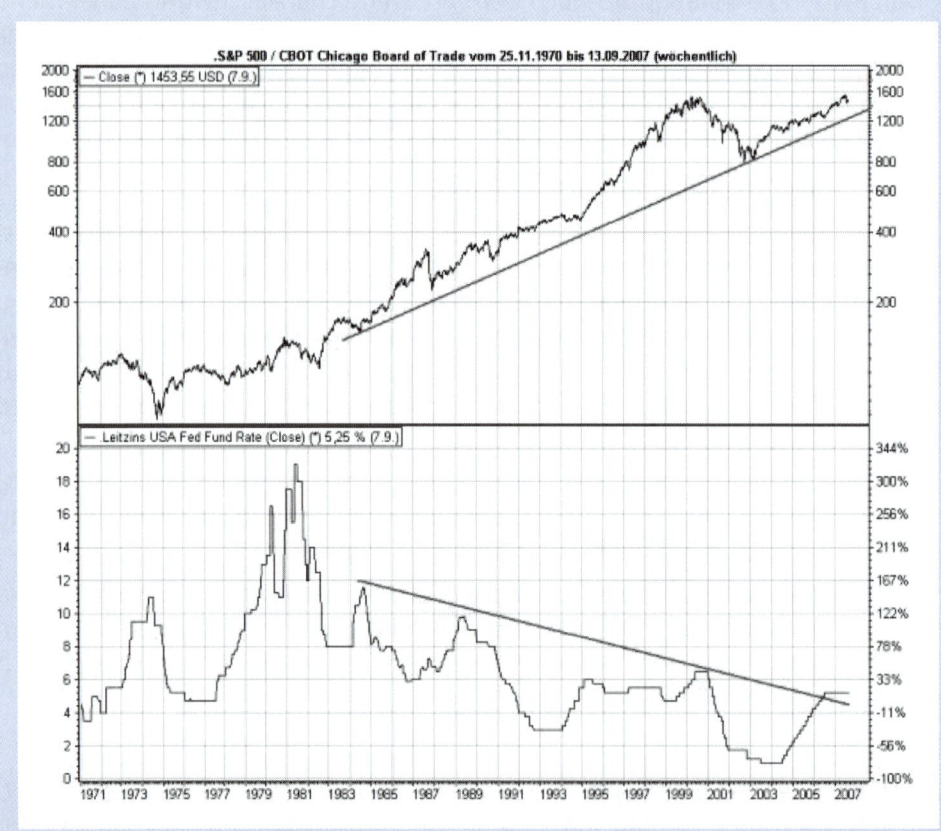

Abbildung 8.9: Entwicklung des US-amerikanischen Leitzins und des S&P 500 von 1971–2007
Quelle: Market-maker

Es gibt verschiedene Gründe für die deutlichen Änderungen des US-Leitzinses seit 1971:

- Auflösung des Goldstandards im Jahr 1971 als Folge des Vietnamkrieges
- Versagen des Bretton Woods Systems im Jahr 1973
- Ölkrise und daraus folgende Inflation Ende der 70er Jahre

Der Chart sagt aus, dass es eine langfristige Beziehung zwischen fallenden Zinssätzen und steigenden Aktienkursen gibt. In Abbildung 8.10 wird diese Beziehung genauer dargestellt.[10]

Fallende Zinssätze und ihr Einfluss auf den Markt

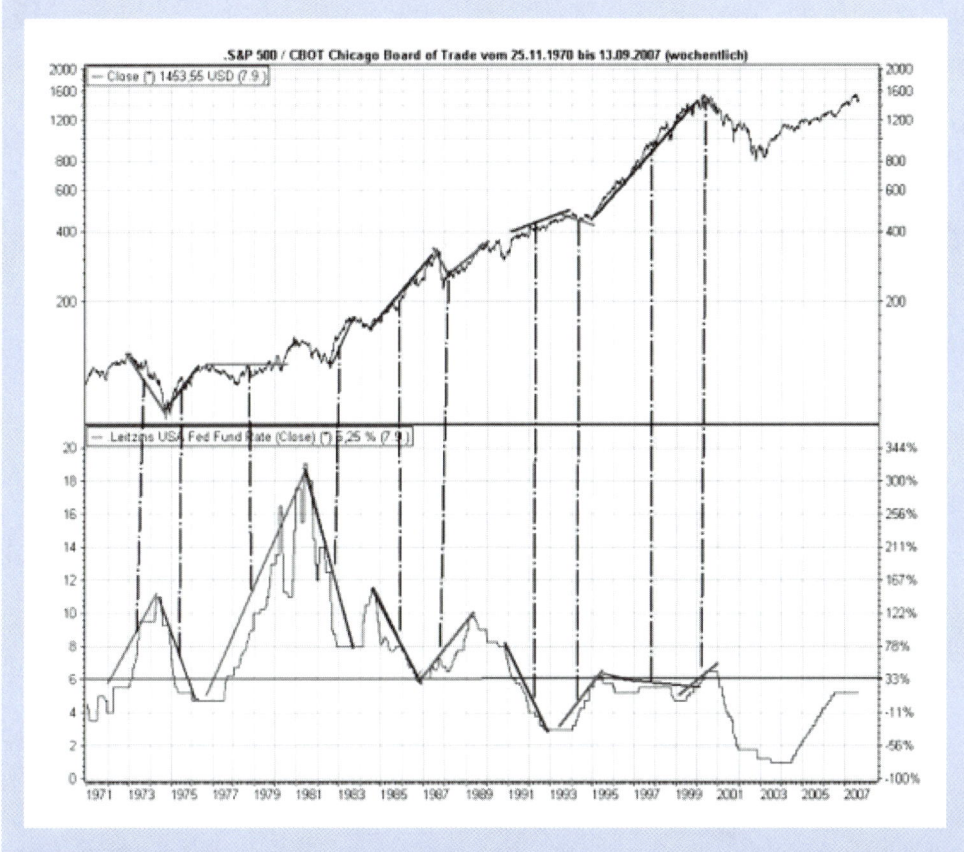

Abbildung 8.10: Änderung des US-amerikanischen Leitzinses und Auswirkungen auf den S&P 500 von 1971–2007
Quelle: Market-maker

In Abbildungen 8.10 wird deutlich, dass es in einzelnen Zeitabschnitten zu gegenläufigen Bewegungen beim Leitzins und Aktienindex kam. Es ist außerdem zu

---

[10] Steffens (2007)

erwähnen, dass steigende Zinsen immer zu fallenden bzw. stagnierenden Aktienkursen führen. Zeitweise, beispielsweise nach Extremphasen wie dem Crash im
Jahr 1987, ist erkennbar, dass die Aktienkurse auch bei Zinserhöhungen steigen.
In diesem Zusammenhang ist der Zeitraum Mai 1994 bis 1999 interessant, da
hier die Zinssätze konstant oder leicht fallend waren. Auch dies führte zu einem
starken Kursanstieg.

In Abbildung 8.10 ist offensichtlich erkennbar, dass fallende Zinssätze fast immer zu einem Kursanstieg führen.

⟶ Sinkende Zinsen sind gut für den Aktienmarkt.

Die 6 % Marke

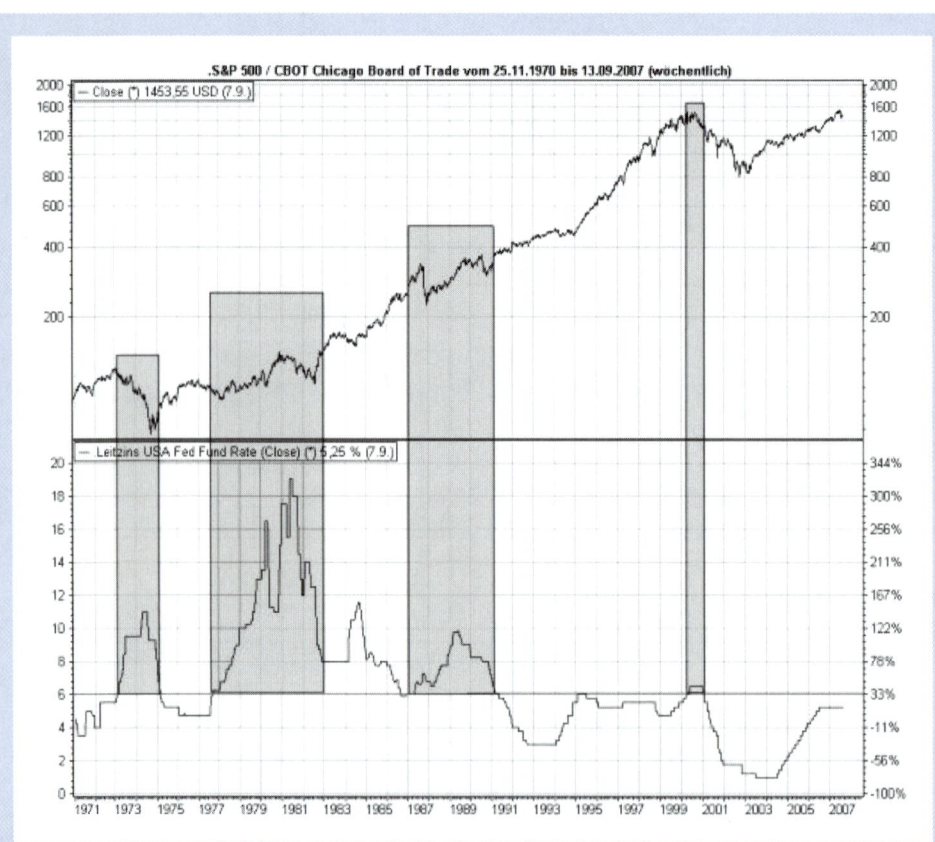

Abbildung 8.11: S&P 500 und der US-amerikanische Leitzins von 1971–2007 (Phasen mit
einem Leitzins >6 % hervorgehoben)
Quelle: Market-maker

Bei näherer Betrachtung der Abbildung 8.10 wird deutlich, dass ein Zinssatz von 6 % eine besondere Bedeutung für die Märkte hat. Dies ist offensichtlich genau diejenige Grenze, unterhalb der die Aktie durch Liquidität unterstützt wird. Zinssätze über 6 % belasten den Aktienmarkt (vgl. Abbildung 8.11).

In Abbildung 8.11. sind alle Phasen mit Zinssätzen über 6 % grau markiert. Während dieser Phasen zeigen die Aktien tatsächlich Schwierigkeiten; oft sind dort Kurseinbrüche an den Aktienmärkten aufgetreten.

Die Phase von 1985 bis 1987 ist ausgelassen worden, weil es vor diesem Zeitraum extrem fallende Zinsen gab, und die Zinssätze bereits nahezu bei 6 % lagen. Im Vergleich zu dem davor herrschenden Zinsniveau von 16 bis 19 % muss der Markt die Zinssätze in diesem Zeitraum als extrem niedrig wahrgenommen haben.

Zuletzt lagen die Zinsen am 21. März 2000 über 6 % – exakt das Datum, an dem der große Crash 2000–2003 begann. Die Zinsen erreichten sogar 6,5 % und fielen bis zum 31. Januar 2001 nicht unter 6 %. Während des Jahres 2001 fielen die Zinsen dann bis auf 3,5 %.

> $\longrightarrow$ Zinssätze unter 6 % sind gut für den Aktienmarkt.

Die Kriegssituation: Der Einfluss des 11. September 2001

Aktienkurse tendieren dazu, aufgrund bedeutender geopolitischer Konflikte mit unsicherem Ausgang und der Möglichkeit eines Schadens für die Weltwirtschaft stark zu fallen.

Es ist interessant zu sehen, dass der S&P 500 nach dem 11. September 2001 auf dasselbe Niveau anstieg wie vor den Terroranschlägen – vielleicht ebenfalls infolge der niedrigen Zinssätze zu diesem Zeitpunkt.

Dies führt zu der Frage, ob die Aktienmärkte sich nicht sehr schnell erholt hätten, wenn es den folgenden Krieg in Afghanistan sowie die weiteren Sanktionen, die zum Irakkrieg geführt haben, nicht gegeben hätte.

Auf den ersten Blick könnte man in Abbildung 8.12 annehmen, dass der Zinssatz und der S&P 500 sich seit dem Jahr 2000 einvernehmlich in dieselbe Richtung bewegt haben – aber dies entspricht nicht der Realität. Solche Missinterpretationen können auftreten, wenn nur ein kleiner Ausschnitt aus einer deutlich größeren Entwicklung analysiert wird.

Ganz offensichtlich erkennbar ist, dass der S&P 500 vor dem Krieg in Afghanistan am 7. Oktober 2001 bis zum Beginn des Irakkrieges am 19. März 2003 die größten Aktienkursverluste verzeichnete.

Dies war eine völlig außergewöhnliche Situation: die Medien waren voll mit möglichen Szenarien, d. h. großflächige Brände in der Region, Ölknappheit und verheerenden Folgen für die Weltwirtschaft.

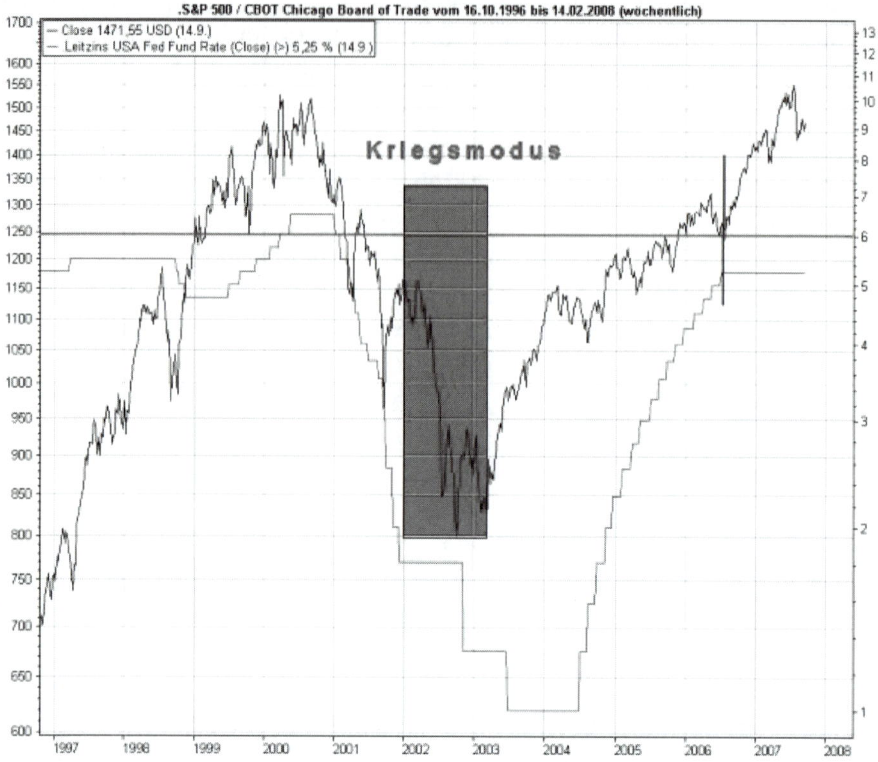

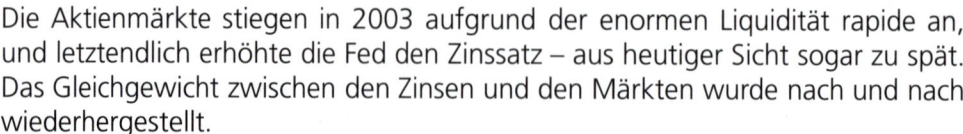

Abbildung 8.12: S&P 500 und der US-amerikanische Leitzins von 1997–2008 (Phase im Kriegs-
modus hervorgehoben)
Quelle: Market-maker

Erst als das Ende des Irakkrieges abzusehen war und es klar war, dass keine Horrors-
zenarien folgen werden, konzentrierten sich die Märkte wieder auf die relevanten
Faktoren:

Niedrige Zinsen = hohe Liquidität = steigende Kurse

Die Aktienmärkte stiegen in 2003 aufgrund der enormen Liquidität rapide an,
und letztendlich erhöhte die Fed den Zinssatz – aus heutiger Sicht sogar zu spät.
Das Gleichgewicht zwischen den Zinsen und den Märkten wurde nach und nach
wiederhergestellt.

Der Graph in Abbildung 8.12 zeigt den enormen Einfluss der Zinsen auf die
Wirtschaft sowie auf den Kurvenverlauf des S&P 500: als das Zinsniveau 5,25 %
am 6. September 2006 erreichte und die Fed ankündigte, die Zinsen nicht weiter
zu erhöhen, folgte eine starke Erholung.

8.4.2   Eine Analyse für den Zeitraum der Subprime-Krise

Bei einem Leitzins von 3 % im Februar 2008 zeigt die unten stehende Abbildung, dass die Fed den Leitzins seit August 2007 kontinuierlich gesenkt hat, während auch der S&P 500 einen stetigen Abwärtstrend verzeichnete. Die einzelnen Zinssatzsenkungen der Fed bis zum August 2008 sind in Abbildung 8.13 dargestellt.

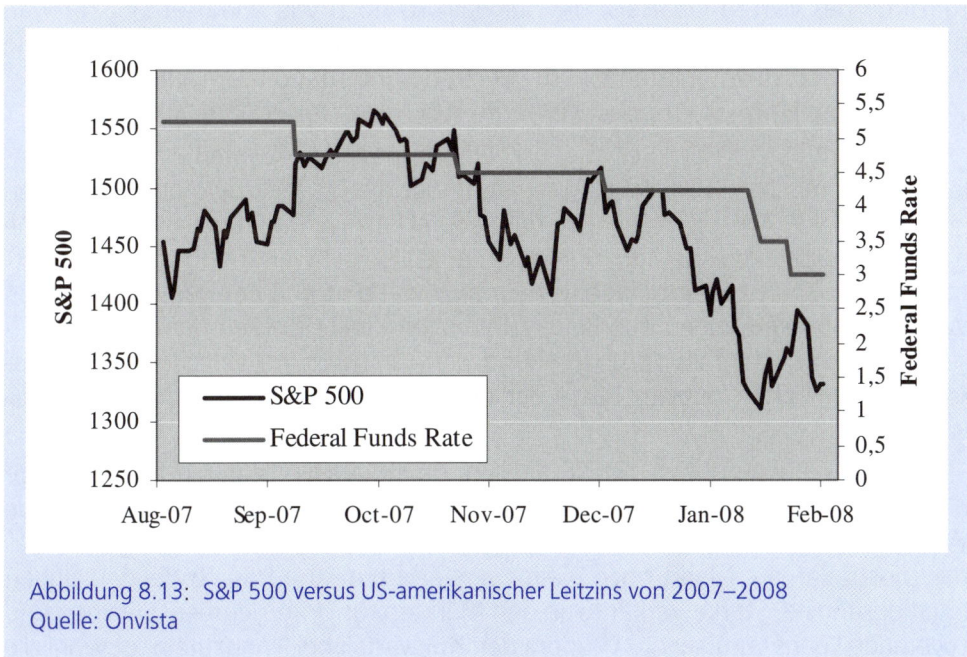

Abbildung 8.13: S&P 500 versus US-amerikanischer Leitzins von 2007–2008
Quelle: Onvista

Der Vergleich zwischen dem US-Leitzins und dem S&P 500 im obigen Schaubild zeigt die inverse Situation, die zuvor erklärt wurde. Oben wurde dargestellt, dass auf fallende Zinssätze gewöhnlich steigende Aktienkurse folgen, und dass es gut für den Markt ist, wenn das Zinsniveau unter 6 % liegt.

Von August 2007 bis Januar 2008 hat die Fed den Leitzins von 5,25 % auf 3 % gesenkt, aber die Aktienkurse des S&P 500 sind dennoch gefallen, und nicht gestiegen, wie es normalerweise zu erwarten gewesen wäre.

Die offizielle Stellungnahme der Fed hinsichtlich der Zinsenkung auf 3 % besagte, dass die Finanzmärkte weiterhin unter großem Stress stehen, und dass Kredite für einige Unternehmen und Haushalte weiterhin schwer zugänglich sind. Darüber hinaus deuteten neue Informationen an, dass sich der Abschwung des Häusermarktes weiter verstärkt, und sich ebenso die Situation am Arbeitsmarkt verschlechtert.

Das Komitee erwartet eine moderatere Inflation in den kommenden Monaten, aber es wird weiterhin notwendig sein, die Inflationsentwicklung genau zu beobachten. Die Zinssenkung auf 3 % sollte das moderate Wachstum in der nächsten Zeit unterstützen und die Risiken bei den Wirtschaftsaktivitäten minimieren.[11]

Die gewünschten Effekte der Zinssenkung wurden teilweise durch die Wachstumszahlen des vierten Quartals 2007 aufgehoben, die aussagten, dass die US-Wirtschaft im vergangenen Jahr das schwächste Wachstum seit 2002 zu verzeichnen hatte. Das BIP der USA ist im vierten Quartal 2007 mit einer jährlichen Wachstumsrate von 0,6 % gewachsen, gegenüber 4,9 % im dritten Quartal. Die Wachstumsrate des vierten Quartals, die nur halb so hoch wie erwartet (1,2 %) war, diente als weitere Warnung, dass die USA einer Rezession entgegensteuert. Die Wachstumsstatistiken folgten einem Bericht des Internationalen Währungsfonds, welcher seine Prognose für das weltweite Wachstum für 2008 revidierte.

Insgesamt betrachtet ist es augenscheinlich, dass das Ausmaß der Leitzinssenkungen die missliche Lage widerspiegelt, in der die Fed sich befindet. Gemäß einer Vielzahl von Analysten versucht das Federal Reserve Board die alte Taktik, eine möglicherweise explosive Situation durch eine Überschwemmung des Finanzsektors mit Liquidität zu vermeiden, erneut anzuwenden, mit der daraus folgenden Wahrscheinlichkeit, eine neue Blase zu kreieren. Sollte die Fed damit erfolgreich sein, wird sie bestenfalls vorübergehend die Aufschiebung einer letztlichen Abrechnung erreichen mit der Folge der Intensivierung des globalen Ungleichgewichts.[12]

Zusammenfassend lässt sich feststellen, dass die Märkte durch die Angst vor einer Rezession erschüttert wurden, die verursacht wurde durch das stagnierende Wirtschaftswachstum, die Ankündigungen weiterer Wertberichtigungen – was das Misstrauen am Markt noch weiter verstärkt hat – und durch die derzeitigen Inflationsängste. Starke Verkäufe an den Märkten für Unternehmensanleihen und Leveraged Loans verursachten zudem den Kursverfall bei Finanztiteln, obwohl die Zinsen immer attraktiver werden. All dies sind Gründe, weswegen der S&P 500 trotz der Zinssenkungen nicht gestiegen ist.

Abbildung 8.14 zeigt die unterschiedliche Zinsentwicklung bei der Fed und der EZB (sowie in Großbritannien, Japan und Australien) in den vergangenen Jahren und hebt noch einmal die unterschiedliche Politik der beiden Zentralbanken in der Vergangenheit hervor.

---

[11] Federal Reserve (2008)
[12] Damon (2008)

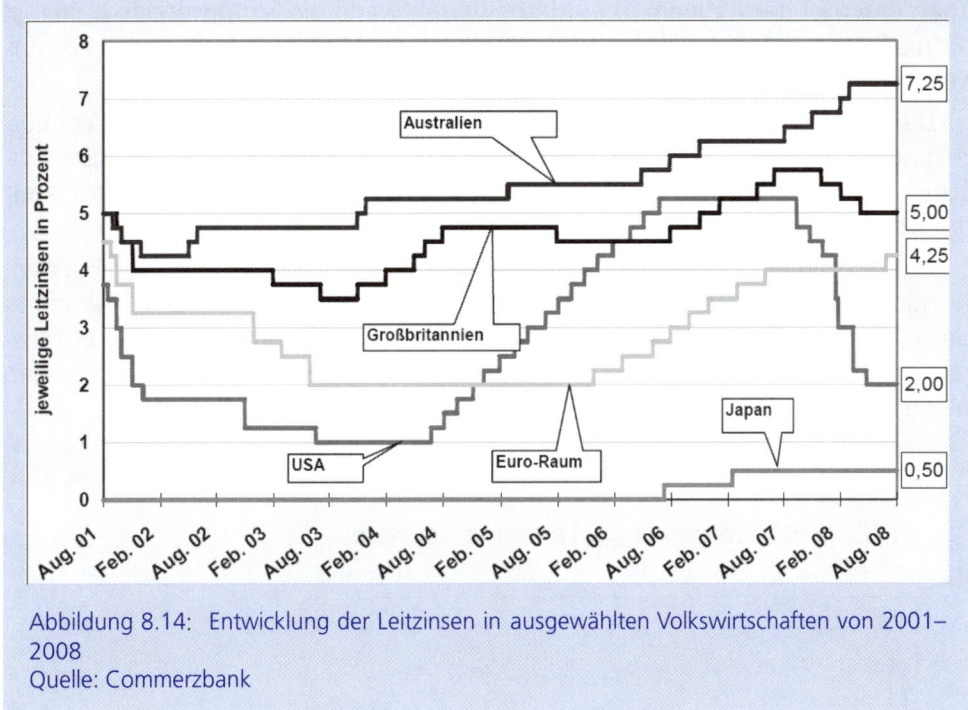

Abbildung 8.14: Entwicklung der Leitzinsen in ausgewählten Volkswirtschaften von 2001–2008
Quelle: Commerzbank

8.5   Das FED-Modell

Das Fed-Modell ist eine Bewertungsmethode, die aussagt, dass eine Beziehung zwischen der zukünftigen Ertragsrendite des Aktienmarktes (typischerweise der S&P 500) und der Rendite der 10jährigen Staatsanleihe bei Fälligkeit („Yield-to-Maturity" oder YTM) besteht. Die Rendite einer Aktie setzt sich zusammen aus dem erwarteten Gewinn der kommenden 12 Monate geteilt durch den aktuellen Aktienkurs. Diese Gleichung ist die Umkehrfunktion des bekannten Kurs-Gewinn-Verhältnisses (KGV); die Berechnung der Aktienrendite folgt allerdings dem gleichen Konzept wie die Berechnung der Rendite einer Anleihe, d. h., dem Konzept einer Investitionsrendite.

$$\frac{Bond\ Yields}{Stock\ Earnings\ Yields} = \frac{Y}{E/P} = 1$$

mit: Y = Bond Yields (affected by expectations of inflation)
E = Earnings of the S&P 500 (affected by past inflation)
P = Price of the S&P 500 (affected by expectations of inflation)

Theoretisch ist der Aktienmarkt unterbewertet, wenn die Ertragsrendite höher ist als die Rendite der zehnjährigen Staatsanleihe, und überbewertet, wenn sich das Verhältnis umgekehrt darstellt.

Die Prämisse des Modells ist, dass Anleihen und Aktien miteinander konkurrierende Anlageprodukte sind. Ein Investor trifft permanent Entscheidungen zwischen Anlageprodukten, da sich die relativen Preise zwischen diesen Produkten am Markt ändern.

Die Fed deutete in ihrem Humphrey-Hawkins-Bericht von 1997 gegenüber dem Kongress an, wie sie den Aktienmarkt bewerten könnte. Sie verglich die Renditen der 10-jährigen Staatsanleihe von 1982 bis 1997 mit der (vorhergesagten) Ertragsrendite des S&P 500 und entdeckte hier eine sehr starke Korrelation zwischen den beiden Renditen (vgl. Abbildung 8.15):

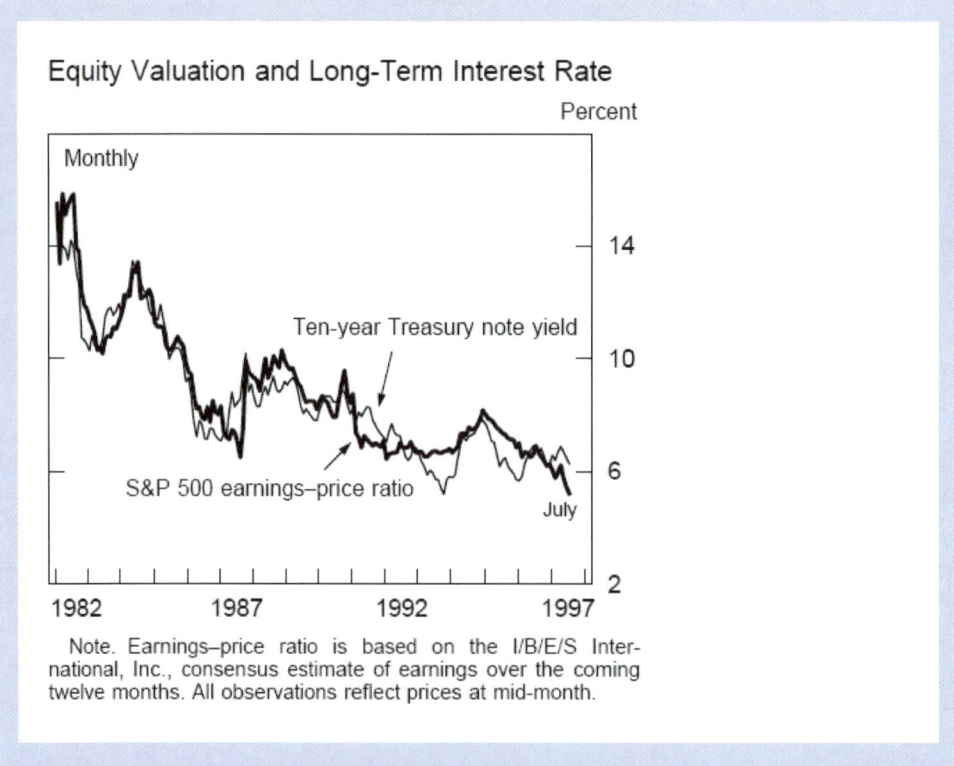

Abbildung 8.15: Vergleich zwischen S&P 500-Gewinn-Kurs-Verhältnis und den Renditen der 10-jährigen US-amerikanischen Schatzanweisungen
Quelle: Federal Reserve: Monetary Policy Report 1997

Das Fed-Modell ist ein einfacher Weg zur Aktienbewertung, und ist in Einklang mit der Standardtheorie des wirtschaftlichen Gleichgewichts. Abwandlungen des Fed-Modells werden von vielen Investmentbanken und Aktienanalysten verwendet. Es ist wichtig zu erwähnen, dass die Fed dieses Instrument nicht initiiert hat. Es wurde in Wirklichkeit von dem Strategen der Prudential Securities, Ed Yardeni, als „Fed-Modell" bezeichnet.

Trotz der Beliebtheit des Fed-Modells bei institutionellen Investoren wird es stellenweise als zu sehr vereinfachtes und möglicherweise irreführendes Modell abgelehnt.

Das größte Problem des Fed-Modells besteht darin, dass es sich auf zwei Annahmen begründet:

(1) Dass die Gewinne hoch bleiben, trotz eines zyklisch bedingten Auf- und Abschwungs;

(2) Dass die Zinsen niedrig bleiben.

Wenn eine dieser zwei Variablen um einen bedeutenden Betrag von dieser Ausgangsposition abweicht, sehen günstige Aktien plötzlich deutlich weniger günstig aus.

Das zweite Problem liegt darin, dass das Fed-Modell niedrige Zinsen doppelt berücksichtigt. Wenn die Zinsen niedrig sind, fallen die Fremdkapitalkosten, was es den Unternehmen ermöglicht, sich günstig Kapital zu beschaffen, Schulden zu tilgen usw. Diese Ersparnisse und Erträge zeigen sich im Gewinn wieder. Das war sicherlich in den vergangenen Jahren der Fall. Wenn nun der nächste Schritt darin liegt, diese positiven Gewinneffekte und die Bewertungen mit den Renditen der Staatsanleihen zu vergleichen, wird der Einfluss des niedrigen Zinssatzes zweimal berücksichtigt.

Das letzte Problem liegt darin, dass es keinen bestimmenden oder voraussagenden Beweis für die zukünftige Marktperformance gibt. Als die Aktien Mitte bis Ende der 90er Jahre durch das Fed-Modell teuer wurden, schafften sie es, weitere drei Jahre einen Aufwärtstrend zu verzeichnen, bevor sich der Trend letztendlich umkehrte.

Wenn das Fed-Modell eines lehrt, dann ist es die Tatsache, dass die Bewertung auf Basis des Fed-Modells ein ziemlich ungenaues Steuerungsinstrument ist.

Hinsichtlich der Subprime-Krise war der Markt gemäß dem Fed-Modell mehrere Jahre lang unterbewertet. Einige Analysten glauben, dass die Subprime-Krise u. a. durch Fehlbewertungen durch das Fed-Modell verursacht wurde. Die Märkte hatten einen unerwarteten Erfolg, der dann zu der Krise führte.[13]

---

[13] Brady (2007)

9 Wie sind Private Equity Gesellschaften und Hedge-Fonds von der Finanzkrise betroffen?

9.1 Was versteht man unter einer Private Equity Gesellschaft und Private Equity?

Eine *Private Equity Gesellschaft* ist ein Unternehmen, das anderen Unternehmen Eigenmittel gegen Gewährung von Anteilsrechten zur Verfügung stellt, um mittelfristig an der Wertentwicklung dieser Gesellschaften zu partizipieren. Eine Private Equity Gesellschaft ist für die Betreuung des von ihren Investoren zur Verfügung gestellten Kapitals verantwortlich. Zu ihren Aufgaben zählen:

- Auswahl von Investitionsmöglichkeiten
- Durchführung der Investition
- Monitoring der eingegangenen Beteiligungen
- Desinvestition

Private Equity ist die Finanzierung von Unternehmen über Eigenmittel, die von außerhalb des organisierten Kapitalmarktes, also der Börsen, eingebracht werden. Die Kapitaleinlage ist mit erheblichen Kontroll-, Informations- und Mitentscheidungsrechten bis hin zur Managementunterstützung verbunden.

Private Equity zählt zu den so genannten „Alternative Investments". Abbildung 9.1 ordnet Private Equity in die Alternative Investments ein.

Abbildung 9.1: Überblick über Alternative Investments

9.2 Welche Anlässe einer Private Equity Finanzierung gibt es?

Zu den Anlässen einer Private Equity Finanzierung zählen:

- Wachstum
- Bridge-Finanzierung
- Public-to-Private
- Nachfolgeregelung, Ablösung bestehender Gesellschafter und Spin-off
- Private Placement
- Turn Around
- Branchenkonzept bzw. Buy and Build Strategy

9.2.1 Wachstum

Wachstumsfinanzierungen dienen der Finanzierung der Expansionspläne über internes Wachstum (zusätzliche Produktionskapazitäten, zusätzliches Working Capital, Marktanteilsausweitung, Produktdiversifikation, etc.) oder Akquisitionen, die nicht durch Fremdkapital finanziert werden können. Beteiligungsgesellschaften finanzieren das Wachstum von Unternehmen in der Regel durch stille Beteiligungen oder durch Minderheitsbeteiligungen. Im Gegensatz zu den Early-Stage-Finanzierungen liegt dies hauptsächlich an den Altgesellschaftern, die den Einfluss der Beteiligungsgesellschaft begrenzen möchten. Ferner reicht in der Regel der Liquiditätszufluss, der durch eine Minderheitsbeteiligung generiert wird, zur Finanzierung der Expansionspläne aus.

9.2.2 Bridge-Finanzierung

Eine Bridge-Finanzierung dient der Vorbereitung eines Börsenganges. Hierbei wird zusätzliches Eigenkapital zur Überbrückung des Zeitraumes bis zur Einführung des Unternehmens an der Börse zur Verfügung gestellt. Bridge-Finanzierungen finden sich auch im Venture Capital Bereich. Als Bridge-Finanzierung wird hier die Zwischenfinanzierung für den Börsengangs junger Technologieunternehmen unmittelbar nach Ablauf der Venture Capital Finanzierung bezeichnet.

Der Börsengang bedarf in der Regel einer längerfristigen Vorbereitung, um sowohl die gesetzlichen und börsenrechtlichen Erfordernisse als auch die Erwartungen der potenziellen privaten und institutionellen Anleger zu erfüllen. Das Beteiligungskapital verbessert dabei nicht nur die Eigenkapitalausstattung. Gerade im nicht-finanziellen Bereich kommt der Beteiligung in der Börsenvorstufe eine besondere Bedeutung zu. Die Vorbereitungsphase für einen Börsengang, in der die Beteiligungsgesellschaft ein Unternehmen begleitet, kann selbst bei bereits am Markt etablierten größeren mittelständischen Unternehmen ein bis zwei Jahre in Anspruch nehmen.

Während der Phase der Bridge-Finanzierung kann das Unternehmen unter Ausschluss der Öffentlichkeit Erfahrungen in Bezug auf die zu erwartenden Besonderheiten und Anforderungen an eine börsennotierte Aktiengesellschaft sammeln. Insbesondere die Anpassung des Rechnungswesens, des Reportings und des Controllings an die erforderlichen Kapitalmarktstandards bedürfen einer guten Vorbereitung. In diesem Zusammenhang gewinnt die Bereitstellung von Managementunterstützung als Merkmal des Private Equity an Bedeutung. Diese dehnt sich auch auf die bisher nicht notwendige Investor-Relations Arbeit aus.

Ein weiterer wichtiger Vorteil der Bridge-Finanzierung ist die zeitliche Flexibilität, die den Unternehmen in der Börsenvorstufe durch eine Kapitalbeteiligung eingeräumt wird. Durch das zusätzliche Kapital kann der richtige Zeitpunkt des Börsengangs abgepasst werden, ohne dass das Unternehmen dem finanziellen Druck ausgesetzt wird, auch in einem schlechten Börsenumfeld den Börsengang durchführen zu müssen. Eine Bridge-Finanzierung erfolgt in der Regel durch eine offene Beteiligung. Eine Beteiligungsgesellschaft kann dadurch direkt an der Wertsteigerung des Unternehmens partizipieren, die sie teilweise bereits beim Börsengang realisiert.

9.2.3 Public-to-Private (Going Private): „Delisting" von börsennotierten Gesellschaften

Der Begriff des Going Private bezeichnet die Überführung einer „öffentlichen", börsennotierten Gesellschaft („Public Company") in eine „private" Unternehmung, deren Anteile nicht mehr an den Aktienmärkten gehandelt werden („Private Company"). Für die Einordnung einer Transaktion als Going Private sind zwei konstituierende Merkmale relevant: Zum einen erfolgt das vollständige Delisting der Unternehmung, d. h. die Notierung und der Handel der Anteile werden an allen Börsenplätzen, einschließlich des Freiverkehrs, eingestellt.

Die Erwerber zum Delisting einer geeigneten und bereiten Aktiengesellschaft, häufig eine Kombination aus Private Equity Gesellschaft und Management, zielen darauf ab, die vollständige Kontrolle über ein börsennotiertes Unternehmen zu erlangen, um es nach dem Delisting als nicht börsennotierte Unternehmung weiter zu entwickeln. Private Equity Gesellschaften werden nach dem Börsenrückzug versuchen, das Unternehmen strategisch neu auszurichten und den Wert des Unternehmens zu optimieren. Übergeordnetes Ziel ist es, das Unternehmen wieder an die Börse zu bringen oder es an einen strategischen oder weiteren Finanzinvestoren zu veräußern.

9.2.4 Nachfolgeregelung, Ablösung bestehender Gesellschafter und Spin-off

Generationswechsel in der Unternehmensführung sowie durch andere Ursachen veranlasste Gründe der Umstrukturierung eines Unternehmens – einschließlich der Umstrukturierung oder Auswechselung seines Gesellschafterkreises – sind die häufigsten Anlässe für moderne Lösungen, für die sich die Fachausdrücke Management Buy-out (MBO) und Management Buy-in (MBI) eingebürgert haben.

MBOs und MBIs werden in aller Regel mit Leverage-, also Fremdfinanzierungskonstruktionen verbunden und stellen daher eine Spielart des fremdfinanzierten Unternehmenskaufs dar. Mehrere Gründe haben dazu geführt, dass MBO- und MBI-Konstruktionen in den Bereich Private Equity fallen.

- In den allermeisten Fällen kommen Buy-outs nicht ohne einen risikotragenden, wenn auch in der Regel stark reduzierten Eigenkapitalanteil aus.
- Bei den Buy-outs werden für gewöhnlich eigenkapitalähnliche oder eigenkapitalnahe Finanzierungsmittel – Mezzanine Capital – in unterschiedlichen Spielarten verwendet, die auch im Rahmen des sonstigen Private Equity Geschäfts fallweise eingesetzt werden.
- Die Durchführung von Buy-outs stellt sich als eine unternehmerische Aufgabe dar, für deren Lösung die Geschäftserfahrung und das analytische Instrument von Private Equity Managern die besten Voraussetzungen bieten.

Als Erfolgsvoraussetzungen eines fremdfinanzierten (leveraged) Unternehmenskaufs sollte das zu erwerbende Zielunternehmen folgende Merkmale aufweisen:

- Gesicherte Marktposition
- Hohe Ertragskraft
- Geringe Verschuldung
- Geringer Investitionsbedarf für die nähere Zukunft

Ein Unternehmen mit diesen Eigenschaften hat in der Regel einen hohen Unternehmenswert. Das Buy-out baut dann auf folgenden weiteren Gedanken auf:

- Der Kaufpreis wird zum überwiegenden Teil aus Fremdmitteln aufgebracht, mit denen – im Ergebnis – das erworbene Unternehmen selbst belastet wird. Die so entstandene Verschuldung des Zielunternehmens wird aus dessen eigenem Cash-flow verzinst und getilgt.
- Der gegenüber dem Nominalwert hohe Unternehmenswert führt beim Zielunternehmen zur Aufdeckung und Aktivierung stiller Reserven (darunter in der Regel auch eines Firmenwerts).
- Die zusätzlichen Fremdkapitalzinsen sowie die zusätzlichen Abschreibungen auf die aktivierten stillen Reserven mindern den Gewinn des Zielunternehmens und damit seine Steuerbelastung.

Zu ergänzen ist im Rahmen des Buy-out-Themas noch die als Spin-off bezeichneten Vorgänge. Dabei handelt es sich um die Ausgliederung oder Verselbständigung einer Abteilung oder eines Unternehmensteils aus einer Unternehmung oder einem Konzern. Ursache für Spin-offs ist häufig eine Änderung der strategischen Ausrichtung des Mutterkonzerns, nach der gewisse Aufgabenstellungen nicht mehr zu deren Kernkompetenzen zählen. Es können aber auch neu entwickelte Aktivitäten und Produkte für einen Spin-off in Betracht kommen, die – nach Ausreifung – auf Entscheidung der Konzernführung nicht weiterverfolgt werden sollen.

In der Regel sind es die für den auszugliedernden Unternehmensbereich bisher verantwortlichen Manager, die zusammen mit ihrem Geschäftsfeld oder Unternehmensteil den bisherigen Unternehmensverbund verlassen. Sie erhalten damit die Chance, ihr bisheriges Aufgabengebiet als selbständige Unternehmer weiterzuführen. Auch in diesem Fall werden die „Neu-Unternehmer" in der Regel nicht über ausreichende Mittel verfügen, um den Kaufpreis für den auszugliedernden Bereich aufzubringen. Finanzierungstechnisch kommen dann auch beim Spin-off ähnliche Konstruktionen wie beim MBO in Betracht. Allerdings enthält die Geschäftsplanung für ein solches Projekt erhöhte Risiken, weil der zu übernehmende Bereich in den meisten Fällen zuvor nicht selbständig bilanziert wurde. Es können daher erhebliche Unsicherheiten bei der Planung der dem Bereich tatsächlich zuzurechnenden Kosten und Erlöse entstehen, so dass ein Spin-off in seiner Risikostruktur einer Neugründung nahe kommen kann. Andererseits enthält es die Chance, dass das selbständig gewordene Management mit seinem Unternehmensprogramm in der neugewonnenen „Konzernfreiheit" erhebliche kreative Impulse entwickelt, die zum Markterfolg führen.

9.2.5 Private Placement

Als Private Placement wird die Platzierung von Wertpapieren bezeichnet, die nicht öffentlich verkauft und gehandelt werden und in der Regel nach ihrem Verkauf in der Hand des ersten Anlegers verbleiben. Private Placement umfasst neben der außerbörslichen Emission von Aktien weitere Beteiligungsinstrumente, bei denen Beteiligungskapital von Privatanlegern als stimmrechtloses, breit gestreutes Investorenkapital (= bilanzrechtlicher Eigenkapitalersatz) platziert wird. Private Placement kann beispielsweise zur Restrukturierung bzw. zur Ablösung einer Minderheit im Gesellschafterkreis eingesetzt werden und wird i. d. R. mit einer Leverage-Komponente verbunden.

Der Vorteil von Private Placement besteht aus Sicht des Unternehmens darin, Einflussnahmen der Kapitalgeber durch vertragliche Vereinbarungen zu begrenzen und entsprechend der Unternehmensphilosophie zu steuern. Das Spektrum an Beteiligungsmöglichkeiten im Rahmen einer Privatemission ist sehr viel breiter und interessanter als eine Wertpapieremission über die Börse und deckt den gesamten Bereich mezzaniner Finanzinstrumente ab. Insbesondere können am außerbörslichen Kapitalmarkt wertpapierlose – und damit kostengünstigere – stimmrechtlose Beteiligungen (zum Teil mit erheblichen Steuervorteilen für Unternehmen und Anleger) angeboten werden. In Deutschland wurde die alternative Möglichkeit, Eigenkapital über ein Private Placement am außerbörslichen Kapitalmarkt aufzunehmen, lange Zeit nur wenig beachtet. Vor dem Hintergrund von Basel II und der allgemeinen Zurückhaltung der Banken bei der Gewährung von Darlehen infolge der Restrukturierung des Kreditgeschäftes der Banken nutzen jedoch immer mehr Unternehmen die Vorteile eines Private Placements.

9.2.6　Turn Around

Turn-Around-Finanzierungen dienen der Bereitstellung von Eigenkapital für Unternehmen, die sich in der Sanierungsphase oder kurz danach befinden und die Wende zurück in die Gewinnzone vollzogen haben. Die Wende zurück in die Gewinnzone ist dabei für Beteiligungsgesellschaften von entscheidender Bedeutung, da sie eine Beteiligungsmöglichkeit nur dann positiv beurteilen werden, wenn das zugeführte Kapital für die zukünftige Entwicklung und nicht zur Finanzierung der Vergangenheit benötigt wird. Insbesondere die Frage der Nachhaltigkeit der erreichten Gewinnzone ist Gegenstand der Prüfung durch die Beteiligungsgesellschaft.

9.2.7　Branchenkonzept bzw. Buy and Build Strategy

Bei einem Branchenkonzept bzw. einer Buy and Build Strategy werden Unternehmen aus einem polypolistischen Marktumfeld zusammengeführt, um Synergien zu nutzen, die sich zum Beispiel durch eine verstärkte Einkaufs- oder Vertriebsmacht oder durch eine Reduktion der Verwaltungskosten ergeben können. Initiator eines Branchenkonzeptes sind häufig die Beteiligungsgesellschaften selbst, die mit eigenen Teams Branchen auf ihre Eignung für ein Branchenkonzept untersuchen und passende Marktteilnehmer in ein Unternehmen integrieren. Dabei dient ein größerer Marktteilnehmer als Nukleus, der dann, mit entsprechender Finanzkraft ausgestattet, Mitbewerber akquiriert und so die Realisierung von Skaleneffekten ermöglicht. Mit der zunehmenden Unternehmensgröße und der damit verbundenen wachsenden Marktmacht steigt die Attraktivität des Branchenkonzeptes für (ausländische) industrielle Investoren, die ihre Marktstellung ausbauen wollen. Dadurch ergibt sich eine Exitalternative (siehe unten) für die Beteiligungsgesellschaft und die Möglichkeit der Realisierung des Mehrwertes, der sich durch die Zusammenführung der Unternehmen ergeben hat.

Die Finanzkrise hat insbesondere den Bereich „Leveraged-Buy-out" betroffen, da hier ein direkter Bezug zum Bankensektor besteht und die Private Equity Gesellschaften von Akquisitionsfinanzierungsdarlehen abhängig sind.

9.3　Wer bietet Private Equity an?

Die Anbietergruppen unterscheiden sich im Wesentlichen durch die Merkmale ihrer Trägerschaft, d. h. durch ihren Gesellschafterhintergrund.

9.3.1　Captive Funds

Darunter versteht man Private Equity Gesellschaften, deren Träger i. d. R. Konzerne mit spezifischen Technologiekompetenzen sind. Die Captive Funds fungieren oft als „Window on Technology" für ihre Muttergesellschaften, um in einzelnen Technologiebereichen frühzeitig neue Trends aufgreifen und für sich nutzen zu können. Captive Funds können neben einer ertragswirtschaftlichen Ausrichtung auch andere Unternehmensziele in einer mehr oder weniger starken Ausprägung verfolgen.

9.3.2 Öffentliche Private Equity Gesellschaften

Öffentliche Private Equity Gesellschaften betreiben die Beteiligungsfinanzierung i. d. R. zum Zwecke der Wirtschaftsförderung, um zum Beispiel strukturschwachen Gebieten zur Ansiedlung von jungen Unternehmen zu verhelfen oder um Hochtechnologieunternehmen in einer Region anzusiedeln; sie haben oft eine regionale, oder branchenspezifische Ausrichtung. Träger sind i. d. R. öffentlich-rechtliche Körperschaften.

9.3.3 Unabhängige Private Equity Gesellschaften

Unabhängige Kapitalbeteiligungsgesellschaften sind Private Equity Gesellschaften mit einem „unabhängigen" Gesellschafterkreis. Independent Funds sind in der Regel ausschließlich auf Renditemaximierung ausgerichtet. Dies findet in der spezifischen Ausgestaltung der Organisation dieser Private Equity Gesellschaften Niederschlag, wie zum Beispiel dem Auswahl- und Investmententscheidungsprozess sowie der/dem (Grad der) Beteiligungsbetreuung und -controlling. Das Management der Independent Funds wird in der Regel über Leistungsanreize (insbesondere variable und erfolgsabhängige Vergütungsregelungen) gesteuert, während Captive Funds in ihrem Verhältnis zu ihren Investoren – also den Muttergesellschaften – eher durch autoritäre Leitungsmerkmale (Gebote/Verbote) geprägt sind. Aufgrund des Wettbewerbs um qualifiziertes Managementpersonal ist jedoch auch bei Captive Funds eine steigende Bedeutung der erfolgsabhängigen Vergütungs-/Steuerungskomponente zu beobachten.

Von der Finanzkrise sind insbesondere die unabhängigen Private Equity Gesellschaften betroffen, da diese reine Rentabilitätsziele aufweisen und entsprechend viel in Leveraged-Buy-out-Transaktionen investiert haben.

9.4 Wie ist eine Private Equity Gesellschaft aufgebaut?

9.4.1 Trennung von Fonds und Management

In der Regel wird eine Trennung von Fonds- und Managementgesellschaft vorgenommen, d. h. das Beteiligungskapital und dessen Management werden in unterschiedlichen Gesellschaften geführt.

- *Fondsgesellschaft:* Es wird eine Fondsgesellschaft gegründet, in die das verfügbare Beteiligungskapital („Investorenkapital") eingebracht wird. Die Fondsgesellschaft ist das Vehikel, das die Beteiligungen an Unternehmen erwirbt.
- *Management-Gesellschaft:* Zusätzlich wird eine Management-Gesellschaft gegründet, die die Fondsgesellschaft führt und die darin enthaltenen Beteiligungen managt. Sie erhält dafür jährlich ca. 1,5–2,0 % des gezeichneten Fondsvolumens. Sie wird am Erfolg des Fonds beteiligt. Häufig tritt die Erfolgsbeteiligung erst dann ein, wenn eine Mindestverzinsung des Investorenkapitals erreicht ist. Die Mindestverzinsung für eine Erfolgsbeteiligung (Hurdle Rate) liegt i. d. R. zwischen 8 und 10 % jährlich IRR (Internal Rate of Return). Die Erfolgsbeteiligung der Management-Gesellschaft liegt zwischen 15 und 20 % (Carried Interest) des erwirtschafteten Ertrages. Eine Management-Gesellschaft kann mehrere (Folge- oder Themen-) Fonds parallel betreuen.

9.4.2   Open End und Closed End Funds

Wesentlich ist für den Aufbau einer Private Equity Gesellschaft, ob es sich um folgende Arten von Funds handelt:
- Open End Fund oder
- Closed End Fund

Open End Fund

Der Open End Fund stellt ein auf Dauer gerichtetes laufendes Beteiligungsgeschäft dar. Der Open End Fund funktioniert ähnlich wie eine Bank: In einen Open End Fund können die Eigenkapitalinvestoren laufend investieren. Der Open End Fund investiert das Beteiligungskapital in Beteiligungsunternehmen, veräußert Beteiligungen und reinvestiert das Beteiligungskapital, ohne dabei in seiner Tätigkeit zeitlich beschränkt zu sein. Diese Art von Geschäft lässt sich prinzipiell auch mit der Trennung von Managementgesellschaft und Beteiligungsvermögen vereinbaren, wie es das Beispiel der DBG, DBAG zeigt. Bei einem Open-End-Geschäft ist diese Trennung jedoch nicht zwingend erforderlich.

Closed End Fund

Der Closed End Fund stellt ein zeitlich begrenztes Beteiligungsgeschäft dar. Der Unterschied zum Open End Fund besteht darin, dass bei einem Closed End Fund einmalig eine genau vorgegebene Investitionssumme von den Eigenkapitalinvestoren eingesammelt und für eine genau vorgegebene Zeit zur Verfügung gestellt wird. Oftmals ist Closed End Fund mit einem bestimmten Investitionszweck gekoppelt (zum Beispiel Investitionen in Unternehmen einer bestimmten Branche, einer bestimmten Region, einer bestimmten Wachstumsphase, einer bestimmten Unternehmensgröße). Der Closed End Fund wird gegenüber seinen Investoren als Ganzes abgerechnet. Ergeben sich neue Marktchancen, werden neue Closed End

Funds aufgelegt. Das einzig dauerhafte bei diesem Geschäftsprinzip ist – Erfolge vorausgesetzt – die Managementgesellschaft.

Der Sinn von Closed-Fund-Geschäften liegt in der flexiblen Wahrnehmung von Investitionschancen: Private Equity Experten sind davon überzeugt, günstige Marktchancen für die Investition von Beteiligungskapital zu erkennen und diese Marktchancen bis zu einer definierten Betragshöhe erfolgreich auszunutzen. Nur für diesen Betrag und einen bestimmten Zeitabschnitt sowie evtl. für eine bestimmte Art unternehmerischer Vorhaben wollen sie sich zu einer erfolgversprechenden Kapitalanlage verpflichten.

Ziel eines Closed End Funds ist es, alle Beteiligungen innerhalb des festgelegten Zeitraums mit einer hohen Wertsteigerung zu veräußern. Das Management des Fonds, d. h. die Gesamtaufgabe von der Einwerbung der Investitionsmittel (Fund Raising) bis zur Veräußerung (Exit) unter Erzielung möglichst hoher Veräußerungsgewinne (Capital Gains) übernimmt üblicherweise ein Team von Private Equity Professionals. Die Private Equity Professionals präsentieren ihre Qualifikation gegenüber den Investoren anhand ihrer „Track Records" und ihrer bisherigen „Performance", d. h. ihrer bereits erzielten Erfolge bei Private Equity Projekten. Daran wollen sie auch durch (unterschiedlich gestaltete) Erfolgsprämien (Carried Interest) selbst mitverdienen.

Insbesondere die Closed End Funs sind von der Finanzkrise betroffen, da sie in der gegenwärtigen Krisensituation gezwungen sind, nach Ablauf des Investitionshorizonts ihre Beteiligungen zu verkaufen. Auf Grund der gesunkenen Kaufpreise für Unternehmen ist davon auszugehen, dass die Private Equity Gesellschaften ihre angestrebten Renditen nicht erzielen können.

9.5 Wie wirkt sich die Finanzkrise auf das Private Equity Business aus?

9.5.1 Wie kann die gegenwärtige Situation gekennzeichnet werden?

Die aktuelle Finanzkrise hatte im ersten Schritt keine Auswirkungen auf das Private Equity Business. Die Wende kam, als die von der Subprime-Krise betroffenen Banken ihre Kreditvergabepolitik änderten. Dies hatte dann direkte Auswirkungen auf das Private Equity Business. Besonders betroffen waren die Leveraged Buy-out Finanzierungen, die zu einem großen Teil mit Fremdkapital finanziert werden.

Private Equity Gesellschaften sehen sich momentan mit folgenden Problemen konfrontiert:

(1) Es ist schwieriger, neue Transaktionen mit einem hohen Fremdkapitalanteil zu finanzieren, da die Banken auf Grund der Subprime-Krise äußerst selektiv und risikobewusst Kredite vergeben. Als Konsequenz verringert sich die Rendite der Private Equity Gesellschaften, da sie pro Transaktion einen höheren Anteil knappen und teuren Eigenkapitals einbringen müssen.

(2) Erschwerend kommt bei Leveraged Buy-out Finanzierungen aus Sicht der Banken hinzu, dass sie in der Regel nur zu einem gewissen Teil besichert sind. In der Praxis ist davon auszugehen, dass die Kredite einer Leveraged Buy-out Finanzierung die ersten drei Jahre rein auf die Cash-flows des zu finanzierenden Unternehmens ausrichten und in dieser Zeit unbesichert sind. Leveraged Buy-out Finanzierungen sind somit deutlich risikoreicher und daher stärker von der Finanzkrise betroffen. Insofern sind Banken bei der Vergabe von Akquisitionsfinanzierungen deutlich zurückhaltender, wodurch die Private Equity Gesellschaften Schwierigkeiten bei Unternehmenskauffinanzierungen haben.

(3) Leveraged Buy-out Finanzierungen werden in der Regel im ersten Schritt von nur einer finanzierenden Bank (Underwriter) allein aufgebracht. Diese Bank (Konsortialführer oder Lead Arranger) verfolgt dann das Ziel, Teile der Fremdfinanzierung an andere Banken (Konsortialpartner oder Arranger) zu syndizieren, um den eigenen Anteil an der Finanzierung und das damit verbundene Risiko zu reduzieren. Auf Grund der Krise im Interbankenmarkt ist eine Syndizierung von Leveraged Buy-out Finanzierungen sehr schwierig geworden. Damit haben Private Equity Gesellschaften Schwierigkeiten, größere Transaktionsvolumina finanziert zu bekommen.

(4) Ferner ist bei einer Übertragung der Finanzkrise auf die Realwirtschaft zu befürchten, dass Unternehmen, die bereits mit einem hohen Fremdkapitalanteil finanziert sind, nicht mehr die für den Kapitaldienst notwendigen Cash-flows für den Kapitaldienst erwirtschaften. Konsequenz ist, dass die Unternehmen in eine Liquiditätskrise geraten. Banken und Private Equity Gesellschaften müssen, um eine Insolvenz ihres Investments zu vermeiden, ihre Finanzierungsstruktur anpassen. Dies führt zu einer Verringerung der Rendite der Private Equity Gesellschaft (und natürlich auch der Banken).

Ergebnis der Finanzkrise ist, dass der Leverage Hype im Private Equity Business momentan ein abruptes Ende genommen hat. Das bedeutet, dass Private Equity Investitionen, die einen Fremdkapitalanteil von bis zu 80 % aufweisen, heute nicht mehr finanziert werden. Da die Finanzierungen mit einem extrem hohen Fremdkapital besonders die Transaktionen von großen Unternehmen betrafen, ist hier der Markt stark zurück gegangen. Die Presse bezeichnet diese Entwicklung auch als eine Zäsur für das Private Equity Business.

9.5.2 Wie sehen die Private Equity Gesellschaften die gegenwärtige Situation?

Der Funds-of-Funds Manager CAM Private Equity präsentiert die Ergebnisse seiner aktuellen Studie zu den Auswirkungen der Subprime-Krise auf den Private Equity-Markt weltweit (Stand: März 2008). Die überwältigende Mehrheit der Private-Equity-Fondsmanager, so CAM, sieht weiterhin sehr gute Investitions- und Renditechancen. Grund für den Optimismus seien insbesondere die günstigeren Einstiegsbewertungen bei gleichzeitig konservativeren Finanzierungsstrukturen.

Welche Trends sind zu erkennen?

Schwierigere Finanzierungsbedingungen, aber niedrigere Einkaufspreise
In einer globalen Betrachtung über alle Private-Equity-Märkte stimmte die Mehrheit der Befragten darin überein, dass die durchschnittlichen Fremdfinanzierungskosten im Verhältnis zur Situation vor dem „Credit Crunch" bereits angestiegen sind bzw. über den laufenden Zyklus hinweg weiter steigen werden. Darüber hinaus seien die so genannten Covenants (vertragliche Zusicherungen des Kreditnehmers während der Laufzeit des Kreditvertrages) strenger geworden. Auch die Exitbedingungen haben sich vorerst eingetrübt – wenn auch in Asien deutlich geringer als auf den „reifen" Märkten in den USA und Europa. Gleichzeitig seien jedoch die Einstiegsbewertungen gesunken, was sich bereits in niedrigeren Kaufpreisen für Unternehmensbeteiligungen widerspiegele.

Europäische Mid-Market-Buyouts zeigen sich krisenfest
Eine detaillierte Analyse einzelner Private-Equity-Marktsegmente in Europa und Nordamerika ergibt ein differenzierteres Bild. Während die Fremdfinanzierungskosten für Mid-Market-Buyouts in Nordamerika nach Ansicht aller Befragten bereits gestiegen sind bzw. weiter ansteigen werden, können 23 Prozent der Experten für den europäischen Mid-Market bisher keine Steigerung feststellen. Beim Segment Large Buyouts stimmen alle Fondsmanager darin überein, dass die Finanzierungskosten bereits gestiegen sind und in den USA weiter steigen werden. Auf Europa bezogen erwarten nur 20 Prozent weiter steigende Finanzierungskosten. Einig sind sich die Private-Equity-Fondsmanager, dass die Covenants für Large LBOs sowohl in den USA als auch in Europa strenger geworden sind als vor der Subprime-Krise.

Dagegen hat die Kreditkrise für Venture Capital im Hinblick auf Einstiegspreise und Finanzierungsmöglichkeiten laut Aussagen der Befragten keine negativen Folgen. Kurz- und mittelfristig wird hier jedoch mit einer Verschlechterung der Exit-Situation für Portfolio-Unternehmen via IPOs und Secondary Sales gerechnet.

Private-Equity-Branche bleibt gelassen
Trotz der angespannten Lage an den Kreditmärkten gaben zwei Drittel der interviewten Fondsmanager an, dass dies keine Auswirkung auf ihr Portfolio habe. Lediglich ein Drittel glaubt, Leveraged-Deals refinanzieren zu müssen.

35 Prozent der Befragten gehen davon aus, dass andere Akteure, insbesondere Mezzanine-Anbieter, die von den Banken hinterlassene Finanzierungslücke schließen werden. Allgemein wird in einer disziplinierten, auf Wertschöpfung ausgerichteten Investitionsstrategie und einer konservativeren Verschuldung bei LBO-Deals eine große Chance für die Private-Equity-Branche gesehen. Der Aufbau und die Pflege guter Geschäftsbeziehungen zu unterschiedlichen Kreditgebern werden als zunehmend wichtig eingestuft.

Positive Renditeerwartungen und allmähliche Rückkehr zur Normalität
Die überwiegende Mehrheit der Umfrageteilnehmer glaubt, dass Private-Equity-Fonds der Jahrgänge 2008 und 2009 insgesamt eine sehr gute Performance er-

zielen werden. Dies gilt v. a. für die Segmente Mezzanine und Special Situations (u. a. Distressed Debt und Turnaround), welche als die klaren Gewinner der aktuellen Marktsituation betrachtet werden. Large Buyouts wurden dagegen in Bezug auf zukünftige Renditen erwartungsgemäß als Verlierer der Subprime-Turbulenzen gehandelt, während die Performance-Aussichten für Mid-Market-Buyouts und Venture Capital als unverändert gut eingestuft werden. Obwohl es im Large-Buyout-Bereich zu einer leichten Renditeanpassung kommen kann, werden die Top-Quartil-IRRs nach Ansicht der Fachleute in keinem Private-Equity-Segment unter 20 Prozent fallen.

Des Weiteren glauben die meisten General Partner an eine allmähliche Rückkehr zur Normalität an den Finanzmärkten. Ein Ende der Kreditklemme erwarten zwei Drittel innerhalb eines Zeitraums von zwölf bis 36 Monaten. Noch optimistischer ist immerhin ein Viertel der Branchenteilnehmer, das bereits in den kommenden zwölf Monaten mit einer deutlichen Entspannung der Situation rechnet.

Günstige Einstiegsgelegenheiten für besonnene Investoren
Auf die Frage, was Fondsmanager institutionellen Investoren im aktuellen Kapitalmarktumfeld raten würden, gaben die Private-Equity-Häuser mehrheitlich folgende Empfehlungen:

- Ruhe bewahren und in Private Equity investiert bleiben
- Realistische Rendite-Erwartungen und Langfrist-Strategien entwickeln
- Selektive Marktchancen und Investitionsgelegenheiten nutzen
- Antizyklische Investments tätigen und von günstigen Einstiegspreisen profitieren

9.5.3   Wie hat sich das Private Equity Business in Deutschland verändert?

Die geringen Auswirkungen auf das mittelständische Private Equity Geschäft in Deutschland zeigt der Jahresbericht die BVK Statistik 2007:

(1) Die in dieser Statistik erfassten Gesellschaften beschäftigten im Jahr 2007 insgesamt 1.870 Mitarbeiter, davon 1.140 Professionals. Die Gesellschaften erhielten rund 38.900 Anfragen von Eigenkapital suchenden Unternehmen bzw. Existenzgründern.

(2) Das gesamte verwaltete Kapital der Gesellschaften belief sich zum Jahresende 2007 auf 31,9 Mrd. €. Das Fundraising erbrachte 4,2 Mrd. €, davon 70,2 % im Rahmen des unabhängigen Fundraisings bei externen Investoren. Mit 67,8 % stammt der größte Teil der neu eingeworbenen Mittel aus Deutschland. Wichtigste Kapitalquelle waren Versicherungen mit 24,1 %.

(3) Die Investitionen erreichten 4,1 Mrd. €, nach 3,6 Mrd. € im Jahr 2006. Die Zahl der finanzierten Unternehmen stieg auf 1.078 nach 970 im Vorjahr. Das Gesamtportfolio belief sich zum Jahresende auf 24,5 Mrd. €, und die Zahl der Beteiligungsunternehmen in den Portfolios erreichte 6.279.

(4) Bei den Investitionen dominierten wie im Vorjahr Buy-Out-Finanzierungen mit 79,6 %. Venture Capital-Finanzierungen erreichten 20,4 %, darunter Expansionsfinanzierungen mit 10,2 % und Start up-Finanzierungen mit 7,3 %.

(5) Die Branchen mit den höchsten Mittelzuflüssen waren Konsumgüter (26,3 %), Maschinen-/Anlagenbau (13,9 %), Kommunikationstechnologie (12,5 %) und Handel (10,2 %).

(6) 3,8 Mrd. €, das entspricht 91,0 % des Investitionsvolumens, wurden 2007 in Deutschland investiert. Innerhalb Deutschlands dominierte Baden-Württemberg mit 52,7 %, gefolgt von Niedersachsen mit 13,0 % und Bayern mit 9,8 %.

(7) Die Gesellschaften meldeten Abgänge im Volumen von 2,2 Mrd. €. Es dominierten Divestments beim IPO/Aktienverkäufe mit 31,7 %, Trade Sales mit 30,2 %, und Verkäufe an andere Beteiligungsgesellschaften mit 20,1 %.

9.6   Welche Konsequenzen sind am Markt beobachtbar?

9.6.1   Kaufpreismultiplikatoren und Eigenkapitalquote von LBOs

Die in Abbildung 9.2 dargestellten Kaufpreismultiplikatoren scheinen von der Finanzkrise nahezu unberührt und unverändert. Sie sind nach Beginn der Subprime-Krise sogar gestiegen und betrugen im zweiten Quartal 2008 das 10,1-fache des Unternehmens-EBITDA. Für die Zukunft wird jedoch mit einem Rückgang des EBITDA-Multiplikators gerechnet. Auch bei den Gebühren kann kein wesentlicher Trend nach unten beobachtet werden. Die stabilen Kaufpreismultiplikatoren sind darauf zurückzuführen, dass die Private Equity Gesellschaften sich auf qualitativ hochwertige Transaktionen konzentrieren, bei denen der Wettbewerb um eine Eigenkapital- und Fremdkapitalfinanzierung nach wie vor sehr hoch ist.

9.6.2   Fremdkapitalquote in LBOs

Der Anteil der Fremdfinanzierung in LBOs hat abgenommen (vgl. Abbildung 9.3). Der Senior-Debt/EBITDA-Multiplikator sank bei den Leveraged Loans von 7,0 im September 2007 auf 4,1 im zweiten Quartal 2008. Dies ist wiederum auf die restriktivere Kreditvergabepolitik der Banken zurück zu führen. Ferner ist die gesunkene Fremdkapitalquote auf das Ausbleiben der sehr aggressiven LBO-Mega-Deals zu erklären. Gleichzeitig hat der Anteil von Mezzanine an der Fremdkapitalfinanzierung zugenommen und konnte dadurch einen Teil der Finanzierungslücke schließen.

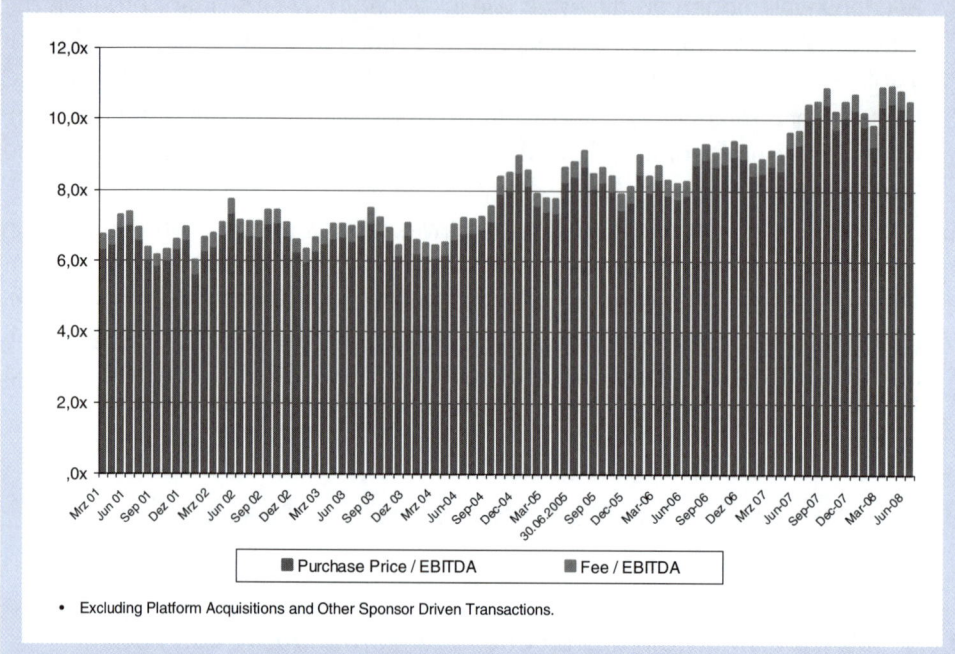

• Excluding Platform Acquisitions and Other Sponsor Driven Transactions.

Abbildung 9.2: Kaufpreismultiplikatoren im 3-Monatsdurchschnitt
Quelle: PWC

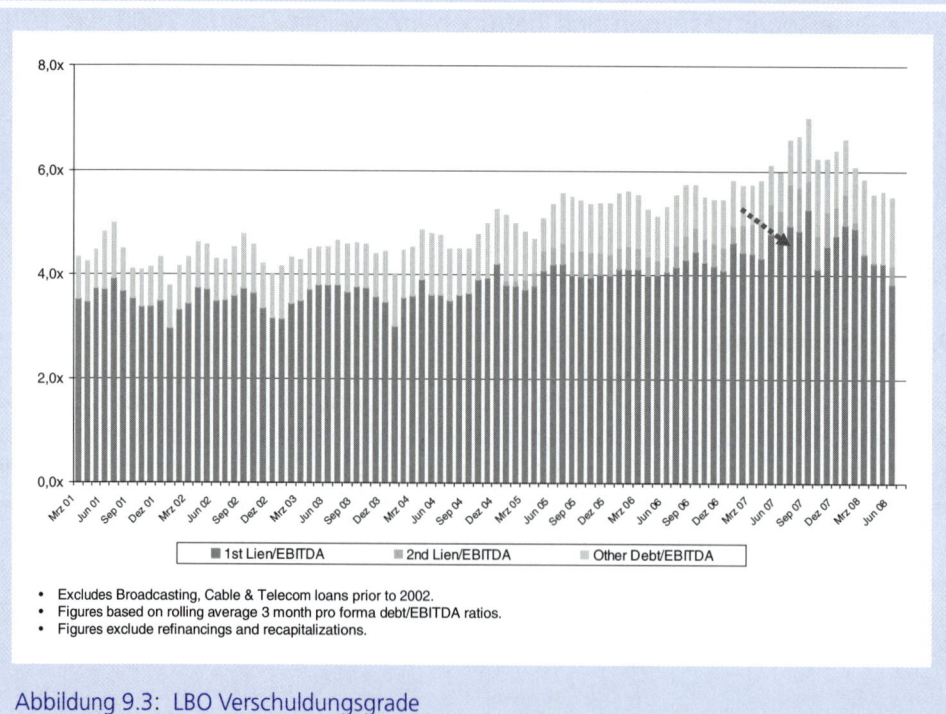

• Excludes Broadcasting, Cable & Telecom loans prior to 2002.
• Figures based on rolling average 3 month pro forma debt/EBITDA ratios.
• Figures exclude refinancings and recapitalizations.

Abbildung 9.3: LBO Verschuldungsgrade
Quelle: PWC

9.6.3 Eigenkapitalquote in LBOs

Der Eigenkapitalanteil bei LBO-Transaktionen ist von 33,6 % im vierten Quartal 2007 auf 44,9 % im zweiten Quartal 2008 gestiegen (vgl. Abbildung 9.4). Dieser Eigenkapitalanteil ist deutlich höher im Vergleich zu den Werten der vergangenen drei Jahre. Durch einen höheren Eigenkapitalanteil versuchen sich die Banken gegen mögliche Insolvenzrisiken abzusichern, die bei einer Übertragung der Finanz-Krise auf die Realwirtschaft entstehen können. Es ist zu beobachten, dass die Banken in ihrem Verhalten zu einer ‚take it or leave it'-Strategie übergehen. Das zusätzliche Eigenkapital kann erklären, warum die Kaufpreismultiplikatoren stabil blieben, obwohl die Bereitstellung von Fremdkapital stark zurückgegangen ist.

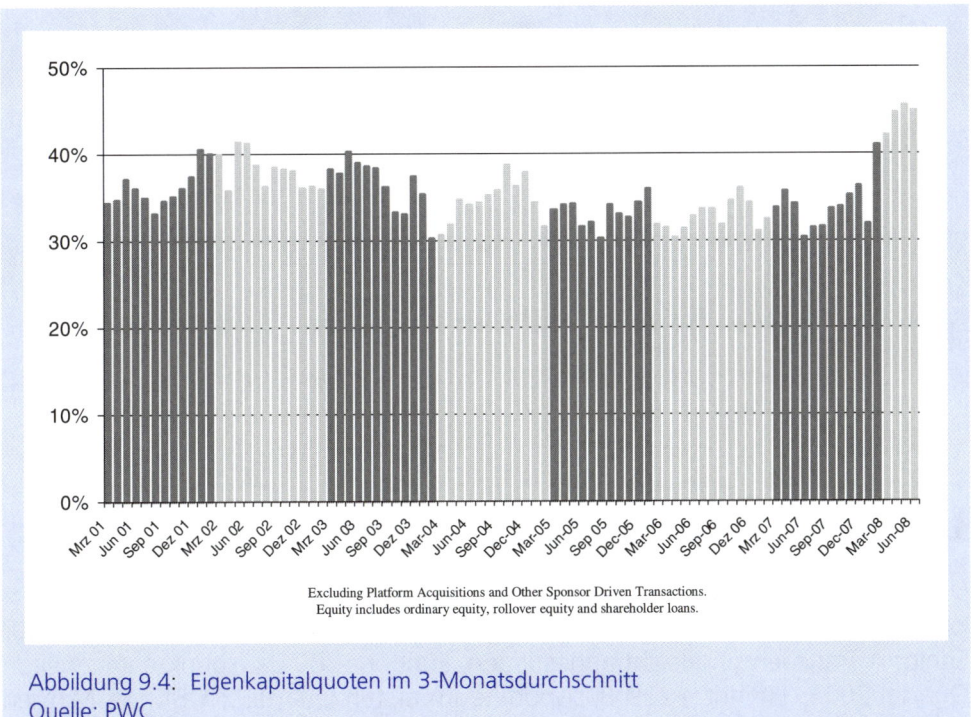

Excluding Platform Acquisitions and Other Sponsor Driven Transactions.
Equity includes ordinary equity, rollover equity and shareholder loans.

Abbildung 9.4: Eigenkapitalquoten im 3-Monatsdurchschnitt
Quelle: PWC

9.6.4 Anzahl der Transaktionen und Kreditvolumina

Das Kreditvolumen ist von knapp € 70 Mrd. im zweiten Quartal 2007 auf ca. € 25 Mrd. im 2. Quartal 2008 gesunken (vgl. Abbildung 9.5). Dies ist auf verschiedene Gründe zurück zu führen, primär jedoch auf die Schwierigkeiten der Banken, die vor der Finanz-Krise arrangierten Kredite zu syndizieren. Dies hat wiederum negative Auswirkungen auf das Kreditvolumen, das für neue Deals zur Verfügung steht. Die Anzahl der Transaktionen ist daher von über 120 im zweiten Quartal 2007 auf ca. 40 im zweiten Quartal 2008 zurück gegangen.

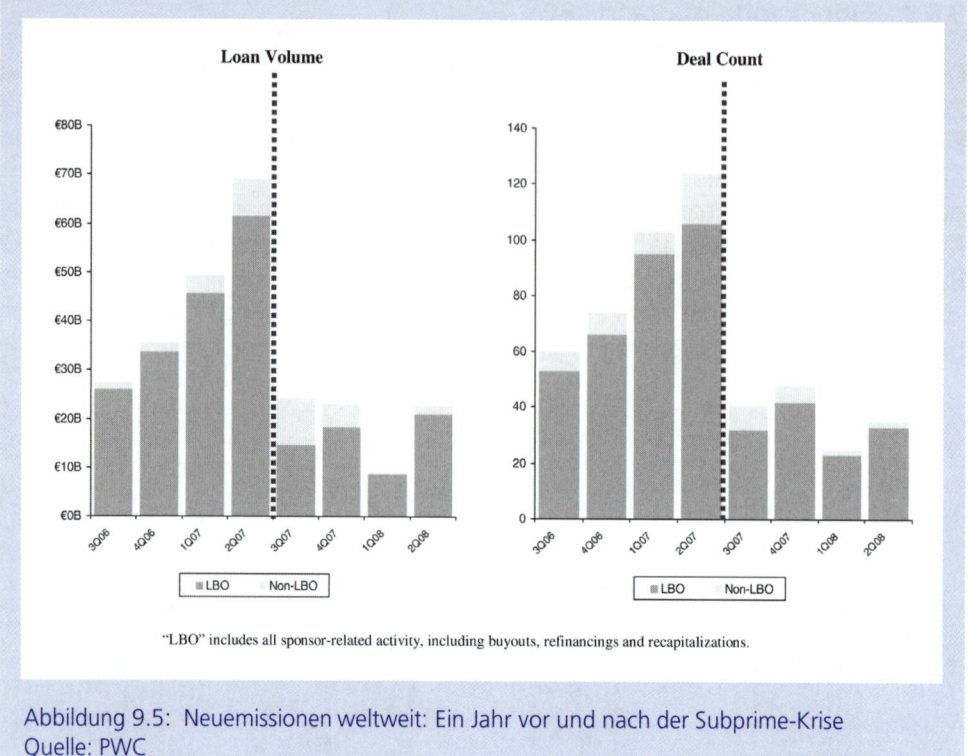

Abbildung 9.5: Neuemissionen weltweit: Ein Jahr vor und nach der Subprime-Krise
Quelle: PWC

9.6.5   Kreditkonditionen

Die Margen für Akquisitionsfinanzierungsdarlehen sind nach Beginn der Finanz-Krise um ca. 20–40 Basispunkte gestiegen (vgl. Abbildung 9.6). Die Margen für Senior A Tranchen sind leicht angestiegen: Euribor +260 Basispunkte im zweiten Quartal 2008, Euribor +229 Basispunkte im ersten Quartal 2008). Die Margen für Senior B und C Tranchen haben sich ebenfalls erhöht. Für Senior B Tranchen betrugen die Margen Euribor +316 Basispunkte im zweiten Quartal 2008, Euribor +288 Basispunkte im ersten Quartal 2008. Für Senior C Tranchen betrugen die Margen Euribor +371 Basispunkte im zweiten Quartal 2008, Euribor +333 Basispunkte im ersten Quartal 2008. Für Second Lien, d. h. eine gegenüber Senior Debt nachrangige Finanzierung können keine Angaben gemacht werden, da diese in den ersten beiden Quartalen 2008 nicht mehr zur Verfügung gestellt wurden. Die durchschnittliche Mezzanine Marge im zweiten Quartal 2008 betrug Euribor +431 Basispunkte für das Cash Pay und +548 Basispunkte für das PIK Element, wobei das Cash Pay Element im zweiten Quartal 2008 um 22 Basispunkte angestiegen ist.

Abbildung 9.7 gibt einen Überblick über die Margen.

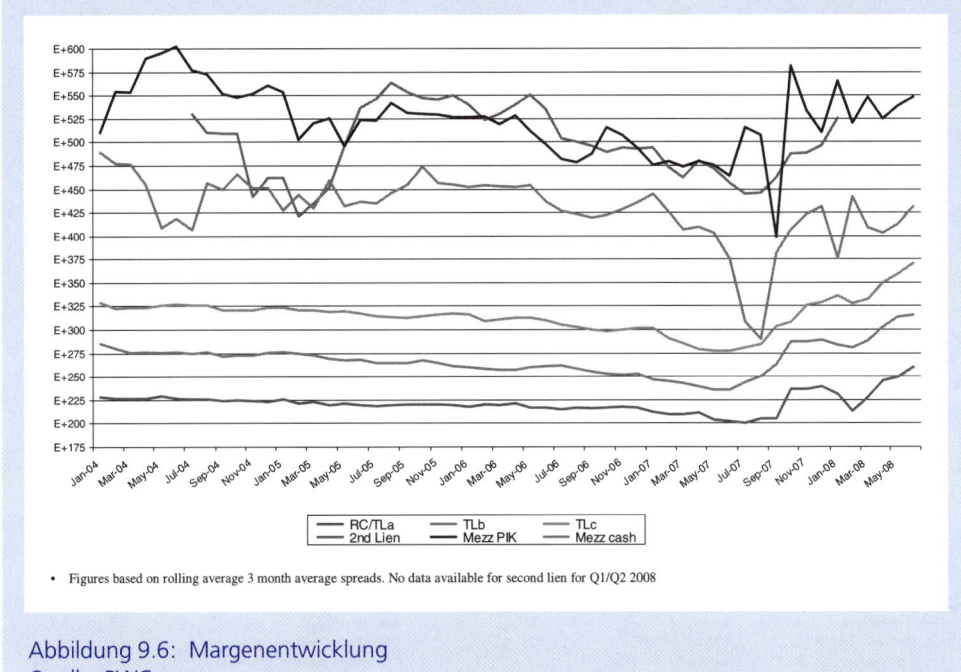

Abbildung 9.6: Margenentwicklung
Quelle: PWC

Pricing (BPS)	2Q2008	1Q2008	2Q2007
Term Loan A	260	228	201
Term Loan B	316	288	235
Term Loan C	371	333	278
Mezzanine	979	967	840

Abbildung 9.7: Margen für Term Loan A,B, C und Mezzanine
Quelle: PWC

9.6.6   Transaktionen 2008

Abbildung 9.8 zeigt die LBO-Transaktionen im zweiten Quartel 2008 mit den Total-Debt- und Senior-Debt-Multiplikatoren.

9.6.7   Covenants

Die Finanzkrise führte zum Ende der Ära der so genannten Covenant Lites. Mit Covenant Lite bezeichnen Banker ein Finanzierungsmodell, bei dem Gläubiger weitgehend auf Absicherungsklauseln für ihre Kredite verzichten. Für die Private Equity Gesellschaften bedeutet Covenant Lite mehr Freiheit und mehr Flexibilität, für die Banken dagegen höhere Gefahren. Der Trend in Richtung Covenant Lite

Name	Sponsor	Purpose	Euro Deal Size (m)	Industry	Total Debt Multiple	Senior Debt Multiple
Algeco Scotsman Group	TDR Capital	Merger	€ 2,537	Building Materials	6.1	4.3
Alliance Boots	Kohlberg, Kravis & Roberts	LBO	€ 4,026	Retail Food & Drug	6.9	6.2
Alliance Medical	Dubai International Capital	LBO	€ 522	Healthcare	5.9	4.2
AS Adventure	Lion Capital	LBO	€ 147	Retail	4.6	3.8
Avanza Group	Doughty Hanson & Co	Acquisition	€ 559	Transportation	6.9	6.9
Biffa	Montagu Private Equity	LBO	€ 1,152	Environmental	5.7	4.1
Casa Reha Holding GmbH	Hg Capital	LBO	€ 135	Healthcare	4.3	3.3
CHC Helicopter Corp	First Reserve Corp	LBO	€ 741	Services & Leasing	4.1	4.1
Completel	Cinven Ltd	Acquisition	€ 60	Cable	5.3	4.6
Completel	Cinven Ltd	Acquisition	€ 445	Cable	5.3	4.6
ConvaTec	Nordic Capital	LBO	€ 1,337	Healthcare	6.0	4.0
Corporate Express NV	Not Sponsored	Refinancing	€ 580	Retail	N/A	N/A
Druckchemie Holding	3i plc	LBO	€ 95	Services & Leasing	N/A	4.1
Dura Automotive Systems Inc	Not Sponsored	Exit Financing	€ 32	Automotive	N/A	N/A
Emap	Apax Partners	LBO	€ 791	Radio	6.6	4.6
Frial	Alpha Associes Conseil	LBO	€ 102	Food & Beverage	4.8	3.7
European Directories SA	Macquarie	Acquisition	€ 152	Printing & Publishing	7.2	N/A
IDEX Groupe	Industri Kapital	Acquisition	€ 137	Services & Leasing	N/A	N/A
Ineos Group Ltd	Ineos Capital	Acquisition	€ 345	Chemicals	N/A	N/A
LyondellBasell Industries	Not Sponsored	Merger	€ 1,299	Chemicals	4.4	3.7
Marel Food Systems	Candover Investments	Acquisition	€ 205	Manufacturing & Machinery	3.3	3.3
Morrison Utility Services	Electra Fleming	LBO	€ 155	Services & Leasing	3.8	3.8
Northgate Information Solutions	Kohlberg, Kravis & Roberts	LBO	€ 926	Services & Leasing	5.9	4.3
Orexad	Investcorp	Acquisition	€ 113	Retail	N/A	N/A
Potel & Chabot	21 International	LBO	€ 78	Services & Leasing	N/A	N/A
Pret a Manger	Bridgepoint Capital	LBO	€ 235	Restaurants	4.6	3.6
Qioptiq GmbH	Candover Investments	Refinancing	€ 237	Manufacturing & Machinery	4.7	3.6
Pearl Group Ltd	Sun Capital	Acquisition	€ 3,140	Insurance	N/A	N/A
Safety-Kleen Europe Ltd	Warburg Pincus	LBO	€ 328	Environmental	6.5	4.4
Stabilus GmbH	Paine & Partners LLC	LBO	€ 340	Manufacturing & Machinery	4.4	3.5
Techem	Macquarie	LBO	€ 150	Computers & Electronics	6.0	6.0
Tiama	LBO France Gestion	Acquisition	€ 113	Services & Leasing	6.0	4.4
Tunstall Group	Charterhouse Equity Partners	LBO	€ 215	Manufacturing & Machinery	6.3	4.3
Z&J Technologies	J. Hirsch & Co	LBO	€ 98	Manufacturing & Machinery	4.4	3.8
				Average	5.4	4.3
				Median	5.5	4.1

Abbildung 9.8: Transaktionen in Q2 2008
Quelle: PWC

zeigte, wie überhitzt der Markt für Übernahmefinanzierungen mittlerweile war. Im Konkurrenzkampf um Marktanteile und Renditen gingen die Banken immer höhere Risiken ein. 2006 waren ungefähr 5 % aller Kredite Covenant Lite (ungefähr USD 24 Mrd. von USD 480 Mrd.); in 2007 (bis Mai) waren es bereits ein Drittel (USD 70 Mrd. von USD 237 Mrd.).

Genau diese Art von Krediten bilden den größten Teil der Kredite, die noch bei den Banken liegen und nicht syndiziert werden konnten. Institutionelle Investoren, die in der Vergangenheit diese Kredite übernommen haben, besitzen mittlerweile eine deutlich risikoaversere Einstellung. Versicherungen, Pensionsfonds, Spezialfonds und Hedge Fonds zeigen mittlerweile keinen „endless appetite for risk".

Eine Konsequenz daraus ist, dass Banken äußerst zurückhaltend mit der Vergabe von Krediten ohne Covenants sind. Es scheint sich ein Machtkampf zwischen den Banken und den Private Equity Gesellschaften zu entwickeln. Banken scheinen hierbei am längeren Hebel zu sitzen, da wirkungslose Covenants Vereinbarungen der Vergangenheit angehören. Des Weiteren sind konservativere Kreditkonditionen zu beobachten. Heute müssen auch angesehene Private Equity Firmen mehr Covenants zustimmen und mehr Sicherheiten bereitstellen, gelegentlich auch nachdem die Transaktionen bereits unterzeichnet sind.

Die exakten Vereinbarungen über die Covenants und ihre Konditionen werden für jede Transaktion individuell vereinbart, um der Situation des Kredit nehmenden Unternehmens und den Branchenbesonderheiten gerecht zu werden. Folgende Covenants können eingesetzt werden:

Covenants sind Klauseln in den Kreditverträgen, die dem Kreditgeber das Recht geben, bei bestimmten Ereignissen bestimmte Maßnahmen zu ergreifen. Covenants gehören zu den wirkungsvollsten Instrumenten der Kreditgeber, auf die Kreditnehmer Einfluss zu nehmen. Man unterscheidet folgende Arten von Covenants:

- Positive Covenants: Verpflichtungen, bestimmte Dinge zu tun (Handlungsverpflichtungen).
- Negative Covenants: Verpflichtungen, bestimmte Dinge zu unterlassen (Unterlassungspflichten).

Die gebräuchlichsten Covenants, die in nahezu jedem Kreditvertrag verwendet werden, sind:

Pari-Passu-Klausel (Gleichrang-Klausel). Darunter versteht man die Bestätigung des Kreditnehmers, dass die Forderungen des Kreditgebers im Fall der Insolvenz in gleichem Rang mit allen übrigen bestehenden und zukünftigen unbesicherten Forderungen anderer Gläubiger gegen den Kreditnehmer stehen.

Belastungs- und Verpflichtungsverbotsklausel (Negative-Pledge-Klausel). Der Kreditnehmer verpflichtet sich, allen Kreditgebern aus bestehenden und zukünftigen Kreditverhältnissen keinerlei Sicherheiten zu stellen. Primärer Zweck dieser Klausel ist die Verhinderung der Besserstellung anderer Gläubiger.

Klausel zur Ausschüttung von Dividenden. Der Kreditnehmer verpflichtet sich, Beschränkungen in seiner Entscheidungsfreiheit bei der Ausschüttung von Dividenden gegen sich gelten zu lassen.

Klausel zur Aufnahme weiterer Finanzverbindlichkeiten. Der Kreditnehmer verpflichtet sich, Beschränkungen in seiner Entscheidungsfreiheit bei der Aufnahme weiterer Finanzverbindlichkeiten einzugehen.

Klausel zur Investitionstätigkeit. Beschränkungen des Kreditnehmers in seiner Entscheidungsfreiheit bei der Investitionstätigkeit.

Klausel zur Veräußerbarkeit von Vermögensgegenständen (Asset-Disposal-Klausel). Beschränkungen des Kreditnehmers in seiner Entscheidungsfreiheit bei der Veräußerung von Vermögensgegenständen.

Klausel zur Beibehaltung des Unternehmensgegenstandes (Change-of-Business-Klausel). Der Kreditnehmer verpflichtet sich, keine von den bei Vertragsabschluss betriebenen Kerngeschäftsfeldern abweichende Geschäftstätigkeit aufzunehmen.

Klausel zur Beibehaltung der Gesellschafterstruktur (Change-of-Ownership-Klausel). Die Beteiligungshöhe – gemessen an dem Kapital- und/oder Stimmrechtsanteil – eines oder mehrerer Gesellschafter an dem Kreditnehmer darf nicht unterschritten werden. Zumeist bezieht sich die Eigentümer-Klausel auf die mehrheitliche Beteiligung der Eigenkapitalgeber an der Erwerbergesellschaft.

Information Covenants (Informationszusicherungen). Der Kreditnehmer verpflichtet sich, dem Kreditgeber zu festgelegten Terminen Informationen zu seiner wirtschaftlichen und finanziellen Lage zukommen zu lassen. Diese Informationspflicht bezieht sich auf monatliche betriebswirtschaftliche Auswertungen, Quartalsberichte und geprüfte Jahresabschlüsse. Des Weiteren verpflichtet sich der Kreditnehmer, den Kreditgeber rechtzeitig mit dem Geschäftsplan für das kommende Geschäftsjahr zu versorgen. Schließlich umfasst die Informationspflicht den Nachweis für die Einhaltung der nachfolgend beschriebenen Themen:

Financial Covenants (Finanzielle Zusicherungen). Financial Covenants beziehen sich auf die wirtschaftliche und finanzielle Situation des Kreditnehmers. Sie stellen Mindestanforderungen an betriebswirtschaftliche Kennzahlen, gemessen in absoluten oder in Verhältnisgrößen. Diese Kennzahlen beziehen sich zumeist auf die Beurteilung der Eigenkapitalausstattung, der Verschuldung, der Ertragslage und der Liquidität des Kreditnehmers. Der Kreditnehmer verpflichtet sich, festgelegte Zielwerte – in der Regel am Ende eines jeden Finanzquartals – einzuhalten bzw. zu erreichen. Dem Kreditgeber dienen diese Kennzahlen als Indikatoren zur Früherkennung von Krisen in der betriebswirtschaftlichen Sphäre des Kreditnehmers. Der Kreditnehmer wiederum hat diese Kennzahlen als Zielgrößen zu verstehen, deren Nichteinhaltung sein Kreditverhältnis zu dem Kreditgeber gefährden kann.

Definition von Verzugsgründen (Events-of-Default). Die Verzugsgründe beschreiben Situationen, in denen der Kreditnehmer seinen Verpflichtungen aus dem Kreditvertrag nicht nachgekommen ist. Grundsätzlich liegt dies bei Nichteinhaltung der oben dargestellten Gewährleistungen, Zusicherungen und Covenants vor. Zusätzlich werden in den Konsortialverträgen für gewöhnlich die folgenden Verzugsgründe aufgenommen:

Material-Adverse-Change-Klausel. Die wirtschaftliche und finanzielle Lage des Kreditnehmers darf sich nicht in einem solchen Ausmaß verschlechtern, dass seine Schuldendienstfähigkeit gefährdet ist.

Drittverzugs-Klausel (Cross-Default-Klausel). Gerät der Kreditnehmer bei anderen Kreditverhältnissen in Leistungsverzug, so führt dies automatisch zu einem Verzugsgrund unter dem Kreditverhältnis mit dem Kreditgeber. Für die betragliche Höhe des Leistungsverzuges unter anderen Kreditverhältnissen wird in der Regel ein Mindestbetrag definiert.

Die verteuerten Kreditkonditionen und die verschärften Covenants zeigen nach Aussagen von Kennern des Bankensektors eher einen Trend zur Normalität als einen Crash. In der Vergangenheit konnten Private Equity Fonds alle Formen von Krediten zu besten Konditionen erhalten, nun sind wieder zur Normalität zurückgekehrt.

9.6.8 Das Private Equity Geschäftsmodell

Als Folge der Finanzkrise und des risikoaversen Verhaltens der Banken werden Private Equity Gesellschaften künftig mehr Eigenkapital einbringen müssen. Banken werden Kredite mit restriktiveren Kreditkonditionen anbieten, so dass Private Equity Gesellschaften eine Eigenkapitalquote von 30–50 % aufbringen müssen, um Kredite zu erhalten. Die veränderten Finanzierungsbedingungen schlagen sich auf die Renditeerwartungen nieder. IRRs von 25 % und mehr erscheinen unter den gegebenen Marktkonditionen als unrealistisch, ein IRR von 12–20 % kann in Abhängigkeit von der Beteiligungspolitik und der Professionalität der Private Equity Gesellschaft als realistisch angesehen werden. Diese Zahlen galten in Insiderkreisen auch vor der Finanzkrise schon als recht realistisch. Was dann tatsächlich bei den Investoren ankommt, hängt wiederum von der Kostenstruktur der Private Equity Gesellschaft ab.

Ferner werden Private Equity Firmen mehr auf eine nachhaltige Wertsteigerung ihrer Beteiligungsunternehmen abzielen müssen, um die gewünschte Rendite erzielen zu können. Fraglich ist in diesem Zusammenhang, ob ein Beteiligungshorizont von 3–7 Jahren für eine nachhaltige Wertsteigerung im Unternehmen ausreichend ist. Stellt die Private Equity Unternehmung Wachstumskapital in Form von Eigenkapital zur Verfügung und wird dieses dann vom dem Beteiligungsunternehmen in diesem Zeitraum investiert, so wird die erwartete Wertsteigerung realistischerweise erst deutlich später eintreten können.

Für den Markt für Unternehmenskäufe und -verkäufe (M&A) werden deutlich niedrigere Transaktionsvolumen zu erwarten sein, da auf Grund der Finanzkrise Schwierigkeiten bestehen, Akquisitionsfinanzierungsdarlehen zu erhalten. Dies ist der Grund dafür, dass der Markt für Großtransaktionen stark eingebrochen ist. Private Equity Firmen werden daher bei der Auswahl von Beteiligungsunternehmen selektiver vorgehen müssen. Sie stehen dabei allerdings unter dem Druck, das von ihnen eingesammelte Geld auch tatsächlich investieren zu müssen, was in der Vergangenheit zu sehr hohen Kaufpreisen führte. Die Frage wird sein, inwieweit Private Equity Firmen noch bereit sein werden, in so genannten Bietungsverfahren hohe Kaufpreise für Unternehmen zu bezahlen. Es ist zu erwarten, dass die Anzahl der Transaktionen abnehmen wird, gleichzeitig aber die Qualität der Finanzierung steigen wird. Ferner ist zu erwarten, dass auf Grund der schwierigeren Marktbedingungen die Preise für Unternehmen sinken werden.

Die aufgezeigten Entwicklungen sind als Rückkehr zur Normalität zu verstehen. Wie die Statistik 2007 und die Ergebnisse der Umfrage des Funds-of-Funds Manager CAM Private Equity zeigen, ist dies auch eine Chance für Private Equity Firmen, insbesondere für diejenigen, die weiterhin Zugang zu Kapital haben und antizyklisch handeln können.

Ob es zu einer Marktbereinigung im Private Equity Business kommen wird, kann momentan noch nicht beantwortet werden. Einige Branchenexperten erwarten, dass einige kleinere Private Equity Gesellschaften auf Grund von Refinanzierungsschwierigkeiten vom Markt verschwinden und sechs bis acht globale Private Equity Gesellschaften den Markt dominieren werden. Andere gehen davon aus, dass das Private Equity Business vermehrt in mittelständische Unternehmen investieren wird. Wir gehen davon aus, dass es auch zukünftig eine Vielzahl von Private Equity Gesellschaften geben wird, die sich auf bestimmte Unternehmensgrößen, Branchen und Finanzierungsarten spezialisieren.

9.6.9   Börsengänge als Alternative zum traditionellen Fund Raising?

Auch schon vor Beginn der Subprime-Krise suchten Private Equity Gesellschaften Alternativen zum traditionellen Fund Raising.

Als mögliche Lösung wurden und werden Börsengänge von Private Equity Gesellschaften in Betracht gezogen. Börsengänge gelten für Beteiligungsunternehmen als ideale Exit Strategie, warum nicht auch für Private Equity Gesellschaften zum Fund Raising?

Ein Börsengang sichert den dauerhaften Zugang zu Eigenkapital. Vorteile sind, dass der zeitaufwändige Prozess des traditionellen Fund Raisings vermieden wird. Ferner können Investoren durch die Handelbarkeit der Aktien jederzeit kaufen und verkaufen, so dass bei wechselnden Gesellschaftern der Fortbestand der Private Equity Gesellschaft nicht gefährdet wird. Des Weiteren wird der Exitdruck bei Closed End Fund vermieden und so die Möglichkeit gegeben, Beteiligungsunternehmen zum besten Zeitpunkt zu verkaufen. Außerdem können Aktien als Währung bei Unternehmensbeteiligungen eingesetzt werden. Ein weiterer Vorteil ist, dass insbesondere in den USA ein Börsengang als optimaler Weg der Unternehmensentwicklung angesehen wird. Vorteile eines Börsenganges bestehen nicht nur für die Private Equity Gesellschaft, sondern auch für die Beteiligungsunternehmen. Die Kontrolle der Aktionäre dürfte dazu führen, dass Beteiligungsunternehmen nicht mehr im gegebenen Maße mit Fremdkapital belastet werden. Das Ziel einer kurzfristigen maximalen Rendite unter Inkaufnahme von hohen Finanzierungsrisiken dürfte einer eher langfristigen Renditestrategie weichen.

Bislang wurden nur 2 % des weltweiten Private Equity über Aktienmärkte generiert (Schäfer 2007a). Die Pioniere bei Börsengängen im Private Equity Business gründeten Tochtergesellschaften, welche sie dann an die Börse brachten und als zusätzliche Kapitalbeschaffungsquelle nutzen. Der Börsengang von KKR Private Equity Investors im März 2006 an der Euronext Amsterdam hinterließ einen ungünstigen Eindruck, so dass andere Private Equity Gesellschaften einen Börsengang der gesamten Gesellschaft bevorzugten.

In der Private Equity Branche haben (vor der Krise) nahezu alle angesehenen Private Equity Gesellschaften einen Börsengang in Erwägung gezogen. Auch weiterhin wird diese Strategie eine bedeutende Rolle für Private Equity Gesellschaften spielen. Während im Jahr 2005 so gut wie keine Private Equity Gesellschaften börsennotiert waren, konnten bis zum März 2007 durch Börsengänge bereits USD 12 Mrd. generiert werden. Brancheninsider erwarten den Börsengang von 6 bis 8 Private Equity Gesellschaften innerhalb der nächsten drei Jahre.

9.7 Kurze Fallstudien

Nach dem Ausbruch der Finanzkrise nahmen einige Private Equity Transaktionen einen anderen Verlauf, als sie ohne die veränderten Marktbedingungen genommen hätten.

Die folgenden drei Fallstudien zeigen exemplarisch drei Fälle von möglichen Verläufen von Private Equity Transaktionen: Abbruch der Transaktion, Änderung der Deal Finanzierung, Änderung der Transaktionsstruktur.

9.7.1 Abbruch der Transaktion

Cadbury – Finanzinvestoren
Im März 2007 verkündete Cadbury Schweppes ihren Plan, das American Beverages Geschäftsfeld an Private Equity Investoren zu verkaufen. Auf Grund des Credit Crunch lehnte Cadbury die Angebote der Finanzinvestoren ab und gab im Juli 2007 bekannt, den Verkaufsprozess zu stoppen und dafür einen Börsengang zu planen.

9.7.2 Änderung der Deal Finanzierung

Cerberus – Chrysler
Im Mai 2007 gab die Private Equity Gesellschaft Cerberus Capital Management bekannt, 80,1 % der Anteile von Chrysler mit einem Transaktionsvolumen von USD 7,4 Mrd. zu erwerben.

Ziel dieser Transaktion war es, die Talfahrt von Chrysler zu beenden und das Unternehmen aus der Verlustzone zu führen. Die Turbulenzen an den Finanzmärkten in Folge der Finanzkrise führte zu Bedenken, ob Cerberus in der Lage ist, das Transaktionsvolumen finanzieren zu können. Cerberus konnte in der Tat die Akquisitionsfinanzierung mit Fremdkapital nicht bewerkstelligen. Um die Transaktion dennoch zu ermöglichen, wurde die Deal Finanzierung so verändert, dass Daimler weiterhin 19,9 % an Chrysler hält, um die Pensions- und Gesundheitskosten von Chrysler abzusichern.

Cerberus seinerseits finanzierte einen Großteil der Transaktion mit Fremdkapital. Zunächst war vorgesehen, am Kapitalmarkt Fremdkapital in Höhe von USD 50 Mrd. aufzunehmen. Zwei Monate später bat Cerberus seine Banken, das Volumen auf USD 62 Mrd. zu erhöhen. Die von Cerberus beauftragten Investmentbanken mussten jedoch die Zinskonditionen für geplante Anleiheemissionen deutlich nachbessern, um die Anleihen überhaupt platzieren zu können. Die ursprünglich angebotenen Konditionen waren am Markt nur auf geringes Interesse gestoßen.

Die beauftragten Investmentbanken JPMorgan, Bear Stearns, Goldman Sachs, Citigroup und Morgan Stanley mussten die angebotene Verzinsung aufstocken. Zudem wurden vermehrt Anleihen unterhalb des Buchwerts verkauft, um so Investoren zu gewinnen

Auf Grund des schwierigen wirtschaftlichen Umfelds erwies sich der Kauf von Chrysler in der Folgezeit als Enttäuschung für Cerberus. Chrysler's Hypothekenfinanzierungstochter Rescap wurde von der Kreditkrise hart getroffen, und das Automobilgeschäft von Chrysler hatte mit stark gestiegenen Ölpreisen und vorsichtiger werdenden Kunden zu kämpfen.

Als Konsequenz verkaufte Cerberus einen Teil seiner Beteiligung an Chrysler. Verkauft hat der Finanzinvestor die Anteile an einige eigene Investoren sowie an Banken, Hedge-Fonds und Vermögensverwalter.

9.7.3   Änderung der Transaktionsstruktur

KKR and GSCP – Harman International Industries, Inc.

Am 26. April 2007 beschlossen die beiden Private Equity Gesellschaften KKR und GSCP das Unternehmen Harman für ungefähr USD 8 Mrd. bzw. USD 120 pro Aktie zu erwerben. Der Preis beinhaltete eine Übernahmeprämie von 17 % im Vergleich zum letzten Aktienkurs

Mitte September 2007 verkündeten die beiden Finanzinvestoren, dass sie auf Grund einer verschlechterten Vermögenssituation im Unternehmen zwischen Abschluss (Signing) und Vollzug (Closing) des Unternehmenskaufvertrags (material adverse change) aus der Transaktion aussteigen. In Folge dieser Entscheidung fiel der Aktienpreis von Harman um 21 %, obgleich Experten versicherten, dass sich die Vermögenssituation von Harman nicht wesentlich verändert hatte und KKR und GSCP höchstwahrscheinlich nicht in der Lage waren, das nötige Fremdkapital für diesen Mega-Deal zu beschaffen.

Üblicherweise beinhalten Kaufverträge eine Vertragsstrafe, wenn ein Vertragspartner vom Vertrag Abstand nimmt, ohne eine nachhaltige Veränderung der Vermögensstruktur des Kaufobjektes nachweisen zu können. In dem gegebenen Beispiel hätte diese Vertragsstrafe USD 225 Mio. betragen. Das Unternehmen KKR einigte sich jedoch mit Harman International. In kleinem Rahmen stimmte KKR zu, Aktien von Harman zu erwerben, um den fallenden Aktienkurs aufzufangen und wieder das Vertrauen der Börsenanleger zurück zu gewinnen. Dies gelang nicht. Mit der Ankündigung der Übernahme war die Aktie auf 120$ gestiegen. Im September 2007 fiel die Aktie auf 80$. Diverse Ankündigungen der Geschäftsleitung, Gewinnwarnungen und allgemeines negatives Geschäftsklima vor den Wahlen in den USA 2008 ließen die Aktie auf bis knapp 25$ im April 2008 sinken.

9.8 Wie sind Hedge-Fonds von der Finanzkrise betroffen, und können sie auch als Mitauslöser der Krise gesehen werden?

Ein Hedge-Fonds ist ein Investmentfonds und beinhaltet eine Vielzahl verschiedener Anlagestrategien. Der Begriff Hedge-Fond leitete sich ab von to hedge (absichern), was deshalb irreführend ist, weil die Absicherung nicht das vorrangige Ziel dieser Form der Geldanlage ist. Das wichtigste Ziel eines Hedge-Fonds ist vielmehr eine positive Rendite, unabhängig von der Entwicklung der Kapitalmärkte.

Hedge-Fonds unterscheiden sich von traditionellen Investmentfonds durch drei Kriterien:

- Anlageinstrumente: Verwendung verschiedener Anlageinstrumente und Hilfsmittel zur Zielerreichung
- Short-Selling: Möglichkeit des Leerverkaufs (Short-Selling)
- Leverage: Erzielung einer Hebelwirkung durch Fremdfinanzierung (Leverage)

Der Hedge-Fonds-Manager kann in Aktien, Anleihen, Devisen, Rohstoffe, Optionen oder Futures investieren. Es gibt mehr als 20 Hedge-Fonds-Strategien, deren Spektrum von „risikoavers" (mit geringen Risiken für den Anleger) bis „äußerst spekulativ" reicht. Das Verlustrisiko von Hedge-Fonds ist weitgehend abhängig von der gewählten Hedge-Fonds-Strategie.

Im Wesentlichen werden vier Anlagestrategien unterschieden:

- *Relative Value:* Bei dieser Strategie generieren Hedge-Fonds ihre Profite dadurch, dass sie Preisunterschiede zwischen verbundenen Wertpapieren ausnutzen. Beispielsweise werden an einer Börse kurzfristig unterbewertete Aktien gekauft, um sie zeitgleich an einem anderen Handelsplatz zu einem höheren Kurs zu veräußern.
- *Global Macro:* Bei dieser Strategie verfolgen Hedge-Fonds die globalen makroökonomischen Trends bei Zinsen, Währungen, Rohstoffen oder Aktien und legen sich konkret auf steigende oder sinkende Bewertungen fest. Dadurch erreicht der Fonds einen „spekulativen" Charakter. Investiert wird global und breit diversifiziert.
- *Event Driven:* Event-Driven-Hedge-Fonds konzentrieren sich auf Unternehmen, die vor einer außergewöhnlichen Situation stehen. Ein Hedge-Fond kauft beispielsweise an einer Börse kurzfristig unterbewertete Aktien, bei denen wegen außergewöhnlicher Ereignisse, zum Beispiel Übernahmen oder Insolvenz, Kursausschläge zu erwarten sind und veräußern sie später wieder.
- *Opportunistische Strategien:* Bei opportunistischen Strategien versuchen Hedge-Fonds, Marktentwicklungen vorwegzunehmen. Der Erfolg hängt von der korrekten Deutung und Auswertung ökonomischer Faktoren ab – wie der Zinsentwicklung oder Währungsschwankungen. Der dabei am meisten praktizierte Ansatz ist Long/Short, wobei der Verwalter als unterbewertet angesehene Aktien kauft und überbewertet eingestufte Papiere leer verkauft. Bei

Leerverkäufen werden Aktien von kriselnden Unternehmen geliehen, weiterverkauft und später günstiger wieder zurück erworben.

Mittlerweile steigen Hedgefonds auch direkt bei Firmen ein, um das Management abzulösen oder höhere Dividenden durchzusetzen.

Weltweit gibt es ungefähr 9.000 Hedge-Fonds, die ein Vermögen von annähernd USD 1,5 Bill. verwalten. Dies entspricht etwa einem Prozent der an den internationalen Finanzmärkten verfügbaren Vermögenswerte. Wird zusätzlich berücksichtigt, dass sich Hedge-Fonds häufig fremdfinanzieren und Derivate einsetzen, um ihr Anlagevolumen zu hebeln, ist davon auszugehen, dass Hedge-Fonds etwa 3 % der weltweiten Aktiva an den Finanzmärkten kontrollieren. Wird das Handelvolumen betrachtet, so ergibt sich, dass ein erheblicher Anteil der Umsätze an den klassischen Finanzmärkten (Aktien, Anleihen und Devisen) von Hedge-Fonds gestemmt wird. Allein bei Aktien schwanken die Schätzungen zwischen 25 % und 50 % der Tagesumsätze, die auf das Konto von Hedge-Fonds gehen. Ihr Anteil am Transaktionsvolumen festverzinslicher Wertpapiere wird auf 15 % geschätzt. Aber auch weniger liquide Märkte sind zum Ziel von Hedge-Fonds geworden: Bei den Kreditderivaten wird der Marktanteil von Hedge-Fonds auf 58 % geschätzt, bei High-Yield-Bonds auf 25 % und am Markt für notleidende Kredite auf 47 %.

Neben der zunehmenden internationalen Bedeutung von Hedge-Fonds ist auch eine Änderung im Investorenkreis von Hedge-Fonds zu beobachten. Während Hedge-Fonds in der Vergangenheit ein Anlagevehikel für wohlhabende Privatpersonen darstellte, werden Hedge-Fonds heute primär von institutionellen Investoren betrieben. Nur so konnten Hedge-Fonds an derartiger Bedeutung gewinnen.[1]

Auf Grund ihrer großen Marktbedeutung sind mit den Aktivitäten von Hedge-Fonds auch Risiken verbunden. Diese Risiken können in drei Gruppen unterteilt werden:

(1) Risiken bezüglich der internationalen Finanzstabilität;
(2) Risiken hinsichtlich der Marktintegrität und des Anlegerschutzes;
(3) Risiken bezüglich des Einflusses von Hedge-Fonds auf die Corporate Governance.

Mit der gestiegenen Bedeutung von Hedge-Fonds ist die Gefahr verbunden, dass die Schieflage von Hedge-Fonds (zum Beispiel durch Fehlinvestitionen in verbriefte Papiere US-amerikanischer Immobilienkredite) die Funktionsfähigkeit des internationalen Finanzsystems insgesamt beeinträchtigen, auf andere Marktteilnehmer übergreifen und schließlich eine internationale Finanzmarktkrise auslösen könnte.

Wie können solche Krisen entstehen?

(1) Zum einen kann die Schieflage eines großen Hedge-Fonds oder mehrerer mittelgroßer Hedge-Fonds, die mit diesen in Geschäftsbeziehung stehenden Kreditinstitute direkt belasten und auch dort zu einer Schieflage führen. Dieses Phänomen kann in der Finanzkrise beobachtet werden.

---

[1] Bundesverband Deutscher Banken (2008)

(2) Zum anderen kann die gleichzeitige Auflösung von Risikopositionen in wenig liquiden Märkten deren Funktionsfähigkeit gefährden. Die Verringerung oder gar das Versiegen der Marktliquidität kann zu einem Bewertungsproblem führen und andere Marktteilnehmer, vor allem wenn sie ähnliche Positionen halten wie Hedge-Fonds, in die Krise führen und Marktstörungen auslösen. Auch dieses Phänomen konnte während der Subprime-Krise beobachtet werden.

Die Auswirkungen der weltweiten Finanzkrise machen auch den Hedge-Fonds zunehmend zu schaffen. Einer Studie zufolge liquidierten die Anbieter in den ersten drei Monaten des Jahres 2008 170 Fonds, nach 138 im selben Zeitraum 2007.

Eine der größten Gesellschaften, die in den vergangenen Monaten ihre Pforten schließen musste, war die britische Peloton Partners. Der von früheren Goldman-Sachs-Partnern gegründete Hedge-Fonds hatte ursprünglich ein Volumen von fast drei Milliarden Dollar. Im vergangenen Sommer hatte Bear Stearns mit der Schließung von zwei Hedge-Fonds die Krise an den Finanzmärkten befeuert.

In den kommenden Monaten könnten noch einige Verluste bei Hedge-Fonds drohen. Sie gehörten in den letzten Jahren zu den größten Käufern der stark von der Krise betroffenen Wertpapiere (Collateralized Debt Obligations (CDO)). Dass bisher so wenige Hedge-Fond-Verluste bekannt geworden sind, könnte auch an den Freiheiten der Fonds bei den Berichtspflichten liegen.

9.9   Trends im Private Equity Business

Aus der vorliegenden Analyse sind einige Trends im Private Equity Business erkennbar.

- Große LBO-Transkationen mit einem extrem hohen Fremdkapitalanteil werden in nächster Zeit nicht stattfinden
- Anstelle von LBO-Finanzierungen werden vermehrt Wachstumsfinanzierungen, Brückenfinanzierungen, Restrukturierungsfinanzierungen, Delisting von börsennotierten Unternehmen, Nachfolgeregelungen, Private Placement, Buy and Build Strategien in den Finanzierungsfokus von Private Equity Gesellschaften rücken.
- Mittelständische Transaktionen werden für Private Equity Gesellschaften zunehmend präferiert.
- Die Deal Größe wir damit eher abnehmen.
- Die Fremdfinanzierungskosten für Private Equity Gesellschaften werden auf Grund der Krise am Kreditmarkt weiter steigen.
- Finanzinvestoren werden zukünftig in stärkerem Wettbewerb zu strategischen Investoren stehen, da strategische Investoren auf Grund von Synergieeffekten in der Lage sind, höhere Preise zu bezahlen.
- Private Equity Gesellschaften werden tendenziell ihren Investitionshorizont ausdehnen müssen, um die angestrebten Renditen zu erzielen.

- Da angesehene Private Equity Gesellschaften geringere Probleme haben werden, Kredite zu erhalten, wird erwartet, dass bislang wenig erfolgreiche und unbekannte Private Equity Firmen aus dem Markt ausscheiden. Insgesamt wird eine Konsolidierung erwartet.
- Der Ansatz, Private Equity Firmen an die Börse zu bringen und dadurch Kapital zu beschaffen wird auf Grund der gegenwärtig kritischen Situation auf den Kapitalmärkten nur eine eingeschränkte Alternative zum herkömmlichen Fund Raising bleiben.
- Auf Grund der Finanzkrise und des teilweisen Übergangs auf die Realwirtschaft werden Private Equity Gesellschaften und deren Investoren tendenziell mit geringeren Renditen rechnen müssen.
- Vorteilhaft für Private Equity Investoren ist, dass die Preise für Unternehmen nach unten gegangen sind und tendenziell weiter sinken werden.

Als Fazit dieses Kapitels kann festgehalten werden, dass das Private Equity Business von der Finanz Krise betroffen ist, jedoch nicht in einem Ausmaß, dass von einer Krise gesprochen werden kann. Vielmehr wird die gegenwärtige Konsolidierung als Rückkehr zur Normalität betrachtet. Das Private Equity Business würde von der Finanzkrise in weit stärkerem Maße betroffen sein, wenn sich diese auf die Realwirtschaft ausweitet und die Beteiligungsunternehmen in eine wirtschaftliche Krise kommen.

10 | Wie beeinflusst die Subprime-Krise die Aktienmärkte?

Die US-Hypothekenkrise hat eine Krise an den weltweiten Aktien- und Kreditmärkten verursacht. Mittels einer Analyse des S&P 500 Index konzentriert sich dieses Kapitel darauf, welche Auswirkungen die Subprime-Krise auf die Aktienmärkte hatte.

Da dieses Thema sehr umfassend ist, werden zunächst einige Annahmen dargelegt, um den Umfang der Analyse zu begrenzen. Anschließend wird im Rahmen einer Analyse der am meisten betroffenen Sektoren aufgezeigt, in welchem Ausmaß die wichtigsten Unternehmen des S&P 500, insbesondere die Banken, durch die Subprime-Krise beeinflusst wurden und in der Folge den S&P 500 Index beeinflusst haben. Anschließend werden die vier wichtigsten Einflussfaktoren ausgewählt, und ihre Auswirkungen auf den S&P 500 während der Subprime-Krise analysiert.

10.1 Welche Annahmen liegen der Analyse zugrunde?

(1) Der Fokus dieser Analyse liegt ausschließlich auf den US-Aktienmärkten. Hierfür gibt es zwei Gründe: Erstens liegt der Ursprung der Subprime-Krise in den USA. Zweitens sind die USA am meisten von der Subprime-Krise betroffen.

(2) Diese Analyse konzentriert sich aus drei Gründen lediglich auf den S&P 500: Erstens werden die Indizes unterschiedlich berechnet. So ist der Dow Jones beispielsweise preisgewichtet, während der S&P 500 nach Marktkapitalisierung gewichtet wird. Deshalb können unterschiedliche Indizes nicht einfach miteinander verglichen werden. Zweitens ist der S&P 500 der am meisten bekannte und studierte Index, und folglich existieren hierzu die längsten historischen Datenreihen, die einfach zugänglich sind. Drittens ist der S&P 500 eine gute Näherung für den gesamten Aktienmarkt, da die Zusammensetzung des Index regelmäßig aktualisiert wird, um somit stets die 500 größten Unternehmen der USA zu enthalten. Derzeit repräsentieren die 500 Unternehmen im Index mehr als 75 % des gesamten US-Aktienmarktes gemessen am Marktwert.

(3) Allgemein werden Aktienkurse durch Neuigkeiten und Informationen beeinflusst. Der Ankündigungseffekt ist definiert als der Einfluss von Neuigkeiten auf

die Finanzmärkte. Neuigkeiten sind definiert als der Unterschied zwischen den Erwartungen einer Veröffentlichung und der tatsächlichen Veröffentlichung. Aufgrund der Schwierigkeit des Zugangs zu ausreichend relevanten Daten und der Schwierigkeit einer quantitativen Analyse von Neuigkeiten konzentriert sich diese Analyse hauptsächlich auf die Auswirkungen der tatsächlichen Veröffentlichung. Dies bedeutet, dass der Unterschied zwischen der Erwartung und der tatsächlichen Pressemitteilung nicht berücksichtigt wird.

(4) Für die Analyse wurden lediglich die vier wichtigsten Faktoren ausgewählt – das Kurs-Gewinn-Verhältnis, der Zinssatz, die Inflation und das BIP –, da diese Faktoren quantitativ analysiert werden können, und der langfristige Einfluss dieser Faktoren recht groß ist.

(5) Die komplexe Faktoranalyse würde in diesem Fall wie folgt durchgeführt:
P (Aktienkurse) = f (KGV, Zinssatz, Inflation, BIP)
Dies wäre eine vierdimensionale Matrixanalyse, was allerdings viel zu komplex und aufgrund des beschränkten Zugriffs auf relevante Daten nicht umsetzbar ist. Deshalb wird die Analyse vereinfacht, indem der Einfluss jedes einzelnen Faktors auf die Aktienkurse analysiert wird. Tatsächlich gibt es Korrelationen zwischen diesen Faktoren, die in der Analyse berücksichtigt werden.

10.2 Welche Sektoren sind durch die Subprime-Krise besonders betroffen?

Da in diesem Kapitel die Auswirkungen der Subprime-Krise auf den S&P 500 untersucht werden, ist es erforderlich, den Index in seine einzelnen Sektoren zu unterteilen, um analysieren zu können, in welchem Maße der Index beeinflusst wurde. Abbildung 10.1 vergleicht die Performance des S&P 500 mit seinen zehn zugrunde liegenden Industriesektoren. Zudem wird hervorgehoben, wie jeder einzelne Sektor im Jahr 2006, verglichen mit dem Jahr 2007, sich entwickelt hat.

Es erscheint offensichtlich, dass der Finanzsektor derjenige Sektor ist, der sich im Jahr 2007 am schlechtesten entwickelt hat. Der Finanzsektor lag im Jahre 2006 noch auf Platz 4. Folglich wurde der Finanzsektor bislang am härtesten von der Subprime-Krise getroffen.

Insgesamt verzeichnete der S&P 500 in 2007 eine Rendite von 5,49 %. Die höchsten Renditen wurden in den Sektoren Energie und Materialwirtschaft erreicht, mit jeweils 34,40 % und 22,53 %. Dementgegen erzielten der Finanzsektor und der Konsumsektor die niedrigsten Renditen; diese beiden Sektoren mussten sogar negative Renditen von jeweils −18,63 % und −13,21 % verzeichnen. Die beste Performancesteigerung gegenüber dem Vorjahr verzeichnete der IT-Sektor; lag er 2006 noch auf Platz 9, so konnte er sein Ranking in 2007 auf Platz 4 verbessern.[1]

---

[1] ICMA-RC (2008)

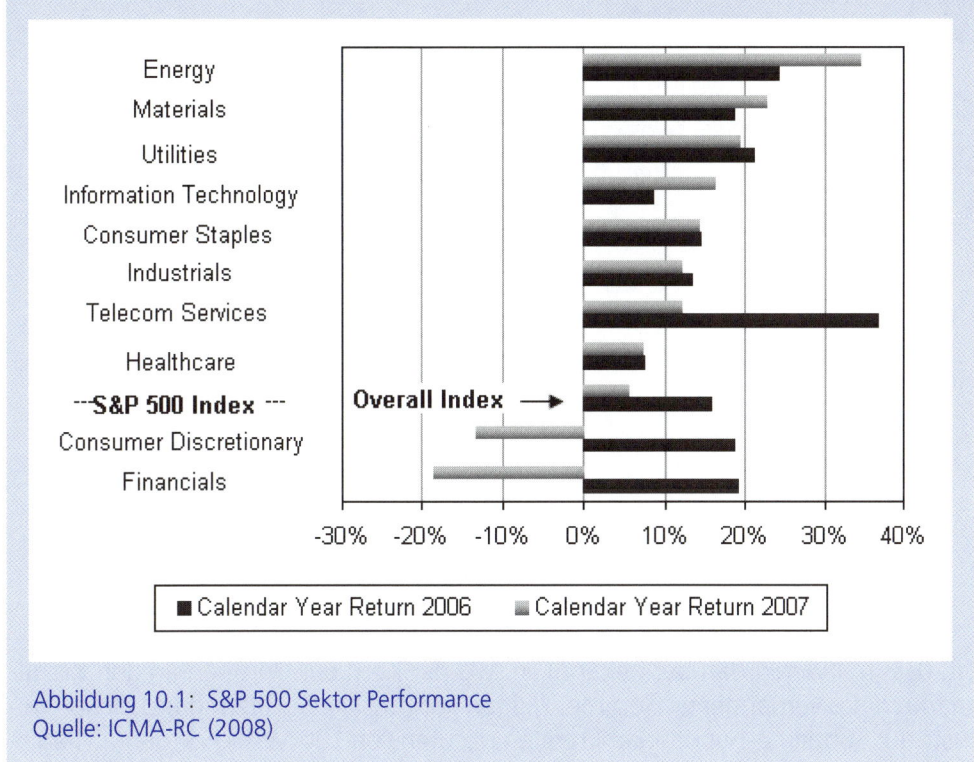

Abbildung 10.1: S&P 500 Sektor Performance
Quelle: ICMA-RC (2008)

Da der Finanzsektor von der Subprime-Krise am stärksten betroffen ist, wird er im folgenden Kapitel genauer analysiert.

10.2.1 Der Finanzsektor

Abbildung 10.2 veranschaulicht den Performance-Vergleich des S&P 500 und des Finanzsektors von März 2007 bis Februar 2008.

Was passierte im Finanzsektor, seitdem dieser einen Rückgang um 18,63 % im Jahr 2007 verzeichnen musste?[2]

Nach einer zeitlichen Verzögerung wurde der Übergriff der Krise auf die weltweiten Aktienmärkte am 9. und 10. August 2007 sichtbar; hier gab es starke Kursstürze. Die wichtigsten Börsen der Welt erlitten Verluste zwischen 3 % und 9 % und verzeichneten eine deutlich stärkere Volatilität, wobei sich Ende August 2007 eine leichte Erholung zeigte. Zu diesem Zeitpunkt begann das Ausmaß der Subprime-Krise immer deutlicher erkennbar zu werden, und die Märkte reagierten darauf.

Die Frage ist, warum es eine solche zeitliche Verzögerung zwischen dem Ausbruch der Subprime-Krise und der Reaktion der Aktienmärkte gab. Das Problem

---

[2] ICMA-RC (2008)

Abbildung 10.2: Vergleich S&P 500 und Finanzsektor 2007–2008
Quelle: CNNMoney (2008)

ist, dass nur wenig darüber bekannt ist, wo der Kern der Unruhen an den Kreditmärkten des vergangenen Sommers liegen könnte. Die Schätzung möglicher Verluste aus Subprime-Hypothekenkrediten reichten von 100 Mrd. US$ (gemäß Regie-
rungsangaben) bis hin zu einem Vielfachen dieses Betrages, und wenn es darum
geht, den Einfluss auf die Banken zu bewerten, ist dies noch schwieriger. In den
vergangenen Jahren haben die Banken Subprime-Kredite neu verpackt in komplexe ABS-Strukturen, die schwer zu bewerten sind. Aus diesen Anleihen wurden
CDOs strukturiert, also noch komplexere Wertpapiere, die besichert sind durch
diversifizierte Kreditpools. Aus diesem Grund ist es schwierig einzuschätzen, ob
Ausfälle von Hauseigentümern den Wert der damit verbundenen Wertpapiere
beeinflussen werden.

Eine weitere Erklärung für die zeitliche Verzögerung ist, dass es oftmals extrem
schwierig ist, einen genauen Wert für Vermögenswerte, die im Zusammenhang
mit Hypotheken stehen, zu erhalten und somit einzuschätzen, wie viel diese bislang an Wert verloren haben. Deshalb kann das wahre Ausmaß der Verluste im
Zusammenhang mit Hypotheken bei den Banken nicht so einfach geschätzt werden. Die Schwierigkeit liegt darin, dass es keinen Markt für die Bewertung von
verbrieften Hypothekenkrediten gibt. Sie sind in den vergangenen Jahren nicht
im großen Stil gehandelt worden. Die in der Vergangenheit entwickelten Com-
putermodelle, die dieses Problem lösen sollten, sind sehr unzuverlässig. Deshalb
verwenden viele Analysten heute eine andere Technik, nämlich die Fortschreibung
von Kursen, die auf Derivate-Indizes basieren, wie dem sogenannten ABX. Derivate wurden gehandelt, also kann der ABX einen Handelskurs liefern. Seit Oktober
2007 ist dieser Handelskurs stark gefallen. In der Folge standen die Banken unter dem Druck, den Marktwert ihrer eigenen Bücher nach unten zu korrigieren.

Dennoch haben sie im November 2007 noch nicht so große Wertberichtigungen vorgenommen, wie der ABX es impliziert hatte.

Seitdem die Banken begonnen haben, ihre Verluste offenzulegen, haben die Märkte angefangen zu reagieren. Um den Verlauf des Index des Finanzsektors im S&P 500 verstehen zu können, wird im folgenden der zeitliche Ablauf der Ereignisse an den Hoch- und Tiefpunkten dargestellt.

Juli 2007:
Als der Vorsitzende der US-Notenbank, Ben Bernanke, die Prognosen für 2007 und 2008 wegen der Subprime-Krise am 19. Juli gesenkt hatte, reagierte der S&P 500 nicht besonders negativ darauf, aber die US-Banken, die sich an den hochriskanten Eigenheimkrediten beteiligt hatten, sahen sich Kursverlusten gegenüber, was man am oben dargestellten Chart erkennen kann. Die Prognosen für die US-Wirtschaft wurden nur leicht auf 2,25 %-2,5 % in 2007 gesenkt; frühere Prognosen hatten ein Wachstum von 2,5 %-3 % vorausgesagt. Daher waren die Investoren nicht allzu besorgt, und der S&P 500 blieb relativ konstant.

August 2007:
Am 23. August, als die größte Hypothekenbank davor warnte, dass der Zusammenbruch des Häusermarktes eine Rezession auslösen könnte, fiel der S&P 500 um 1,6 Prozent auf 1.463 Zähler. Das Vertrauen am Markt wurde zudem negativ beeinflusst durch die Maßnahme der Fed, weitere 17 Mrd. US$ in das Finanzsystem zu investieren. Es wurde weiterhin erwartet, dass die Volatilität sich fortsetzt.

November 2007:
Im November 2007 war ein starker Kurssturz beim Finanzsektorindex des S&P 500 zu verzeichnen. Am 31. Oktober versuchte die Fed immer noch, den Markt durch Zinssenkungen zu stimulieren, aber als die Citigroup am 5. November gigantische Verluste zwischen 8 und 11 Mrd. US$ infolge der Subprime-Krise bekannt gab und der Vorstandsvorsitzende Charles Prince von seinem Amt zurücktrat, begannen die Kurse, deutlich nachzugeben. Nachrichten von Wertberichtigungen bei großen US-Banken setzten sich in diesem Monat fort und beeinflussten den Aktienmarkt ebenfalls. Als Goldman Sachs am 16. November bekannt gab, dass die Verluste im Zusammenhang mit der Subprime-Krise insgesamt ein Volumen von 400 Mrd. US$ erreichen könnten, brachen die Aktienkurse gewaltig ein. In der Zwischenzeit waren die Anleiherenditen der größten Finanzinstitute über die der durchschnittlichen Unternehmensanleihe gestiegen. Dies bedeutet, dass die Banken jetzt mehr für Kredite am Markt für Unternehmensanleihen zahlen mussten als andere Unternehmen.

Januar 2008:
Die Verlustmeldungen durch Banken nahmen kein Ende. Am 30. Januar teilte Standard & Poor's mit, dass die Verluste bei Banken in Verbindung mit Hypothekenkrediten letztlich 265 Mrd. US$ überschreiten werden. Daraufhin meldeten die Ratingagenturen, dass sie die Ratings für US-hypothekengedeckte Wertpa-

piere (MBS) in Höhe von 270 Mrd. US$ möglicherweise herabstufen und CDOs im Wert von 264 Mrd. US$ auf den Beobachtungsstatus „review for possible downgrade" setzen werden. In der Folge fiel der S&P 500 Index stark ab. Weitere Ankündigungen, die zu einer Vertrauenskrise am Markt führten, waren, dass Standard & Poor's einen Anstieg der Verluste bei europäischen Banken erwartete, die bisher nicht gemeldet wurden. In den USA prognostizierten die Ratingagenturen eine Ausweitung der Verluste auf regionale Banken, Genossenschaftsbanken und Landesbanken.[3]

10.2.2 Der Hypothekensektor

Der Hypothekensektor gehört zum Finanzsektor des S&P 500, aber da der Hypothekensektor eine der Schlüsselbranchen der Subprime-Krise ist, wird im Folgenden kurz dargestellt, was dort passiert ist (siehe auch Abbildung 10.3).

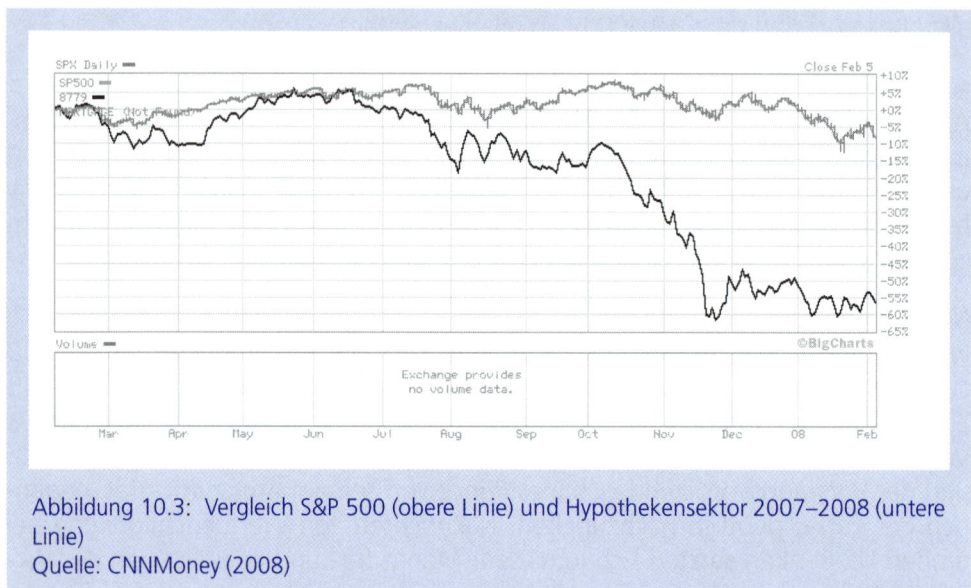

Abbildung 10.3: Vergleich S&P 500 (obere Linie) und Hypothekensektor 2007–2008 (untere Linie)
Quelle: CNNMoney (2008)

Die Renditen für Staatsanleihen sind deutlich gefallen; dies hatte niedrigere Zinssätze bei Standardhypothekenkrediten zur Folge. Für größere und weniger kreditwürdige neue Kreditnehmer waren die Kredite allerdings teurer und schwieriger zu erhalten. Selbst die Zinssenkungen durch die Fed konnten diese Situation nicht ändern.

Die Zinsen für standardisierte festverzinsliche Hypothekenkredite sind seit ihrem Höchststand von 6,7 % im Juli 2007 stetig gefallen. Im Januar 2008 fiel der Zins auf 5,76 % von 6,34 % im Dezember 2007. Andererseits sind die Zinsen auf Hypotheken, die über die Obergrenze von 417.000 US$ bei den staatlichen Hypotheken-

---

[3] Johnson, Shah (2008)

finanzierern Fannie Mae und Freddie Mac hinausgehen, im August 2007 signifikant auf 6,8 % gestiegen. Im Mai 2007 waren es noch 6,1 %. Aber der Verkauf von hypothekengedeckten Wertpapieren an andere Investoren ging enorm zurück. Diese Situation hat die Turbulenzen an den Kapitalmärkten verschlimmert, und die Bereitschaft der Investoren, Risiken zu übernehmen, ist auf ein Minimum geschrumpft. Die Platzierung neuer MBS durch Investmentbanken ging drastisch zurück. Aufgrund der schwierigen Situation bei der Vergabe von Subprime-Krediten gab es einen starken Rückgang bei der Bereitstellung sogenannter „Alt-A Hypotheken". Alt-A Hypotheken liegen hinsichtlich der Kreditqualität zwischen erstklassigen und Subprime-Krediten. Viele Kreditgeber, die sich auf finanzschwächere Kreditnehmer spezialisiert haben, sind insolvent geworden.[4]

10.3 Welches sind die wichtigsten Einflussfaktoren für Aktienkurse?

Die vorhergegangene Analyse der besonders betroffenen Sektoren hat deren Einfluss auf den S&P 500 gezeigt. Dieses Kapitel wird sich auf die Einflussfaktoren konzentrieren, die sich auf den gesamten Index auswirken.

> Grundsätzlich beeinflussen die folgenden Faktoren die Aktienmärkte und damit die Aktienkurse:
>
> (1) Der tatsächliche Wert von Aktienkursen
> (2) Die Erwartungen von Investoren
> (3) Das Ergebnis verschiedener Einflussfaktoren

Aus diesem Blickwinkel können Veränderungen bei Aktienkursen in Bezug auf drei Aspekte untersucht werden: die wirtschaftlichen Faktoren, die Marktfaktoren und die nicht-wirtschaftlichen Faktoren.

- Wirtschaftliche Faktoren:
  - Makroökonomische Faktoren: BIP, Währungspolitik, Außenhandel, internationaler Geldmarkt, Geldpolitik (Zinsniveau, Anleihen, Bankreserven), Finanzpolitik (Steuern, Schulden, Staatsbudget), Industriepolitik, Aufsichtspolitik
  - Mikroökonomische Faktoren: Unternehmensentwicklung und Wachstumspotential (zum Beispiel KGV), Reorganisation (zum Beispiel Fusionen und Übernahmen), industriespezifische Themen (zum Beispiel Industriezyklus)

---

[4] Wighton et al. (2007)

- Marktfaktoren: Angebot und Nachfrage, Investorenstruktur (institutionelle, private Investoren), Preisveränderungen am gesamten Markt (zum Beispiel Inflation), Marktmanipulation, Erwartungen/Stimmung der Investoren
- Nicht-wirtschaftliche Faktoren: Naturkatastrophen, Kriege, politische Themen

> Die wichtigsten Faktoren aus dieser Gesamtauswahl sind:
> (1) Das Kurs-Gewinn-Verhältnis (KGV)
> (2) Das Zinsniveau (Leitzins)
> (3) Die Inflation
> (4) Das BIP

Der Einfluss dieser vier Faktoren auf den S&P 500 wird im Folgenden analysiert.

10.3.1   Kurs-Gewinn-Verhältnis

Definition

Das Kurs-Gewinn-Verhältnis gibt das Verhältnis des Aktienkurses zum Unternehmensgewinn je Aktie an. Das KGV ist also gleich dem Marktpreis für die Aktie eines Unternehmens dividiert durch den Gewinn, den das Unternehmen pro Aktie erwirtschaftet hat.

Für diese Analyse liegt der Fokus allerdings auf dem KGV des gesamten Aktienindex und nicht auf den KGVs einzelner Unternehmen. Für einen Aktienindex wird das KGV auf die gleiche Weise ermittelt – der durchschnittliche Aktienkurs der Unternehmen des Index wird durch die durchschnittlichen Gewinne je Aktie dieser Unternehmen dividiert.

Der Einfluss des KGV auf den S&P 500

Den historischen Verlauf des KGV zeigt Abbildung 10.4:

Die Korrelation zwischen dem S&P 500 und seinem KGV wird in Schaubild 10.5 dargestellt.

Abbildung 10.5 zeigt beispielsweise auf, dass das KGV des S&P 500 von 2003 bis 2007 kontinuierlich gefallen ist und dass die Aktienkurse in vergleichbarem Maße gestiegen sind. Das KGV des S&P 500 betrug zum Beispiel Ende 2007 ca. 18. Wie ist dieser Wert historisch einzustufen?

Das historische KGV für den S&P-500 beträgt nach Angaben von Thomson Reuters 16,4 (in den vergangenen 25 Jahren lag das durchschnittliche KGV bei über 20). Das zukünftige KGV für 2009 beläuft sich auf 12,2. Damit kann das zukünftige KGV von 12,2 gegenüber den meisten historischen Bewertungen als günstig betrachtet werden.

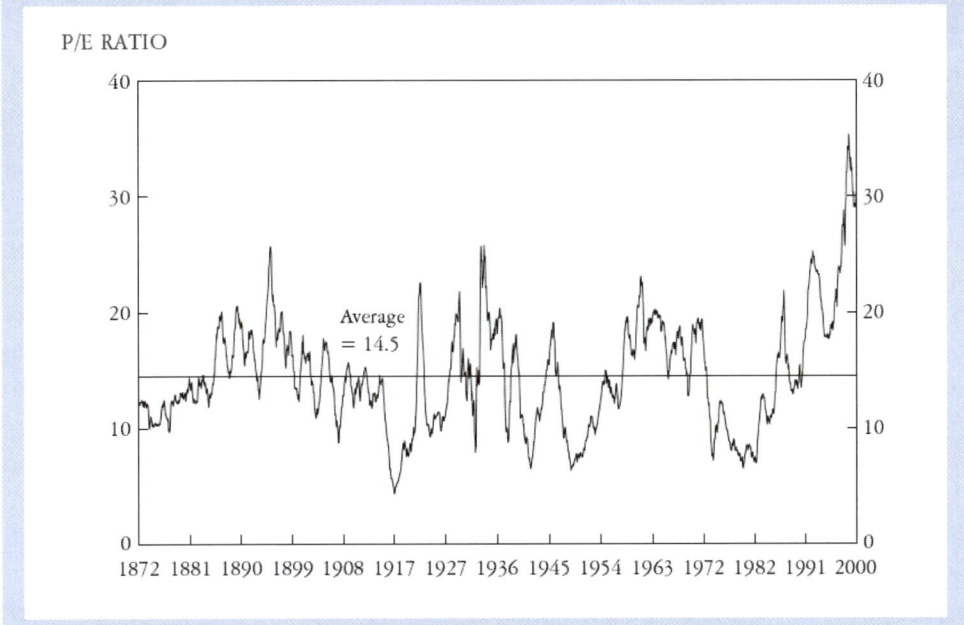

Abbildung 10.4: S&P 500 Kurs/Gewinn-Verhältnis zwischen 1872–2000
Quelle: Shen (2006)

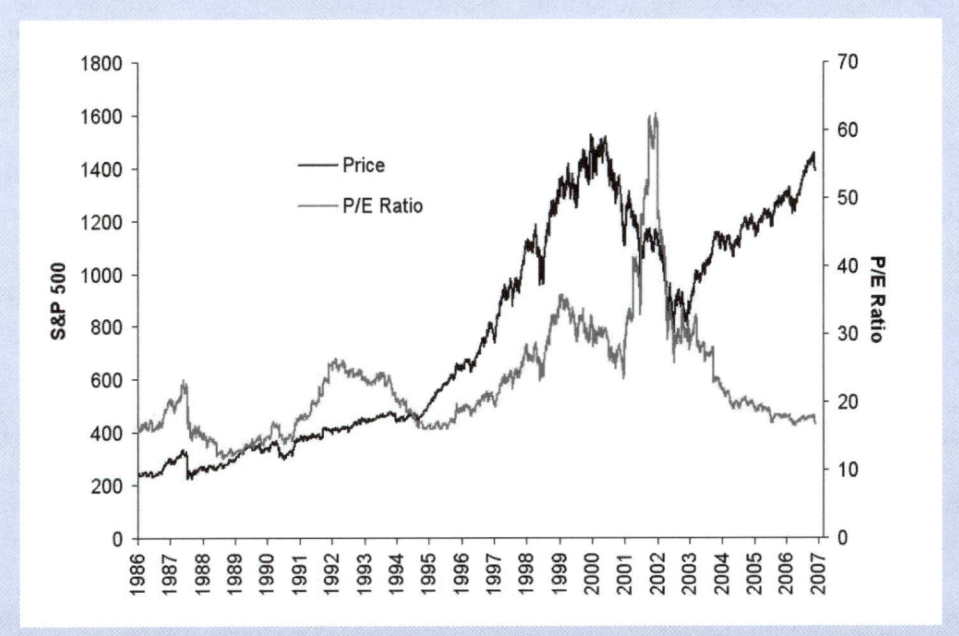

Abbildung 10.5: Vergleich S&P 500 (obere Linie) sowie Kurs/Gewinn-Verhältnis (untere Linie)
von 1986 bis 2007
Quelle: Tickersense (2007)

Dieses zukünftige KGV fußt jedoch auf einigen ambitionierten Erwartungen bezüglich der Gewinnentwicklung in 2009. Nach einem erwarteten Gewinnrückgang von 17,1 Prozent im zweiten Quartal 2008 prognostizieren Analysten nach Angaben von Thomson Reuters für das dritte Quartal eine Gewinnerhöhung von 12,7 %, während für das vierte Quartal 2008 ein Gewinnsprung um 61,5 % und für das erste Halbjahr 2009 ein Gewinnwachstum von mehr als 30 % prophezeit wird.

Hintergrund dieser doch ambitionierten Gewinnschätzung ist sicherlich, dass von einer deutlichen Profitabilitätssteigerung bei den Finanzunternehmen ausgegangen wird. Warum der Aktienmarkt aktuell dennoch nicht mit Gewinnsteigerungen reagiert, liegt sicherlich darin begründet, dass die Prognosen und die damit verbundenen Empfehlungen der Analysten in letzter Zeit die Realität nicht wirklich widergespiegelt haben.

Die bisherige Analyse hat lediglich die Korrelation zwischen dem Ist-KGV und dem Ist S&P 500 Level betrachtet. Die Frage ist jedoch ferner, ob sich aus dem Ist-KGV auch Prognosen für das Wachstum der Aktienkurse ableiten lassen. Auf diese Frage wird wiederum am Beispiel des S&P 500 eingegangen.

Investoren und Aktienanalysten haben das Kurs-Gewinn-Verhältnis lange Zeit benutzt, um zu bestimmen, ob einzelne Aktien adäquat gepreist sind. Neuerdings haben einige Volkswirte argumentiert, dass das durchschnittliche KGV für einen Aktienindex wie den S&P 500 dazu beitragen kann, langfristige Änderungen in diesem Index vorherzusagen. Gemäß diesem Standpunkt folgt einem niedrigen KGV tendenziell ein schneller Anstieg der Aktienkurse im darauf folgenden Jahrzehnt und umgekehrt. Unterstützt wird die These durch historische Daten, die belegen, dass sehr hohe KGVs gewöhnlich von einer schwachen Aktienmarktentwicklung gefolgt wurden.[5]

In Abbildung 10.6 wird auf die Korrelation zwischen dem KGV sowie dem Wachstum des S&P eingegangen. Der Punkt „66" am rechten äußeren Ende der folgenden Grafik bedeutet beispielsweise:

Zu Beginn des Jahres 1966 betrug das KGV des S&P 500 ca. 24. Ferner sagt dieser Punkt aus, dass für die nächsten 10 Jahre (1966–1975) die tatsächliche Wachstumsrate des S&P 500 leicht negativ war.

In den oben abgebildeten Charts wird deutlich, dass die Aktienkurse ceteris paribus im folgenden Jahrzehnt langsam gestiegen sind, wenn die KGVs zuvor hoch gewesen sind. Basierend auf obiger Untersuchung ist somit eine Korrelation zwischen der Höhe des KGV und dem langfristigen (10 Jahre) Wachstum des Index abzuleiten.

Investoren haben dennoch gute Gründe, sich Gedanken darum zu machen, was hohe KGVs kurzfristig für die Aktienkurse bedeuten. Einige Investoren haben möglicherweise einen Anlagehorizont, der kürzer als 10 Jahre ist. Darüber hinaus müssen sie kurzfristige Anlageentscheidungen treffen, selbst wenn sie einen

---

[5] Shen (2006)

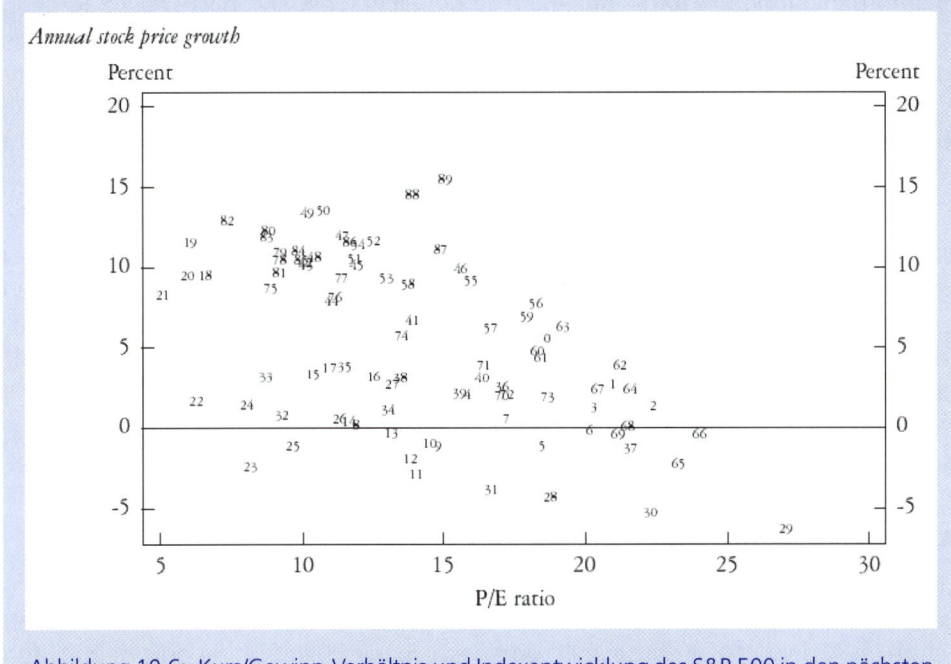

Abbildung 10.6: Kurs/Gewinn-Verhältnis und Indexentwicklung des S&P 500 in den nächsten 10 Jahren
Quelle: Shen (2006)

langfristigen Anlagehorizont haben, wie etwa die Allokation ihrer monatlichen Beiträge. Einige Ökonomen argumentieren, dass ein überdurchschnittlich hohes KGV einen geringeren Anstieg bei den Aktienkursen nicht nur langfristig, sondern auch kurzfristig zur Folge hat. Diese Ökonomen glauben, dass die kurzfristige Aktienmarktentwicklung durch die Analyse des Kehrwertes des KGV – allgemein bekannt als Gewinnrendite – vorhersagbar ist. Sie argumentieren, dass wenn die Differenz zwischen der Gewinnrendite und dem Marktzins sehr gering ist, die Aktienkurse dazu tendieren in den darauf folgenden Wochen und Monaten zu fallen.[6]

10.3.2   Leitzins

Definition

In den USA ist der Leitzins der Zinssatz, zu dem private Einlageninstitute (meist Banken) staatliche Gelder bei der Zentralbank an andere Einlageninstitute verleihen, gewöhnlich über Nacht. Der Zinssatz ist eines der Offenmarktgeschäfte, die der Vorsitzende der Bundesnotenbank nutzt, um das Geldangebot in der US-Wirtschaft zu steuern.

---

[6] Vgl. Shen (2006), Seite 27 sowie die auf Seite 35 und 36 aufgeführte Literatur

Interbankkreditgeschäfte stellen im Wesentlichen eine Möglichkeit für Banken dar, sich schnell Kapital zu besorgen. Beispielsweise möchte eine Bank ein großes Industrievorhaben finanzieren, hat aber nicht genügend Zeit, darauf zu warten, dass Einlagen oder Zinszahlungen eingehen. In solchen Fällen wird die Bank diesen Betrag zeitnah von anderen Banken leihen, und zwar zu einem Zinssatz, der dem Leitzins entspricht oder höher ist.

Eine Erhöhung des Leitzinses wird die Banken davon abhalten, solche Interbankenkredite aufzunehmen, was es wiederum deutlich schwerer macht, Geld zu beschaffen. Umgekehrt ermutigen fallende Zinsen die Banken, sich Geld zu leihen und es deshalb freier zu investieren. Somit dient der Zinssatz als Steuerungsinstrument zur Kontrolle, wie frei die US-Wirtschaft und damit auch die Weltwirtschaft operiert.

Indem die Fed den Leitzins erhöht, bringt sie die Banken davon ab, Geld von der Fed zu verlangen, die sich damit als Kreditgeber letzter Instanz positioniert.

Auswirkungen des Leitzinses auf den S&P 500

Der Leitzins ist in der Tat ein wichtiger Faktor zur Abgabe von langfristigen Prognosen bei Aktien. Die Auswirkungen des Leitzinses auf den S&P 500 wurden schon im Abschnitt 8.4 dargestellt, und deshalb wird hier auf die dort gemachten Aussagen verwiesen.

Der S&P 500, der Leitzins und die Subprime-Krise

Die Subprime-Krise begann mit niedrigen Zinsen in den USA; niedrige Zinsen führen gewöhnlich zu überschüssiger Liquidität. Folglich verliehen die Banken Geld an Privatpersonen mit niedrigerem Einkommen oder einer weniger guten Kredithistorie. Nachdem die Fed den Leitzins erhöht hatte, konnten viele Kreditnehmer ihre Kredite nicht mehr tilgen. Deshalb gerieten die Banken in Schwierigkeiten. Die Subprime-Krise begann.

Nachdem der Leitzins von Mitte 2006 bis Ende 2007 5,25 % betragen hatte, hat die Fed innerhalb der letzten 9 Monate in mehreren Schritten den Leitzins von 5,25 % auf derzeit 2,0 % gesenkt. Die fünfte Zinssenkung am 30. Januar 2008 drückte beispielsweise den Leitzins für Tagesgelder zwischen Banken auf 3 %; dies war der niedrigste Stand seit Juni 2005. Die Fed hatte somit den Leitzins um insgesamt 2,25 Prozentpunkte innerhalb von vier Monaten gesenkt, darunter eine Senkung um 75 Basispunkte am 22. Januar 2008.[7] Die aktuelle Strategie der US-Notenbank ist, dass inzwischen der Eindämmung der Inflation eine wichtigere Rolle eingeräumt wird, nachdem zuletzt der Schwerpunkt auf der Lösung der Probleme an den Finanzmärkten lag.

---

[7] Finestone, Kruger, (2008)

10.3.3   Inflation

Definition

Inflation ist der tiefgreifende und anhaltende Anstieg des aggregierten Preisniveaus für Güter und Dienstleistungen. Es gibt zwei Hauptquellen, die die Regierung und die Medien verwenden, um Inflation zu ermitteln: CPI (Consumer Price Index) und PPI (Purchase Price Index). CPI ist das Maß von Preisänderungen bei Konsumgütern und Dienstleistungen wie Öl, Nahrung, Kleidung und Autos. PPI ist eine Indexfamilie bestehend aus kleineren Indizes, die die durchschnittliche Änderung der Verkaufspreise von einheimischen Produzenten von Gütern und Dienstleistungen über den Zeitverlauf messen. PPI misst die Preisänderungen aus Sicht des Verkäufers und des Herstellers.

Auswirkungen der Inflation auf den S&P 500

Grundsätzlich fürchten Investoren die Inflation, weil sie die Kaufkraft verringert. Je größer das Risiko einer steigenden Inflation, desto mehr Investoren werden ihre festverzinslichen Anleihen verkaufen und das Geld in Aktien und andere Vermögenswerte investieren, deren Rendite die Inflationsrate langfristig übersteigt. Indem mehr Geld in Aktien investiert wird, steigt hier die Nachfrage, was wiederum die Kurse in die Höhe treibt. Gemäß dem Fisher-Modell stehen Realzinsen und die Inflationserwartung in negativer Beziehung zueinander. Die Formel hierfür lautet wie folgt:

$$i_t = r_t + \pi_t^e$$

i_t = Nominalzins zum Zeitpunkt t
r_t = Realzins zum Zeitpunkt t
π_t^e = Inflationserwartung zum Zeitpunkt t

Dies ist eine ex ante-Betrachtung. Das bedeutet, dass der derzeitige beobachtbare Nominalzins die Erwartung einer zukünftigen Inflation mit einbezieht.

Der S&P 500, die Inflation und die Subprime-Krise

In Abbildung 10.7 ist erkennbar, dass die Inflationsrate seit August 2007, als die Fed die Zinsen gesenkt hat, gestiegen ist. Des Weiteren haben steigende Ölpreise ebenfalls zu einer steigenden Inflation geführt.

Im Allgemeinen steigt der S&P 500, wenn die Inflationsrate steigt. Dennoch werden die Aktienmärkte durch Neuigkeiten und die Stimmung der Investoren beeinflusst, und es kann zu gegenläufigen Bewegungen kommen.

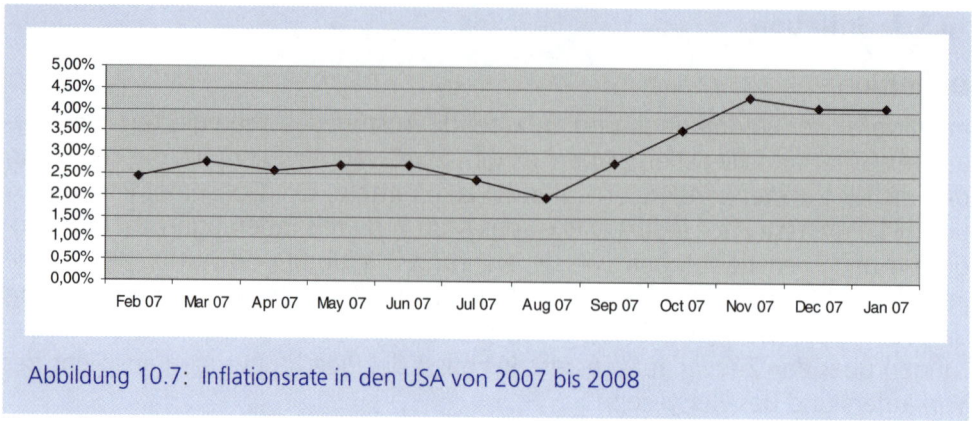

Abbildung 10.7: Inflationsrate in den USA von 2007 bis 2008

10.3.4 Bruttoinlandsprodukt (BIP)

Definition

Das Bruttoinlandsprodukt (BIP) ist einer der Maßstäbe zur Bestimmung der Größe der Volkswirtschaft eines Landes. Das BIP eines Landes ist definiert als der gesamte Marktwert aller fertigen Güter und Dienstleistungen, die in einem Land in einem bestimmten Zeitraum (üblicherweise in einem Kalenderjahr) produziert werden. Es wird auch betrachtet als die Summe der Mehrwerte in jedem Produktionsstadium aller fertigen Güter und Dienstleistungen, die in einem Land in einem bestimmten Zeitraum produziert werden.

Der am meisten verbreitete Ansatz zur Feststellung und zum Verständnis des BIP ist die Ausgabenmethode:

BIP = Konsum + Investitionen + Staatsausgaben + (Exporte – Importe)

oder

BIP = C + I + S + (Ex – Im)

Auswirkungen des BIP auf den S&P 500

Wenn die Wirtschaft boomt, kaufen Privathaushalte und Unternehmen üblicherweise Güter und Dienstleistungen, die von Unternehmen hergestellt werden. Wenn derartige Umsätze steigen, verzeichnen die Unternehmen gewöhnlich höhere Gewinne, was ihre Aktien wiederum attraktiv macht. Demzufolge kaufen die Privathaushalte die Aktien, und die Aktienkurse steigen. Wenn die Wirtschaft in eine Rezession gerät, fallen die Aktienkurse normalerweise – tatsächlich fallen sie oft bereits, bevor die Wirtschaft sich in der Rezession befindet, da die Umsätze der Unternehmen, an denen die Privathaushalte Aktien halten, fallen und damit auch die Unternehmensgewinne fallen.

Das BIP ist eine der volkswirtschaftlichen Schlüsselzahlen für viele Investoren und Volkswirte und vermittelt eine Vorstellung davon, in welchem Zustand sich ein Land befindet. Der Aktienmarkt wird in großem Maße vom Zustand einer

Volkswirtschaft beeinflusst. Alles in allem dient das BIP also als Messstelle für die Wirtschaft. Wenn es der Volkswirtschaft eines Landes gut geht, spiegelt der Aktienmarkt dieses Wirtschaftswachstum für gewöhnlich wider.

Abbildung 10.8 zeigt das saisonbereinigte BIP und den S&P 500 von 1950 bis 2005. Beide sind exponentiell angestiegen, wobei der Aktienmarkt einen deutlich volatileren Verlauf zeigt. Die Pearson-Korrelation zwischen den beiden Zeitreihen liegt bei sehr starken 0,94. Diese gibt den Grad der linearen Beziehung zwischen zwei Variablen wieder und reicht von +1 bis −1. Eine Korrelation von +1 bedeutet, dass es eine perfekt lineare Beziehung zwischen den zwei betrachteten Variablen gibt.[8]

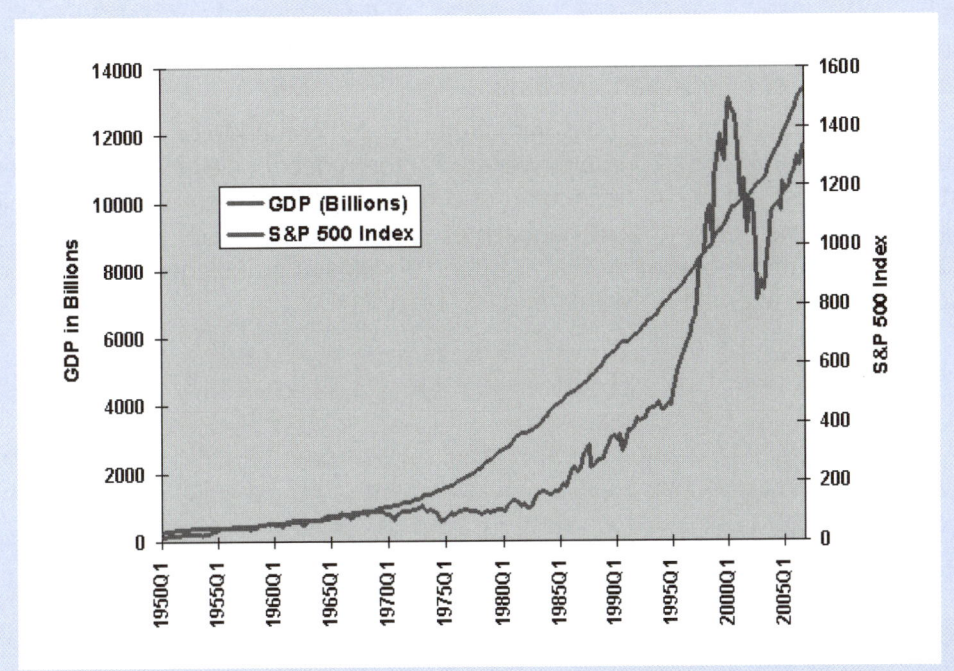

Abbildung 10.8: S&P 500 (schwankende Linie) und US-Bruttosozialprodukt (konstante Linie) zwischen 1950–2005
Quelle: Cxoadvisory (2006)

Der S&P 500, das BIP und die Subprime-Krise

Der Immobilienkollaps trifft die gesamte Volkswirtschaft. Viele Konsumenten in den USA haben mehr als ihr derzeitiges Einkommen ausgegeben, indem sie Kredite aufgenommen haben und der Wertverfall ihrer Häuser schreckt sie möglicherweise davor ab, zukünftig in dieser Form zu agieren. Dies bedeutet, dass die Konsumausgaben weiter zurückgehen werden. Darüber hinaus wird die fortschreitende

---
[8] Cxoadvisory (2006)

Volatilität an den Finanzmärkten die Bereitschaft der Amerikaner zu Ausgaben erschweren. Da der private Konsum der Haupttreiber der US-Wirtschaft ist – derzeit macht der private Konsum gemäß Angaben der Fed etwa 71 % des realen BIP der USA aus –, stellt dessen Rückgang eine große Gefahr für eine mögliche Rezession in den USA dar.

10.4   Schlussfolgerung

Gemäß der Analyse hatte die Subprime-Krise große Auswirkungen auf die Aktienmärkte und den S&P 500. Dennoch zeigen die Haupteinflussfaktoren gute Ausgangsbedingungen für eine positive Entwicklung des S&P 500, wie etwa ein relativ niedriges KGV, niedrige Leitzinsen, eine einigermaßen kontrollierte Inflation und eine fundierte wirtschaftliche Basis.

Aufgrund der Komplexität des Verhaltens der Aktienmärkte und der begrenzten Aspekte der Analyse könnte es weitere Faktoren geben, die einen unerwartet starken Einfluss auf die Aktienmärkte und den S&P 500 haben. Dennoch kann dieses Phänomen derzeit nicht beobachtet werden. Letztendlich werden die Finanzmärkte für eine bestimmte Zeit aufgrund ungelöster grundlegender Probleme volatil bleiben, aber ein Aufwärtstrend ist realistisch.

11 | Die Subprime-Krise – eine Blase in einer Reihe von Blasen?

In dem Abschnitt 3.4 „Kann die Subprime-Krise volkswirtschaftlich erklärt werden?" wurde dargelegt, dass in Zeiten von Blasen sich viele Wirtschaftssubjekte doch wieder auf John Maynard Keynes rückbesinnen. Gemäß Friedrich August von Hayek – sozusagen dessen Gegenspieler – gehen die konjunkturellen Turbulenzen jedoch auf eine verzerrte Zinsbildung zurück. Die fünf Phasen der Hayek'schen Konjunkturtheorie wurden dargestellt und herausgearbeitet, wie dementsprechend die Subprime-Krise entstand.

In diesem Abschnitt wird wiederum auf die Hayek'sche Theorie verwiesen und erklärt, wie seit Mitte der 1980er Jahre expansive Geldpolitiken in den großen Volkswirtschaften zu Blasen in aufstrebenden und neuen Märkten geführt haben. Eine Reihe von Blasen und Krisen werden beschrieben:

- Beginnend Mitte der 1980er Jahre mit einer expansiven Geldpolitik in Japan und der japanischen Bubble Economy,
- danach mit der Asienkrise und den neuen Märkten und schließlich
- mit der US-Immobilienblase und den derzeitigen Boomphasen in China und Mittel- und Osteuropa

Es lässt sich die Aussage ableiten, dass die deutlichen Zinssenkungen der Fed in Reaktion auf die platzende US-Hypothekenmarktblase gemäß der Theorien von Hayek und Wicksell der Nährboden für eine neue Welle von Blasen sein könnte.[1]

11.1 Einleitung

„Krisen gehören zum kapitalistischen System wie die Sünde zur Religion." Dem Leser des Buches „Manias, Panics and Crashes" des Wirtschaftshistorikers Charles Kindleberger (2000) wird deutlich, dass es spekulative Übertreibungen und Krisen seit jeher gegeben hat: Die Weltwirtschaftskrise des 20. Jahrhunderts, die Gründerzeitkrise unter Bismarck oder die Tulpenmanie im 16. Jahrhundert. Immer wieder sind Blasen entstanden, die von Euphorie genährt sich schließlich in kollabierenden Vermögenspreisen und einer Welle von Bankrotten entladen haben.

---

[1] Die folgenden Ausführungen wurden uns von Herrn Prof. Dr. Gunther Schnabl und Herrn Andreas Hoffmann zur Verfügung gestellt; vgl. Hoffmann, Schnabl (2008).

Obwohl ex post Spekulationsblasen leicht identifizierbar sind, werden diese ex ante mehrheitlich nicht erkannt und von dem Glaube getragen, dass der rechtzeitige Ausstieg vor dem Platzen möglich sei oder dem rasanten Aufstieg die weiche Landung folgen werde. Entscheidend sind irrationale Faktoren wie Herdenverhalten („Monkey see, monkey do") oder das Unwohlsein, den Nachbar reich werden zu sehen. Obwohl Kindleberger (2000) anerkennt, dass Krisen am Ende von Spekulationswellen nicht prognostizierbar sind, identifiziert dieser zwei Faktoren, die diese wahrscheinlicher machen. Zum einen seien Spekulationswellen mit positiven wirtschaftlichen Erwartungen verbunden. Zum anderen sei reichlich Liquidität im Spiel, die den Nährboden der Übertreibungen bilde.

Beide Faktoren gelten für die Weltwirtschaft seit Mitte der 80er Jahre. Einerseits tendierten die Zentralbanken in den großen Volkswirtschaften zu großzügiger Liquiditätsversorgung, andererseits waren in den neuen und aufstrebenden Märkten in den Industrieländern, Ostasien und Osteuropa die wirtschaftlichen Perspektiven sehr positiv. Aus Kindlebergers (2000) Sicht überrascht es deshalb nicht, dass auch die Krisen zugenommen haben: das Platzen der japanische Blase (1989), die Tequila-Krise (1994), die Asienkrise (1997/98), die japanische Finanzmarktkrise (1998), die Russlandkrise (1998), der drohende Konkurs des LTCM Hedge Fonds (1998), das Platzen der New Economy Blase in den USA und anderen entwickelten Volkswirtschaften (2000).

Seit dem Platzen der US Immobilienblase (2007) herrscht Nervosität auf dem Krisenparkett. So sind nicht nur der US-Hypothekenmarkt, sondern auch die Aktienmärkte in China, Mittel- und Osteuropa sowie viele andere aufstrebenden Märkte unter Druck geraten. Die realwirtschaftlichen Folgen der Krise sind bei steigendem Inflationsdruck noch nicht absehbar. Zwar könnten die raschen Zinssenkungen der US Fed eine nachhaltige Rezession in den USA (und dem Rest der Welt) vermeiden helfen, doch könnte diese ebenso als Nährboden für eine neue Welle von Blasen gesehen werden.

11.2   Liquidität und Inflation

Seit Mitte der 1980er Jahre ist die weltweite Liquiditätsversorgung stetig angestiegen. Sie entsprang den großen Kapitalmärkten in Japan, den USA und dem Eurogebiet und wurde – insbesondere von einer schnell wachsenden Anzahl von Hedge-Fonds – in eine steigende Anzahl von neuen und aufstrebenden Märkten getragen.

Zunächst begann die japanische Zentralbank in Reaktion auf eine starke Aufwertung des japanischen Yen Mitte der 1980er Jahre die Zinsen zu senken. Ende der 1990er Jahre hatte der japanische Geldmarktzins den Nullpunkt erreicht (Abbildung 11.1). Internationale Investoren (Hedge-Fonds) nahmen in Japan Kapital zu günstigen Konditionen auf und legten dieses in Hochzinsländern (meist aufstrebenden Märkten) an. Die Gewinne aus solchen Carry Trades waren auch des-

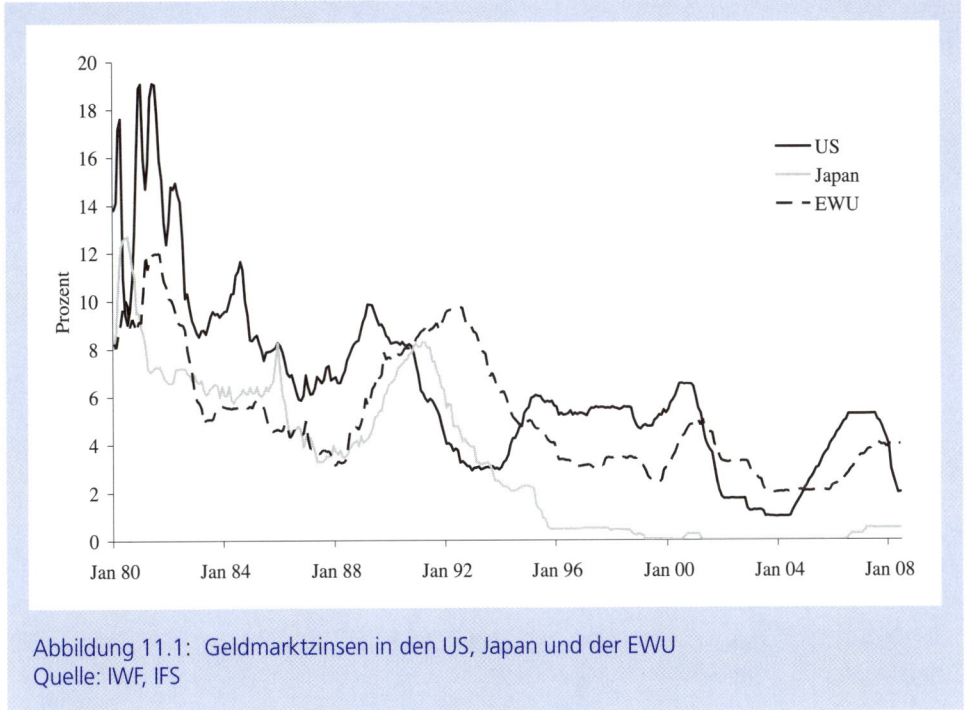

Abbildung 11.1: Geldmarktzinsen in den US, Japan und der EWU
Quelle: IWF, IFS

halb ohne großes Währungsrisiko, weil Japan und die meisten Empfängerländer den Wechselkurs gegenüber dem Dollar stabilisierten. Die aufstrebenden Märkte profitierten von sinkenden Zinsen und Boomphasen, die die Kredit-Ratings der Länder deutlich verbesserten und so zusätzliche Kapitalzuflüsse induzierten.

Zu der Liquiditätsschwemme in Japan gesellte sich die Ära Greenspan. Als kurz nach dem Amtsantritt des neuen US-Notenbankpräsidenten im Oktober 1987 die Kurse am New York Stock Exchange plötzlich drastisch zu fallen begannen, reagierte Greenspan mit einer raschen Liquiditätsausweitung, um Verluste der Finanzinstitute zu vermeiden. Wäre ein großes Geldinstitut ins Wanken gekommen, so das Argument, hätte eine Kettenreaktion das ganze Finanzsystem in Gefahr gebracht (Woodward 2000). Dieses Muster blieb während der fast 20jährigen Amtszeit von Greenspan unverändert. Auf fallende Kurse auf dem Aktienmarkt wurde mit sinkenden Zinsen reagiert. Nach dem Platzen der New Economy-Blase im Jahr 2000 wurde das US-Zinsniveau auf einen historischen Tiefstand von 1 % gesenkt (Abbildung 11.1).

Im so genannten Jackson Hole Consensus (Blinder und Reis 2006) kamen die US-amerikanischen Notenbanker überein, dass Aktienpreise nicht in die Zielfunktion der Zentralbanken eingehen sollten. Aber im Falle einer Krise sollte ausreichend Liquidität zur Verfügung gestellt werden, um die Stabilität des Finanzsystems sicher zu stellen. Nach dem Platzen der Hypothekenmarktblase wurde der US-Leitzins rasch auf 2 % gesenkt.

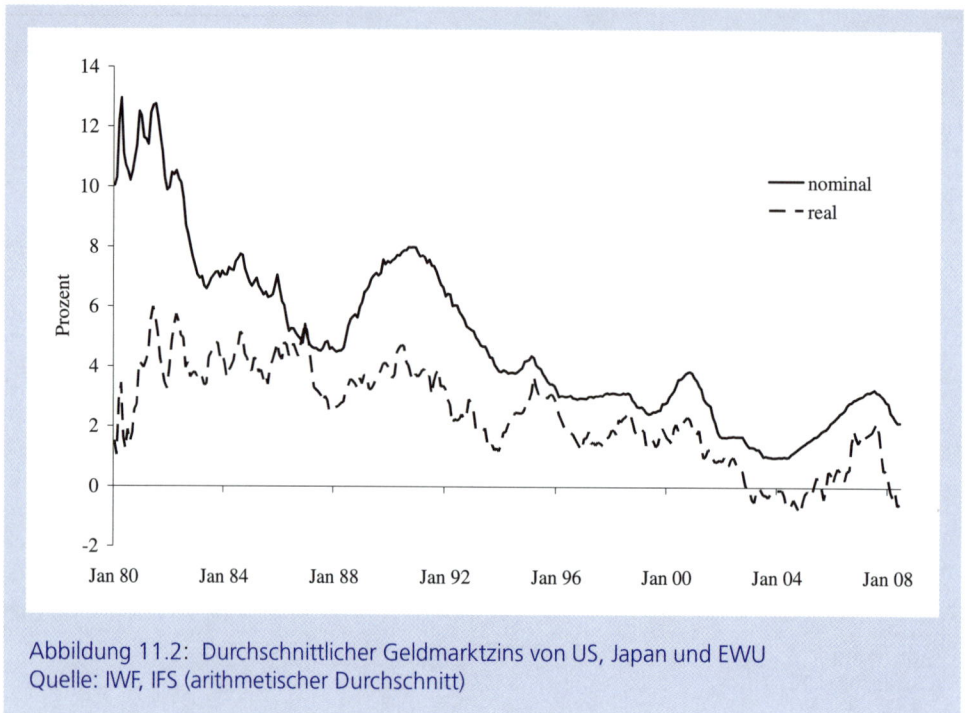

Abbildung 11.2: Durchschnittlicher Geldmarktzins von US, Japan und EWU
Quelle: IWF, IFS (arithmetischer Durchschnitt)

Die Europäische Zentralbank, die in der Tradition der „inflationsaversen" Deutschen Bundesbank steht, folgte zögerlich. Zwar senkte sie in den Jahren 2000 bis 2003 die Zinsen weit weniger als die Federal Reserve, doch wurden auch in Europa historisch niedrige Zinsen auf den Geld- und Kapitalmärkten verzeichnet (Abbildung 11.1). Im Juni 2003 lag der Hauptrefinanzierungssatz bei einer Marke von 2 %.

Das weltweite Zinsniveau, das in Abbildung 11.2 mit dem durchschnittlichen Zins der drei größten Zentralbanken approximiert wird, fiel damit seit Beginn der 80er Jahre kontinuierlich und erreichte im Sommer 2004 seinen historischen Tiefstand. Die realen Zinsen wurden negativ (Abbildung 11.2). Getrieben von geringen Renditemöglichkeiten in den großen Kapitalmärkten, erreichten der Carry Trade, die Jagd nach Renditen in aufstrebenden Märkten und die Prosperität der Hedge-Fonds neue Rekorde.

Im Gegensatz zu den 1970er Jahren als die schnell wachsende Liquidität in den Industriestaaten zu Inflation und Stagnation führte, waren die Zinssenkungen in den großen Volkswirtschaften seit Mitte der 1980er Jahre zunächst nur bedingt mit Inflation verbunden. In Japan herrschte in den 1990er Jahren Deflation, die Inflation im Eurogebiet bewegte sich nahe am Zielwert von 2 %, in den USA nur wenig darüber (Abbildung 11.3). Isoliert betrachtet rechtfertigte die moderate Inflation relativ expansive Geldpolitiken auch deshalb, weil sich der Fokus

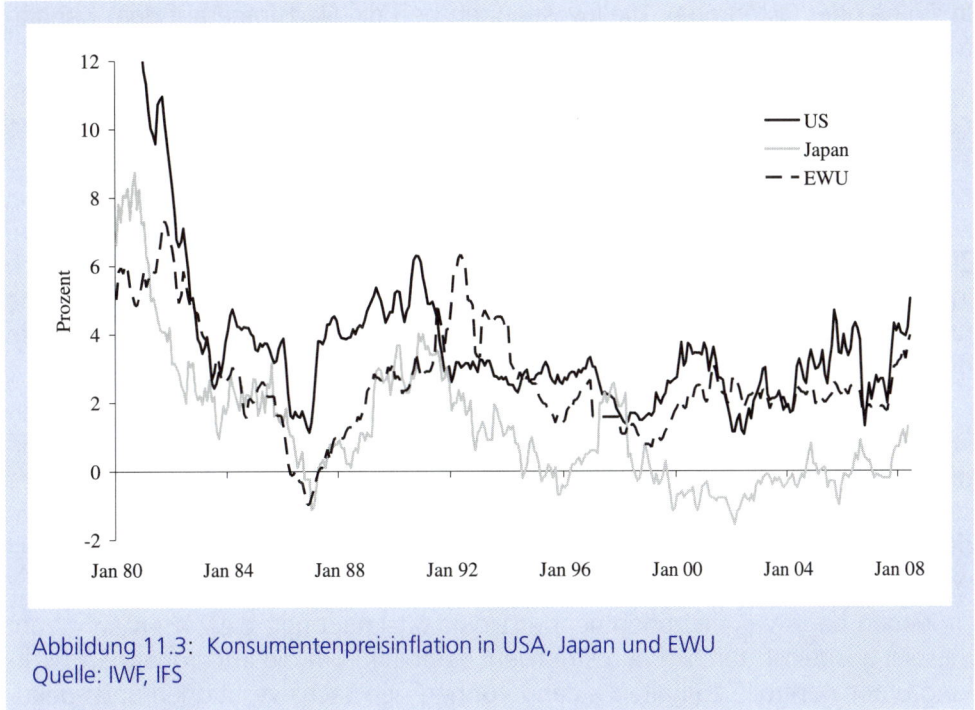

Abbildung 11.3: Konsumentenpreisinflation in USA, Japan und EWU
Quelle: IWF, IFS

der geldpolitischen Zielsetzungen von der Geldmenge auf die Inflationsraten verlagerte.

Stattdessen waren Blasen auf den Aktien- und Immobilienmärkten zu beobachten, die entweder in den großen Volkswirtschaften selbst oder in (Gruppen von) aufstrebenden Märkten auftraten. Platzte die Blase in einer Region, tauchte diese anderorts wieder auf: Blasen vagabundierten zum Beispiel von Japan nach Ostasien, von Ostasien in die neuen Märkte der Industrieländer und von den neuen Märkten nach Osteuropa, China und dem US-Hypothekenmarkt.

11.3 Die monetären Überinvestitionstheorien nach Hayek und Wicksell

Der Einfluss der wachsenden Liquidität in den großen Volkswirtschaften auf die weltweiten Aktien- und Immobilienpreise lässt sich mit Hilfe der monetären Überinvestitionstheorien von Hayek (1976) und Wicksell (2005) analysieren, die konjunkturelle Schwankungen mit einer „perversen Elastizität des Kreditsystems" (Hayek) bzw. „Notenbankfehlern" (Wicksell) erklären. Am Anfang des monetären Überinvestitionszyklus steht der Anstieg der internen Verzinsung der Unternehmen, zum Beispiel durch die Entdeckung neuer Produktionstechnologien (wie im Falle der New Economy) oder neuer Märkte und Produktionsstandorte (wie derzeit in China oder Osteuropa). Die Investitionen und die Nachfrage auf dem Kapitalmarkt steigen.

Nach Wicksell (2005) kommt es durch das Absinken der Zinsen unter den natürlichen Gleichgewichtszins zur Überinvestition. Im Modell von Wicksell wird einer erhöhten Kapitalnachfrage nicht mit einer Leitzinsanhebung, sondern durch zusätzliche Geldschöpfung der Notenbank begegnet. Da die private Ersparnis bei konstantem Zins unverändert bleibt, übersteigen die Investitionen das Sparen. Zunächst nährt die zusätzliche Liquidität den Aufschwung, in dessen Verlauf auch Investitionsprojekte mit niedrigen (erwarteten) Renditen finanziert werden. Löhne und Konsum steigen, Produktionsreserven werden mobilisiert. Schließlich steigen die Konsumentenpreise.

Nach Schumpeter (1997) können sich im Aufschwung auf der Basis von Erwartungen die Preise von Aktien und anderen realen Aktiva wie Immobilien von der realen Wirtschaftsentwicklung lösen. Es kommt zur Spekulation: „In dieser sekundären Welle [. . .] gewinnt die spekulative Antizipation schließlich Eigenbedeutung, wird das Prosperitätssymptom schließlich in der bekannten Weise selbst wieder Prosperitätsfaktor".

Ziehen dann wegen zunehmender Liquiditätsknappheit die Zinsen an – zum Beispiel ausgelöst durch eine restriktive Geldpolitik, um die inflationäre Entwicklung unter Kontrolle zu halten – dann können sich Sachinvestitionen und spekulative Anlagen als überdimensioniert herausstellen. Investitionsprojekte, die zum bisherigen Zins noch rentabel waren, werden abgebrochen. Die unausweichliche Strukturbereinigung zieht Unternehmen, Konsumenten und Finanzinstitute in den Strudel der Krise.

11.4   „Boom-and-Bust Cycles" in Ostasien

Obwohl Wicksell und Hayek in der ersten Hälfte des 20. Jahrhunderts ihre Modelle auf geschlossene Volkswirtschaften zugeschnitten haben, lassen sich diese auf die heutigen internationalen Kapitalmärkte übertragen, wo die Geldschöpfung in den großen Volkswirtschaften über die internationalen Kapitalmärkte das Zinsniveau in „aufstrebenden Märkten" trotz drohender Überhitzung und Inflationsdruck niedrig hält. Da Ostasien in den letzten Jahrzehnten sehr gute wirtschaftliche Perspektiven aufzuweisen hatte, ist es nicht verwunderlich, dass gerade dort wiederholt spekulative Übertreibungen zu beobachten waren.

Die erste große Blase entstand Mitte der 1980er Jahre in Japan in einer Phase der Euphorie bezüglich japanischer Exporterfolge, die sich in einem großen Handelsüberschuss gegenüber den USA widerspiegelten. Der Versuch, das Handelsungleichgewicht zwischen beiden Ländern durch eine starke Aufwertung des Yen (Plaza Abkommen im September 1985) und später durch eine expansive Geldpolitik Japans (Louvre Abkommen im Februar 1987) zu reduzieren (Schnabl 2000), bildete die Grundlage der japanischen Bubble Economy.

Nachdem die japanische Zentralbank 1986 und 1987 sukzessive die Zinsen gesenkt hatte, um die Aufwertung abzudämpfen (Abbildung 11.1), beflügelte die Liquiditätsausweitung auf dem Kapitalmarkt die Spekulation auf den Aktien- und Immobilienmärkten (Abbildung 11.4). Zwischen 1984 und 1989 verdreifachten sich die Kurse an der Tokioter Börse und der Grundstückswert des kaiserlichen Palastes näherte sich dem von ganz Kalifornien (Schnabl und Starbatty 1998). Das Platzen der Blase im Dezember 1989 wurde wie im Modell Wicksells von der Zentralbank ausgelöst, die durch Zinserhöhungen die irrationale Euphorie auf den Anlagemärkten zu bremsen suchte (Abbildung 11.1). Die Folge war nicht nur die verlorene Dekade der japanischen Volkswirtschaft in den 90er Jahren, sondern auch der Export der Blase in Japans kleine Nachbarstaaten. In Abbildung 11.4 repräsentiert Malaysia den Anlageboom in den ostasiatischen Tigerstaaten.

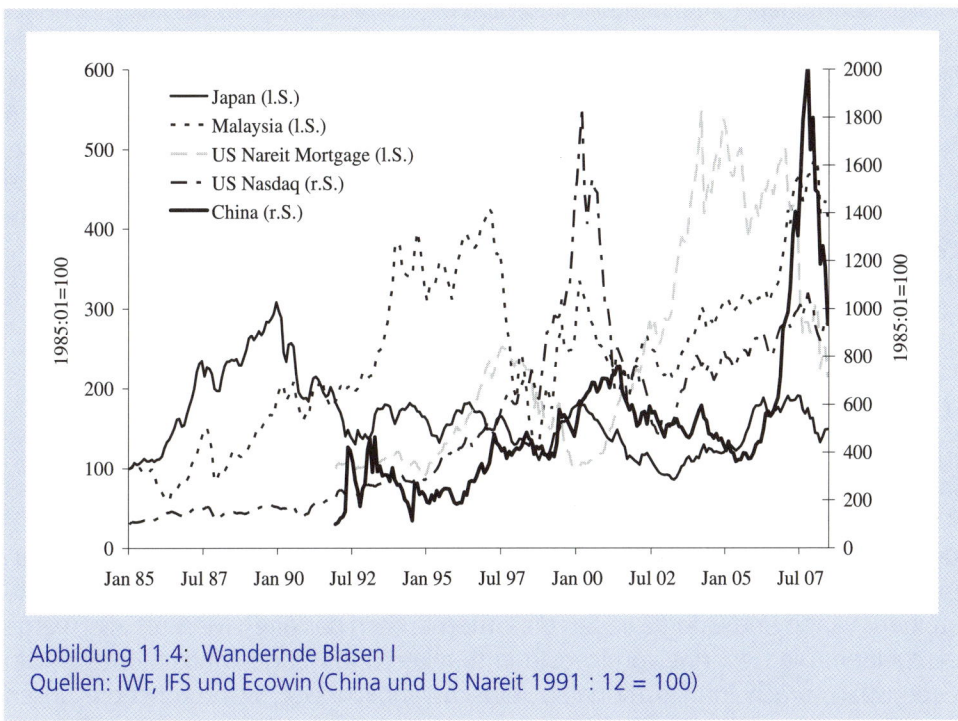

Abbildung 11.4: Wandernde Blasen I
Quellen: IWF, IFS und Ecowin (China und US Nareit 1991 : 12 = 100)

Die Bank of Japan begegnete der nachhaltigen Stagnation mit starken Zinssenkungen (Abbildung 11.1), die zwar nicht die japanische Wirtschaft zurück auf den Wachstumspfad bringen konnten – da sie die Restrukturierung des maroden Finanzmarktsektors verzögerten – aber den Carry Trade beschleunigten. Die Not leidenden japanischen Finanzinstitute und internationale Hedge-Fonds nahmen in Japan zu niedrigen Zinsen Kapital auf, um es in den kleinen ostasiatischen Hochzinsländern anzulegen. Da die ostasiatischen Tigerstaaten den Wechselkurs gegenüber dem Dollar stabilisierten, schien das Risiko beschränkt.

In Indonesien, Korea, Malaysia, den Philippinen und Thailand begünstigen die internationalen Kapitalzuflüsse neue Übertreibungen, die 1997 in die Asienkrise mündeten (Abbildung 11.4). Im Gegensatz zur japanischen Bubble wurde die Krise in Ostasien nicht durch die Zentralbanken ausgelöst. Wie bei Hayek (1976) begann der private Finanzsektor die Liquidität zu verknappen, als – nicht zuletzt wegen steigender Leistungsbilanzdefizite – das Vertrauen in das ostasiatische Wirtschaftswunder sank. Devisenmarktinterventionen gegen den Abwertungsdruck trieben die Zinsen in die Höhe. Schließlich stürzten die Währungen ab. Da die beträchtliche Auslandsverschuldung in ausländischer Währung denominiert war (McKinnon und Schnabl 2004), kam es unweigerlich zu Finanzmarktkrisen, die nur mit Hilfe des IWF zu bewältigen waren. Es folgte ein schmerzlicher Prozess der strukturellen Bereinigung.

Die Asienkrise machte die Abhängigkeit zwischen der Finanzmarktstabilität in den Schuldner- (Tigerstaaten) und Gläubigerstaaten (Japan) deutlich (Schnabl und Starbatty 1998). Mit der Krise in Ostasien litten Japans Exporte und japanische Direktinvestitionen in der Region. Der japanische Bankensektor, der ohnehin unter einer immensen Last fauler Kredite litt, musste neue Kreditausfälle in Südostasien hinnehmen. Die Aktienkurse in Tokio begannen zu fallen. Die japanische Finanzmarktkrise fand mit dem Bankrott riesiger Finanzinstitute ihren Höhepunkt. Die wirtschaftliche Erholung Japans wurde auf Jahre zurückgeworfen und die Nullzinspolitik (und damit der Carry Trade) verfestigt.

11.5   Die Blasen in den sicheren Häfen

In Zeiten von Finanz- und Währungskrisen in aufstrebenden Märkten sucht das Kapital Zuflucht in den sicheren Häfen der entwickelten Volkswirtschaften. Beflügelt von den Visionen des Internet-Zeitalters begannen die Kurse von Internet- und EDV-Unternehmen in den USA (Abbildung 11.4 und 11.5) und Europa zu steigen. Yahoo und Google ließen die Unternehmen des alten Marktes als Zwerge erscheinen. Die Gewinne von Investmentbanken und Hedge-Fonds blühten. Alan Greenspan sprach von „Irrationaler Überschwänglichkeit", während er die Zinsen nur zögerlich erhöhte (Shiller 2000).

Die Überschwänglichkeit erreichte in den USA ihren Höhepunkt im März 2000. Da der Kursrutsch auf dem neuen Markt enorme Verluste für Banken und Hedge-Fonds (mit entsprechenden Ansteckungseffekten) erwarten ließ, senkte die Federal Reserve den Leitzins sehr schnell auf den historischen Tiefststand von 1 % (Abbildung 11.1). Da die Europäische Zentralbank weit weniger die Zinsen senkte, mussten Banken und Unternehmen den Verlusten aus der Spekulation mit einschneidenden Restrukturierungen begegnen. Aus der Sicht Hayeks war dieser Reinigungsprozess die Grundlage für den darauf folgenden robusten Aufschwung im Eurogebiet.

In den USA konnten die Finanzunternehmen hingegen die Verluste aus dem Platzen der New Economy-Blase bei niedrigen Zinsen mit neuen Finanzgeschäften insbesondere im US-Immobilienmarkt kompensieren. Im Gegensatz zur japanischen Blase blieb der Aktienmarkt vom Boom im Immobilienmarkt fast unberührt. In Abbildung 11.5 wird deutlich, wie steil der Nareit Hypothekenmarktindex nach 2001 anstieg, der Nasdaq hingegen auf einem vergleichsweise niedrigen Niveau verharrte.

Solange die Häuserpreise stiegen und die Zinsen in den USA niedrig waren, stieg die Nachfrage nach Bankkrediten steil an. Wie in der Theorie Hayeks führte der Wettbewerb zwischen den Banken schließlich dazu, dass auch Kredite an Kreditnehmer niedrigerer Bonität, so genannte Ninja loans an Menschen ohne Einkommen, Arbeit und Vermögen (No Income, No Job or Asset), vergeben wurden. Dieses neue Subprime-Segment erlaubte es beinahe jedem ein Haus zu kaufen und vom Preisanstieg im Häusermarkt zu profitieren. Finanzmarktinnovationen wie besicherte Schuldverschreiben (collateralized debt obligations – CDOs) dienten den Banken dazu das Ausfallrisiko aus den Bankbilanzen zu nehmen und das Kreditrisiko weltweit zu streuen.

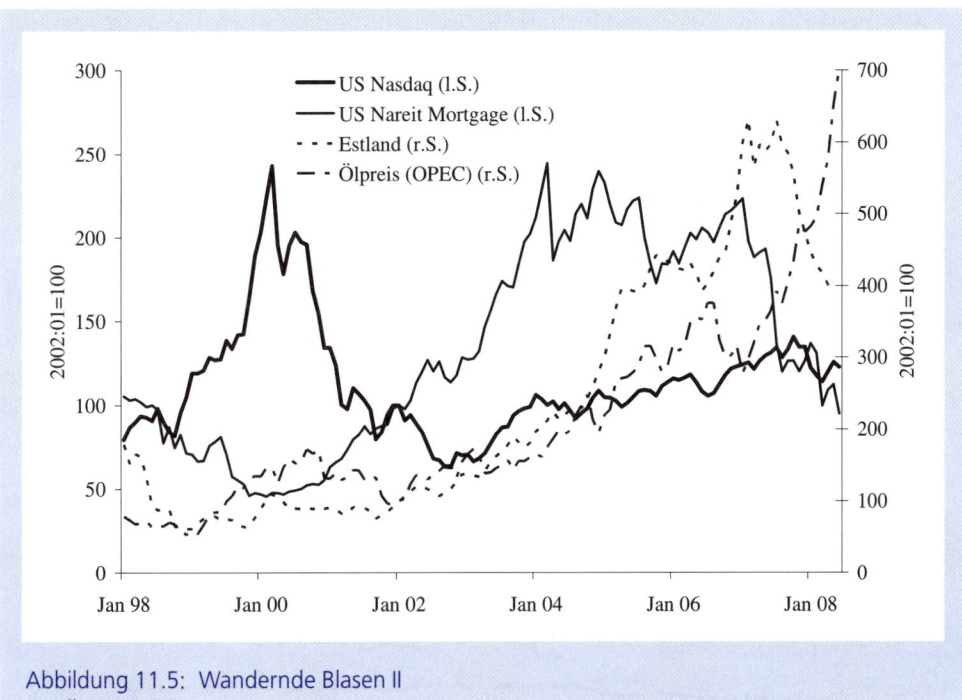

Abbildung 11.5: Wandernde Blasen II
Quelle: IWF, IFS

11.6   Die weltweite Expansion der Blase nach 2001

Das niedrige Zinsniveau in den USA in den Jahren 2001 bis 2005 hatte auch internationale Implikationen. Die expansive Geldpolitik brachte den Dollar unter Abwertungsdruck, da die privaten Anleger nach lukrativeren Anlagemöglichkeiten (hunt for yield) in den aufstrebenden Märkten suchten. Vor allem die ostasiatischen Staaten, die traditionell ihren Wechselkurs an den Dollar banden, akkumulierten rasant Dollarreserven (McKinnon und Schnabl 2004) (Abbildung 11.6). Die daraus resultierende Geldmengenexpansion bildete den Nährboden für neue Boomphasen, nun mit Schwerpunkt auf China (Abbildung 11.5).

Das niedrige Zinsniveau in den USA sowie die Zinssenkungen der Europäischen Zentralbank begünstigen ferner Kapitalzuflüsse nach Mittel- und Osteuropa, wo insbesondere in Ländern mit festen Wechselkursen – wie zum Beispiel Estland – die Devisenreserven (Abbildung 11.6) sowie Aktien- und Immobilienpreise (Abbildung 11.5) nach oben schossen. Die Kapitalzuflüsse spiegelten sich – wie im Falle der Asienkrise – in hohen Leistungsbilanzdefiziten wider.

Während Ostasien und Osteuropa die dynamischsten Wachstumsraten verzeichneten, waren ähnliche Entwicklungen in zahlreichen aufholenden Volkswirtschaften zu erkennen. Dies gilt insbesondere auch für die Rohstoff exportierenden Länder, die von rasant steigenden Rohstoffpreisen profitierten.

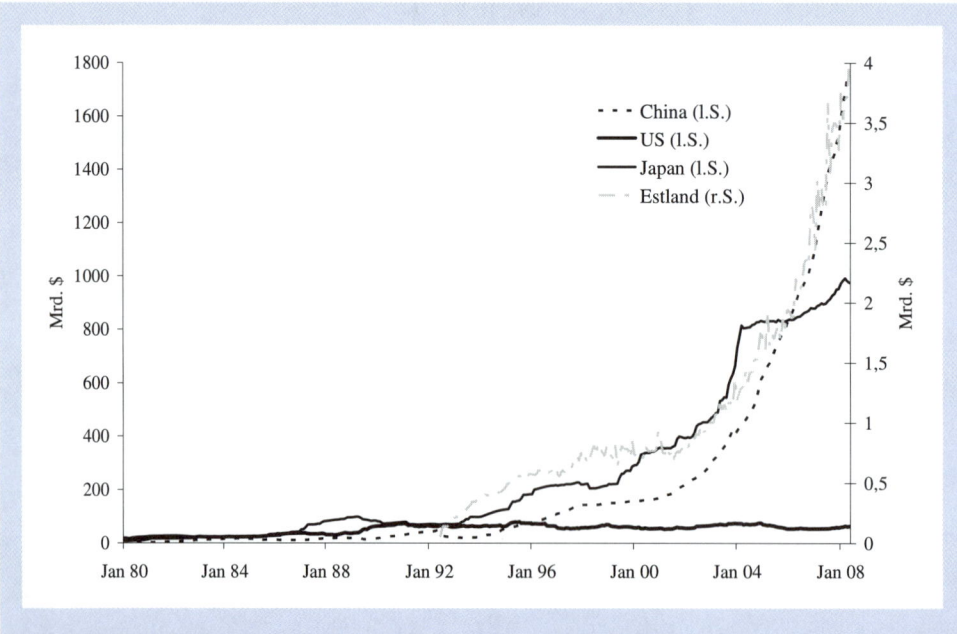

Abbildung 11.6: Devisenreserven in China, USA, Japan und Estland
Quelle: IWF, IFS

Der weltweite Boom verlangsamte sich, nachdem ab Sommer 2004 die Federal Reserve und seit Herbst 2005 die europäischen Zentralbank die Zinsen erhöhten und Liquidität absorbierten (Abbildung 11.1). Wie bei Hayek und Wicksell kam es zum Umschwung, als das Zinsniveau wieder anstieg und die zum niedrigen Zinsniveau getätigten Investitionen einer neuen Messlatte unterworfen wurden. Im Sommer 2007 platzte die Blase im US-Immobilienmarkt, als immer mehr Subprime-Schuldner ihre Zinslast nicht mehr bedienen konnten. Die Sorgen über eine sich verlangsamende Weltkonjunktur mehrten sich, weil nicht nur die USA, sondern auch große Kreditgeberländer wie Japan, China und Deutschland von der Krise betroffen waren. In den Abbildung 11.4 und 11.5 ist zu sehen wie (unter anderen) auch die Aktienmärkte in Estland und China 2007 einbrachen.

Trotz eines nun steigenden Inflationsdrucks reagierte der neue Fed Vorsitzende Ben Bernanke erneut mit starken Zinssenkungen (Abbildung 11.1). Der US-Kongress folgte der expansiven Geldpolitik mit Steuerkürzungen und Zusatzzahlungen an Geringverdiener, um den Konsum zu stützen. Die EZB hat im Gegensatz zur Krise von 2001 diesmal nicht mit Zinssenkungen reagiert, weil insbesondere steigende Energie- und Lebensmittelpreise den Inflationsdruck im Eurogebiet erhöhten.

11.7 Ausblick

Die unterschiedlichen geldpolitischen Pfade, die die beiden größten Zentralbanken in Reaktion auf die US-Immobilienmarktblase eingeschlagen haben, zeigen die unterschiedlichen Sichtweisen bezüglich der Rolle der Geldpolitik für die Finanzmarktstabilität. Die Europäische Zentralbank scheint im Sinne der monetären Überinvestitionstheorien sinkende Zinsen in Reaktion auf platzende Blasen als Nährboden für Inflation und neue Blasen zu sehen. Sie hat deshalb die Zinsen erhöht, um dem steigenden Inflationsdruck entgegen zu wirken. Die Folge dürften kurzfristige Wachstumseinbußen bei langfristiger gesamtwirtschaftlicher Stabilität sein.

Hingegen dominiert in den USA eine Sichtweise, die Wachstum und Finanzmarktstabilität stärker gewichtet als Preisstabilität. Mit den deutlichen Zinssenkungen könnte zwar wie nach dem Platzen der New Economy Blase eine nachhaltige Rezession zunächst vermieden werden. Der Preis wäre aber höhere Inflation, die nicht nur einer Sozialisierung der Kosten der Hypothekenmarktkrise gleich käme, sondern auch langfristig dem Wachstum nicht zuträglich wäre.

Die Aussichten bleiben damit ungewiss. Die derzeitige Situation unterscheidet sich allerdings dahingehend von den vorherigen Krisen, dass der Inflationsdruck heute stärker und eine Stagflation damit wahrscheinlicher ist. Gelingt es der US Fed das Wachstum nochmals aufrecht zu erhalten, dann wäre nach Hayek und Wicksell eine neue Welle von vagabundierenden Blasen die Folge, deren Anpassungskosten noch höher wären als heute im US-Hypothekenmarkt.

12 | Handlungsempfehlungen

Basierend auf der Analyse der Subprime-Krise und deren Entwicklung zur Finanz-krise werden in diesem Kapitel Handlungsempfehlungen abgeleitet. Die Verfasser lehnen sich an die Position des Bundesverbands Deutscher Banken an.[1] Die Hand-lungsempfehlungen werden aus folgender Sicht gegeben:

- Neuer Aufsichtsansatz
- Internationale Kooperation
- Basel II erproben
- Verbesserte Informationsbasis
- Bilanzierungsregeln von Finanzinstrumenten
- Verhaltensanpassungen der Rating-Agenturen
- Mehr Informationen über Hedge-Fonds

Ein neuer, prinzipienbasierter Aufsichtsansatz

(1) In den aktuellen Diskussionen kommt den bankinternen Risikomanagement-systemen und den aufsichtsrechtlichen Rahmenbedingungen besondere Be-deutung zu. Die Überprüfung des Risikomanagements ist eine Daueraufgabe jeder Bank. Die Entwicklungen der vergangenen Monate haben gezeigt, dass es hier weiteren Handlungsbedarf gibt, dem sich die Finanzinstitute stel-len. Aber auch im Bereich der rechtlichen Vorgaben des Risikomanagements werden die jüngsten Entwicklungen Niederschlag finden müssen. Moderne Finanzaufsicht darf dabei nicht länger auf rein statischen aufsichtlichen Kri-terienkatalogen basieren. Vielmehr hat gute Aufsicht die Qualität des Risiko-managements der Finanzunternehmen zu stärken. Die Bankenaufsicht muss daher den Kurs weg von der Überprüfung der Einhaltung detaillierter Ein-zelregeln und hin zur Sicherstellung grundlegender qualitativer Prinzipien beschreiten.

Optimierte internationale Kooperation

(2) Zudem gilt es, der Tätigkeit grenzüberschreitend aktiver, integrierter Banken-gruppen im Aufsichtsrecht und in der Aufsichtspraxis Rechnung zu tragen. Die daraus folgende Notwendigkeit einer intensiven Zusammenarbeit der

---

[1] Wir schließen uns den im Folgenden aufgeführten Handlungsempfehlungen des Bundesverbands Deutscher Banken sowie den Empfehlungen des Financial Stability Forum an (vgl. Bundesverbands Deutscher Banken (2008), S. i–vii. sowie Financial Stability Forum (2008)).

Aufsichtsbehörden darf jedoch nicht alleine oder auch nur vorrangig durch nationales oder europäisches Recht erzwungen werden, sondern setzt letztlich den echten Willen der Beteiligten voraus, die Aufsichtspraxis zunehmend zu vereinheitlichen.

(3) Demselben Grundgedanken folgend, ist auch die Aufsichtszusammenarbeit auf globaler Ebene in den Blick zu nehmen. Eine kritische Bestandsaufnahme kann die Grundlage dafür legen, die internationale Kooperation weiter zu verbessern. Dazu bieten sich globale Gremien (Baseler Ausschuss, IOSCO) ebenso an wie erweiterte Colleges of Supervisors und eine Stärkung der bilateralen Beziehungen der Aufsichtsbehörden.

(4) Die Aufsichtsbehörden sollten sich für den Fall krisenhafter Entwicklungen bereits im Vorfeld zur Erstellung von Notfallplanungen und zur Entwicklung von Kommunikations-strategien gegenüber der Öffentlichkeit verpflichten. Diese Krisenbewältigungs- und -präventionsstrukturen müssen auch Notenbanken und Regierungen einbeziehen.

(5) Der Internationale Währungsfonds kann den Kern eines internationalen Frühwarnsystems bilden. Dem Fonds stehen bereits entsprechende Analysekapazitäten zur Verfügung, die weiter gestärkt werden müssen. Zudem gilt es, das Analyseschema durch den Austausch mit den Marktteilnehmern zu erweitern und eine politische Rückkopplung mit dem Financial Stability Forum zu verankern.

Basel II vor weitergehenden Schritten erproben

(6) Die überwiegende Mehrheit der Kreditinstitute in Europa wendet Basel-II-Verfahren erst seit Beginn des Jahres 2008 an. Die Finanzmarktkrise hat sich noch unter dem alten aufsichtlichen Regelwerk Basel I entwickelt. Diese Tatsache muss bei der Bewertung der aktuellen Marktsituation berücksichtigt werden. Eine Reihe der Regeln, die durch die Basel II-Umsetzungsrichtlinie in europäisches und deutsches Recht Eingang gefunden haben, werden künftig einen deutlich besseren Schutz vor Entwicklungen bieten, wie wir sie in den vergangenen Monaten erlebt haben. Daher muss vor der Diskussion über Änderungen am aufsichtlichen Regelwerk die Erprobung von Basel II in der Praxis stehen.

(7) Dies gilt insbesondere für Überlegungen zu einer pauschalen Erhöhung des Solvabilitätskoeffizienten. Ein solcher Schritt wäre verfrüht, denn noch liegen keine hinreichenden Erkenntnisse darüber vor, welche Eigenkapitalquoten die Banken nach Basel II haben werden.

(8) Mit der neuen Bankenrichtlinie wurde ebenfalls eine Reihe von Kapitalunterlegungs- und Offenlegungspflichten etabliert, die eine Ansammlung strukturierter Produkte außerhalb der Bankbilanz deutlich weniger attraktiv machen. Gerade die neuen Offenlegungsanforderungen gemäß Säule III werden dazu führen, dass die Banken durch Darlegung der Ziele und Rollen des jeweiligen

Instituts im Verbriefungsbereich und die Veröffentlichung der mit Eigenkapital zu unterlegenden Verbriefungsgeschäfte nach Risikoklassen für weit höhere Markttransparenz sorgen als bisher.

(9) Die Mehrzahl der international operierenden Institute, die den fortgeschrittenen IRB-Ansatz anwenden, muss die Offenlegungspflicht erst am Ende des ersten Quartals 2009 erfüllen. Da der Richtlinientext Interpretations- und Definitionsspielräume erlaubt und eine vergleichbare Offenlegung aller europäischen Institute damit derzeit nicht sichergestellt ist, arbeitet die Finanzbranche intensiv auf einen gemeinsamen Offenlegungsstandard hin. Vergleichbare Initiativen auch anderenorts wären sehr zu begrüßen.

(10) Dies belegt, dass aufgrund der nicht zeitgleichen Umsetzung von Basel II in der EU und an Finanzplätzen außerhalb der EU regulierungsbedingte Wettbewerbsverzerrungen entstehen können. Daher ist es von zentraler Bedeutung, dass Basel II weltweit rasch und einheitlich umgesetzt wird. Dies betrifft insbesondere die USA. Der dortige Zeitplan sieht vor, dass Banken frühestens ab April 2009 und spätestens ab April 2011 die neuen Regelungen anwenden. Ein zeitnaher Übergang bereits im Jahre 2009 muss im Interesse der Stabilität der Finanzmärkte angestrebt werden.

(11) Mit der nach Säule II der Baseler Eigenkapitaleinkunft geschaffenen Pflicht zur angemessenen Behandlung und Eigenkapitalunterlegung aller Risiken ist ein weiteres zielführendes Instrument geschaffen worden, um Risikokonzentrationen zu begrenzen. Dies gilt gerade für solche Risiken, die sich aus der Finanzierung aus gleichen Refinanzierungsquellen ergeben. Daher sollte dieses Kriterium als eigene Risikokategorie in den Katalog der Säule II aufgenommen werden. Die Großkreditregelung stellt im Gegensatz dazu angesichts zahlreicher Umgehungs- und Abgrenzungsprobleme kein geeignetes Instrument dar, um diese Risiken zu kontrollieren.

(12) Dem Liquiditätsrisikomanagement muss auf internationaler Ebene mehr Beachtung geschenkt werden. Die in die deutsche Liquiditätsverordnung neu eingebrachte Öffnungsklausel stellt einen wichtigen Schritt in Richtung prinzipienbasierter Aufsicht dar und wird zu einer Verbesserung des Managements von Liquiditätsrisiken führen. Auf dieser Basis wäre eine weitere europäische Harmonisierung der Liquiditätsvorschriften zu begrüßen. Angesichts der erheblichen Unterschiede der nationalen Liquiditätsvorschriften ist dies jedoch im Rahmen der aktuellen Überprüfung der Bankenrichtlinie wohl nicht zu leisten.

Verbesserte Informationsbasis für Investoren

(13) Zwar stehen Investoren bereits heute zum Zeitpunkt der Emission die wesentlichen Informationen, etwa zu Collaterized Debt Obligations (CDOs) und Commercial Papers, zur Verfügung. Die bestehende Marktpraxis könnte allerdings weiterentwickelt werden, so dass die Investoren über die ursprüng-

lichen Angaben hinaus fortlaufend informiert gehalten werden und so die Transparenz der Märkte für alle Investoren verbessert wird. Daher diskutiert die europäische Finanzbranche derzeit mögliche Grundlagen eines standardisierten Informationsangebots an Investoren.

Weiterentwicklung der Regeln zur Bilanzierung von Finanzinstrumenten

(14) Fair-Value-Bewertungen haben gerade in Situationen, in denen kein aktiver Markt oder beobachtbare Marktparameter vorliegen, Anlass zu intensiven Diskussionen gegeben. Die dann zu verwendenden komplexen Bewertungsmodelle beruhen auf Annahmen, Einschätzungen und Erfahrungswerten der einzelnen Banken. Zu Recht sehen die IFRS-Regelungen kein einheitliches Bewertungsmodell von Finanzinstrumenten ohne aktiven Markt vor. Das Augenmerk muss vielmehr auf die Verbesserung der Transparenz der Bewertung von Finanzinstrumenten für Dritte gerichtet sein. Hierzu leistet der im Jahresabschluss 2007 erstmals verpflichtend anzuwendende Standard IFRS 7 bereits einen wichtigen Beitrag. Er liefert eine gute Ergänzung zu den oben genannten aufsichtlichen Offenlegungsvorschriften für Verbriefungspositionen.

(15) Die internationalen Rechnungslegungsvorschriften können in Teilen krisenverschärfend wirken, da die Wertpapiere täglich zu Marktpreisen bewertet werden müssen. Daher wäre es sinnvoll, auf internationaler Ebene eine Aussetzung der täglichen Marktwertbewertung rückwirkend zum 1. Januar 2008 in Krisenzeiten zu erlauben.

(16) Zudem muss der Standardsetzer IASB den Diskussionsprozess zu Anwendungsbereich und Ausgestaltung der Fair-Value-Bewertung mit der Finanzindustrie intensivieren.

Verhaltensanpassungen der Rating-Agenturen unumgänglich

(17) Die Rating-Agenturen stehen stark in der Kritik. Von ihnen wird höhere Transparenz, eine bessere Qualität und die Vermeidung möglicher Interessenkonflikte gefordert. In der Tat ist die Qualität der Ratings und ihre uneingeschränkte Akzeptanz bei den Marktteilnehmern für die Bewertung strukturierter Produkte von zentraler Bedeutung. Daher müssen die Rating-Agenturen auf die Vertrauenseinbußen zielführend reagieren.

(18) Zugleich darf nicht übersehen werden, dass sich der bisherige Ansatz auf der Basis der „Code of Conduct Fundamentals" von IOSCO regelungstechnisch bewährt hat. Allerdings ist es zwingend erforderlich, auf die Schwächen beim Rating strukturierter Finanzierungen mit Anpassungen der IOSCO-Vorgaben zu reagieren. Eine klarere Spezifizierung ist gerade dort notwendig, wo mehr Transparenz über die Eigenschaften und Grenzen von Ratings, die Rating-Methoden und die den Rating-Modellen unterliegenden Annahmen geschaffen werden kann. Dies ist die unabdingbare Voraussetzung, um Marktteilneh-

mern eine ausreichende Informationsbasis für ihre eigene Risikoanalyse zu verschaffen. Zudem sind ergänzende Mindeststandards für die regelmäßige Beobachtung von Ratings nötig, um gegebenenfalls eine zeitnahe Revision der Ratings im strukturierten Bereich zu gewährleisten. Grundlegende Änderungen des gesamtwirtschaftlichen Umfelds und des Marktumfeldes müssen dabei besser als bisher berücksichtigt werden. Aus diesen gestiegenen Anforderungen kann sich Handlungsbedarf auch hinsichtlich der Ausstattung der Rating-Agenturen mit ausreichendem und qualifiziertem Personal ergeben.

(19) Zur Beseitigung von Interessenkonflikten beim Rating und bei der Verbriefung strukturierter Finanzprodukte ist eine klare Trennung zwischen Ratings und sonstigen Dienstleistungen, die von den Agenturen erbracht werden, unumgänglich.

Eine verbesserte Informationsbasis über Hedge-Fonds schaffen

(20) Die dauerhafte Sicherung der Finanzstabilität setzt eine ausreichende Transparenz hinsichtlich des Ausmaßes und der Verteilung von Finanzrisiken voraus. Mit dem wachsenden Anteil des Geschäftsvolumens von Marktteilnehmern, die keiner oder nur einer eingeschränkten Aufsicht unterliegen, wird dies jedoch immer schwieriger. Gerade Hedge-Fonds sind in dieser Hinsicht eine bedeutsame Größe an den internationalen Finanzmärkten. Verbesserte Informationen über die Hedge-Fonds-Branche können – von den Aufsichtsbehörden den Marktteilnehmern zur Verfügung gestellt – ein geeignetes Instrument zur Schärfung des Risikobewusstseins und damit ein Katalysator zur Verbesserung der Marktdisziplin sein.

(21) Vorrang hat die Schaffung eines zwar freiwilligen, aber verbindlichen Code of Conduct. Die im Januar 2008 von der „Hedge Fund Working Group" vorgelegten Standards bilden hierfür die geeignete Basis. Ergänzend müssen ein unabhängiger Monitoring-Prozess etabliert und Verstöße gegen den Kodex publiziert werden. Die Rating-Agenturen sollten zur Weiterentwicklung der Rating-Modelle für Hedge-Fonds ermutigt werden.

(22) Daneben wird die Einsetzung einer internationalen Arbeitsgruppe empfohlen, um die auf nationaler Ebene erhobenen Daten zu eruieren, die sich zur Beurteilung der potenziell mit Hedge-Fonds verbundenen systemischen Risiken eignen. Eine internationale Harmonisierung dieser Erhebungen wäre zu prüfen – ohne aber das sinnvolle Verhältnis zwischen Kosten und Nutzen einer Datenerhebung aus den Augen zu verlieren.

(23) Gleichzeitig muss ein regelmäßiger Informationsaustausch zwischen den nationalen Aufsichtsbehörden in Gang kommen. Die nationalen Aufsichtsbehörden der G7/G8-Länder sollten zu diesem Zweck den Dialog mit den in ihrem Aufsichtsbereich ansässigen Hedge-Fonds und Hedge-Fonds-Managern ausbauen und ihre Erkenntnisse in einen Erfahrungsaustausch der Aufsichtsbehörden einbringen.

Glossar

Ad-hoc Publizität: Als Ad-hoc Publizität werden die Publizitätspflichten von Emittenten bezeichnet. Diese sind von Land zu Land unterschiedlich. In Deutschland werden im Wertpapierhandelsgesetz (WpHG) geregelt. Nach § 15 WpHG sind Emittenten verpflichtet, eine sofortige Veröffentlichung von Informationen darzustellen, welche den Börsenkurs der zugelassenen Unternehmen erheblich beeinflussen oder im Fall von Schuldverschreibungen Einfluss auf die Papiere nehmen.

Agio: Unter Agio versteht man ein Aufgeld, somit also eine Mehrzahlung, auf den Nennwert eines Wertpapiers oder Anlageinstruments. Eine Minderzahlung wird folglich als Disagio bezeichnet.

Arbitrage: Unter Arbitrage versteht man den gleichzeitigen Kauf und Verkauf desselben Gutes zur selben Zeit an unterschiedlichen Handelsplätzen. Dadurch können Preisungleichgewichte ausgeglichen werden.

Asset Backed Securities (ABS): Unter ABS sind Vermögenswerte zu verstehen, die durch einen Pool gleichartiger Vermögenswerte gedeckt sind. Bei einer breiten Streuung der zugrunde liegenden Risiken haftet diesen Wertpapieren gesamthaft gesehen ein geringeres Risiko an, als den ursprünglich verbrieften Forderungen. Kredite gehen durch ABS-Transaktionen aus den Bankbilanzen im Rahmen einer True-Sale-Verbriefung vollständig auf Investoren über. Dadurch werden die Risiken auf die Gläubiger des ABS übertragen. Bei Banken werden daraufhin die Kreditlinien wieder frei.

Asset Backed Commercial Paper (ABCP): Darunter sind commercial papers zu verstehen, welche mit speziellen Assets, wie zum Beispiel CDOs unterlegt sind.

Basel I: Der „Basler Akkord" umfasst die 1988 vom Basler Ausschuss erstmals getroffenen Regelungen hinsichtlich einer angemessenen Mindesteigenkapitalausstattung bei Banken sowie international einheitlichen Wettbewerbsbedingungen. Dabei wird das risikogewichtete Kreditvergabevolumen einer Bank auf das maximal 12,5fache ihres wirtschaftlichen Eigenkapitals beschränkt. Die Gewichtung der einzelnen Kredite erfolgt in Abhängigkeit ihrer Risikoklasse in vier unterschiedlichen Ausprägungen.

Basel II: Basel II umfasst die in den EU-Richtlinien 2006/48/EG und 2006/49/EG festgelegten Eigenkapitalvorschriften des Basler Ausschusses für Bankenaufsicht. Diese setzen sich aus drei Säulen zusammen: den Mindesteigenkapitalanforderungen, dem Bankaufsichtlichen Überprüfungsprozess und der Erweiterten Offenlegung. Im Gegensatz zur Pauschalisierung von Kreditrisiken innerhalb der vier Risikoklassen bei Basel I trägt Basel II dem tatsächlichen Risiko jedes einzelnen Kredites Rechnung und berücksichtigt zudem neben den Marktpreis- und Kreditrisiken auch die operationellen Risiken.

Basis: Bei der Differenz zwischen Futurepreis und Preis der Kassamarktposition spricht man von der Basis. Diese kann sowohl negativ als auch positiv sein.

Basispunkt: Ein Basispunkt ist das Hundertstel eines Prozents. Diese wird somit im zweiten Nachkommabereich angegeben.

Beta: Das Beta gibt die Sensibilität eines Einzelwertes oder eines Portfolio zum Gesamtmarkt an.

Bonität: Unter der Bonität versteht man die Zahlungsfähigkeit und die Zahlungswilligkeit eines Schuldners. Neuvergaben von Krediten und Prolongationen von bestehenden Darlehen hängen stark von der Bonität des Schuldners ab. Umso besser eine Bonität ist, desto geringer ist die Kreditausfallwahrscheinlichkeit gegenüber der Bank.

Call: Unter einem Call versteht man eine Kaufoption. Diese beinhaltet das Recht etwas zu einem im Vorhinein festgelegten Preis zu kaufen.

Collateralised Debt Obligations (CDOs): In eine Zweckgesellschaft werden Pools aus Krediten eingebracht. Die Zweckgesellschaft zerlegt die Portfolios in mehrere Tranchen und verkauft sie als CDO-Tranchen an Investoren. Die einzelnen Tranchen sind je nach der Risikobeteiligung mit verschieden hohen Zinssätzen ausgestattet und können wiederum als Basis für weitere CDOs dienen.

Commercial Mortgage Backed Securities (CMBS): Durch gewerbliche Immobilien besicherte Anleihen.

Commercial Papers (CPs): Geldmarktpapiere in Form von ab gezinsten Schuldverschreibungen. Die Laufzeiten betragen im Allgemeinen zwischen 7 Tagen und 1 (bis 2) Jahre.

Conduit: Eine Zweckgesellschaft, welche einen Pool an langfristigen Assets (vorwiegend Anleihen) mit der Ausgabe an kurzfristigen ABCPs finanziert, welche wiederum durch die Cash-Flows aus den Assets besichert sind.

Cost of Carry: Bei der Cost of Carry handelt es sich um den Finanzierungskostenaufschlag beim Futurepreis. Die Cost of Carry entspricht der Basis.

Covenant: Im Kreditvertrag festgelegte Verpflichtung des Kreditnehmers gegenüber der Bank; dies kann beispielsweise die Einhaltung einer definierten Finanzkennzahl sein.

Credit Default Swap (CDS): Eine CDS stellt das weltweit am meisten verbreitete Kreditderivat dar. Ein CDS ist eine Versicherungsprämie für das Ausfallrisiko einzelner Kreditnehmer oder eines Index. Mit dem Abschluss eines CDS verpflichtet sich der Sicherungsgeber, bei Eintritt eines Ereignisses, das vorher exakt definiert wurde, eine Ausgleichszahlung an den Sicherungsnehmer zu leisten. Im Gegenzug erhält er vom Sicherungsnehmer eine Prämie.

Delta: Das Delta gibt an, wie sich die Option verändert, wenn sich das Underling verändert. Somit handelt es sich um eine wichtige Sensitivitätskennzahl.

Directors' Dealing: Als Directors' Dealing werden Wertpapiergeschäfte eines Mitglieds des Managements genannt (oder dem Unternehmen sehr nahestehende Personen) welche auf Anlageinstrumente des eigenen Unternehmens abgeschlossen worden sind. Diese Geschäfte werden in Deutschland dem § 15 WpHG in anderen Ländern (wenn vorhanden) den jeweilig alternativen Sicherungen unterworfen.

Disagio: Das Disagio ist ein Abgeld auf den Nennwert eines Anlageobjektes. Dieses wird folglich günstiger erworben als die Nominale ist. Das Disagio ist die Gegenposition zum Agio.

Duration: Als Duration bezeichnet man die Sensitivitätskennzahl, welche die Kapitalbindungsdauer einer Anlage in einem festverzinslichen Anlageinstrument darstellt.

Emittent: Bei einem Emittenten handelt es sich um die Gesellschaft oder Körperschaft, welches neue Wertpapier ausgibt. Es können sowohl Banken, der Bund/die Länder, als auch Industrieunternehmen als Emittenten auftreten. Die Ausgabe neuer Wertpapiere nennt man folglich Emission.

Emission: Bei der Emission handelt es sich um die Ausgabe von neuen Wertpapieren durch den Emittenten. Eine Emission kann öffentlich und als Private Placement durchgeführt werden.

Euribor: Abkürzung für „European Interbank Offered Rate"; EWU-weit geltender Interbanken-Zinssatz für Termingelder in Euro mit einer Laufzeit von 1 bis 12 Monaten, die Banken beim Handel untereinander verlangen. Wird als Referenzzinssatz bei Krediten und Anlageprodukten mit variabler Verzinsung verwendet.

Fannie Mae: „Federal National Mortgage Association"; größte staatlich geförderte Hypothekenbank in den USA.

Fondsmanagement: Dem Fondsmanagement unterliegt das Steuern eines Fonds. Dabei trifft es die Anlage- und Investitionsentscheidungen, tauscht Investments aus oder stockt diese auf.

Freddie Mac: „Federal Home Loan Mortgage Corporation"; zweitgrößte staatlich geförderte Hypothekenbank in den USA.

Future: Bei einem Future handelt es sich um ein unbedingtes Termingeschäft.

Gamma: Das Gamma gibt an wie sich das Delta verändert, wenn sich das Underlying verändert. Es handelt sich folglich um eine weitere Ableitung. Das Gamma ist daher das Delta vom Delta.

Geldmarkt: Der Geldmarkt ist derjenige Teil des Finanzmarktes, an dem der Handel mit kurzfristigen Finanzmitteln, vor allem zwischen Kreditinstituten bzw. zwischen Kreditinstituten und der Zentralbank, mit einer Laufzeit von maximal 12 Monaten stattfindet. Der Teil des Finanzmarktes, an dem die langfristigen Geldgeschäfte getätigt werden, wird als Kapitalmarkt bezeichnet.

Hedging: Unter Hedging versteht man Absicherung von bestehenden Positionen oder Positionen, welche in der Zukunft eingegangen werden sollen.

Hedge Ratio: Die Hedge Ratio gibt an, wieviele Kontrakte zum Aufbau einer Hedge Strategie, faktisch somit einer Absicherung notwendig sind.

Insolvenz: Bei einer Insolvenz spricht man von der Zahlungsunfähigkeit eines Schuldners.

Interbankenmarkt: Am Interbankenmarkt finden die Geld- und Kreditgeschäfte zwischen den Banken bzw. zwischen den Banken und der Zentralbank statt.

Internationaler Währungsfonds (IWF; IMF): Der IWF ist eine Sonderorganisation der Vereinten Nationen und eine Schwesterorganisation der Weltbank-Gruppe. Zu seinen Aufgaben gehören: Förderung der internationalen Zusammenarbeit in der Währungspolitik, Ausweitung des Welthandels, Stabilisierung von Wechselkursen, Kreditvergabe, Überwachung der Geldpolitik, Technische Hilfe.

Konsortialkredit: Bei Konsortialkrediten handelt es sich in der Regel um Großkredite, die von mehreren Banken gemeinsam gewährt werden. Der zweckgebundene, vertraglich geregelte Zusammenschluss von Banken zur Vergabe eines gemeinsamen Großkredites wird demnach als Konsortium bezeichnet.

Konvexität: Die Konvexität ist eine finanzmathematische Kennzahl, welche angibt, wie sich eine Anleihe bei Zinsänderungen verhält.

Kreditportfolio: Bei einem Kreditportfolio handelt es sich um die Ansammlung verschiedener Krediten in einem Sammelbecken. Dies können zum Beispiel alle Kredite eines Kreditinstituts oder auch nur ein Teil daraus sein.

Kreditrisiko: Beim Kreditrisiko oder auch Kreditausfallrisiko bezeichnet man das Risiko eines Verlustes, falls ein Kreditnehmer seinen Pflichten im Rahmen des Kreditvertrages nicht nachkommen kann oder will.

Leverage-Effekt: Beim Leverage-Effekt handelt es sich um die Hebelwirkung der Fremdfinanzierungskosten des Fremdkapitals auf die Eigenkapitalverzinsung. Kann ein Anleger günstig Fremdkapital aufnehmen und höherverzinslich anlegen, so entsteht daraus zum Beispiel ein Hebeleffekt.

LIBOR: Abkürzung für „London Interbank Offered Rate"; hierunter versteht man denjenigen Zinssatz, zu dem in London ansässige Banken untereinander Geldgeschäfte mit einer Laufzeit von maximal 12 Monaten tätigen. Er dient, wie der Euribor, ebenfalls als Referenzzinssatz bei Krediten und Anlageprodukten mit variabler Verzinsung.

Liquidität: Die Liquidität im Sinne der Veräußerbarkeit gibt an, wie schnell und mit welchen Werteinbußen ein Anlageinstrument übertragen werden kann. Gerade bei Verkäufen ist die hohe Liquidität wichtig, da man sonst aus einer Anlageinvestition sich nicht mehr lösen kann.

Mark-to-Market: Positionen werden täglich zu Marktpreisen bewertet.

Mark-to-Model: Positionen werden zu Modellpreisen bewertet.

Mortgage Backed Securities (MBS): Als MBS bezeichnet man hypothekarisch besicherte Anleihen. Der Cash-Rückfluss der Papiere wird durch Zins- und Tilgungszahlungen aus einem Pool der zugrundeliegenden Hypotheken bedient. Vergleicht man diese mit Pfandbriefen, so erscheinen sie nicht in der Bilanz des ausgebenden Institutes. CMBS (Commercial MBS) sind durch Gewerbeimmobilien besichert. RMBS (Residential MBS) durch private Wohnimmobilien.

Option: Bei einer Option handelt es sich um ein bedingtes Termingeschäft. Optionen werden in Call (Kaufoption) und Put (Verkaufoption) unterteilt.

Orginator: Der Orginator, auch Verkäufer genannt, begibt nach einer Verbriefung (Securitization) die Papiere in den Markt. Somit ist er der Verkäufer der Papiere.

Over the counter („OTC"): Als OTC („Über den Schalter")-Geschäfte bezeichnet man diejenigen Geschäfte, die nicht an einer Börse abgeschlossen werden, sondern im privaten Geschäftsverkehr.

Plain-Vanilla: Bei Plain Vanilla Transaktionen und Plain Vanilla Wertpapieren spricht man von Wertpapieren, welche „normal" ausgestattet sind. Sie besitzen keine Besonderheiten sondern sind für den Investor einfach zu verstehen.

Publizitätspflicht: Die Publizitätspflicht ist von Land zu Land unterschiedlich. In Deutschland wird diese im § 325 HGB/§ 40 BörsG geregelt und gibt an, wo und wann der Kaufmann seinen Jahresabschluss, Konzernzahlen etc. veröffentlichen muss. Gleichzeitig wird hier festgehalten, wann der Kaufmann Geschäfte wie zum Beispiel Directors' Dealings offen legen muss und gibt Anweisungen zur Ad hoc Publizität.

Put: Unter einem Put versteht man eine Verkaufsoption. Diese beinhaltet das Recht jedoch nicht die Pflicht ein Gut zu einem im Vorhinein festgelegten Preis zu verkaufen.

Private Placement: Bei einem Private Placement spricht man von einer „Privatplatzierung" eines Anlagegutes bzw. von Vermögensgegenständen. Ein öffentlicher Verkauf ist nicht vorgesehen. Private Placements finden immer unter dem Ausschluss einer Börse statt. Teilweise sind bei solchen Emissionen die Publizitätspflichten gelockert.

Rating: Unter einem Rating versteht man die Eingruppierung von Emittenten entsprechend ihren wirtschaftlichen Verhältnissen. Es soll die Zahlungsfähigkeit (Kreditwürdigkeit) des Schuldners dargestellt werden. Die Ratings nehmen Ratingagenturen wie Standard & Poor's oder Moody's vor.

Rentabilität: Die Rentabilität einer Anlage gibt an, wie hoch das prozentuale Verhältnis des Gewinns zum eingesetzten Kapital in einem bestimmten Zeitraum ist.

Securitization: Unter Securitization oder Verbriefung versteht man die Schaffung von handelbaren Wertpapieren aus Forderungen (Zahlungsströmen) oder von Eigentumsrechten. Folglich werden diese Forderungen und/oder Eigentumsrechte zusammengefasst und in einem „Papier" verbrieft und handelbar gemacht.

Subprime-Markt: Unter dem Begriff Subprime-Markt versteht man, einen Teil des Hypothekenmarktes, der überwiegend Kreditnehmer mit schlechter bzw. niedriger Bonität bedient.

Special Purpose Vehicle (SPV): Der Begriff „Zweckgesellschaft" oder auch „Conduit" wird oftmals als Synonym verwendet. Gemäß Artikel 4 der Richtlinie 2006/48/EG des Europäischen Parlaments und des Rates vom 14, Juni 2006 ist darunter folgendes zu verstehen: „Eine Treuhandgesellschaft oder ein sonstiges Unternehmen, die kein Kreditinstitut ist und zur Durchführung einer oder mehrerer Verbriefungen errichtet wurde, deren Tätigkeit auf das zu diesem Zweck Notwendige beschränkt ist, deren Struktur darauf ausgelegt ist, die eigenen Verpflichtungen von denen des originierenden Kreditinstituts zu trennen, und deren wirtschaftliche Eigentümer die damit verbundenen Rechte uneingeschränkt verpfänden oder veräußern können."

Underlying: Beim Underlying handelt es sich um den Basiswert, also das Basisinstrument, welchem ein Derivat zu Grunde liegt.

Value at risk („VAR"): Hierunter versteht man den maximal zu erwartenden Verlust, der in einem bestimmten Zeitraum mit einer bestimmten Wahrscheinlichkeit durch den Ausfall von Vermögenswerten, der Veränderung von Zinsen, Währungen und Kursen unter üblichen Marktbedingungen eintreten kann.

Volatilität: Die Volatilität gibt die Schwankungsbreite (Intensität nicht Richtung) eines Anlagegutes innerhalb einer bestimmten zeitlichen Periode an. Je höher die Volatilität ist, desto risikoreicher wird ein Anlagegut bezeichnet.

Weltbank: Die Weltbankgruppe hatte ursprünglich die Aufgabe, den Wiederaufbau der vom Zweiten Weltkrieg verwüsteten Staaten zu finanzieren. Heute ist das Aufgabengebiet weit gestreut und im Bereich der Wirtschaftsförderung, dem Aufbau und der Soforthilfe zu finden.

Zero Coupon Bond: Auch Nullkuponanleihe genannt. Der Zero Coupon Bond ist eine Anleihe, die nicht mit einem Zinskupon ausgestattet ist, sondern den Zinsertrag im Rückzahlungskurs enthält. Üblicherweise werden Zero Coupon Bonds dementsprechend mit einem hohen Abschlag (Disagio) emittiert und bei Fälligkeit zu einem Kurs von 100 % zurückgezahlt. Es ist ebenso umgekehrt möglich, dass der Kaufkurs bei 100 % liegt, über die Laufzeit hinweg aufgezinst wird und dann zu einem Kurs von mehr als 100 % zurückgezahlt wird.

Zinsstruktur: Als Zinsstruktur bezeichnet man einen Zinssatz in der Abhängigkeit der Bindungsdauer einer Anlage.

Zwangsliquidation: Bei der Zwangsliquidation handelt es sich um ein Auflösen von Positionen, weil entweder die Sicherheiten dafür nicht mehr ausreichen oder das Risiko der Positionen nicht mehr zu rechtfertigen ist.

Literaturverzeichnis

Die Verfasser haben die bestehenden englischen und deutschen Quellen zur Sub-prime-Krise und Finanzkrise sorgfältig analysiert. Für deren Richtigkeit und Voll-ständigkeit kann jedoch keine Haftung übernommen werden. Ferner sind die in diesem Buch getroffenen Aussagen nicht als Aufforderung zum Kauf oder Verkauf von Wertpapieren und Vermögensgegenständen zu sehen. Eine Haftung können die Autoren nicht übernehmen.

Die vollständige Literaturliste umfasst ca. 35 Seiten. Der Abdruck derselben würde den Rahmen des Buches sprengen. Bei Interesse kann die vollständige Literaturliste beim Oldenbourg Verlag bezogen werden.

Die im Folgenden aufgeführten Literaturangaben umfassen die zentralen, für die Erstellung des Buchs relevanten Quellen. Insbesondere handelt es sich um die wenigen Bücher, die zu dem Thema Subprime-Krise/Finanzkrise in Englisch bzw. Deutsch vorliegen, um Fachartikel, einige Zeitungsartikel sowie grundlegende Wirtschaftsbücher.

Altissimo, F., Georgiou, E. et al. (2005): Wealth and Asset Price Effects on Economic Activity. European Central Bank Occasional Paper Series, No. 29.

Apel, E. (2003): Central Banking Systems compared, Routledge, London, New York.

Apgar, W. and Duda, M. (2005): The Municipal Cost of Foreclosures: A Chicago Case Study, Homeownership Preservation Foundation.

Ashcraft, A. B., Schuermann, T. (2008): Understanding the Securitization of Subprime Mortgage Credit, Wharton Financial Institutions Center, Working Paper No. 07–43.

Atkins, R. (2008): Credit squeeze hits Eurozone borrowing, in: Financial Times Online, Jan. 18. 2008.

Bernanke, B. (2008a): Financial Markets, the Economic Outlook, and Monetary Policy,Speech at the Women in Housing and Finance and Exchequer Club Joint Luncheon, Washington D.C., January 10, 2008.

Bitner, R. (2008): Greed, Fraud & Ignorance: A Subprime Insider's Look at the Mortgage Collapse, LTV Media, Colleyville, Texas, USA.

Blinder, A., Reis, R. (2005): Understanding the Greenspan Standard. Working Papers 88, Princeton University, Department of Economics, Center for Economic Policy Studies.

Bloss, M; Ernst, D.; Häcker, J. (2008): Derivatives – An authoritative guide to derivatives for financial intermediaries and investors, Oldenbourg Verlag, München.

Bookstaber, R. (2007): A Demon of Our Own Design, John Wiley & Sons, Hoboken, New Jersey, USA.

Bonner, D.; Wiggin, A. (2006): Empire of Debt, John Wiley & Sons, Hoboken, New Jersey, USA.

Brooks, R. and Ford, C. (2007): The United States of Subprimes, in: The Wall Street Journal, Oct. 11, 2007.

Browning, E. (2007): Exorcising Ghosts of Octobers Past, in: The Wall Street Journal, Oct 15. 2007.

Browning, E. and Karmin, C. (2007): Investors fear growth will fail to revive stocks, in: The Wall Street Journal, Nov. 12. 2007.

Bundesverband Deutscher Banken (2008): Lehren aus den Finanzmarktturbulenzen – Positionen des Bankenverbandes, Berlin, 7. April 2008.

Chen, L., Guo, H. et al. (2006): Equity market volatility and expected risk premiums. Federal Reserve Bank of St. Louis Research Division.

Cowley, M. (2007): Junk Bonds Suffer Tough Year, in: The Wall Street Journal, Dec. 29. 2007.

Deloitte & Touche (2007): The Subprime Mortgage Crisis: Where are we Headed?

Deutsche Bank Research (2007): The CDS market: A primer.

DiMartino, D. and Duca, J. (2007): The Rise and Fall of Subprime Mortgages. Federal Reserve Bank of Dallas, Economic Letter 11.

Dombret, A. R.; Kern, H. J. (2003): European Retail Banks – An Endangered Species? Wiley Verlag, Weinheim.

Duffie, D.; Gârleanu, N. (2001): Risk and Valuation of Collateralized Debt Obligations, in: Financial Analysts Journal, CFA Institute, Vol.57, No.1, pp. 41–59.

ECB (2007): EU Banking Sector Stability, November 2007.

Ernst, D.; Häcker, J. (2007): Applied International Corporate Finance, Vahlen Verlag, München.

Fabozzi, F. (2005): The Structured Finance Market: An Investor's Prospective, in: Financial Analysts Journal, CFA Institute, Vol. 61, No. 3, pp. 27–40.

Fabozzi, F., Davis, H.; Choudry, M. (2006): Introduction to Structured Finance, Wiley & Sons Inc., Hoboken, New Jersey.

Fabozzi, F.; Bhattacharya, A.; Berliner, W. (2007): Mortgage-Backed Securities, Products, Structuring, and Analytical Techniques, Wiley & Sons Inc., Hoboken, New Jersey.

Fabozzi, F., Bhattcharya, A et al. (2007): Mortgage-backed Securities. Wiley & Sons, New Jersey.

Feldstein, M. (2007): Housing, Credit Markets and the Business Cycle. National Bureau of Economic Research Working Paper Series.

Financial Stability Forum (2008): Report of the Financial Stability Forum on enhancing Market and Institutional Resilience, April 7, 2008.

Fitch Ratings (2007a): Special report: SIVs – Rating Performance of Structured Investment Vehicles (SIVs) in Times of Diminishing Liquidity for Assets & Liabilities.

Fitch Ratings (2007b): Special report: SIVs – Assessing Potential Exposure of Sponsor Banks.

Getter, D. and Jickling, M. et al. (2007): Financial Crisis? The liquidity crunch of August 2007, Congressional Research Service.

Gompers, P., Lerner, J. (2004): The Venture Capital cycle, 2nd edition, Cambridge.

Goodman, L. S.; Zimmerman, Th. A.; Lucas, D. J.; Fabozzi, F. J.; Li, S. (2008): Subprime Mortgage Credit Derivatives, John Wiley & Sons, New Jersey.

Gramlich, E. (2007): Subprime mortgages – America's latest boom and Bust. Washington D.C: The Urban Institute Press.

Gras, I. (2003): The Power to Rate. Eine Untersuchung zur Rolle der Ratingagenturen auf den internationals Finanzmärkten; REGEM Analysis, No. 6, Trier.

Harrison, F. (2008): Boom Bust. House Prices, Banking and the Depression of 2010, 2. Auflage, Shepheard-Walwyn Verlag, London.

Hayek, F. (1976): Geldtheorie und Konjunkturtheorie, Salzburg.

Hayre, L. (ed.) (2001): Solomon Smith Barney Guide to Mortgage-Backed and Asset-Backed Securities, Wiley & Sons Inc., New York.

Hoffmann, A., Schnabl, G. (2008): Geldpolitik im Zeichen wandernder Blasen, Universität Leipzig.

Junius, K.; Meier, U.; Müller, H. (2002): Handbuch Europäische Zentralbank, Uhlenbruch Verlag.

Kardos, D. and Dowell, A. (2008): Citigroup Swings to a Loss, Plans to Raise More Capital, in: The Wall Street Journal Online, Jan. 15, 2008.

Kerr, D. (2007a): Amid Crisis, Banks to Bolster Capital Bases in: The Wall Street Journal Online, Dec. 12. 2007.

Kerr, D. (2007b): Amid Crunch, New Bank Rules Near, in The Wall Street Journal Online, Nov. 27. 2007.

Kindleberger, Ch. (2000): Manias, Panics, and Crashes. New York et al..

King, R., Vernon, L. et al. (1993): The Robustness of Bubbles and Crashes in Experimental Stock Markets, Oxford University Press.

Köhler, W. (2008): Wall Street Panik – Banken ausser Kontrolle, Mankau Verlag, Murnau.

Lax H., Manti M., Raca P., Zorn P. (2004): Subprime Lending: An Investigation of Economic Efficiency, in: Housing Policy Debate, Fannie Mae Foundation, Vol. 15, Issue 3, pp. 533–571.

Loutskina, E.; Strahan, Philip E. (2006): Securitization and the declining impact of bank finance on loan supply: Evidence from mortgage acceptance rates, National Bureau of Economic Research, NBER Working Paper No. 11983, January 2006.

Lucas, D., Goodman, L., Fabozzi, F. (2006): Collateralized Debt Obligations, Structures and Analysis, 2nd Edition, Wiley & Sons Inc., Hoboken, New Jersey.

Malkiel, B. (2003): A Random Walk Down Wall Street, W.W. Norton & Company, Inc., New York.

MacDonald, A., Cheng, J. et al. (2008): Fears of a Recession Spark a Global Selloff; New Pressure on the Fed, in: The Wall Street Journal, Jan. 22. 2008.

Mandel, M. (2007): The Consumer Crunch, in: Business Week Online, Nov. 26. 2007.

Mason (J.) and Rosner (J.) (2007): „Where did the risk go? How misapplied bond ratings cause mortgage backed securities and collateralized debt obligation disruptions", unpublished manuscript, Drexel University and Graham Fisher.

McCrary, S. (2005): Hedge Fund Course, John Wiley & Sons, New Jersey.

McKinnon, R., Schnabl, G. (2004): The East Asian Dollar Standard, Fear of Floating, and Original Sin. Review of Development Economics 8, 3, 331–360.

Mishkin, F. (2007): Housing and the Monetary Transmission Mechanism. Federal Reserve Economic & Research Date.

Morris, C. R. (2008): The Trillion Dollar Meltdown: Easy Money, High Rollers, and the Great Credit Crash, Public Affairs, New York.

Münchau, W. (2008): Vorbeben – Was die globale Finanzkrise für uns bedeutet und wie wir uns retten können, Carl Hanser Verlag, München.

Mussel, G. (2006): Grundlagen des Geldwesens, Verlag Wissenschaft & Praxis, Stuttgart.

Otte, M. (2008): Der Crash kommt – Die neue Weltwirtschaft und wie Sie sich darauf vorbereiten, Ullstein, Berlin.

Papadimitriou, D., Hannsgen, G. et al. (2007): The Effects of a Declining Housing Market on the US Economy, The Levy Economic Institute Working Papers.

Poole, W. (2007): Presidential Speech Nov. 7, 2007, Federal Reserve Bank of St. Louis.

PricewaterhouseCoopers (2008): European Leveraged Finance Market Update.

Rappaport, J. (2007): A guide to aggregate house price measures, Federal Reserve Bank of Kansas. Available at: www.kansascityfed.org.

Rosner, J. (2007): „Stopping the Subprime Crisis", NYT, 25. Juli 2007.

Schlaman, J. D. (2008): Subprime Factor, Synergy Books, Austin, Texas.

Schloemer, E., Li, W. et al. (2006): Losing Ground: Foreclosures in the Subprime Market and their Cost to Homeowners, Center for Responsible Lending.

Schnabl, G., Hoffmann, A. (2008): Monetary Policy, Vagabonding Liquidity and Bursting, Bubbles in New and Emerging Markets – An Overinvestment View. The World Economy 31.

Schnabl, G. (2000): Leistungsbilanz und Wirtschaftspolitik – das Beispiel Japan, Baden Baden.

Schnabl, G., Starbatty, J. (1998): Im Strudel der japanischen Krise: Die Weltkonjunktur ist bedroht / Die Strukturprobleme Japans werden mit einem nachfragepolitischen Kraftakt zementiert, in: Frankfurter Allgemeine Zeitung, 22.08.1998, 13.

Schomer, M. (2007): Market Commentary. AIG Investments – Market Flash August 2007.

Schüppen, M., Ehlermann, C. (2000): Corporate Venture Capital, Köln.

Schumpeter, J. (1997): Theorie der wirtschaftlichen Entwicklung, Berlin.

Shen, P. (2000): The P/E ratio and stockmarket performance, in: Economic Review, Federal reserve bank of Kansas City, fourth quarter 2000, pp. 23–36.

Shiller, Robert (2000): Irrational Exuberance, Princeton University Press.

Shiller, R., Case, K. et al. (2001): Comparing Wealth Effects: The Stock Market versus the Housing Market, Cowles Foundation Discussion Papers, No. 1335.

Sidel, R., Reilly, D. et al. (2007): Citigroup Alters Course, Bails out Affiliated Funds, in: The Wall Street Journal, Dec. 14. 2007.

Simons, D. (2007): Business and the Credit Crunch – At the Gates of Hell, in: The Economist, Nov. 24. 2007.

Sommer, R. (2008): Die Subprime-Krise – Wie einige faule US-Kredite das internationals Finanzsystem erschüttern, Heise Zeitschriften Verlag, Hannover.

Stadler, W. (1999): Beteiligungsfinanzierung, 2. Auflage, Wien.

Starbatty, J. (2008): Die Subprime-Krise als Folge von Fehlanreizen – Was Friedrich A. von Hayek zu Notenbanken sagen könnte, in: Neue Zürcher Zeitung, 19.01.2008.

Weimerskirch, P. (2000): Finanzierungsdesign bei Venture-Capital-Verträgen, 2. Auflage, Wiesbaden.

Weitnauer, W. (2000): Handbuch Venture Capital, München.

Wicksell, K. (2005): Geldzins und Güterpreise, FinanzBuch Verlag.

Woodward, B. (2000): Greenspan. Dirigent der Weltwirtschaft, Europa Verlag, Hamburg und Wien.

Zandi, M. (2008): Financial Shock: A 360° Look at the Subprime Mortgage Implosion, and How to Avoid the Next Financial Crisis, Pearson Education, New Jersey.

Zuckerman, G. (2008): Hedge Funds Weather Stormy Year, in: The Wall Street Journal, Jan. 02. 2008.

Über die Autoren

Michael Bloss ist Wertpapierspezialist und Prokurist der Commerzbank AG. Er lehrt als Associate Professor und Director for Derivatives im Masterstudiengang International Finance der Hochschule für Wirtschaft und Umwelt (HfWU) in Nürtingen und unterrichtet als Gastdozent an namhaften Universitäten und Hochschulen.

Dietmar Ernst ist Professor für Corporate Finance an der Hochschule für Wirtschaft und Umwelt (HfWU) in Nürtingen. Zuvor war er bei einer Private Equity Gesellschaft und über mehrere Jahre im Bereich Mergers & Acquisitions tätig. Dietmar Ernst hat an der Universität Tübingen Internationale Volkswirtschaftslehre studiert und sowohl in Wirtschaftswissenschaften als auch Naturwissenschaften promoviert. Er ist Autor von zahlreichen Standardwerken im Bereich Corporate Finance.

Joachim Häcker ist Professor an der Hochschule Heilbronn und der University of Louisville. Ferner ist er Lehrbeauftragter an der St. Galler Business School sowie Beirat von PHTS. Sein Fachgebiet ist Internationale Finanzwirtschaft insbesondere Corporate Finance. Herr Häcker ist seit 12 Jahren als Berater im Corporate Finance Bereich tätig und war bis Ende 2003 Vice President bei Rothschild in Frankfurt und London. Herr Häcker hat an der Universität Tübingen und der Kenan Flagler Business School (USA) BWL und Jura studiert und in beiden Fächern promoviert.

Nadine Eil arbeitet bei der KfW IPEX-Bank in Frankfurt/Main und ist dort spezialisiert auf Internationale Projekt- und Exportfinanzierungen im Bereich Energie und Umwelt. Zuvor war Frau Eil bei Rothschild in Frankfurt im Investment Banking in M&A Advisory in den Sektoren „Transport" und" Business Services" tätig. Bei der Société Générale Corporate & Investment Banking in London hat sie Erfahrungen im Bereich „Sales Debt Finance" erworben, nachdem sie als Kreditanalystin und Akquisiteurin bei der Landesbank Saar im Bereich „International Finance – Corporates and Structured Products" tätig war.

Mit Theorie und
praktischer Anwendung zum Erfolg

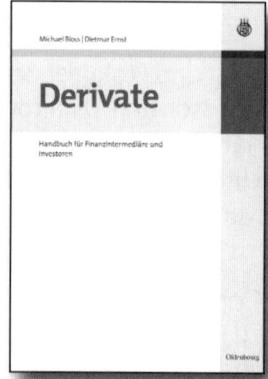

Michael Bloss, Dietmar Ernst
Derivate
Handbuch für Finanzintermediäre und Investoren
2008. XIX, 299 S., gb.
€ 39,80
ISBN 978-3-486-58354-0

Der Erfolg eines Portfolios fußt auf die eingesetzten deri-
vativen Instrumente und Investitionsstrategien. Das Buch
richtet sich zum einen an Finanzintermediäre wie auch an
private und institutionelle Investoren sowie an Studierende
mit dem Schwerpunkt Finanzen. Mit dem Buch sollen die
obigen Instrumente, deren Einsatz und Umsetzung in der
Praxis des Asset Management aufgezeigt sowie etwaige
Problemlösungen dargelegt werden. Das Buch unterscheidet sich von anderen Lehrbüchern darin, dass es die komplexe Theorie mit der praktischen Anwendung verbindet
sowie deren Einsatz aufzeigt. Das Buch entstand in Zusammenarbeit mit der EUREX.

Michael Bloss (l.) ist Wertpapierspezialist und Prokurist der
Commerzbank AG und Direktor des Europäischen Instituts
für Financial Engineering und Derivateforschung (EIFD).
Gleichzeitig ist er Lehrbeauftragter im Masterstudiengang
International Finance der Hochschule für Wirtschaft und
Umwelt (HfWU) Nürtingen-Geislingen. Sein Fachgebiet
sind terminbörsengehandelte Derivate sowie deren Strategien. Er ist Autor und Mitautor von diversen Publikationen
zu terminbörsenrelevanten Themen.

Prof. Dr. Dr. Dietmar Ernst (r.) lehrt an der Hochschule für
Wirtschaft und Umwelt (HfWU) Nürtingen-Geislingen International Finance und leitet den dortigen Masterstudiengang International Finance. Er ist Direktor des
Europäischen Instituts für Financial Engineering und Derivateforschung (EIFD). Seine Arbeitsgebiete sind Investment
Banking und Derivate. Er ist Autor von Fachbüchern und
zahlreichen Veröffentlichungen.

Oldenbourg

Menschen und Manager:
Ein Balanceakt?

Eugen Buß
Die deutschen Spitzenmanager -
Wie sie wurden, was sie sind
Herkunft, Wertvorstellungen, Erfolgsregeln
2007. XI, 256 S., gb.
€ 26,80
ISBN 978-3-486-58256-7

Was ist eigentlich los im deutschen Management?
Kaum ein Tag vergeht, ohne dass die Medien kritisch
über die Zunft der Führungskräfte berichten. Sind die
deutschen Manager denn seit dem Beginn der Bun-
desrepublik immer schlechter geworden? War früher
etwa alles besser, als es noch »richtige« Unternehmer-
persönlichkeiten gab?
Antworten auf diese Fragen finden Sie in diesem Buch.

Es gibt kein vergleichbares Buch, das die Zusammenhänge des Werdegangs und der Einstellungen von
Spitzenmanagern darstellt. Die Studie zeigt, dass es in
der Praxis unterschiedliche Managertypen gibt. Diejenigen, die ihre Persönlichkeit allzu gerne der Manage-
mentrolle unterordnen und jene, die eine Balance
zwischen Mensch und Position finden.

Das Buch richtet sich an all jene, die sich für die
deutsche Wirtschaft interessieren.

Prof. Dr. Eugen Buß lehrt an der
Universität Hohenheim am Institut für Sozialwissenschaft.

Oldenbourg

Umfassend. Aktuell. Fundiert.

Axel Noack
Business Essentials:
Fachwörterbuch Deutsch-Englisch Englisch-Deutsch
2007. VII, 811 Seiten, gebunden
€ 59,80
ISBN 978-3-486-58261-1

Das Wörterbuch gibt dem Nutzer das Fachvokabular des modernen, internationalen Geschäftslebens in einer besonders anwenderfreundlichen Weise an die Hand.

Der englisch-deutsche Teil umfasst die 11.000 wichtigsten Wörter und Begriffe des angloamerikanischen Sprachgebrauchs.

Der deutsch-englische Teil enthält entsprechend 14.000 aktuelle Fachbegriffe mit ihren Übersetzungen.

Im dritten Teil werden 3.000 Abkürzungen aus dem internationalen Wirtschaftsgeschehen mit ihren verschiedenen Bedeutungen aufgeführt.

Das Lexikon richtet sich an Studierende der Wirtschaftswissenschaften sowie alle Fach- und Führungskräfte, die Wirtschaftsenglisch für Ihren Beruf benötigen. Für ausländische Studenten bietet es einen Einstieg in das hiesige Wirtschaftsleben.

Prof. Dr. Axel Noack lehrt an der Fachhochschule Stralsund BWL, insbes. International Marketing.

Oldenbourg

Moderne BWL

Henner Schierenbeck, Claudia B. Wöhle
Grundzüge der Betriebswirtschaftslehre

17., völlig überarbeitete und aktualisierte
Auflage 2008 | 935 S. | gebunden
€ 29,80 | ISBN 978-3-486-58772-2

Das Wissen um betriebswirtschaftliche Grundtatbe-
stände ist eine notwendige Voraussetzung für jeden,
der in Betrieben an verantwortlicher Stelle tätig ist
oder sich als Studierender auf eine solche Tätigkeit
vorbereitet. Dabei kommt es häufig nicht so sehr auf
ein spezifisches Detailwissen, als vielmehr auf die
Fähigkeit an, betriebswirtschaftliche Zusammenhänge
konzeptionell zu erfassen und betriebliche Probleme
in ihrem spezifisch ökonomischen Wesenskern zu
begreifen. Aufbau und Inhalt des Lehrbuches sind von
dieser Grundüberlegung geprägt.

Ebenfalls erhältlich ist die Dozentenausgabe mit
CD-ROM für € 39,80.

**Das Buch richtet sich an Studierende der Betriebswirt-
schaftslehre sowie an Teilnehmer anderer wirtschafts-
naher Studiengänge.**

Prof. Dr. Dres. h.c. Henner Schierenbeck lehrt am Institut für Betriebswirtschaftslehre an der Universität
Basel.

Univ.-Prof. Dr. Claudia B. Wöhle lehrt Betriebswirtschaftslehre an der Paris Lodron-Universität Salzburg.

Oldenbourg

 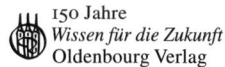
150 Jahre
Wissen für die Zukunft
Oldenbourg Verlag

Bestellen Sie in Ihrer Fachbuchhandlung oder
direkt bei uns: Tel: 089/45051-248, Fax: 089/45051-333
verkauf@oldenbourg.de

Durchblick im Dschungel der Kennzahlen

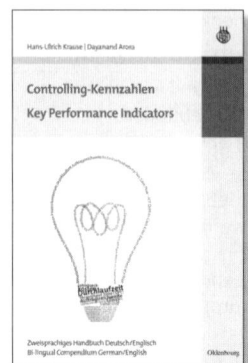

Hans-Ulrich Krause, Dayanand Arora
Controlling-Kennzahlen –
Key Performance Indicators
Zweisprachiges Handbuch Deutsch/Englisch –
Bi-lingual Compendium German/English

2008 | 666 S. | gebunden
€ 49,80 | ISBN 978-3-486-58207-9

Es gibt eine Vielzahl von Controlling-Kennzahlen. Was sie genau bedeuten und welchen betriebswirtschaftlichen Aussagegehalt sie haben, ist allerdings sowohl für Studierende als auch für Praktiker nicht immer auf den ersten Blick erkennbar.

Dieses Buch hilft dabei, im Dschungel der Controllling-Kennzahlen den Durchblick zu behalten – und dies nicht nur auf Deutsch, sondern auch auf Englisch.

Dieses Buch ist der ideale Begleiter durch ein betriebswirtschaftliches Studium und gibt auch Praktikern nützliche Tipps bei der Verwendung und Interpretation von Controlling-Kennzahlen.

Über die Autoren:
Professor Dr. Hans-Ulrich Krause ist Inhaber einer Professur für Betriebswirtschaftslehre mit Schwerpunkt »Controlling/Rechnungswesen« an der Fachhochschule für Technik und Wirtschaft Berlin.

Professor Dr. Dayanand Arora ist Inhaber einer Professur für Betriebswirtschaftslehre mit Schwerpunkt »Finanz- und Rechnungswesen« an der Fachhochschule für Technik und Wirtschaft Berlin.

Oldenbourg

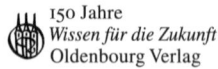
150 Jahre
Wissen für die Zukunft
Oldenbourg Verlag

Bestellen Sie in Ihrer Fachbuchhandlung oder direkt bei uns: Tel: 089/45051-248, Fax: 089/45051-333
verkauf@oldenbourg.de